한국교회의 구원론은 일종의 칭의 환원주의에 빠져 있는 것은 아닌가 하는 큰 아쉬움이 있다. 하나님의 구원과 관련된 다양한 이슈들을 칭의란 블랙홀이 무차별적으로 흡수하는 경우가 얼마나 많았던가? 칭의가 중요한 신학적 주제이긴 하지만, 기독교 구원론을 칭의라는 그림 하나만으로 일반화시킬 수는 없는 노릇이다. 성경적 구원론은 그보다 훨씬 더 풍성하고 깊기 때문이다. 바로 이런 상황 때문에 오히려 칭의에 관한 올바른 이해가 더욱 중요할 수 있다. 칭의론을 제대로 이해하려는 노력은 결국 성경이 가르치는 구원의 전모에 대한 생각으로 이어질 것이기 때문이다. 그런데 많은 이들에게 여전히 칭의는 민감한 주제다. 칭의와 관련된 성경 본문에 대한 차분한 주해와 합리적인 논증보다 사적인 선호와 진영의 논리가 앞설 때도 많다. 하지만 신학적으로 민감하고 중요한 주제일수록 본문에 대한 냉정한 숙고와 고민이 더욱 필요하다. 그 무엇도 "오직 성경"이라는 근본 원칙을 넘어설 수 없기 때문이다. 이 책은 칭의와 관련된 주요 주제들과 이에 대한 주된 해석의 역사 및 스펙트럼을 깔끔하게 비교하여 보여준다. 각 진영의 주장을 충분히 개진하면서 다른 사람들이 거기에 대해 논평하며 질문하는 방식은 각 전통의 장단점을 드러내는 최선의 방식이라 할 수 있다. 또한 책 앞부분에서 칭의와 관련된 주요 주제들과 칭의 논쟁의 역사에 관해 친절한 개괄을 제공해줌으로써 이어지는 토론을 더욱 생생하게 즐길 수 있도록 도와준다. 이 책으로 인해 기존의 자신의 관점을 바꾸는 이들이 많지 않을 수도 있지만, 칭의론에 관해 보다 성경적인 관점을 정립하려 애쓰는 이들에게는 더없이 요긴한 도움이 되리라 확신한다.

권연경 숭실대학교 기독교학과 신약학 교수

전통적인 바울 신학의 칭의 개념을 둘러싼 이해는 바울 신학의 새 관점의 등장으로 인해 치열한 논쟁이 불가피하게 되었다. 거의 지난 한 세대 동안 국제 신학계는 이 주제를 둘러싸고 신학 대전(大戰)을 벌였다고 해도 과언이 아닐 것이다. 이 책은 가톨릭교회와 개신교가 칭의를 이해하는 방식의 차이뿐만 아니라, 개신교 내에 존재하는 상이한 이해 방식들에 대해서도 친절한 해설을 제시한다. 이 책은 성서학뿐만 아니라 조직신학의 관점에서도 칭의 주제가 함의하는 거의 모든 내용을 다루고 있으므로, 목회자와 신학생을 위한 필수 독서 목록에 포함되기에 조금도 부족함이 없다.

김철홍 장로회신학대학교 신약학 교수

나는 오랫동안 신학교에서 전통적 개혁주의 칭의론을 가르쳐왔다. 그러나 최근 들어 여러 신학자들이 칭의론에 대한 새로운 시각과 해석을 통해 어느 것이 더 성경적 정합성(整合性)을 확보하는가를 두고 서로 치열하게 경쟁하는 상황이 펼쳐짐으로써 단순히 전통의 권위만을 내세우며 기존의 견해를 앵무새처럼 답습할 수만은 없게 되었다. 이에 본인은 책임 있는 신학자로서 다각적인 관점에서 제기되는 반론에 설득력 있게 대응할 수 있도록 개혁주의 칭의론이 탄탄한 성경적 근거 위에 세워져 있으며 신학적인 정당성을 확보하고 있는지를 점검해야 하는 긴급한 과제 앞에 서 있음을 인식하게 되었다. 이 점에서 본서는 칭의론에 대한 다양한 전통과 견해 사이에서 치밀한 논쟁과 대화를 통해 서로의 장단점을 볼 수 있게 해줌으로써 칭의에 대한 우리 이해의 지평을 크게 넓혀줄 뿐 아니라, 게토화 된 신학적 사고의 틀에서 우리를 자유하게 하며, 전통적인 견해를 성경적으로 더욱 풍성하게 해석하고 변증하도록 자극하는 역할을 할 것으로 기대된다.

박영돈 고려신학대학원 교의학 교수

전통적 개혁파, 진보적 개혁파, 바울 신학의 새 관점, 신성화, 로마 가톨릭교회로 대별(大別)되는 칭의에 관한 입장표명과 함께 상대방의 견해에 대한 논평을 설득력 있게 구성한 본서는 칭의라는 주제가 최근 신학논쟁에서 가장 뜨거운 쟁점임을 단번에 확인시킨다. 이 책의 목차를 통해 확인할 수 있듯이 칭의라는 주제가 이처럼 치밀하며 광범위하고 다양하게 토론된 적은 없었다. 독자는 칭의의 심연(深淵)을 성서 주석과 신학 전통, 그리고 역사적 관점에서 총체적으로 섭렵하는 혜택을 누릴 수 있다. 세밀한 분석과 절제된 번역을 거쳐 준비된 성찬(盛饌)을 마다한다면 기독교의 핵심가치를 단숨에 파악할 기회를 놓치고 말 것이다. 본서는 칭의의 내용을 총망라해 가장 명쾌한 답변을 제시하면서 구원의 희열을 재음미하도록 독자를 정중히 초대한다.　　　윤철원 서울신학대학교 신학전문대학원 신약학 교수

사도 바울이 "믿음으로 의롭다 하심을 받았으니"(롬 5:1)라고 했을 때, 그는 무엇을 말하려 한 것일까? 이 질문은 종교개혁을 탄생시킨 가장 중요한 이유 중 하나이며 지금도 끊임없이 논쟁 중인 주제라 할 수 있다. 이 책은 칭의에 관한 다섯 가지 주요 관점을 대변하는 대가들의 주장과 열린 의견 교환을 통해 각 견해의 장점과 약점을 잘 보여준다. 건설적인 대화와 관용적인 태도는 오해를 풀어줄 뿐 아니라 서로의 견해를 보완·수정하여 더욱 견고하게 해준다. 따라서 이 책은 다섯 견해 모두에게 윈-윈 게임임이 틀림없다. 칭의에 관해 자기의 견해만이 옳다고 주장하는 이들에게 특히 보약과 같은 책이다. 독자들이 절대 실망하지 않을 것을 확신한다.　　　이민규 한국성서대학교 신약학 교수

전통적으로 이신칭의 교리는 삼위일체론(동일본질론), 기독론(신인양성론) 등과 함께 기독교의 3대 핵심 교리로 불린다. 루터파는 이신칭의를 가리켜 "교회의 서고 넘어짐의 조항"으로 명명할 정도로 그 중요성을 강조했다. 그러나 이 교리는 성경 주석학의 새로운 발견과 함께 현재 복잡한 논쟁의 상황에 휩싸여 있으므로, 설교자나 신학생조차도 무엇이 기독교적인 칭의 교리인지 알지 못한 채 갈팡질팡하고 있는 듯하다. 이러한 시점에서 다섯 가지 관점에서 각자의 견해를 진술하고 상대의 견해에 대해 각각 반론을 제기하는 형태로 출간된 『칭의 논쟁』은 칭의와 관련된 쟁점을 파악하고 이해하는 데 매우 유용할 뿐 아니라, 이 주제에 대해 관심 있는 독자들에게는 다양한 견해들의 장단점을 비교하면서 자신의 관점을 정하는 데 큰 도움이 될 것으로 생각하기에 일독을 권하는 바이다.

이상웅 총신대학교 신학대학원 조직신학 교수

최근에 있었던 파이퍼(John Piper)와 톰 라이트(Tom Wright)의 칭의 논쟁, 그리고 김세윤의 최근 저서 『칭의와 성화』에서 볼 수 있는 것처럼 "칭의"는 최근 기독교의 가장 뜨거운 쟁점이 되고 있다. 칭의의 근본 의미가 법정적인지, 관계적인지, 구원사적인지, 또는 칭의의 수단이 예수에 대한 우리의 믿음인지, 예수 자신의 신실성인지, 그리고 칭의가 전가(imputation)를 포함하고 있는지, 현재의 칭의가 미래의 칭의를 보장하는지, 현재의 칭의를 받은 자도 성령을 따라 신실하게 살지 못하면 미래의 칭의에서 탈락할 수 있는지 등등에 관한 논란이 뜨겁다. 이번에 새물결플러스가 번역·출간한 『칭의 논쟁』은 이러한 질문에 대해 정상급 학자들이 저마다의 명예를 걸고 다양하고 심도 깊은 답변을 제시함으로써 "칭의"에 대한 이해의 폭을 한층 더 넓혀줄 것이다.

최갑종 백석대학교 총장

Justification
Five Views

Michael S. Horton / Michael F. Bird / James D. G. Dunn
Veli-Matti Kärkkäinen / Gerald O'Collins & Oliver P. Rafferty

edited by
James K. Beilby / Paul Rhodes Eddy

칭의 논쟁

칭의에 대한 다섯 가지 신학적 관점

마이클 S. 호튼 / 마이클 F. 버드 / 제임스 D. G. 던

벨리-마티 카르카넨 / 제럴드 오콜린스 & 올리버 P. 래퍼티 지음

제임스 K. 베일비 / 폴 로즈 에디 편집

문현인 옮김

Holy
WavePlus

► 차례 ◄

약어　12

서문　15

1부 : 서론　19

1. 칭의 개념의 역사　21
_폴 로즈 에디, 제임스 K. 베일비, 스티븐 E. 엔더레인

2. 현대 칭의 논쟁　79

2부 : 칭의에 대한 다섯 가지 관점　121

3. 전통적 개혁파 _마이클 S. 호튼　123
논평:　진보적 개혁파　166
　　　　바울 신학의 새 관점　174
　　　　신성화　182
　　　　로마 가톨릭　190

4. 진보적 개혁파 _마이클 F. 버드　197
논평:　전통적 개혁파　236
　　　　바울 신학의 새 관점　244
　　　　신성화　252
　　　　로마 가톨릭　258

5. **바울 신학의 새 관점** _제임스 D. G. 던   267

　　논평: 전통적 개혁파   304

　　　　진보적 개혁파   312

　　　　신성화   320

　　　　로마 가톨릭   326

6. **신성화** _벨리-마티 카르카넨   333

　　논평: 전통적 개혁파   368

　　　　진보적 개혁파   376

　　　　바울 신학의 새 관점   384

　　　　로마 가톨릭   390

7. **로마 가톨릭** _제럴드 오콜린스 & 올리버 P. 래퍼티   399

　　논평: 전통적 개혁파   436

　　　　진보적 개혁파   444

　　　　바울 신학의 새 관점   452

　　　　신성화   458

　인명 색인   464
　주제 색인   474

우리 아이들에게,

시에라 베일비, 매들린 베일비, 재커리 베일비, 맬리어 베일비

조던 에디, 저스튼 에디, 레이첼 본

애비 엔더레인

약어

AB   Anchor Bible

ABD   *The Anchor Bible Dictionary.* Edited by D. N. Freedman et al. 6 vols. New York: Doubleday, 1992.

ANTC   Abingdon New Testament Commentaries

2 Bar.   *2 Baruch*

Barn.   *Barnabas*

BBR   *Bulletin for Biblical Research*

BDAG   Frederic W. Danker, ed. *The Greek-English Lexicon of the New Testament and Other Early Christian Literature*, 3rd ed. Chicago: University of Chicago Press, 2001

BECNT   Baker Exegetical Commentary on the New Testament

BJRL   *Bulletin of the John Rylands University Library of Manchester*

COQG   Christian Origins and the Question of God

CR   Corpus Reformatorum

DS   Denzinger-Schönmetzer, *Enchriridion Symbolorum*

D   Denzinger, *Enchridion Symbolorum*

EDNT   *Exegetical Dictionary of the New Testament.* Edited by H. Balz and G. Schneider. 3 vols. ET. Grand Rapids: Eerdmans, 1990-1993.

ET   English translation

GLAJJ   *Greek and Latin Authors on Jews and Judaism.* Edited, with introductions, translations and commentary, by Menahem Stern. 3 vols. Jerusalem: Israel Academy of Sciences and Humanities, 1974-1984.

HDT	*Heidelberg Disputation*
HTR	*Harvard Theological Review*
JETS	*Journal of the Evangelical Theological Society*
JTI	*Journal of Theological Interpretation*
Jub.	*Jubilees*
ICC	International Critical Commentary
Institutes	John Calvin. *Institutes of the Christian Religion.* Edited by J. T. McNeill. Translated by F. L. Battles. Philadelphia: The Westminster Press, 1960.
LSJ	*A Greek-English Lexicon*, compiled by Henry George Liddell and Robert Scott, revised and augmented by Sir Henry Stuart Jones. New York: Oxford University Press, 1996.
LW	*Luther's Work.* American Edition. Edited by Jaroslav Pelikan and Helmut T. Lehman. 55 vols. St. Louis: Concordia, 1955–1986.
NSBT	New Studies in Biblical Theology
NTS	*New Testament Studies*
PBM	Paternoster Biblical Monographs
PL	Patrologia Latina. Edited by J.-P. Migne. 217 vols. Paris, 1844–1864.
Pss. Sol.	*Psalms of Solomon*
R&R	*Reformation and Revival*
SBET	*Scottish Bulletin of Evangelical Theology*
SNTSMS	Society for New Testament Studies Monograph Series
TDOT	*Theological Dictionary of the Old Testament*
ThTo	*Theology Today*
WA	*Weimar Ausgabe*
WBC	Word Biblical Commentary
WCF	Westminster Confession of Faith
WTJ	*Westminster Theological Journal*
WUNT	Wissenschaftliche Untersuchungen zum Neuen Testament
ZNW	*Zeitschrift für die neutestamentliche Wissenschaft*

"다양한 관점"을 다루는 좋은 책을 만드는 방식은 비교적 간단하다. 첫째, 반드시 중요한 성서적·신학적 논제를 전달해야 하며, 한 주제에 관한 최근의 실질적 토론과 논의를 담고 있어야 한다. 둘째, 논제나 논의 자체를 어느 정도는 반드시 명확하게 정의할 수 있어야 한다. 어떤 주제들은 개념 자체가 복잡해서 이런 종류의 책으로 엮기에는 부적합할 수 있다. 다루는 주제에 내포된 수십 개의 질문 가운데 어느 질문이 어떤 특정한 순간에 제기되는지 분명하지 않을 뿐더러, 토론자들이 서로의 견해차를 좁히기보다는 각자 하고 싶은 말만 반복하기 쉽다. 셋째, 대화 참여자들은 각각의 견해를 대변할 때 (1) 서로 식별할 수 있을 정도로 구별되고, (2) 동시대에 논쟁이 되고 있는 다양한 관점을 합리적으로 드러낼 수 있도록 힘써야 한다.

이 책이 위에 언급된 기준들을 얼마나 잘 충족시키고 있는지를 판단하는 것은 독자들의 몫이겠지만, 우리는 칭의라는 주제가 갖는 신학적 중요성 및 칭의와 관련된 오늘날의 관심사에 의문을 제기할 사람은 거의 없다고 확신한다. 바울에 관한 "새 관점"을 둘러싸고 교파를 초월하여 벌어지는 활발한 논쟁에 고무되어 성서적 칭의 개념의 본질과 의미에 대한 논쟁이 극도로 열기를 띠고 있다. 대부분의 그리스도인에게 이것은 대단히 중요한 주제다. 죄, 속죄, 회심, 심지어 구원의 본질에 대한 이해가 이 논쟁에 달려 있다 해도 과언이 아니다. 바로 그런 점 때문에 칭의라는 주제는 다양한 관점을 다루는 책의 주제로서 쉽지 않은 선택이었다. 칭의 논쟁은 다양한 역사적·성서적·신학적 이슈들과 얽혀 있다. 따라서 우리는 중요한 신학적 논제를 광범위하게 언급해야 하는 엄청난 과제를 기고자들에게 떠맡긴 것이다.

편집자로서는, 다양한 견해를 비교하는 책 안에 어떤 관점들을 포함할 것인지를 선택하는 문제가 가장 어려운 일일 것이다. 한 권의 책에 담을 수 있는 것보다 더 많은 견해가 항상 존재하고, 거의 모든 견해에는 다양한 하위 견해가 존재한다. 각각의 하위 견해는 자신이 해당되는 상위 견해를 대표하는 견해라는, 나름의 권리를 주장할 수도 있을 것이다. 기고자를 선택할 때 우리는 이 주제의 주요 견해를 대표할 수 있을 뿐 아니라, 성서적·역사적·신학적으로 칭의와 관련된 다양한 토론에 참여할 수 있는 사람들을 물색했다. 우리가 선택한 기고자들은 전통적인 개혁파의 관점을 옹호하는 마이클 S. 호튼(Michael S. Horton), 진보적인 개혁파의 관점을 따르는 마이클 F. 버드(Michael F. Bird), 바울에 관한 "새 관점"을 지지하는 제임스 D. G. 던(James D. G. Dunn), 신성화(deification) 관점을 옹호하는 벨리-마티 카르카넨(Veli-Matti Kärkkäinen), 그리고 로마 가톨릭을 대변하는 제럴드 오콜린스(Gerald O'Collins, S.J.)와 올리버 P. 래퍼티(Oliver P. Rafferty, S.J.)다. 이 견해들이 포함된 이유를 굳이 설명할 필요는 없겠지만 여기에 빠진 견해들은 어느 정도의 설명이 필요할 것이다. 독자들은 이 목록에서 루터파의 견해가 빠진 것을 보고 깜짝 놀랐을지도 모른다. 우리의 대답은 호튼의 전통적 개혁파 견해가 신학적 측면에서 전통적 루터파의 입장과 기능적으로 상당히 같다는 것이다. 카르카넨의 신성화 관점도 덜 전통적인 루터파의 견해를 대변한다. 물론 칭의에 관한 다른 견해가 많이 있을 수 있으며, 그 가운데 몇몇은 참으로 흥미롭고 중요하다. 그러나 우리가 어느 지점에서는 선을 그어야만 했음을 독자들이 이해해주기 바랄 뿐이다. 이 "다섯 가지 관점"을 비교하는 것만으로도 이 책은 이미 충분히 길다.

이 프로젝트에 기꺼이 참여해준 기고자들에게 감사를 표하고 싶다. 그들과 함께 일한 것은 큰 기쁨이었다. 그 외에도 데이비드 클라크(David Clark), 마이크 홈스(Mike Holmes), 브렌던 로렌츠(Brendan Lorentz), 라이네 겝하르트(Laine Gebhardt)를 포함하여, 많은 사람들이 줄곧 소중한 충고와 도움을 줬다. 하지만 특별히 두 사람을 언급해야 할 것 같다. 첫째, IVP Academic 편집자인 댄 리드(Dan Reid)는 따뜻한 격려와 지칠 줄 모르는 지원의 귀감이 되었다. 둘째, 우리의 동료 스티브 엔더레인(Steve Enderlein)은 서론을 같이 쓴 것을 포함해서 놀라울 정도의 지원을 우리에게 제공했으므로, 그의 노력을 인정하여 그를 협동편집자라고 부르는 것이 공정할 것 같다. 무엇보다도 우리는 가족에게, 특별히 우리의 자녀들에게 많은 빚을 졌으므로 그들에게 이 책을 바친다. 솔직히 그들과 함께 시간을 보내고 싶었기 때문에 우리의 작업이 좀 더 힘들어지긴 했지만, 그들은 우리를 위한 하나님의 사랑의 깊이를 날마다 상기시켜주었다. 우리는 그들 모두가 사도 바울을 따라서 "내가 확신하노니, 사망이나 생명이나 천사들이나 권세자들이나 현재 일이나 장래 일이나 능력이나 높음이나 깊음이나 다른 어떤 피조물이라도 우리를 우리 주 그리스도 예수 안에 있는 하나님의 사랑에서 끊을 수 없으리라"(롬 8:38-39)라고 고백할 수 있기를 위해 기도한다.

일러두기

1. Justification은 "칭의"(稱義) 혹은 "의화"(義化)로 번역하였다. 개신교 학자들의 의견을 나타내고 자 할 때에는 전자로 표기하고, 가톨릭 학자들의 견해를 나타낼 경우에는 후자로 표기하였다.
2. 그 외에도 개신교와 가톨릭에서 서로 다르게 표현되는 용어들은 해당 진영의 용어를 사용하려 고 노력했으나(예. "은혜"와 "은총") 일부의 용어는 통일하였다(예. "하나님").

1
서론

► 1장
► 칭의 개념의 역사

폴 로즈 에디, 제임스 K. 베일비, 스티븐 E. 엔더레인

기독교 학문세계 내에서의 신학 논쟁은 전혀 새로운 일이 아니다. 그런데 종종 이러한 논쟁 중 하나가 학문 세계를 넘어서서 교회와 파라처치(parachurch) 사역, 즉 목회자들뿐 아니라 친구들 사이에서까지 논란의 불씨를 붙이기도 한다. 1990년대 복음주의적 기독교 세계를 뒤흔들었던 "열린 신론"(openness of God)에 관한 논쟁이 바로 그 경우였다.[1] 21세기의 두 번째 10년을 시작하면서 비슷한 규모의 다른 논쟁이 복음주의 세계와 이를 넘어서는 영역에서 제기되었는데, 그것은 기독교 신앙 안에서 **칭의**의 본질과 그것의 타당한 위치에 관한 논쟁이다.

분명한 사실은 교회가 권위 있는 정경으로 받아들이는 성서 텍스트 내에 이미 칭의 논쟁이 존재하며, 초기 교회는 그 논쟁을 물려받았다는 것이다. 그곳에서 사도 바울은 은혜, 믿음, 행위의 본질에 대해 "너희는 그 은혜에 의하여 믿음으로 말미암아 구원을 받았으니, 이것은 너희에게서 난 것이 아니요 하나님의 선물이라. 행위에서 난 것이 아니니, 이는 누구

1_ 이에 관해 James K. Beilby and Paul R. Eddy, eds., *Divine Foreknowledge: Four Views* (Downers Grove Ill.: InterVarsity Press, 2000)를 보라.

든지 자랑하지 못하게 함이라"(엡 2:8-9)라고 썼다. 그리고 칭의에 관해서
다음과 같이 말한다.

그러므로 율법의 행위로 그의 앞에 의롭다 하심을 얻을 육체가 없나니 율법
으로는 죄를 깨달음이니라. 이제는 율법 외에 하나님의 한 의가 나타났으니
율법과 선지자들에게 증거를 받은 것이라. 곧 예수 그리스도를 믿음으로 말
미암아 모든 믿는 자에게 **미치는** 하나님의 의니 차별이 없느니라. 모든 사람
이 죄를 범하였으매 하나님의 영광에 이르지 못하더니. 그리스도 예수 안에
있는 속량으로 말미암아 하나님의 은혜로 값 없이 의롭다 하심을 얻은 자 되
었느니라(롬 3:20-24).[2]

다음으로 사도 야고보는 이렇게 말한다.

어떤 사람은 말하기를 "너는 믿음이 있고 나는 행함이 있으니" 행함이 없는 네
믿음을 내게 보이라. 나는 행함으로 내 믿음을 네게 보이리라. 네가 하나님은
한 분이신 줄을 믿느냐, 잘하는도다. 귀신들도 믿고 떠느니라. 아아 허탄한 사
람아, 행함이 없는 믿음이 헛것인 줄을 알고자 하느냐, 우리 조상 아브라함이
그 아들 이삭을 제단에 바칠 때에 행함으로 의롭다 하심을 받은 것이 아니냐,
네가 보거니와 믿음이 그의 행함과 함께 일하고 행함으로 믿음이 온전하게
되었느니라. 이에 성서에 이른바 "아브라함이 하나님을 믿으니 이것을 의로
여기셨다"는 말씀이 이루어졌고 그는 하나님의 벗이라 칭함을 받았나니 이로
보건대 사람이 행함으로 의롭다 하심을 받고 믿음으로만은 아니니라.…영혼

2_ 경우에 따라 저자들은 원문의 모호성을 살리기 위해 자신의 번역을 제공하기도 한다. (본서에서
별도의 표기가 없는 성서구절은 개역개정판을 따른다).

없는 몸이 죽은 것같이 행함이 없는 믿음은 죽은 것이니라(약 2:18-24, 26).

16세기 이후, 프로테스탄트 종교개혁자들은 바울의 칭의 개념이 복음의 진수를 구성한다는 것을 포착했다. 오늘날의 많은 개혁파 복음주의자들은 전통적인 루터파와 마찬가지로 칭의 교리를 "복음의 심장", 즉 "교회의 존폐를 좌우하는 조항"으로 받아들인다.[3] 따라서 지난 수십 년에 걸쳐 칭의가 복음의 중심임을 수호하기 위해 강력한 주장을 개진한 수많은 개혁파 복음주의자들을 찾아볼 수 있는 것은 그리 놀라운 일이 아니다.[4] 그러나 복음주의 진영 내에서 전통적인 개혁파의 칭의 개념에 대한 도전이 광범위하게 퍼지면서 칭의 논쟁은 최근 들어 더욱 격렬해졌다고 할 수 있다. 학술 논문 책자에서부터 「크리스채너티 투데이」(Christianity Today) 같은 대중적인 잡지에 이르기까지,[5] 그리고 유명한 목회자이자 학자인 존 파이퍼(John Piper)와 톰 라이트(N. T. Wright) 사이에서 일어난 세간의 이목을 끈 논쟁에서부터 대학교 교정의 파라처치 사역 내에서의 논란에 이르기까지,[6] 복음주의 세계 전역에서 칭의 논쟁이 진행 중이라는 것을 감

3_ 예. J. I. Packer, "Justification in Protestant Theology," in *Here We Stand*: *Justification by Faith Today*, J. I. Packer et al., (London: Hodder & Stoughton, 1986), p. 84; James R. White, *The God Who Justifies* (Minneapolis: Bethany House, 2001), pp. 17-32.

4_ 예. Packer et al., *Here We Stand*: *Justification by Faith Today* (London: Hodder & Stoughton, 1986); D. A. Carson, ed., *Right with God*: *Justification in the Bible and the World* (Grand Rapids: Baker, 1992).

5_ 예. Simon Gathercole, "What Did Paul Really Mean?" *Christianity Today*, August 10, 2007, pp. 22-28; Trevin Wax and Ted Olsen, "The Justification Debate: A Primer," *Christianity Today*, June 2009, pp. 34-37; Collin Hansen, "Not All Evangelicals and Catholics Together: Protestant Debate on Justification is Reigniting Questions about Rome," *Christianity Today*, November 2009, pp. 19-22.

6_ John Piper, *The Future of Justification*: *A Response to N. T. Wright* (Wheaton, Ill.: Crossway, 2007); N. T. Wright, *Justification*: *God's Plan and Paul's Vision* (Downers Grove, Ill.: InterVarsity Press, 2009). George Washington University에서 InterVarity

지할 수 있다.

　그러나 "열린 신론" 논쟁과는 달리, 칭의와 관련된 이 시대의 소동은 복음주의 진영을 훨씬 넘어선다. 예를 들면 많은 사람이 1999년 "칭의 교리에 관한 공동 선언"(Joint Declaration on the Doctrine of Justification)이 칭의 교리로 인해 500여 년간 지속된 로마 가톨릭과 루터교회의 간극을 좁히는 데 대체로 이바지했다고 평가한다.[7] 오늘날 신약성서 연구에서, "바울 신학에 관한 새 관점"은 다양한 영역의 학자들 간에 칭의에 관한 주해 논쟁과 제2성전기 유대교의 본질에 관한 역사적 견해차를 초래했다. 사실상 오늘날 칭의와 관련된 다양한 논제들을 다룬다면, 거의 모든 질문마다 논쟁의 여지가 있다는 것이 곧 분명해진다. 논쟁에 논쟁이 쌓이고, 층에 층이 더해진다. 그리고 대부분의 중대한 신학적 논란처럼, 현대 칭의 논쟁(들)이 격렬한 것은 본질적으로 이 논쟁이 다른 많은 주제들—주해와 해석학, 구원론과 교회론, 방법론과 역사, 윤리와 실천 논제들—과 결부돼 있기 때문이다.[8] 이 장에서는 교회사 전반에 걸쳐 변천을 거듭해온 칭의 교리의 발전과 그 논쟁을 다루는 역사적 개관을 제공하려고 한다.

　Christian Fellowship 내에서의 칭의에 관한 불화는 Hansen, "Not All Evangelicals and Catholics Together"를 보라.

7_ Lutheran World Federation and the Roman Catholic Church, *Joint Declaration on the Debate of Justification* (Grand Rapids: Eerdmans, 2000).

8_ 윤리적이고 실제적인 논제들은 칭의 논쟁에서 종종 간과되는 듯하다. 이에 대해 James B. Martin-Schramm, "Justification and the Center of Paul's Ethics," *Dialog* 33 (1994): 106-110; Andrea Bieber and Hans-Martin Gutmann, *Embodying Grace: Proclaiming Justification in the Real World*, trans. Linda A. Maloney (Minneapolis: Fortress, 2010)을 보라.

초기 교회

초기 교회 안에서 칭의 교리의 지위에 관한 얼핏 보기에는 자명한 질문이 사실상 오늘날 논쟁의 핵심이다. 바울 서신과 유사한 진술들이 초기 교회 저작 전반에 흩어져 있다는 것은 명백한 사실이다. 예를 들어 1세기 말 클레멘스 1세(Clement of Rome)는 이렇게 고백한다.

> 그리고 우리는 그리스도 안에 있는 그의 뜻으로 말미암아 부르심을 받았기 때문에, 우리 자신이나 우리 자신의 지혜나 이해 혹은 경건, 또는 거룩한 마음을 가지고 우리가 행한 행위를 통해 의롭게 되지 않는다. 전능하신 하나님께서는 창세 전부터 존재한 모든 이들을 다만 믿음을 통하여 의롭다 하셨다. 하나님께 영광이 세세토록 있을지어다. 아멘(클레멘스의 첫째 편지 32.4).[9]

다음 수 세기 내내 비슷한 진술을 쉽게 발견할 수 있다.[10] 그러나 문제는 이런 진술들이 산출한 결과가 무엇인가 하는 점이다. 클레멘스 1세의 고백과 같은 진술에도 불구하고, 어떤 이들이 보기에 아우구스티누스(Augustine) 이전의 교부들에게는 불행히도 바울의 원죄, 은혜, 이신칭의 교리 자체에 대한 관심이나 성찰이 부족해 보인다.[11] 알리스터 맥그래스(Alister McGrath)에 따르면, 교부 문헌에 쏟아진 제한된 관심은 "부정확성과 종종 명백한 단순성"으로 특징지어지며, "칭의에 이르는 행위 혹은 의"

9_ Michael W. Holmes, trans. and ed., *The Apostolic Fathers in English*, 3rd ed. (Grand Rapids: Baker Academic, 2006), p. 57.

10_ Thomas C. Oden, The *Justification Reader* (Grand Rapids, Eerdmans, 2002).

11_ 예. Thomas F. Torrance, *The Doctrine of Grace in the Apostolic Fathers* (Edinburgh: Oliver & Boyd, 1948)

와 같은 패러다임만을 반영하고 있다.[12] 그런가 하면 다른 이들에게 칭의에 관한 초기 기독교의 진술들은 교부 저자들과 바울 간의 중대한 연속성뿐만 아니라 교부 저자들과 종교개혁자들의 연속성을 반영하는 것이기도하다. 토마스 오덴(Thomas Oden)이 이 점을 가장 강력하게 주장하는데, 그는 "교부들의 칭의 개념은 사실상 종교개혁자들의 가르침과 거의 구분할수 없을 정도로 일치한다"고 주장한다.[13]

이 두 견해 사이에서 어떤 중간 형태의 결론을 내리는 학자들도 다수존재한다. 그들 대부분은 구원의 이미지들이 교부 문헌 내에 풍부하고 다양함으로 인해 초대 교회의 역사적·논쟁적·수사적 독특함에 관한 세심한 주의가 요구되며, 예민한 종교개혁자들이 "행위로 인한 칭의"로 쉽게치부했을 가능성이 있는 견해들이 사실은 점성술/운명주의, 스토아주의및 영지주의와 같이 동시대의 경쟁하는 관점들에 맞서 성서적인 개념에서 본 인간의 자유, 도덕적 책임과 하나님의 선하심이라는 개념을 방어하려 애쓴 초기 기독교의 노고의 산물임을 이해할 때 더 잘 이해될 수 있다고 강조한다.[14] 폭넓게는 바울에 대한 관심, 구체적으로는 이신칭의에 대

12_ Alister E. McGrath, *Iustitia Dei: A History of the Christian Doctrine of Justification*, 3rd ed. (New York: Cambridge University Press, 2005 [1986]), p. 38.

13_ Oden, *Justification Reader*, p. 49.

14_ 바울과 초대 교회 문헌, 각각에서 구원의 다양한 이미지에 관해서 Gordon D. Fee, "Paul and the Metaphors for Salvation: Some Reflections on Pauline Soteriology," in *The Redemption: An Interdisciplinary Symposium on Christ as Redeemer*, ed. Stephen T. Davis, Daniel Kendall and Gerald O'Collins (New York: Oxford University Press, 2004), pp. 43-67; Brian Daley, "He Himself Is Our Peace' (Ephesians 2:14): Early Christian Views of Redemption in Christ," in *Redemption*, ed. Davis, Kendall and O'Collins, pp. 149-76을 보라. 하나님의 선하심과 인간의 자유에 관한 교부들의 보편적인 변호에 대해 Robert L. Wilken, "Justification by Works: Father and the Gospel in the Roman Empire," *Concordia Theological Monthly* 40 (1969): 379-92; Eric Osborn, "Origen and Justification: The Good Is One, There Is None Good but God (Matt. 19.17 et par.)," *Australian Biblical Review* 24 (1976): 18을 보라.

한 관심이 초기 교회에서도 발견된다고 해서 이 진술들이 의미하는 것이 후일 종교개혁자들이 의미했던 것이라고 결론지을 수는 없다.[15] 아우구스티누스 이전의 교부들은 행위가 아닌 은혜로 얻는 구원/칭의를 첫 칭의(initial justification)로 명확히 구분했으며, 이 첫 칭의는 개종 그리고/혹은 세례와 연결되었다.[16] 첫 칭의가 일어남과 동시에, 신자들은 곧이어 은혜, 덕, 선한 행위를 통한 성장이라는 변화의 과정을 밟게 될 것으로 기대되었다.

교부들과 이후 프로테스탄트의 칭의 개념 사이에 존재하는 거리감에 대한 평가는 다양하다. 오덴은 교부들의 칭의 개념에 굳건한 "일치"가 존재하며, 이후 종교개혁자들과도 상당한 연속성이 있다고 주장한다. 다른 이들에게는 몇몇 초기 저자들이 특히 "더 프로테스탄트적인" 것으로 간주되는데, 그중에는 클레멘스 1세, 마리우스 빅토리누스(Marius Victorinus), 아우구스티누스 같은 인물이 언급될 뿐만 아니라, "오직 믿음"을 강조한다는 면에서 심지어 펠라기우스(Pelagius)까지 언급된다.[17] 그 다음에 등장하는 인물이 바로 오리게네스(Origen)다.

오리게네스

아우구스티누스 이전의 교회에서 바울의 이신칭의 교리가 처한 운명에 관한 많은 토론의 중심에는 오리게네스와 그의 『로마서 주석』(Commentary on Romans)이 있었다. 이 책에서 오리게네스는 칭의에 관한 바울의 가르침을 다음과 같이 자세히 설명한다.

15_ Riemer Roukema, "Salvation *Sola Fide* and *Sola Gratia* in Early Christianity," in *Passion of Protestants*, ed. P. N. Holtrop et al. (Kampen: Kok, 2004), pp. 27-48.

16_ Ibid., pp. 47-48; Robert B. Eno, "Some Patristic Views on the Relationship of Faith and Works in Justification," *Recherches Augustiniennes* 19 (1984): 3-27.

17_ Eno, "Patristic Views," pp. 10-11.

인간은 믿음으로 말미암아 의롭게 된다. 율법의 행위는 인간이 의롭게 되는데 아무런 기여도 하지 않는다. 신자들을 의롭게 하는 믿음이 없다면, 심지어 율법이 말하는 행위를 가진 사람이라 하더라도 그들이 믿음의 터 위에 세워지지 않았기 때문에, 비록 그들이 좋게 보일지라도, 그것을 행한 자들을 의롭게 할 수 없다. 그들에게는 하나님이 의롭다고 칭하신 사람들의 표지인 믿음이 부재하기 때문이다.[18]

그러나 이런 진술에도 불구하고, 칭의에 관한 오리게네스의 견해는 종종 강한 의심을 받았는데 그 상당 부분은 멜란히톤(Melanchthon)에 기인한다. 종교개혁 전통 안에 있는 많은 이들은 오리게네스가 바울의 이신칭의 교리를 초기에 타락시킨 것으로 간주하여 심지어 그를 펠라기우스파 이전의 "펠라기우스파"에 속하는 것으로 간주했다.[19] 이 관점에서 보면, 우리는 오직 아우구스티누스만을 신약 교회 이후 칭의 교리의 "근원"으로 간주하게 된다.[20] 그러나 다른 이들은 오리게네스와 그의 칭의 교리의 중요성에 대해―이후 아우구스티누스의 관점을 형성한 그의 영향력을 포함하여―좀 더 복잡한 평가를 내린다. 예를 들면 로완 윌리엄스(Rowan Williams)는 오리게네스에 대해 "그의 로마서 주석은 바울의 사고와 매우 유사하다"라고 언급하며, 에릭 오스본(Eric Osborn)은 "은혜의 칭의 복음이 여전히 [오리게네스의] 최고 관심사였다"라고 결론짓는다.[21] 마크 리즈너

18_ Thomas P. Scheck, *Origen: Commentary on the Epistle to the Romans*, 2 vols. (Washington, D.C.: Catholic University of America Press, 2001, 2002), 1:228.

19_ Thomas P. Scheck, *Origen and the History of Justification: The Legacy of Origen's Commentary on Romans* (Notre Dame, Ind.: University of Notre Dame Press, 2008), 6장.

20_ McGrath, *Iustitia Dei*, p. 38.

21_ Rowan Williams, "Justification," in *Encyclopedia of Christian Theology*, ed. Jean-Yves Lacoste, 3 vols. (New York: Routledge, 2005), 2:844; Osborn, "Origen and Justification," p. 26.

(Mark Reasoner)는 로마서에 나타난 바울의 사고에 관한 오리게네스의 이해와 바울에 관한 새 관점 사이의 중대한 개념적 연속성을 주장했다.[22]

오리게네스의 칭의 교리에 관해 지금까지 가장 포괄적인 연구를 제시한 토머스 쉐크(Thomas Scheck)는 오리게네스의 주석이 단순히 반 영지주의(anti-Gnostic)나 혹은 반 마르키온주의적인(anti-Marcionite) 관심 때문만이 아니라 바울을 이해하기 위한 실제적인 갈망에서도 동기를 부여받은 것이라고 주장한다. 그의 이러한 언급에서도 반 마르키온주의적 요소의 중요성이 드러난다. 마르키온이 하나님은 마지막 심판 때 신자의 "행위"에 무게를 두지 않을 것이라고 주장한 첫 인물이었음을 고려하면, 믿음과 선한 행위가 "분리되지 않아야 할 구원의 보완적인 두 조건"이라고 논증하는 오리게네스를(그리고 오리게네스뿐만 아니라) 가리켜 마르키온에 맞서 정통적인 신앙 규범(Rule of Faith)을 변호하는 인물로 간주하는 것은 전혀 놀라운 일이 아니다.[23] 쉐크는 "칭의, 믿음, 행위라는 주제에서 아우구스티누스가 오리게네스와 거의 차이가 없다"는 결론을 내린다.[24]

아우구스티누스

아우구스티누스로 관심을 돌리면, 그가 칭의에 관해 더욱 성숙한 관점을 가지게 된 데는 그의 이전 멘토인 심플리키아누스(Simplicianus)에게 396년에 쓴 서신에 나타나는 중대한 신학적 입장 변화가 큰 역할을 했을 것이라는 폭넓은 합의가 존재한다. 이 변화에 이르기까지 아우구스티누스는 은혜, 선택, 구원의 본질에 관한 로마서 내 바울의 핵심 본문과 씨름

22_ Mark Reasoner, *Romans in Full Circle: A History of Interpretation* (Louisville: Westminster John Knox, 2005), pp. xxvi-vii.

23_ Scheck, *Origen and the History of Justification*, p. 11

24_ Ibid., p. 12. 유사한 견해가 Prosper Grech, "Justification by Faith in Origen's Commentary on Romans," *Augustinianum* 36 (1996): 354에 나타난다.

했다.[25] 이 문제에 관한 그의 결론은 『심플리키아누스에게 보내는 편지』
(Letter to Simplicianus) 전까지는 광범위한 차원에서 교부들의 의견 일치를
반영했다. 그는 신의 예정에 대한 반대로 인간의 자유 의지라는 교리를
강력하게 주장했고, 하나님의 선택을 인간의 미래 선택에 관한 신의 예지
에 입각해서 설명했다.[26] 그러나 아우구스티누스는 심플리키아누스가 제
기한 이 문제들에 답하기 위해 396년에 보낸 서신에서 자신의 이전 접근
을 본질적으로 거부하면서-교부들의 일치된 의견도 함께 거부한다-선
택받은 자와 타락한 자를 분리하는 이유가 궁극적으로 하나님 자신의 신
비로운 의지 안에 존재함을 명확히 한다. 수십 년 후에, 아우구스티누스
는 396년의 반전을 종종 다음과 같이 설명하곤 했다. "정말로 나는 인간
의지의 자유로운 선택을 옹호하기 위해 힘을 다했으나 하나님의 은혜에
정복당해서, 마침내 나는 사도의 뜻을 온전히 분명하게 이해할 수 있었
다. '…네게 있는 것 중에서 받지 않은 것이 무엇이냐?'"[27]

25_ W. S. Babcock, "Augustine's Interpretation of Romans (A.D. 394-396), "Augustinian
Studies 10 (1979): 55-74.

26_ 아우구스티누스 이전의 의견 일치에 관해서 Peter Gorday, Principles of Patrisic Exegesis:
Romans 9-11 in Origen, John Chrysostom, and Augustine (New York: Mellen,
1983); Rowan A. Greer, "Augustine's Transformation of the Free Will Defense," Faith
and Philosophy 13 (1996): 471-86; Mark Nispel, "De servo arbitrio and the Patristic
Discussion of Freedom, Fate, and Grace," Logia 7 (1998): 13-22을 보라. 때때로 396년 이후
아우구스티누스의 견해가 이전의 교부 전통을 반영한다는 주장이 제기되었다. 예. John Gill, The
Cause of God and Truth, reprint ed. (London: Collingridge, 1855 [1735-1738], pp. 220-
328; R. K. McGregor Wright, No Place for Sovereignty (Downers Grove, Ill.: InterVarsity
Press, 1996), pp. 18-20. 그러나 아우구스티누스-개혁파 전통 안에 있는 대부분의 학자들은
396년 이후의 아우구스티누스가 이전 교부들의 전통을 반영하지 않는다는 주장에 대체적으로
동의한다. 특별히 기탄없는 비평의 예는 Torrance, Doctrine of Grace, pp. 133-41을 보라.

27_ Augustine, Retractions 2.1.3; Joseph T. Leinhard, "Augustine on Grace: The Early Years,"
in Saint Augustine the Bishop: A Book of Essays, ed. Fannie LeMoine and Christopher
Kleinhenz (New York: Garland, 1994), p. 190에서 인용되었다. 아우구스티누스의 396년
변화에 관해서 J. Patout Burns, The Development of Augustine's Doctrine of Operative

아우구스티누스가 은혜, 선택, 칭의 같은 바울의 주제에 대해 제기하는 일련의 반응을 4세기에 일어난 바울 서신 연구의 전반적인 부흥이라는 맥락에서 살펴볼 필요가 있다. 어떤 학자들은 390년대 아우구스티누스의 바울 연구가 "비 논쟁적 상황"에서 탄생했고, 주로 바울을 향한 단순한 관심이 그 동기였다고 주장한다.[28] 그러나 점차 4세기 바울에 대한 관심―여기에는 아우구스티누스도 포함되는데, 어쩌면 그의 특별한 관심사라고 할 수 있을 것이다―의 갱신은 마니교(Manichaean)의 확산과 직접적으로 결부돼 있다고 간주된다. 마니교도들은 줄기차게 바울을 인용했는데, 특히 아우구스티누스가 씨름했던 본문들을 인용했다(롬 7장과 9장). 그 본문들은 마니교의 신학을 특징짓는 인간학적 이원론과 예정론적 선택을 지지하는 것처럼 해석될 여지가 있었다.[29] 사실 396년에 이루어진 아우구스티누스의 입장 변화는 자신이 이전에 참여했던 마니교 변증가인 포르투나투스(Fortunatus)와의 공개 변론(392년)과 직접적으로―만약 그 변화가 무의식적이었다면―관련이 있었을 것이라는 의견이 제기되고 있다.[30]

어쨌거나 396년 이후, 은혜의 작용에 관한 아우구스티누스의 견해가 그를 전적으로 하나님의 주권적 은혜와 특별한 선택에서 비롯된 칭의를 포함하는 구원 개념으로 이끌었으며, 이런 의미에서 아우구스티누스를 종교개혁 칭의 교리의 전조로 볼 수 있다. 다음과 같은 아우구스티누스의 견해를 살펴보자.

Grace (Paris: Études Augustiniennes, 1980), pp. 30-44을 보라.

28_ McGrath, *Iustitia Dei*, p. 39.

29_ W. H. C. Frend, "The Gnostic-Manichaean Tradition in Roman North Africa," *Journal of Ecclesiastical Studies* 4 (1953): 21-22.

30_ Paul Rhodes Eddy, "Can a Leopard Change Its Spots? Augustine and the Crypto-Manichaeism Question," *Scottish Journal of Theology* 62 (2009): 342-46.

"네게 있는 것 중 받지 않은 것이 무엇이냐?"(고전 4:7) 그러므로 그의 믿음의 분량대로 하나님이 각 사람에게 나눠주신 것을 따라서(롬 12:3) 믿음이 탄원하고 의롭다 여김을 받는다면, 인간의 그 어떤 공로도 하나님의 은혜에 우선하지 못하고, 의지가 동반하나 인도하지 못하며 뒤따라가나 앞서 나가지 못하고…오직 은혜만이 증진될 가치가 있는 것이다.[31]

아우구스티누스는 종종 종교개혁의 표준 교리와는 대조적으로 칭의가 단순히 "의롭다는 선언/간주함"이 아니라 "의롭게 만듦"이라는 개념을 포함한다고 말한다. 학자들은 이러한 언급을 통해 그의 칭의 개념이 마르틴 루터(Martin Luther)의 칭의 개념에 얼마나 큰 영향을 주었는지에 대한 논쟁을 제기했다. 어떤 이들은 밀접한 유사성을 제안하는 반면, 맥그래스 같은 이들은 다음과 같이 중요한 차이를 강조한다.

아우구스티누스는 칭의를 모든 과정을 포괄하는 변혁으로 이해하는데, 이는 (효력적 은혜가 원인인) 칭의 사건과 (협력적 은혜가 원인인) 칭의 과정을 포함한다. 사실 아우구스티누스 자신은 칭의의 이런 두 가지 측면을 구별할 어떤 필요를 느끼지 않았다. 이 구별은 16세기부터라고 추정된다.[32]

31_ 놀라의 파울리누스(Paulinus of Nola)에게 보내는 아우구스티누스의 서신(186, 3, 10)에서 발췌함; Oden, *Justification Reader*, p. 46에서 인용했다.

32_ McGrath, *Iustitia Dei*, p. 47; 비슷하게 G. R. Evans, "Augustine on Justification," *Studia Ephemeridis Augustinianum* 26 (1987): 280-81, 284. 칭의에 관한 아우구스티누스와 루터의 유사성을 강조하는 대조적인 견해는 Mark Ellingsen, "Augustinian Origins of the Reformation Reconsidered," *Scottish Journal of Theology* 64 (2011): 13-28을 보라.

라틴 중세 시대

맥그래스는 "모든 중세 신학은 정도의 차이가 있지만 '아우구스티누스적'
이다"라고 말한다.[33] 서구 라틴 배경에서 칭의 교리의 경우가 그렇다. 아
우구스티누스의 사상을 반영하는 중세 가톨릭교회의 표준 견해는 "칭의
는 신자의 삶이 시작되었음을 의미할 뿐 아니라 그 삶이 계속되고 궁극
적으로 완성되는 것을 포함한다. 칭의는 단순히 신자의 지위가 변하는 것
이 아니라 근본적인 변화를 통해 하나님과 인간이 보기에 의롭게 만들어
진다(made righteous)"는 것이었다.[34] 이 시기 동안 서구 교회에서 칭의 개
념이 새로이 중요성을 획득했다는 사실은 전혀 새로운 것이 아니다. 11세
기 캔터베리의 안셀무스(Anselm of Canterbury)는 기독교 첫 천년 동안 교
회를 지배한 속죄 이론인 승리자 그리스도(Christus Victor) 모델에 대한 비
판을 제기했다.[35] 안셀무스는 그의 책 『하나님은 왜 인간이 되셨는가?』
(Cur Deus Homo?)에서 **만족**(혹은 보속, satisfaction) 이론을 제공했다. 중세에
제기된 안셀무스의 이론이 매력적인 이유는, 만족이라는 개념이 가톨릭
의 고해성사 제도 및 당시 새롭게 부상했던 봉건주의(feudal system) 형태
와 맞물려 있었기 때문이었다. 이 이론은 승리자 그리스도 모델의 몇 가
지 이상한 점을 피할 수 있는 이점이 있으며(예를 들면 "상술적인" 이미지와
함께 제기된 보상 이론[ransom theory] 같은 것들), 인간의 죄를 심각하게 받아
들이는 예수의 사역에 관한 해석을 제공하는 한편, 그리스도의 죽음이 어
떻게 하나님의 명예에 대한 요구를 만족시켰는지를 합리적으로 설명한다.

33_ McGrath, *Iustitia Dei*, p. 38.

34_ Ibid., p. 59. 또한 이 책에 포함된 Oliver Rafferty의 기고문 서론에 있는 이 기간에 관한 통찰을
보라(pp. 414-24).

35_ Gustav Aulén, *Christus Victor: An Historical Study of the Three Main Types of the Idea
of the Atonement* (New York: Macmillan, 1969 [1931]).

속죄에 관한 안셀무스의 새로운 접근을 통해, 승리자 그리스도 모델이 가진 "사탄을 향한"(Satanward) 패러다임(즉 우주적 전쟁을 통한 사탄에 대한 예수의 승리로서의 속죄)으로부터 **법적·도덕적** 범주들이 무대의 중앙을 차지하는 "객관적" 패러다임으로의 전환이 이루어졌다.[36] 이 신학적 컨텍스트 안에서 "칭의" 개념과 그것이 법정적으로 수반하는 것들이 자연스럽게 안식처를 얻었다.

의롭게 된 인간 안에 내주하시는 하나님의 현존이라는 아우구스티누스의 개념을 출발점으로 받아들인 후, 칭의에 관한 중세 신학의 반응은 대체적으로 "그 현존이 낳은 효과"에 대한 의문을 탐구하는 쪽으로 진행된 것 같다.[37] 토마스 아퀴나스(Thomas Aquinas)에게서 그리스도인의 삶의 4단계 칭의 과정이라는 고전적인 중세의 표현이 발견되는데, 그것은 각각 (1) 은혜의 주입, (2) 믿음을 통해 하나님을 지향하는 자유 의지 운동, (3) 죄를 지양하는 자유 의지 운동, (4) 죄 사함이다.[38] 칭의가 죄 용서와 죄인의 삶에서 일어나는 실제적인 변혁을 포함한다는 아퀴나스의 주장은 지속적으로 아우구스티누스를 반영한다. "칭의에서 다음 두 가지가 함께 일어나는데, 은혜로 말미암은 죄책의 사함과 새로운 삶이 그것이다."[39]

스콜라주의 전성기(High Scholasticism, 예를 들면 13세기 중반의 「알렉산더 형제의 대전」[Summa Fratris Alexandri] 같은 작품들이 이 시기에 속한다)와 더불어,

---

36_ 교회 역사를 통해 제기된 주요한 세 가지의 속죄와 관련된 지평은 Paul Rhodes Eddy and James K. Beilby, "Atonement," in Global Dictionary of Theology, ed. William A. Dyrness and Veli-Matti Kärkkäinen (Downers Grove, Ill.: InterVarsity Press, 2008), pp. 84-92을 보라.

37_ Williams, "Justification," p. 845.

38_ Summa Theologiae IaIIae, q. 113, a. 8. 이에 대한 논의는 McGrath, Iustitia Dei, pp. 64-65; John Riches, Galatians Through the Centuries (Malden, Mass.: Blackwell, 2008), pp. 118-21을 보라.

39_ Summa IIIa, q. 56, a. 2 ad. 4.

의롭게 된 죄인 안에 있는 하나님의 독특한 현존이 필연적으로 "창조된 은총"(created grace, 혹은 특별 은총)을 야기한다는 사고가 등장했는데, 이는 그리스도인이 하나님을 따르도록 그 영혼 안에서 존재론적 변화를 낳는 은혜를 말한다.[40] 하나님이 영혼의 이러한 내적 변화를 일으키는 유일한 원인으로 받아들여지는 한, 그 변화 자체는 실제로 변화시키는 힘이 있다.

중세 후기 신학은 14-15세기에 이르러 근대방법론(*via moderna*, 즉 "유명론" [Nominalism])의 태동을 목도했는데, 이는 오컴(William of Ockham)과 가브리엘 빌(Gabriel Biel) 같은 학자들과 관련이 있다. 이 접근방식은 둔스 스코투스(Duns Scotus)의 초기 저작을 따라 하나님의 자애로운 주도성이 절대적으로 하나님의 자유임을 강조하는 것이 특징이다. 이러한 강조는 인간이 어떠한 종류의 도덕적 성취를 이루더라도 하나님께 아무런 반응도 강요할 수 없음을 분명하게 드러내기 위한 것이었다. 구원 과정에서 하나님의 절대적이고 강요받지 않는 자유에 관한 강조는 칭의와 관련하여 마침내 하나님의 "두 능력"이라는 개념으로 드러났다. 하나는 그가 기뻐하는 것은 무엇이든지 행하시는 하나님의 "절대적 능력"이고, 다른 하나는 근본적으로 우연적이며 스스로 부과한 결정에 관한 능력으로서, (이 경우는) 그리스도인의 삶 안에서 칭의의 효력을 은혜롭게 발생시키는 것과 관련된다.[41] 맥그래스는 라틴 중세 시대 칭의 교리의 개괄을 통해 "칭의에 관한 중세의 모든 토론은 죄인 안에서 그런식으로 변화가 **실제로** 일어났다는 가정 위에 전개되었다. 이것은 초기 기독교에서뿐만 아니라 근대방법론에서도 사실이었다"라고 결론짓는다.[42] 종교개혁 직전에 제기된 칭의의 다양한 표현들을 살펴보면, 칭의는 일종의 **과정**이라는 전제가

40_ McGrath, *Iustitia Dei*, p. 68; Williams, "Justification," p. 845.

41_ McGrath, *Iustitia Dei*, pp. 69-71, 50-58; Williams, "Justification," pp. 845-46.

42_ McGrath, *Iustitia Dei*, p. 71.

광범위하게 수용된 공통 기반이었다. 그 과정은 세례에서 시작해서 계속 진행되는 것이며, 하나님이 주도하시는 은혜와 이후 그 은혜와 **인간의 협력**으로 가능하게 되는 **실제적인 본질적 의**를 수반하는 것이었다.

프로테스탄트 종교개혁과 그 이후 시대

프로테스탄트 칭의 교리의 "선구자들"에 관한 질문이 제기되면 논쟁은 다시 발생한다. 헤이코 오버만(Heiko Oberman)은 바로 그런 "선구자들"이 강력한 반 펠라기우스 정서를 가지고(예. 리미니의 그레고리오[Gregory of Rimini]), 14세기에 아우구스티누스의 부흥이라는 상황 속에서 실제로 존재했다고 논증한다.[43] 대조적으로 맥그래스는 프로테스탄트의 독특성과 관련해서 중세에는 이런 "선구자들"이 실제로는 존재하지 않았다고 주장한다.[44] 그에 따르면 "루터파와 개혁파 신앙고백서들과 관련이 있는 칭의 교리야말로 참된 신학적 혁명(nova)이라고 할 수 있다."[45] 한편으로 "선구자들"이란 용어가 지나치게 강한 어법일 수 있지만, 여전히 루터와 멜란히톤 모두 그들의 칭의 교리의 탁월한 요소들을 에라스무스(Erasmus)—특히 그의 1516년 그리스어 신약성서 및 그의 주석과 이후의 주해—로부터 빌려왔다는 사실 역시 지적되곤 한다.[46]

43_ Heiko A. Oberman, *Forerunners of the Reformation: The Shape of Late Medieval Thought* (New York: Holt, Rinehart & Winston, 1966).

44_ Alister McGrath, "Forerunners of the Reformation? A Critical Examination of the Evidence for Precursors of the Reformation Doctrines of Justification," *HTR* 75 (1982): 219-42; idem, *Iustitia Dei*, pp. 210-17.

45_ McGrath, "Forerunners," 241.

46_ Lowell C. Green, "The Influence of Erasmus upon Melanchthon, Luther and the Formula of Concord in the Doctrine of Justification," *Church History* 43 (1974): 183-200.

마르틴 루터

어떤 경우에든, 마르틴 루터가 칭의 교리를 가장 우선적인 것으로 간주하여 이를 분명히 제기했다는 사실이 이 토론의 중대한 전환점이 된다는 것에는 모두 동의할 것이다. 다음과 같은 루터의 언급을 살펴보자.

> 만일 우리가 칭의 교리를 잃는다면, 쉽게 말해 우리는 모든 것을 잃는다. 그러므로 가장 필요하고 중요한 일은, 모세가 그의 율법에 관해 말한 것처럼(신 6:7) 날마다 이 교리를 가르치고 반복하는 것이다. 이 교리를 이해하고 견지하려는 노력은 아무리 강조해도 지나치지 않기 때문이다. 사실 우리가 아무리 이 교리를 힘차게 강요하고 심어준다 해도, 그것을 완벽하게 파악하고서 전심으로 믿을 수 있는 사람은 하나도 없다. 우리의 육신이 그만큼 연약하고 성령에 불순종하기 때문이다![47]

루터에게 칭의 교리는 "교회의 존폐를 좌우하는 조항"[48]이다.

루터 자신이 회고하듯, 로마서 1:16-17 안에서 바울의 언어에 관한 새로운 이해가 그의 머릿속에 떠올랐을 때 해석학적 전환의 순간이 찾아왔다.

> 내가 복음을 부끄러워 하지 아니하노니 이 복음은 모든 믿는 자에게 구원을 주시는 하나님의 능력이 됨이라. 먼저는 유대인에게요 그리고 헬라인에게로다. 복음에는 하나님의 의가 나타나서 믿음으로 믿음에 이르게 하나니, 기록된 바 "오직 의인은 믿음으로 말미암아 살리라" 함과 같으니라.

47_ "Lectures on Galatians—1535," in *LW* 26:26.
48_ 비록 루터가 이 유명한 문구를 스스로 만들지는 않았지만, 그것은 칭의에 관한 그의 정서를 멋지게 포착했다고 널리 수용된다.

"하나님의 의"가 죄인들을 정당하게 심판하고 형벌을 내리는 하나님의 **무서운** 의를 의미한다고 이해했던 루터는, 그의 유명한 "탑 경험"(tower experience, 수십 년 뒤인 1545년 그의 라틴어 저작 서문에서 언급된)을 통해 이제 그 의를 죄인들에게 전가함으로써 그들을 자신의 목전에서 의롭게 여기시는 하나님의 은혜로운 의로 받아들이게 되었다. 하나님의 목전에서 죄인들을 의롭다 칭하시는 이 의는 **오직 믿음**으로만 가능하다.

하지만 이것이 루터에게 정확히 무슨 의미였는가? 그가 여러 해 동안에 걸쳐 칭의에 관해 언급한 수많은 진술들을 어떻게 해석해야 하는가? 우리는 이와 같은 질문들에 덧붙여 오늘날 루터 자신의 칭의 교리를 어떻게 이해해야 하는가라는 또 하나의 중대한 질문에 도달하게 된다.

맥그래스는 프로테스탄트의 칭의 교리를 구별하는 데 도움을 주는 세 가지 요점에 대해 이렇게 말했다. (1) 칭의는 실제로 사람을 의롭게 하는 과정에 대한 반대 개념으로, **하나님 앞에서 법적 지위**의 변화를 가져오는 의의 **법정적** 선언을 수반한다. (2) 칭의("하나님이 죄인을 의롭다고 선언하는 행위")와 중생 혹은 성화("성령에 의해서" 실제로 "내적으로 새로워지는 과정") 사이에는 개념상의 차이가 존재한다. (3) 의롭다 함은 외부적인 것으로, 즉 "외부에서 말미암은"(alien) 의로 이해되는데, 그것은 믿음이라는 행위를 통해 그리스도인들에게 은혜로 전가된 것이다.[49] 그러나 "역사적 루터"(historical Luther)는 이 구분과 관련해서 어느 항목에 부합할 수 있을까?

오늘날 학계에서는 그 질문에 대해 일치된 결론을 제시하지 못하고 있다. 어떤 이들에게는 루터의 견해에 관한 전통적인 프로테스탄트적 시각이 아직도 유효하다. 루터 자신의 견해가 분명히 발전 중이었던 반면,

---

49_ McGrath, "Forerunners," p. 223.

그의 후기 칭의 이론을 살펴보면, 우리는 루터, 멜란히톤, 그리고 이들을 따르는 프로테스탄트 정통파 사이에 놀라운 일관성이 있음을 발견한다.[50] 다른 이들은 루터가 고전적인 프로테스탄트의 고유한 특징 중에서 일부만을 공유했다고 주장한다. 맥그래스에 따르면, 루터는 칭의의 "외부적" 본질을 분명히 옹호하긴 했지만 "엄격한 의미에서 볼 때 법정적 칭의 교리를 가르치지는 않았다.…사실 루터는 사건과 과정으로서의 칭의라는 아우구스티누스적 이해에 충실하게 머물러 있었다고 간주될 수 있다."[51] 맥그래스에 따르면, 오직 멜란히톤과 프로테스탄트 정통파만이 칭의를 **확실하게 법정적인** 것으로 인식했으며, 아울러 칭의와 성화를 명백하게 구별했다. 루터와 후기 멜란히톤 사이에 일어난 결정적인 간극을 인식하는 것이 이 관점의 핵심이며, 이 간극은 알브레히트 리츨(Albrecht Ritschl), 아돌프 폰 하르낙(Adolf von Harnack), 카를 홀(Karl Holl)의 작업으로 시작된 20세기의 "루터 르네상스"(Luther renaissance)와 같은 루터 해석에서 특징적으로 나타난다.[52] 마지막으로 최근 들어 "핀란드 학파"(Finnish school)의 루터 해석이 등장하는데(이에 관해서는 신성화 관점을 참고하라), 이 때문에 루터 자신의 칭의 개념이 통상적으로 인식된 것보다 신성화라는 동방 정교회의 견해에 훨씬 더 부합한다는 주장이 널리 수용되고 있다.

50_ 이 관점의 20세기 옹호자들은 1927년에 재출간된 Theodosius Harnack, *Luthers Theologie mit besonderer Beziehung auf seine Versöhnungs- und Erlösungslehre*, 2 vols. (Erlangen: Blaesing, 1862, 1885)에서 그 영감을 가져왔다. 최근의 견해는 R. Scott Clark, "*Iustitia Imputata Christi*: Alien or Proper to Luther's Doctrine of Justification?" *Concordia Theological Quarterly* 70 (2006): 307을 보라.

51_ "Forerunners," p. 225.

52_ Albrecht Ritschl, *A Critical History of the Christian Doctrine of Justification and Reconciliation*, trans. John S. Black (Edinburgh: Edmonston & Douglas, 1872), pp. 167-69; Adolph von Harnack, *History of Dogma*, trans. Neil Buchanan, 7 vols. (New York: Dover, 1961), 7:256. Holl과 "루터 르네상스"(Luther Renaissance)에 관해 Karl Kupisch, "The 'Luther Renaissance,'" *Journal of Contemporary History* 2, no. 4 (1967): 39-49을 보라.

이 부분에 관한 루터의 사상을 이해하는 것은 그의 일생에 걸쳐 이루어진 칭의 교리 발전에 관한 각자의 이해에 (혹은 어쩔 수 없이 일어나는 이해의 결핍에) 달려 있다고 할 수 있다.

전통적인 종교개혁 칭의 교리: 루터파와 개혁파

우리는 루터의 신학에서 어떤 특정한 요소를 다루더라도 전통적인 프로테스탄트 개혁파 칭의 교리와 마주치게 되는데, 본질적으로 그의 신학은 전통적인 루터파와 칼뱅주의 개혁파의 칭의론을 특징짓는다. 장 칼뱅(Jean Calvin) 역시 칭의가 "기독교의 주된 항목"이라고 주장하는 점에서 루터만큼이나 선명하다.[53] 루터파 신앙고백서(Lutheran Book of Concord)로부터 하이델베르크 교리문답서(Heidelberg Catechism)와 웨스트민스터 신앙고백서(Westminster Confession)에 이르기까지, 오직 믿음을 통하여 그리스도의 의를 신자에게 자비롭게 전가하시는 하나님의 법정적 선포와 매우 유사한 내용의 이신칭의 선언이 발견된다.[54]

물론 오랜 세월 동안 루터파와 개혁파의 도식을 구별지어 왔던 미묘한 어감의 차이가 존재하는 것은 사실이다. 오늘날 논쟁이 되고 있는 또 한 가지 문제는 이 둘 사이의 차이점이 갖는 본질과 그 의미다. 이때 제기되는 문제 중 하나는 칭의 및 그리스도와의 연합과 관련하여 **구원 서정**

53_ *Institutes* 3.2.1. 칼뱅의 칭의 교리에 관해서 David Steinmetz, *Calvin in Context*, 2nd ed. (New York: Oxford University Press, 2010 [1995]), pp. 65-73; Karla Wübbenhorst, "Calvin's Doctrine of Justification: Variations on a Lutheran Theme," in *Justification in Perspective: Historical Development and Contemporary Challenges*, ed. Bruce L. McCormack (Grand Rapids: Baker Academic, 2006), pp. 99-118을 보라.

54_ Book of Concord, "Defense of the Augsburg Confession": Article IV (II): Of Justification; Heidelberg Catechism, q. 60-64; Westminster Confession of Faith, chap. 13.

(ordo salutis, "order of salvation")을 다루는 루터와 칼뱅의 접근 방식에 관한 질문이다. 어떤 이들은 칼뱅이 그리스도와의 연합을 강조한 것이 루터와의 차이점이긴 하지만 그가 칭의와 성화의 혜택을 우선시하지는 않은 반면, 루터는 칭의가 그리스도와의 연합을 일으킨다고 믿었다고 주장한다.[55] 다른 사람들은 루터를 이렇게 해석하는 것에 반대하면서, 비록 루터의 용어가 칼뱅과 이후의 종교개혁 전통만큼 정교하진 않지만, 루터의 견해 자체는 칼뱅의 그것과 비슷하여 칼뱅이 그리스도와의 연합 개념을 정립하는 데 도움이 되었을 것이라는 견해를 제시하기도 한다.[56] 이런 어감의 차이는 차치하더라도, 어느 경우든 루터파와 개혁파에서 나온 주요 견해들은 종교개혁의 이신칭의 교리가 가지고 있는 기본 틀을 계속해서 분명하게 표현하고 변증해왔다.[57] 이 책에서는 전통적인 개혁파의 관점을

55_ 예. Richard B. Gaffin Jr., *By Faith, Not by Sight: Paul and the Order of Salvation* (Colorado Springs: Paternoster, 2006)을 보라.

56_ 예. J. V. Fesko, "Luther on Union with Christ," *Scottish Bulletin of Evangelical Theology* 28 (2010): 161-76을 보라.

57_ 개혁파에 관해서는 벨기에 신앙고백서(Belgic Confession, 1561), 하이델베르크 신앙고백서(1563), 웨스트민스터 신앙고백서(1647) 같은 신앙고백서뿐만 아니라 존 오웬(John Owen, 17세기), 조나단 에드워즈(Jonathan Edwards, 18세기), 찰스 하지(Charles Hodge, 19세기)와 같은 개혁파 사상가들의 개인 저작들을 통해서 놀라울 정도로 일관성 있는 노선이 수 세기에 걸쳐 발견된다. 최근에는 전통적인 개혁파의 견해가 인상 깊은 여러 권의 책에서 제시되었는데 이는 Carson, *Right with God*; J. V. Fesko, *Justification: Understanding the Classic Reformed Doctrine* (Phillipsburg, N.J.: Presbyterian & Reformed, 2008); Ryan Glomsrud and Michael Horton, eds., *Justified: Modern Reformation Essays on the Doctrine of Justification* (n.p.: CreateSpace, 2010); Michael Horton, *Covenant and Salvation: Union with Christ* (Louisville: Westminster John Knox, 2007); Alister McGrath, *Justification by Faith: What It Means for Us Today* (Grand Rapids: Acadamie/Zondervan, 1988); K. Scott Oliphint, ed., *Justified in Christ: God's Plan for Us in Justification* (Ross-shire, U.K.: Mentor, 2007); R. C. Sproul, *Faith Alone: The Evangelical Doctrine of Justification* (Grand Rapids: Baker, 1995); White, *God Who Justifies*를 포함한다.
　루터파 정황에 대해서는 비슷한 노선을 신앙고백서에 있는 진술을 통해 추적할 수 있지만, 이는 16세기 후반부터 18세기 초반까지 "루터파 정통" 안에 있는 다양한 언급들에 한정된다.

마이클 S. 호튼(Michael S. Horton)이 적절하게 대변할 것이다.[58]

성공회

칭의에 대한 성공회의 관점은 캔터베리 대주교인 토마스 크랜머(Thomas Cranmer)가 루터와 특히 멜란히톤에게서 받은 영향으로 인해 일반적으로 전통적인 종교개혁파의 견해와 궤를 같이한다(이는 13개 조항[The Thirteen Articles]의 제4항에 표현되었다).[59] 16세기의 영향력 있는 성공회 신학자 리처드 후커(Richard Hooker)가 종교개혁 노선에서 분리되어 나왔는지에 대한 지속적인 논쟁이 있지만, 그는 종교개혁의 본질을 유지한 것으로 보인다.[60] 평생 성공회 신자였던 존 웨슬리는 기독론에 기반을 둔 보편적인 선행 은총이라는 "아르미니우스적인" 개념을 주장하면서, 이를 통해 모든 사람이 구원에 이르는 믿음을 발휘하게 된다는 견해를 포용함으로써 개혁파의 신학적 전통에서 이탈했다.[61] 그럼에도 그가 1783년 올더스게이트

하지만 Carl Braaten은 *Justification: The Article by which the Church Stands or Falls* (Minneapolis: Fortress 1990), p. 28을 통해 이 기간 동안 루터파 안에서 일관된 노선이 "지속적으로 약화되어 왔음"을 지적한다. 더 최근의 논의는 Gerhard O. Forde, *Justification by Faith: A Matter of Death and Life* (Mifflintown, Penn.: Sigler, 1990; Robert Preus, *Justification and Rome* (St. Louis : Concordia Acadmic, 1997)을 보라.

58_ 칭의와 관련된 주제를 다룬 Horton의 책은 *Covenant and Salvation*; idem, *The Christian Faith: A Systematic Theology for Pilgrims on the Way* (Grand Rapids: Zondervan Academic, 2011), pp. 620-47; idem, *Putting Amazing Back into Grace: Embracing the Heart of the Gospel*, 2nd ed. (Grand Rapids: Baker, 2002); Glomsrud and Horton, *Justified*.

59_ 성공회의 칭의 개념에 대한 개략적 진술은 Peter Toon, *Justification and Sanctification* (Westchester, Ill.: Crossway, 1983), pp. 89-101을 보라.

60_ Corneliu C. Simut, *Richard Hooker and His Early Doctrine of Justification: A Study of his Discourse of Justification* (Burlington, Vt.: Ashgate, 2005); Williams, "Justification," p. 847.

61_ Wesley의 선행 은총(prevenient grace)에 관해 J. Gregory Crofford, *Streams of Mercy: Prevenient Grace in the Theology of John and Charles Wesley* (Lexington, Ky.: Emeth, 2010); Robert V. Rakestraw, "John Wesley as a Theologian of Grace," *JETS* 27(1984): 193-

거리(Aldersgate Street)에서 루터의 「로마서 서문」(Preface to Romans)이 크게 낭독되는 것을 듣던 도중에 "심장이 뜨거워지는" 것을 체험한 사건은 그의 칭의 교리에 흔적을 남겼다. 웨슬리는 칭의가 의롭게 **됨**을 수반하는 것은 **아니**라고 단언함으로써 종교개혁의 중요한 교리와 보조를 맞췄다. 즉 칭의와 성화는 구분되어야 한다는 것이다. 그러나 웨슬리는 전통적인 프로테스탄트와는 다르게 그리스도의 의가 그리스도인에게 전가된다는 것을 강조하지는 않았다.[62]

19세기 초에 존 헨리 뉴먼(John Henry Newman)은 잘 알려진 『칭의론 강의』(Lectures on Justification)를 진행했는데, 이는 본래 로마 가톨릭과 프로테스탄트 사이에서 성공회의 "중도적 노선"을 제공하기 위한 것이었다. 뉴먼은 수십 년이 지나 성공회에서 로마 가톨릭으로 개종한 이후(실은 추기경으로 선출되기 바로 몇 년 전에), 사실상 첫 책을 거의 수정하지 않고 다시 발간하면서 자신이 여전히 칭의 교리의 본질을 온전히 포용할 수 있다고 말했다. 따라서 동일한 텍스트가 성공회와 로마 가톨릭의 칭의 이해에 영향을 끼쳤다. 이 강의안에서 뉴먼은 다음과 같이 말한다.

> 창조의 말씀이 혼돈을 덮은 것처럼, 의화는 우리의 본래 상태의 침울함을 파하시는 전능하신 하나님의 선언 혹은 명령이다. 그것은 영혼이 의롭다는 선언이고, 한편으로는 그 선언을 통해 한 영혼이 과거에 지은 죄의 사함이 전달되고, 다른 한편으로는 그 영혼을 실제로 **의롭게 한다**.[63]

203(특히, pp. 196-97)을 보라.

62_ Wesley의 칭의 교리에 관해서는 Kenneth J. Collins, "The Doctrine of Justification: Historic Wesleyan and Contemporary Understanding," in *Justification: What's at Stake in the Current Debate*, ed. Mark Husbands and Daniel J. Treier (Downers Grove, Ill.: InterVarsity Press, 2004), pp. 177-202; Rakestraw, "John Wesley," pp. 197-99을 보라.

63_ Newman, *Lectures on Justification* (London: Rivingtons, 1838), p. 90. Newman에 관해, Toon, *Justification and Sanctification*, pp. 113-19을 보라.

1장_칭의 개념의 역사 **43**

반종교개혁과 그 너머: 로마 가톨릭의 대응

로마 가톨릭은 칭의 교리를 포함하여 루터와 프로테스탄트 종교개혁에 대한 공식적인 대응으로서 1545년부터 1563년 사이에 25번의 공식적인 회합을 가진 트리엔트 공의회(The Council of Trent)를 소집하였다.[64] 올리버 P. 래퍼티(Oliver P. Rafferty)가 이 책에 실린 그의 글에서 말한 것처럼, "트리엔트에서 자세히 설명된 복잡하고 미묘한 신학을 쉽게 요약할 수 있다는 생각은…잘못된 것이다."[65] (래퍼티가 이에 관해 훌륭한 글을 기고했으므로, 서론 상에서 제공할 수 있는 것보다 훨씬 확장되고 세밀한 개요를 파악하려면 뒤에 제공된 트리엔트 공의회에 관한 래퍼티의 글을 참고하기를 추천한다.) 이 장에서는 트리엔트 의화교령의 주요 의도가 프로테스탄트의 잘못을 바로잡기 위한 가톨릭의 견해를 제시하려는 것이었다는 사실을 언급하는 것만으로도 충분할 것이다. 많은 사람이 지적한 것처럼, 트리엔트 의화교령은 중세 가톨릭 논쟁과 관련된 전문적 표현을 대부분 피하면서 성서의 용어를 빈번하게 사용했다. 로완 윌리엄스의 평가에 따르면, 의화교령은 "사실상 중세의 논쟁들보다 훨씬 더 루터나 칼뱅과 비슷하다."[66] 의화에 관한 트리엔트의 주된 강조 가운데 하나는 의화가 프로테스탄트의 견해와는 반대로 죄 용서뿐 아니라 거룩함이라는 관점에서도 신자들의 내적 변화를 수반한다는 것이다.

애버리 덜레스 추기경(Avery Cardinal Dulles, S.J.)은 트리엔트 이후 20

64_ 트리엔트의 칭의 진술은 *The Canons and Decrees of the Council of Trent*, trans. H. J. Schroeder (Rockford, Ill.: Tan, 1978), pp. 29-45을 보라. 트리엔트의 칭의 이해에 관해 McGrath, *Iustitia Dei*, pp. 308-57; 그리고 이 책에 실린 트리엔트에 관한 Rafferty의 논의(pp. 424-28)를 참조하라.

65_ Gerald O'Collins, S.J., And Oliver Rafferty, S.J., "Roman Catholic View," p. 424 이하를 참조하라.

66_ Williams, "Justification," p. 846.

세기까지 의화에 관한 가톨릭교회의 본질적인 연속성을 다루는 유용한
요약을 다음과 같이 제시한다.

> 로마 가톨릭의 가르침 안에서 의화 신학은 트리엔트 공의회 이후 이렇다 할
> 극적인 변화를 겪지 않았다.…의화는 프로테스탄트에 맞서거나 혹은 대화할
> 때를 제외하고는 거의 논의되지도 않았다.…트리엔트 공의회 당시부터 20세
> 기 초까지의 학자들은 주로 후기 스콜라주의의 개념적 도구를 가지고 의화를
> 연구했다. 따라서 의화는 하나님께서 그가 보시기에 기뻐할 만한 일종의 초
> 자연적 사건을 통해 인간의 영혼 안에 유효하게 개입하시는 것으로 이해되었
> 다. 이 사건("성화의 은총")은 그것을 소유한 사람들을 내적으로 의롭게 하고
> 보상받을 만한 행동을 하게 하며, 따라서 영원한 상급을 받기에 합당하다는
> 굳건한 호칭을 얻게 한다.[67]

트리엔트 공의회로부터 오늘날까지 내려오는 이 기본적인 연속성은
현재 가톨릭교회 교리문답(Catechism of the Catholic Church)에 있는 공식적
진술인 "의화는 죄 사함일 뿐만 아니라 인간의 내적 성화와 갱신이다"[68]에
서 명확히 드러난다. 루터와 칼뱅과는 반대로―그러나 에라스무스, 동방
정교회, 재세례파, 아르미니우스-웨슬리 전통 및 대부분의 오순절주의와
상당 부분 노선을 같이하는―트리엔트 공의회 이후의 가톨릭교회는 구원
과정에서 인간의 자유가 모종의 역할을 한다고 주장하는 자유의지론적인
(libertarian) 경향이 있음을 언급해야 한다. 아우구스티누스 이래로 지금

67_ Avery Cardinal Dulles, S.J., "Justification in Contemporary Catholic Theology," in
   Justification by Faith: Lutherans and Catholics in Dialogue VII, ed. H. George Anderson
   et al. (Minneapolis: Augsburg, 1985), pp. 256-57.
68_ *The Catechism of the Catholic Church* (New York: USCCB, 1995), p. 492.

까지도 우여곡절이 많은 칭의 논쟁의 배후에 숨겨진 이슈는, 구원 과정에서 인간의 자유의 본질과 그 역할에 관한 문제다.

이 근본적인 연속성과 더불어, 20세기에 들어서서 의화를 표현하는 어조의 변화가 다수의 중요한 가톨릭 신학자들에게서 실제로 일어났다. 스콜라주의적인 표현방식은 점차 수정되었다. 토마스주의(Thomism)의 부흥, 개인주의적 현상학, 성서와 교부 신학에 관한 새로운 관심의 결합이 가져온 효과는 다양한 로마 가톨릭 신학자들로 하여금 의화를 포함한 전통적인 신학 범주들을 새로운 사고방식으로 탐구하도록 이끌었다. 가장 영향력 있는 20세기의 가톨릭 신학자인 칼 라너(Karl Rahner)가 여기에 해당한다.[69] 라너에 따르면 "그리스도 안에서 하나님이 행하신 객관적인 사건이 구원받은 자들의 어떤 변화보다도 선행하기는 하지만", 그는 **"개인의 주관적인 의화가 그 개인의 성화와 실제로 일치한다"**고 단언함으로써 전통적인 가톨릭의 견해를 계속 유지한다.[70] 그러나 라너는 초월적 토마스주의의 자료들과 신비와 상징이라는 범주들을 통하여 "일반 은총(uncreated grace)과 상징적 행동화(actuation) 작용이라는 측면에서" 의화에 관한 가톨릭의 기본적 확신을 명확하게 표현할 수 있었고, 이를 통해 당대의 많은 로마 가톨릭 신자들에게 전통적인 스콜라주의 언어를 초

69_ 칭의에 관한 Rahner의 반응은 "Some Implications of the Scholastic Concept of Uncreated Grace," in *Theological Investigation*, 23 vols. (Baltimore: Helicon, 1961-1992), 1:319-46; "Questions of Controversial Theology on Justification," in *Theological Investigations*, 5:119-205; "Justified and Sinner at the Same Time," in *Theological Investigations*, 6:218-30을 포함한다. Rahner의 의화 개념과 그것이 값없이 주어진다는 그의 해석에 대해서는, Avery Cardinal Dulles, "Justification and the Unity of the Church," in *The Gospel of Justification: Where Does the Church Stand Today?* ed. Wayne C. Stumme (Grand Rapids: Eerdmans, 2006), pp. 125-40; Paul D. Molnar, "The Theology of Justification in Dogmatic Context," in *Justification: What's at Stake in the Current Debates*, ed. Mark Husbands and Daniels J. Treier (Downers Grove, Ill.: InterVarsity Press, 2004), pp. 224-48을 보라.

70_ Dulles, "Justification in Contemporary Catholic Theology," p. 257 (강조는 추가됨).

월하여 다른 기독교 전통과 의화에 관해 더욱 생산적인 대화를 가능하게 하는 새로운 수단을 제공했다.[71] 이 책에서는 제럴드 오콜린스(Gerald O'Collins)와 래퍼티가 의화 교리에 관한 현대 로마 가톨릭의 관점을 제공한다.[72]

현대 프로테스탄트 대화에서 주목할 만한 순간들

종교개혁시대 논쟁의 특징이었던 인간의 근본적인 영적 참상에 관해 폭넓게 공유되었던 이해가 계몽주의의 발흥과 함께 공격을 받게 되었다. 논점의 차이에도 불구하고, 중세와 종교개혁 시기를 대변하는 다양한 견해들은 인간의 근본적인 문제가 "지독한 죄성"과 "자애로운 하나님에 대한 절실한 필요"라는 점에서는 의견을 같이했다. 하지만 계몽주의의 시각에서 볼 때 인간의 문제와 그에 따른 해결책은 갈수록 타당하지 않은 것으로 여겨졌다. 비록 수백 년 후에 진술되었지만, 1963년 세계 루터교회 연맹(Lutheran World Federation) 총회에서 제정된 다음과 같은 진술은 계몽

71_ Ibid., p. 277. 이 시대 로마 가톨릭의 의화에 관한 다양한 표현은 Dulles, "Justification in Contemporary Catholic Theology"; R. A. Sungenis, *Not by Faith Alone: The Biblical Evidence for the Catholic Doctrine of Justification* (Santa Barbara, Calif.: Queenship, 1997); George H. Tavard, *Justification: An Ecumenical Study* (New York: Paulist, 1983)을 보라.

72_ 의화와 관련이 있는 주제를 다룬 O'Collins의 이전 글들은 *Jesus Our Redeemer: A Christian Approach to Salvation* (New York: Oxford University Press, 2007); idem, "Redemption: Some Crucial Issues," in *The Redemption: An Interdisciplinary Symposium on Christ as Redeemer*, ed. Stephen T. Davis, Daniel Kendall and Gerald O'Collins (New York: Oxford University Press, 2004), pp. 1-24; idem, "Salvation," in *ABD*, 5:907-13; O'Collins and Edward G. Farrugia, "Justification," in *A Concise Dictionary of Theology* (New York: Paulist, 1991), p. 115; Gerald O'Collins and Mario Farrugia, *Catholicism: The Story of Catholic Christianity* (New York: Oxford University Press, 2003), pp. 209-11을 포함한다.

주의적 사고방식을 특징짓는 정서를 간결하고 정확하게 포착한다.

> 오늘날 사람들은 더 이상 "내가 어떻게 은혜로운 하나님을 발견할 수 있을까
> 요?"라고 묻지 않는다. 인간은 하나님의 분노가 아닌 하나님의 부재를 느끼기
> 때문에, 또한 죄 때문이 아니라 인간 자신의 존재가 의미 없기 때문에 고통받
> 는다. 인간은 하나님이 은혜로우신지를 묻기보다는 하나님이 실제로 존재하
> 는가를 묻는다.[73]

인간의 자율과 성취에 관한 "지금 여기에서"(here-and-now)의 문제를
탐구하는 풍토가 영적인 칭의 문제를 대신하여 점차 근대의 "계몽된" 세
상에서 중앙 무대를 차지했다. 이신론(Deism)의 유입으로 전통적인 칭의
관에서 중요한 역할을 담당했던 기독교의 특정 교리들―삼위일체, 그리
스도의 신성, 원죄, 대속적 속죄―에 대한 비판적인 조류가 형성되었다.
이런 상황에서 전통적인 칭의 교리가 특정 분파들로부터 비판을 받았다
는 것은 확실하다.[74]

경건주의

근대주의자들이 밀려오고 있음에도 불구하고, 이 시기에 휘트필드
(Whitefield)와 웨슬리, 조나단 에드워즈(Jonathan Edwards)와 찰스 하지
(Charles Hodge)처럼 종교개혁의 칭의 개념이 지닌 전통적인 요소들을 고
집스러우리만치 충실하게 유지한 사람들이 있었다. 그 다음으로 경건주
의가 등장한다.

73_ *Proceedings of the Fourth Assembly of the Lutheran World Federation, Helsinki, July
30-August 11, 1963* (Berlin/Hamburg: Lutherisches Verlagshaus, 1965), p. 57.

74_ McGrath, *Iustitia Dei*, pp. 358-81; Williams, "Justification," p. 847-48.

학자들은 프로테스탄트 스콜라주의의 "죽은 정통"을 인식하고 이에 맞서 할레 대학교를 중심으로 발흥한 경건주의 운동이 이신칭의를 받아들였는지에 대해 상반된 평가를 제시한다. 한편으로 많은 학자들은 개인의 경건과 마음의 헌신을 낳는 살아 있는 믿음을 강조하는 경건주의가 순전한 법정적 칭의라는 종교개혁의 표준 견해를 자연스럽게 비판하게 되었다고 지적한다.[75] 다른 한편으로 일부 학자들은 성서의 권위에 충실한 초기 경건주의자들이, 심지어 이 교리에 대한 일반적인 오해가 가져올 치명적 결과를 경고하는 와중에도, 전통적인 칭의 교리를 변호했다고 주장한다.[76] 칼 브라텐(Karl Braaten)이 언급한 것처럼, 둘 중 어느 경우든지 칭의 교리는 오랜 세월 동안 꾸준히 무시당하고 쇠락한 이후에, 할레 대학교의 신학자이자 경건주의자인 마르틴 켈러(Martin Kähler)와 함께 19세기에 이르러 "종교개혁자들의 사상에서 발견되는 것과 유사한 형태와 기능"을 가지고 "극적으로 복귀"하게 되었다.[77]

자유주의 프로테스탄트의 대응

계몽주의의 확산은 도덕성에 관한 합리주의적 관점을 촉진하였다. 이는 본성의 상식적 작용을 그 기반으로 하여 "칭의"에 관한 유럽 특유의 정서에 영향을 끼쳤다. 윤리적인 측면에서 볼 때 이러한 도덕적 전망은 인간에게 무엇을 기대하든 그것을 성취할 수 있는 자율적인 능력이 인간 안에 이미 존재한다는 전제를 필수적으로 요청했다. 이에 대해 임마누엘 칸트(Immanuel Kant)는 자신만의 독특한(비록 내적 긴장 관계에 있기는 하지만) 방

75_ Ritschl, *Critical History*, p. 515; McGrath, *Iustitia Dei*, pp. 292-95; Carter Lindberg, *The Third Reformation?* (Macon: Mercer University Press, 1983).

76_ Gary Delashmutt, "Early German Lutheran Pietism's Understanding of Justification," Xenos Christian Fellowship website (copyright 2010) www.xenos.org/essays/pietism.htm.

77_ Braaten, *Justification*, p. 28.

식을 통해 이러한 근대주의적 사고에 도덕적 도전을 제기했다.[78]

18세기에서 19세기로 넘어오면서 낭만주의(Romanticism) 정서의 성장과 함께, 프리드리히 슐라이어마허(Friedrich Schleiermacher)는 특별히 **신에게 전적으로 의존함**(즉 "신-의식"[God-consciousness])을 의미하는 단어인 인간의 "감정"(feeling, 이것은 독일어 Gefühl의 번역으로는 절대로 타당하지 않은 단어다)이라는 근본적인 발상에 뿌리를 두고서 계몽주의에 대한 종교적 비판을 제공했다. 계몽주의적 종교와 프로테스탄트 정통 사이에서 중재 노선을 찾으려는 그의 시도는 자연스럽게 그의 구원 개념—비록 언제나 자연적인 수단을 통해서 이루어지지만, 그리스도의 최상의 신-의식이 인류에게 미친다는 주장—에 깊은 영향을 미쳤다. 슐라이어마허는 특별히 칭의와 관련해서 종교개혁 전통과의 연속성이라는 분명한 선을 유지하려고 고군분투했다.[79] 하지만 그는 경건주의자이자 그 밖의 다른 것들에 대한 성향 때문에, 의의 순수한 전가를 강조하는 법정적 칭의 개념에 대해서는 반대하였다. 그는 칭의가 하나님의 분노를 누그러뜨리고 신의 형벌을 피하게 하는 것과 관련된다는 개념을 단호히 거절한다. 비록 그가 가톨릭교회와 거리를 두었지만, 이는 가톨릭교회가 칭의는 "(신앙이 작용한 뒤에) 선한 행위를 수단으로 발생한다"는 견해를 고수했기 때문이었다. 슐라이어마허는 또한 전통적인 종교개혁의 칭의 교리에 대해서도 비판적이었다. 그는 "그리스도를 위하여 인간을 의롭게 하는 단 하나의 영구적이고 보편적인 선포만이 존재한다"고 주장했다. 이때조차 이 선포는 결코 단순한 "선언적 행동"만을 의미하지 않는다.[80]

78_ McGrath, *Iustitia Dei*, pp. 371-76.

79_ Friedrich Schleiermacher, *The Christian Faith*, ed. H. R. Mackintosh and J. S. Stewart, 2 vols. (New York: Harper & Row, 1963), 2:496-505.

80_ Ibid., pp. 501-2.

전통적이고 객관적인 칭의 개념을 옹호하려는 태도는 근대주의와 점점 커지는 헤겔(G. W. F. Hegel)의 영향력으로부터 지속적인 압박을 받은 19세기 내내 자유주의 기독교계에서 지속적으로 쇠퇴했다. 그러나 19세기 중반 헤겔주의가 약화되면서, 칭의 교리를 새롭게 재고하려는 움직임이 알브레히트 리츨(Albrecht Ritschl)의 3권짜리 책 『칭의와 화해 교리의 비평적 역사』(A Critical History of the Christian Doctrine of Justification and Reconciliation, 1870, 1874)를 통해 제기되었다. 리츨도 근대의 수많은 좌파적 성향을 가진 다른 그리스도인들처럼 초기 교회의 오염되지 않은 신앙이 수많은 고전적 기독교의 신조를 형성하는 데 악영향을 미친 그리스의 형이상학 때문에 점차 타락했다고 믿었다. 종교개혁의 관점에 대한 비판적 양상에도 불구하고, 리츨은 오랫동안 유지된 칭의 개념의 중심부에서 크게 벗어나지는 않았다.

리츨은 루터가 수백 년 전에 씨름했고 멜란히톤 및 종교개혁 정통파와 함께 점차 쇠퇴한 통찰의 본래 핵심을 자신이 회복했다고 믿었다. 따라서 "리츨이 칭의를 모든 신학의 출발점이자 궁극적으로 그 기반이 되는 원천으로 여겼다"는 것은 전혀 놀라운 일이 아니다.[81] 심지어 리츨은 칭의의 객관적 요소로 되돌아간다. 그의 칭의 개념은 죄 용서와 관계 회복을 위해 죄 많은 인간을 용납하시는 하나님을 포함한다. 그러나 리츨에 의해 재표현된 칭의 공식은 본질적으로는 명백하게 "근대"에 여전히 머물러 있다. 리츨은 근대적 그리스도인의 사고로 칭의를 이해하기 위해 칭의가 "하나님 나라를 위한 공동 분투"라는 최종 목적에 이르기 위한 궁극적인 수단이라는 것을 명확히 한다.[82] 이 때문에 리츨의 신학은 "칸트 종교 철

81_ McGrath, *Iustitia Dei*, p. 384. Ritschl의 칭의에 대한 유용한 토론은 같은 책 pp. 381-92을 보라.

82_ Christophe Chalamet, "Reassessing Albrecht Ritschl's Theology: A Survey of Recent

학의 재형성과 재해석"이라고 볼 수 있다.[83]

실존주의적 재해석들

종교개혁의 칭의 교리를 재해석하고 개정하려는 움직임은 20세기에 들어서도 수그러들지 않고 계속되었다. 독일 루터파인 파울 틸리히(Paul Tillich)와 루돌프 불트만(Rudolf Bultmann)에 의해 칭의의 실존주의적 해석이 보편화되었다.[84] 틸리히는 할레에서 그의 선생이었던 켈러로부터 칭의가 기독교 신앙의 중심이라는 확신을 차용했는데, 심지어 그는 칭의의 본질을 "프로테스탄트를 형성하는 원리"로 보았다.[85] 그러나 그가 개정한 칭의 개념은 몇 가지 흥미로운 발전을 가져왔다. 틸리히의 언급을 살펴보자.

> 나 자신이 취한 발걸음은…이신칭의 원리가 종교적·윤리적 삶뿐만 아니라 종교적·지적 삶도 포괄한다는 것에 관한 통찰이었다. 죄 가운데 있는 사람뿐만 아니라 의심 가운데 있는 사람도 믿음을 통해 의롭게 된다. 의심의 상황, 심지어 하나님을 의심하는 일조차도 하나님으로부터 우리를 분리시키지 않는다.…그래서 하나님을 확증하는 그 역설이 그분을 심각하게 부인하는 사람인 나를 붙들었다. 그렇지 않다면, 나는 신학자로 남아 있을 수 없었을 것이다.[86]

Literature," *Religion Compass* 2, no. 4 (2008): 628.

83_ Ibid.

84_ McGrath, *Iustitia Dei*, pp. 409-13; Peter Sedgwick, "Justification by Faith': One Doctrine, Many Debate," *Theology* 93 (1990): 5-13.

85_ Braaten, *Justification*, pp. 41-62; Toon, *Justification and Sanctification*, pp. 127-33.

86_ Paul Tillich, *The Protestant Era*, trans. James L. Adams, abridged ed. (Chicago: University of Chicago Press, 1957 [1948]), pp. x-xi.

루터파 목사의 아들인 불트만은 그의 서술적인 주해작업 안에서 종교개혁의 많은 주제들을 반복한다. 따라서 그는 초기부터 칭의와 자기-칭의(self-justification)에 관한 주제를 중요하게 여긴다. 1924년에 발표한 소논문에서, 그는 "**인간의 근본적인 죄는 스스로를 의롭다 하는 자기 의지이며, 이런 식으로 그는 자신을 신격화한다**"고 주장했다.[87] 이후에 불트만은 죄를 "인간 자신의 힘으로 구원을 얻으려는…인간의 자가동력적인 분투"라고 정의하면서, 바울 복음의 핵심인 로마서 3:21-7:6은 "율법의 행위가 아니라 하나님의 은혜를 전유하는 믿음 위에 '의'가 주어진다"는 것을 확립한다고 주장한다.[88] 더 나아가 그는 칭의(혹은 그가 선호하는 용어인 "올바르게 됨"[rightwised])를 법정적 용어─죄가 있음에도, 무죄로 인정받음─로 간주하면서, 이는 현 세계에 실현된 하나님의 종말론적 심판이라고 강조한다.[89]

그러나 불트만의 실존주의적 해석과 그의 "비신화화" 프로그램─신약의 신화적 언어를 현대 인간과 관계된 실존주의적 언어로 옮기는 것─은 전통적인 프로테스탄트의 사고방식을 새롭게 설정하도록 그를 이끌었다. 이러한 그의 재설정은 신학보다는 인간학을 왕좌에 앉힌다. 예를 들어 불트만은 바울 신학이 "'하나님 자신'을 다루는 것이 아니라 오로지 '인간에게 유의미한 그분'으로서의 하나님을 다루며, 하나님에 대한 모든 주장은 동시에 인간에 대한 주장이고, 역으로 인간에 대한 모든 주장은 동시에 하나님에 대한 주장이다. 이러한 이유와 의미 때문에 바울 신학은 신

87_ Rudolf Bultmann, "Liberal Theology and the Latest Theological Movement," in *Faith and Understanding*, trans. L. P. Smith (New York: Harper & Row, 1969), pp. 46-47(강조는 원래의 것임).

88_ Rudolf Bultmann, *Theology of the New Testament*, trans. Kendrick Grobel, 2 vols. (New York: Charles Scribner's Sons, 1951-1955), 1:264.

89_ Ibid., 1:272.

학이자 동시에 인간학이다"라고 단언한다.[90] 리처드 헤이스(Richard Hays)가 지적한 대로, 이는 "강조점을 하나님의 행위에서 인간의 신앙적 결단으로 이동시키는 경향을 피할 수 없다."[91] 불트만의 견해는 칭의의 주관적 측면을 확대하는 반면에 객관적 토대의 최소화를 불러온다. 이런 방식으로 유대적·제의적이고 헬라적·영지주의적인 구원자 신화의 요소들을 비신화화화하면서, 불트만은 **"구원의 발생은 설교가 갖는 선포, 말 걸기, 요청 및 약속 외에는 그 어디에도 존재하지 않는다.…이것이 청자에게 말을 걸고, 그에게 수용이냐 반대냐를 결정하도록 강요한다"**[92]고 말한다. 이 부분에서 그리스도의 죽음이 갖는 역사적 실제성은—비록 불트만이 그 역사성을 받아들이기는 하지만—배후로 물러나고, 그 과정에서 실존적으로 이루어지는 현재적인 신앙의 비판적 결정과 칭의에 대한 주관적 전용이 전면에 위치하게 된다.[93] 따라서 불트만은 속죄 신학과 칭의의 전통적인 연관성을 약화시킨다.[94] 마지막으로 불트만의 관심사가 지나치리만큼 인간학적이었기 때문에, 그의 칭의 이해는 주로 인간학적 국면을 강조하는 자리에 놓이게 된다. 이는 루터파에서 이미 두드러지게 나타나는 것처럼, 인간이 어떻게 칭의를 전용할 수 있느냐를 추구하는—몇몇 사람의 관점에서 근시안적으로 드러나는—방식으로 칭의와 관련된 본문을 읽으려

90_ Ibid., 1:190-91.

91_ *The Faith of Jesus Christ: The Narrative Substructure of Galatians 3:1-4:11*, 2nd ed. (Grand Rapids: Eerdmans, 2002), p. 51.

92_ Bultmann, *Theology of the New Testament*, 1:302.

93_ 물론 Bultmann의 역사적 회의주의에 대한 반동은 역사적 예수 탐구의 중요한 두 번째 주제였다.

94_ 예를 들면 "인간이 하나님과 화해하려면 (혹은 달래려면) 무언가를 해야 한다는 모든 이교도적 관념은 결코 바울의 사상이 아니다. 하나님이 화해를 필요로 한다는 개념은 결코 바울에게 나타나지 않았다. 바로 인간은 하나님이 부여하신 화해를 받는다"라는 구절을 주목하라(*Theology of the New Testament*, 1:287). 그는 또한 롬 3:25 같은 구절이 "바울의 특징적 견해를 포함하지 않는다"고 주장했다(p. 296).

는 경향성을 확대했다. 놀라운 사실은 불트만이 칭의의 객관적 기반보다
는 그것의 주관적인 측면을 더 우선시했다는 점이 그의 해석학적 패러다
임을 명백히 거절하는 대중 복음 전도 같은 전통들과 흥미로우리만큼 유
사하다는 것이다.

칼 바르트

고전적 자유주의 진영과 실존주의적 기독교 영역에서 제기된 전통적
인 종교개혁 칭의 교리에 대한 비판에도 불구하고, 20세기의 영향력 있
는 다른 인물들은 그 교리가 가진 중요한 요소들을 수정된 형태로라도
되살리는 데 이바지했다. 여기에는 카를 홀과 "루터 르네상스"(Luther re-
naissance)가 중요한 역할을 했으며, 또한 20세기에 가장 큰 영향력을 미
친 단 한 명의 신학자 칼 바르트(Karl Barth)도 여기에 속한다. 오늘날 바
르트와 실질적으로 관련된 다른 주제들처럼 그의 칭의 교리에 관해서도
수많은 토론과 논쟁이 존재한다.[95] 어떤 이들에게는 바르트가 하나님의
근본적이고 초월적인 "타자성"(otherness)과 "의"를 강조했다는 사실이 정
서적으로 루터와 유사한 어떤 것을 시사한다. 다른 이들에게는 한편으로
바르트는 사물을 정의하는 데 너무 많은 에너지를 쏟는 근대정신을 비판
하면서도, 다른 한편으로 거기에 여전히 많이 사로잡혀 있는 것으로 간주
된다. 여기서 우리는 바르트에 관한 대부분의 논쟁은 피하고, 칭의 논쟁
에 활기를 불어넣은 그의 도발적인 몇몇 진술만을 언급할 것이다.[96]

95_ 예. Braaten, *Justification*, pp. 63-79; Hans Küng, *Justification: The Doctrine of Karl Barth
    and a Catholic Reflection*, trans. Thomas Collins et al. (Philadelphia: Westminster Press,
    1983 [1957]); Bruce L. McCormack, "*Justitia aliena*: Karl Barth in Conversation with the
    Evangelical Doctrine of Imputed Righteousness," in *Justification in Perspective: Historical
    Developments and Contemporary Challenges*, ed. Bruce L. McCormack (Grand Rapids:
    Baker Academic, 2006), pp. 167-96; Molnar, "Theology of Justification."
96_ 그렇다 할지라도, 아마도 이는 단순히 저자들의 잘못이 아니라 한심스러우리만치 잘못된 것으로

바르트는 그의 기념비적인 『교회 교의학』(Church Dogmatics)에서 "칭의 교리 없이는 과거와 현재를 막론하고 그 어떤 참된 교회도 존재할 수 없다. 이런 의미에서 칭의야말로 '참으로 교회의 존폐를 좌우하는 조항'(articulus stantis et cadentis ecclesiae)"이라고 말한다.[97] 그러나 바르트에게 이것은 그 문제에 관한 마지막 언급이 아니다. 바르트는 몇 쪽 지나지 않아서 동일한 주제를 다시 끄집어내는데, 이번에는 눈에 띄게 다른 결말로 이어진다.

"교회의 존폐를 좌우하는 조항"이란 문구는 칭의 교리 그 자체를 말함이 아니라 그 기반과 정점, 즉 예수 그리스도의 고백,…우리를 위해서, 우리에게, 그리고 우리와 함께하는 그의 존재와 활동에 관한 지식을 말하는 것이다. 이것이 어쩌면 또한 루터의 견해로 보일 수 있다. 만약에 이곳에서뿐만 아니라 모든 곳에서 그리스도가 중심, 출발점, 그리고 종착점이 되도록 한다면, 어떠한 종류의 통일성과 연대성의 결핍, 혹은 그로 인한 조직성의 부족에 대해서도 두려워할 이유가 없다.[98]

바르트에게 익숙한 사람이라면 누구도 이러한 주장에 놀라지 않을 것이다. 브라텐의 주목할 만한 언급에 따르면 "바르트는 자신의 모든 방법론적 자산을 기독론이라는 범주 안에 집어넣었다."[99] 기독교 신학의 모든 것

보일까봐 두려운 나머지, 어떤 것을 언급하는 데 초조해하는 저자들에 대한 유일한 역사적 개괄이라는 작금의 바르트 연구 상태에 대해서 뭔가를 말하고 있는 것 같다. 그렇다면 다시 우리가 여기서 어떤 내용을 언급한다 할지라도, 바르트 진영의 누군가는 우리를 변호하기 위해 나타날 것이다!

97_ Karl Barth, *Church Dogmatics* 4/1, trans. G. W. Bromiley (Edinburgh: T & T Clark, 1956), p. 523.

98_ Ibid., pp. 527-28.

99_ Braaten, *Justification*, pp. 76-77.

은 칭의와 관련된 모든 교리를 포함하여 반드시 궁극적으로 기독론이라는 렌즈를 통해서 보아야 한다. 따라서 칭의는『교회 교의학』에서 화해라는 폭넓은 교리가 가진 세 가지 측면─칭의, 성화, 소명(즉 부르심)─가운데 하나로서 자리매김한다.

하지만 바르트의 칭의 교리를 구성하는 요소는 무엇인가? **말 그대로** 예수 그리스도 안에서 그 핵심이 발견된다. 칭의는 무엇보다 먼저 **그리스도 내부에서**, 구체적으로 그의 죽음과 부활 안에서 일어난다. 죄인인 인간과 하나님 사이에서 일어나는 객관적인 화해는 칭의를 포함하는 개념인데, 그것은 하나님이며 인간(God-man)인 예수 그리스도, 바로 그 사람 안에서 일어난다. 따라서 브루스 맥코맥(Bruce McCormack)이 간결하게 요약했듯이, 바르트에게 **"예수 그리스도가 성취한 일은 단지 화해의 가능성이 아니라 그 실재다."**[100] 그러나 이것은 나머지 인류가 칭의의 주관적 체험을 잃는다는 의미는 아니다. 바르트는 다음과 같이 언급한다.

> 언급된 어떤 것들이 인간에 관한 전적인 진실은 아닌 것처럼, 인간의 칭의에 관해서 우리가 다루는 것들은 오직 언어적 행동이며, "마치 ~ 처럼"(as if)이라는 문구 안에 넣을 수 있는 것으로서 이를 두려워할 여지가 전혀 없다. 분명히 우리는 선포된 의와 관련되어 있지만 그 의는 이 사건 안에서 완성되고 효력을 갖는 선포이며 인간에 관한 선포로서, 그것이 실제성(actuality)을 창조하고 드러내기 때문에 실재에 대응된다. 그것은 우리가 아무런 거리낌 없이 "의롭게 만드는 것"이라고 부를 수 있는 "의롭다는 선포"다.[101]

그러므로 그의 책에 나타나는 칭의에 관한 복잡하고도 도발적인 언어

100_ McCormack, "*Justitia aliena*," p. 179.
101_ *Church Dogmatics* 4/1, p. 95.

의 범위를 생각하면, 바르트의 견해가 한편으로는 로마 가톨릭교회의 견해와 "근본적으로 일치"하면서도, 다른 한편으로는 "종교개혁 교리의 확장이자 급진적 진화"로 다양하게 이해될 수 있다는 사실은 전혀 놀라운 일이 아니다.[102]

소수의 견해: 재세례파, 해방신학, 여성신학, 오순절운동 신학 안에 있는 칭의

서구 신학을 기반으로 칭의의 역사를 살피다 보면 이 대화에 참여할 자격이 있는 수많은 전통과 관점을 도외시하기 쉽다. 재세례파, 해방신학, 여성신학, 오순절운동 신학과 동방 정교회의 칭의 해석에 언급할 만한 내용이 거의 없다는 것은 결코 아니다. 이 장에서 우리는 처음 네 가지 견해를 간략히 언급하고, 동방 정교회의 칭의는 차후에 다루려고 한다.

재세례파 신학

어떤 사람들은 이신칭의 교리에서 일반적으로 "급진적인 종교개혁자들"을 배제하면서 이를 타당하게 여기는 경향이 있다. 뎅크(Denck), 그레벨(Grebel), 호프만(Hoffman), 후브마이어(Hubmeier), 마펙(Marpeck), 필립스(Philips), 리데만(Riedemann), 메노 시몬스(Menno Simons)와 같은 초기 재세례파 창시자들로부터 수 세기를 지나오면서, 재세례파는 "은총의 법정적 관점이라는 개념을 통해 죄인이…자격이 없음에도 의롭게 된다는 사상을…쉽사리 받아들일 수 없었다."[103] 종교개혁이 갖는 분명한 권위적 양

102_ 각각 Küng, *Justification*, p. 277; McCormack, *"Justitia aliena,"* p. 196을 보라.
103_ Robert Friedmann, *The Theology of Anabaptism* (Scottdale, Penn.: Herald, 1973), p. 91.

상을 이해했음에도 불구하고, 재세례파는 웨슬리와 마찬가지로 인간의 의지를 철저히 속박하고 단지 일부 인간만이 구원에 이른다고 주장하는 하나님의 무조건적 선택의 교리를 맹렬히 거부했다.[104] 또한 그들은 전통적인 개혁파 칭의 교리가 논리적으로 "값싼 은혜"로, 따라서 그리스도인의 삶은 예수의 모범과는 상관없는 것으로 여겨질 가능성을 두려워했다. 그래서 법정적인 선언, 외부로부터 주입된 의로움, 그리고 칭의와 성화의 단호한 분리를 낳는 칭의 교리는 대부분의 재세례파에게 매우 불편한 것이었다.[105]

그런데 사실 이 문제는 그렇게 단순하지 않다. 해럴드 벤더(Harold Bender)는 1943년 미국교회사협회(American Society of Church History)에서 행한 기념비적인 대표 연설을 통해 재세례파를 이해할 수 있는 새로운 렌즈를 제공했다. 그는 "재세례파는 종교개혁의의 정점이며, 루터와 츠빙글리의 이상을 성취"했기 때문에 "일관된 복음주의 프로테스탄트"로 인정받을 만한 자격이 있다고 주장했다.[106] 이 점에서 1527년 쉴라이타임 신앙고백서(Schleitheim Confession)와 같은 역사적인 재세례파의 진술에서 칭의 언어가 소홀하게 취급된 것은 전통적인 종교개혁자들과의 관련성을 온전히 남겨두기 위한 것일 수 있다. 예를 들면 가이 허쉬버거(Guy Hershberger)는 쉴라이타임 고백서에 대해 다음과 같이 말한다.

104_ Alvin J. Beachy, *The Concept of Grace in the Radical Reformation* (Nieuwkoop: De Graaf, 1977). 특히, pp. 33-34, 46-55; T. N. Finger, "Grace," in *The Mennonite Encyclopedia*, ed. Cornelius J. Dyck and Dennis D. Martin, 5 vols. (Scottdale, Penn.: Herald, 1990), 5:352-53.

105_ Beachy, *Concept of Grace*, pp. 29-32; Mennonite Church and the General Conference Mennonite Church, *Confession of Faith in a Mennonite Perspective* (Scottdale, Penn.: Herald, 1995), p. 37.

106_ Harold Bender, "The Anabaptist Vision," *Mennonite Quarterly Review* 18 (1944): 74.

무엇보다 이 항목들이 하나님, 예수, 이신칭의에 관해 전혀 언급하지 않는다는 것은 충격적이다. 이 고백서는 기독교 신앙의 핵심 진리들을 언급하지 않았다. 왜 그런가? 이 고백서를 받아들이는 모든 사람이 이 핵심 진리들에 관한 루터와 츠빙글리의 견해에 동의하기 때문이다. 츠빙글리 자신은 하나님, 그리스도, 그리고 은혜를 믿는 신앙에서 자신과 재세례파를 구분하는 것이 단 하나도 없다고 반복해서 강조했다. 쉴라이타임 고백서는 재세례파와 종교개혁진영 사이에 존재하는 서로 다른 견해만을 다루고 있다.[107]

400여 년에 걸쳐 만들어진 재세례파의 진정한 첫 조직신학이라고 간주될 수 있는 이 신조를 종교개혁과 관련된 것으로 해석하는 것은, 메노파 신학자인 토머스 핑거(Thomas Finger)가 "변화가 거의 없는 프로테스탄트 정통 양식"이라고 묘사한 것과 동일선상에 있는 칭의 논쟁을 J. C. 벵거(J. C. Wenger)가 어떻게 제공하는지를 설명할 뿐이다.[108]

재세례파의 칭의 개념을 연구한 학자 중에서 가장 철두철미한 인물 가운데 하나로 평가받는 핑거는 최근의 칭의 연구를 통해 이 논쟁적 주제에 관한 많은 실마리를 제공했다.[109] 그는 필립스, 후브마이어, 마펙, 심지어 메노 시몬스까지 이르는 초기 재세례파들이 칭의 언어에 거부감이 거의 없었음을 밝힌다.[110] 따라서 "프로테스탄트와 마찬가지로 모든 재세례

107_ Guy Hershberger, *The Recovery of the Anabaptist Vision* (Scottdale, Penn.: Herald, 1957), p. 65.

108_ J. C. Wenger, *Introduction to Theology* (Scottdale, Penn.: Herald, 1954), pp. 284-90; T. N. Finger, *A Contemporary Anabaptist Theology: Biblical, Historical, Constructive* (Downers Grove, Ill.: InterVarsity Press, 2004), p. 132.

109_ *Contemporary Anabaptist Theology*, pp. 109-56. 또한 T. N. Finger, "An Anabaptist Perspective on Justification," in *Justification and Sanctification in the Traditions of the Reformation*, ed. Milan Opocensky and Paraic Reamonn (Geneva: World Alliance of Reformed Churches, 1999), pp. 44-86.

110_ Finger, *Contemporary Anabaptist Theology*, pp. 115-16, 124, 129.

파는 구원이 하나님의 주도로 시작되며, 근본적으로 믿음을 통해 파악됨을 확신한다."[111] 그러나 동시에 핑거의 연구는 재세례파와 전통적인 개혁파의 칭의 견해 사이에 존재하는 상당한 불연속성을 드러낸다.

> 그러나 가톨릭처럼 재세례파들은 구원의 목적(의로운 성품)과 구원에 이르는 과정에 지대한 관심이 있었다. 그들은 믿음을 본질적으로 행위를 낳는 활동으로 이해하려 했다. 이를 강조하기 위해 많은 이들은 신앙이 사람들을 부활하신 그리스도와 직접적으로 연합하게 한다고 강조했다. 이 연합은 존재론적 변화를 수반하는 것이었다. 이 점에서 칭의 체계 안에서 제기되는 믿음과 행위에 관한 문제는 칭의라는 체계를 넘어서서 재세례파의 주된 구원론 개념인 신성화(divinization)에 이르게 했다.[112]

해방신학과 여성신학

이신칭의는 재세례파의 경우와 마찬가지로 대부분의 해방신학과 여성신학 전통에서도 주도적인 역할을 담당하지 못했다. 이신칭의 개념이 실제로 등장하는 것은 종종 전통적인 종교개혁 교리를 심문하고 비판하는 특수한 경우로 한정된다. 이런 이들에게는 전통적인 종교개혁의 이신칭의를 수동적으로 수용할 것을 강요하는 것이 능동적이고 실제적인 구원 사건이며 지금 여기에서 일어나는 해방이라는 희망을 위협하는 것으로 받아들여졌다. 후안 세군도(Juan Segundo)는 루터파의 이신칭의가 "믿음을 확신으로 전환하지만, 이는 인간의 운명과 하나님의 종말론적 왕

111_ Ibid., p. 131.

112_ Ibid. Beachy의 이전 저서(*Concept of Grace*, pp. 220-30)가 재세례파적 관점에서 "신성화"(divinization)로서 구원의 중요성을 강조하는 데 기여했다. 또한 T. N. Finger, "Anabaptism and Eastern Orthodoxy: Some Unexpected Similarities," *Journal of Ecumenical Studies* 31 (1994): 67-91을 보라.

국의 건설에 관한 하나님의 고정된 계획을 인간으로 하여금 수동적으로 수용하게 하는 것을 피할 수 없다"고 언급하면서 이러한 우려를 제기한다.[113] 브라질의 로마 가톨릭 해방신학자 레오나르도 보프(Leonardo Boff)는 칭의라는 용어 자체를 다음과 같이 수정할 것을 제안한다. 나는 "칭의(바울과 [트리엔트] 공의회 신학의 핵심 용어)라는 용어를 사용하기보다 '해방'(liberation)이라는 용어를 사용할 것이다. 그것은 똑같은 실재지만, 역동적이고 역사적인 차원에서 더욱 정교하게 표현된 실재다."[114] 해방신학자들에게 "하나님의 의는 해방의 행위에서 분명하게 나타난다."[115] 따라서 해방신학의 주된 구원론적 관심을 특징짓는 것은 칭의가 아니라, 지금 여기에서 구체적으로 실현된 정의이자 해방이다.[116] 칭의라는 용어가 사용된 곳에서 이를 다음과 같이 재구성하는 것은 매우 흔한 일이다. "오직 은혜를 통한 해방"이라는 약속이 있고, 정의를 위한 그들의 투쟁을 위해 가난한 자 및 억압받는 자와 연대하라는 요청은 그 자체로 "특권도 권리도 분명히 아닌, 은혜 받음, 즉 사회적 이신칭의(행위나 성취로 의롭게 되지 못함)로 간주될 수 있다."[117]

상당수 여성신학자들에게는 종교개혁의 칭의 개념과 그것을 둘러싼

113_ Juan Segundo, *Liberation of Theology*, trans. John Drury (MaryKnoll, N.Y.: Orbis, 1976 [1975]), p. 143 (칭의에 대한 그의 반응은 pp. 138-51을 보라).

114_ Leonardo Boff, *Liberating Grace*, trans. John Drury (Maryknoll, N.Y.: Orbis, 1979 [1976]), pp. 151-52.

115_ Allan Boesak, *Black and Reformed: Apartheid, Liberation and the Calvinist Tradition* (Maryknoll, N.Y.: Orbis, 1984), p. 8.

116_ 예. James H. Evans Jr., *We Have Been Believers: An African-American Systematic Theology* (Minneapolis: Fortress, 1992), pp. 16-18; Mercy Amba Oduyoye, *Introducing African Women's Theology* (Cleveland: Pilgrim, 2001), p. 64.

117_ 각각 John W. de Gruchy, *Liberating Reformed Theology: A South African Contribution to an Ecumenical Debate* (Grand Rapids: Eerdmans, 1991), p. 156; Feliciano V. Carino, "Biblical and Theological Reflections on Current Economic Life," *Reformed Life* 42 (1992): 100.

일단의 교리와 이미지가 상당히 못마땅할 수도 있다.[118] 예를 들면 시레인 존스(Serene Jones)는 대부분의 여성들이 "루터의 법정 드라마에서 하나님 앞에 선 죄인"으로 취급될 때 무슨 일이 일어날 것인지를 묻는데, 그녀의 결론은 둘 중 하나다. 여성들은 이러한 남성중심적인 장면에 전혀 공감하지 못하거나, 아니면 더 심하게는 루터의 각본을 차용하여 구원에 관한 이질적인 대본에서의 주도적인 역할을 여성 스스로가 떠맡을 것이다. 하지만 그것은 단지 죄에 대한 남성들의 관점을 반영하는 것이며, 남성에 의해 고안된 각본일 뿐이다.[119] 둘 중 어느 경우든지, 최종적인 결과는 아무리 낙관적이라 해도 도움이 되지 않으며, 최악의 경우에는 파괴적이다. 여성들의 매우 다른 경험을 고려하여, 존스는 여성을 위해 칭의 다음에 성화를 위치시키는 전통적인 개혁파 구원 서정의 순서를 바꿀 필요가 있음을 주장하면서 "칭의와 그 초기의 파괴적 언어 대신 성화와 세움의 수사법으로 시작"해야 한다고 제안한다. 이는 "하나님은 여성이 가지고 있는 작은 자신감을 깨기보다 오히려 여성에게 권능을 부여하거나 해방시키기를 갈망한다"는 사실을 감안한다면 의미가 있다.[120] 그러므로 존스에게 성화는 다음과 같은 의미를 지닌다.

성화는 신적 은혜의 공간 안에서 일관성을 가진 자아가 되는 것이다. 칭의 안에서 여성은 신의 법령인 용서를 따라서 새로 태어난 대리인으로 선언되고 타인과 정당한 관계를 맺으며 살도록 요청 받는다. 의롭다 선언받는 것은

118_ 칭의 교리를 다루는 여성신학자로는 Serene Jones, *Feminist Theory and Christian Theology: Cartographies of Grace* (Minneapolis: Augsburg Fortress, 2000), pp. 49-68; Elsa Tamez, *The Amnesty of Grace: Justification by Faith from a Latin American Perspective*, trans. Sharon H. Ringe (Nashville: Abingdon, 1993 [1991]); Kathryn Tanner, "Justification and Justice in a Theology of Grace, " *ThTo* 55 (1999): 510-23 등을 들 수 있다.

119_ Jones, *Feminist Theory*, pp. 62-63.

120_ Ibid., p. 63.

새로운 자아가 되는 것이고, 공동체에서 지속적인 삶이 가능하게 되는 것이다.[121]

칭의 논쟁에 가장 철저하게 참여한 여성신학자 중 한 명은 라틴계 여성신학자인 엘사 타메즈(Elsa Tamez)다.[122] 그녀는 정의와 칭의의 강력한 결속을 핵심적 요소로 간주한다.

칭의는 인간화와 동의어로 이해해야 한다.…가난한 자들이 차별받고 생존을 위협받는 상황 안에서, 제3세계의 신학적 칭의 이해는 그 강조점이 소외된 자들을 하나님의 자녀됨이라는 숭고함의 위치로 끌어올리는 하나님의 정의와 은혜에 있어야 함을 요구한다. 칭의는 "죄인과의 화해"를 말하기보다 소외된 자들과 연대하는 하나님을 말하는 것이다.[123]

타메즈의 관점에서 인간은 "(바로) 은혜와 믿음으로 의롭게 되었기(의롭게 만들어졌고 의롭다고 선언되었기) 때문에" 세계의 변혁을 가져올 것으로 기대할 수 있다.[124]

오순절운동 신학들

"확실히 우리 종교는 매우 신비롭다. 그는 육신으로 계시되었고, 성령으로 의롭게 되었다." 오순절 진영에 속한 다수의 학자들이 디모데전서 3:16

121_ Ibid., p. 112.

122_ 그녀의 *Amnesty of Grace*를 보라.

123_ Elsa Tamez, "Justification" (trans. Phillip Berryman), in *Dictionary of Third World Theologies*, ed. Virginia Fabella and R. S. Sugirtharajah (Maryknoll, N.Y.: Orbis, 2000), pp. 116-17.

124_ Tamez, *Amnesty of Grace*, p. 112.

을 이렇게 표현한다. 바울의 편지는 아마도 이전의 신앙고백적인 송영에서 유래했을 단어들을 통해 평범한 현대 서구 그리스도인의 귀에 흥미롭게 들릴 "성령으로 의롭게 되었다"라는 구절을 소개한다. 그리고 이 구절은 여전히 오순절운동의 심금을 울리고 있다. 서구 교회는 성부와 특별히 성자의 전인적인 구원론적 역할을 항상 강조했다. 그러나 "가톨릭과 프로테스탄트 전통들은 칭의에서 성령의 역할에 관해 우유부단한 태도를 취했는데", 본질적으로 그것은 성령을 "칭의의 실체로부터 어느 정도 거리를" 두는 것이었다.[125] 지난 20여 년 동안 성령론적인 태도를 가진 학자들은 이 불균형을 언급하기 시작했고, 그 과정에서 그들은 자신들이 보기에 더 진정한 "칭의의 삼위일체 신학"으로 간주할 만한 도식을 만들어내기 시작했다.[126]

칭의에 대한 성령론적 접근방식을 통해 가장 광범위하게 오순절운동을 탐구한 인물은 프랭크 마키아(Frank Macchia)라 할 수 있다.[127] 그의 저작물 안에서 재세례파, 동방 정교회, 해방신학자, 새 관점의 칭의 접근을 연상시키는 수많은 주제―단순한 법정적/법률적 범주들에 대한 거부, 내주하시는 성령을 통해 신적인 삶에 참여할 것을 강조함, 언약적 신실함으로서의 의로움, 그리고 처음부터 소망과 사랑의 구체적인 해방의 능력과 함께 표현되는 의롭다 칭하는 믿음―를 발견한다.[128] "마키아는 "오순절 메

125_ Frank D. Macchia, *Justified in the Spirit: Creation, Redemption, and the Triune God* (Grand Rapids: Eerdmans, 2010), p. 5.

126_ Ibid., p. 293-312. 이에 대한 자극은 Jürgen Moltmann의 *The Spirit of Life: A Universal Affirmation*, trans. M. Kohl (Minneapolis: Fortress, 2001)에서 왔다. 영향력이 있는 글은 (원래 1998년 AAR 학회 발제문이었던) Lyle Dabney, "'Justified by the Spirit': Soteriological Reflections on the Resurrection," *International Journal of Systematic Theology* 3 (2001): 46-48에서 왔다.

127_ 특히 그의 *Justified in the Spirit*를 보라.

128_ Ibid., pp. 4-6, 75-85, 105-14, 214-18, 254-57, 311-12.

시지의 총아" 인 "성령 세례"를 통해 칭의의 비전을 제시하면서 다음과 같이 말한다.

> (나는) 단순히 은사 경험을 주류 프로테스탄트의 법정적 칭의에 덧붙이는 것을 (피한다). 칭의는…오히려 성령의 포용 안에서 경험되는 용서와 해방이며, 이적과 기사 그리고 궁극적으로 부활로 말미암는 권능의 증언, 치유 및 하나님의 신원(vindication)으로 인도한다.…신적 교제(상호 내재)의 정의(justice)와 세상에서 모든 육체를 포용하시는 하나님의 신실함이 가져오는 승리를 증언하는 성령을 둘 다 수반하는 칭의 신학에 관한 함축적 잠재성이 여기에 존재한다. 칭의는 인간 중심적이 아니어도 중생적일 수 [있다].[129]

오순절 진영의 신학자 에이모스 영(Amos Young)도 칭의에 관해 비슷한 조망을 제시하면서 다음과 같이 설명한다.

> 칭의는 (법정적 용어로 이해되는) 죄 사함에 국한되지 않지만, 죄 사함을 포함하는 성령론적으로 성취된 실재다. 이는…성령 세례가 칭의를 성화와 밀접한 것으로 이해했다는 것을 의미하는데, 이것은 어떤 종류의 행위를 통한 의를 옹호하기 위해서가 아니라 예수의 삶을 통해 계시된 것처럼 그들을 하나님의 온전한 형상으로 회복시키고, 하나님이 예수 그리스도로 말미암아 죄인을 의롭다 선언할 뿐만 아니라 깨끗하게 하는 성령의 불로 죄인들을 의롭게 하셨다는 것을 알게 한다.[130]

129_ Ibid., p. 85.

130_ Amos Young, *The Spirit Poured Out on All Flesh: Pentecostalism and the Possibility of Global Theology* (Grand Rapids: Baker Academic, 2005), p. 102.

마지막으로 이 책의 기고자 중 한명인 핀란드의 신학자 벨리-마티 카르카넨(Veli-Matti Kärkkäinen)은 오순절 진영의 칭의 개념에 한 가지 다른 측면을 추가했다.[131] 그는 핀란드 학파의 루터 해석을 지지한다(이에 관해서는 그의 글을 참조하라). 이러한 배경에서 카르카넨은 동방 정교회의 신성화(theosis) 개념을 상당히 수용하는 성령론적인 칭의 교리를 탐구했다.[132] 그는 다음과 같이 설명한다.

칭의와 신성화(theosis)의 통합에 내포된 것은 구원에서 성령이 갖는 역할이다. 신성화는 성령론적으로 부과된 구원의 이미지이다.…하나님께 참여하는 것은 그리스도의 영, 즉 양자의 영으로 가능하다. "성령이 없이는 [말 그대로] 이신칭의가 존재하지 않는다. 의롭다 함을 얻는 믿음은 그 자체가 '거룩한 영을 통해' 우리 마음에 하나님의 사랑이 부어지는 체험이다"(롬 5:5).[133]

131_ 칭의에 관한 Kärkkäinen의 이전 저서는 *One with God: Salvation as Deification and Justification* (Collegeville, Minn.: Liturgical, 2005); idem. "Justification," in *Global Dictionary of Theology*, ed. William A. Dyrness and Veli-Matti Kärkkäinen (Downers Grove, Ill.: InterVarsity Press, 2008), pp. 447-52; idem, "Justification as Forgiveness of Sins and Making Righteous: The Ecumenical Promise of a New Interpretation of Luther," *One in Christ* 37 (2002): 32-45; idem, "The Holy Spirit and Justification: The Ecumenical Significance of Luther's Doctrine of Salvation," *Pneuma* 24 (2002): 26-39; idem, "Salvation as Justificaiton and Theosis: The Contribution of the New Finnish Luther Interpretation to Our Ecumenical Future," *Dialog* 45 (2006): 74-82을 포함한다.

132_ 특별히 Kärkkäinen, *One with God*을 보라.

133_ Kärkkäinen, "Holy Spirit and Justification," pp. 30, 34; 여기서 Kärkkäinen은 K. L. Bakken, "Holy Spirit and Theosis," *St Vladimir's Theological Quarterly* 38 (1994): 410을 인용한다.

대화로의 전환: 현 시대의 에큐메니컬 상황에서의 칭의

지난 수십 년간, 기독교 내에서 일어난 에큐메니즘에 관한 관심은 칭의 문제를 둘러싼 많은 대화로 이어졌다. 한스 큉(Hans Küng)은 1957년 『칭의: 칼 바르트의 교리와 가톨릭의 대응』(Justification: The Doctrine of Karl Barth and Catholic Response)에서 로마 가톨릭 진영에 중대한 자극을 제공했다. 큉은 이 책에서 "전반적으로 볼 때 칭의 신학에 관한 칼 바르트의 견해와 가톨릭교회의 견해 사이에는 근본적인 일치가 존재한다"는 놀라운 결론을 내렸다.[134] 큉의 저작은 칭의에 관한 견해의 차이로 수백 년간 나뉘어 있었던 가톨릭과 프로테스탄트 진영 간의 관계 회복이라는 새 희망을 불러일으켰다.

로마 가톨릭-루터파의 대화

제2차 바티칸 공의회(1962-65년)를 통해 교회 일치를 위한 대화가 고취되면서, 가톨릭교회는 다른 교회 전통들과 의화에 대한 다양한 토론에 돌입했다. 당연히 그중에서 루터파와의 대화가 세간의 이목을 가장 많이 끌었다. 루터파 쪽에서는 1963년 헬싱키에서 열린 세계 루터교회 연맹(LWF)이 대화를 위한 무대를 마련하였다. 세계 루터교회 연맹과 바티칸 공의회 기독교 연합 사무국(Vatican Secretariat for Promoting Christian Unity)이 공동 발제한 첫 주요 진술인 1972년 "몰타 보고서"(Malta Report)는 두 집단 사이에 중요한 의견 일치를 이끌어냈다는 결론을 내렸다. 1983년에 이루어진 "이신칭의"에 관한 기념비적인 공동 진술은 그 이후

134_ Küng, *Justification*, pp. 277-78. Küng의 책과 가톨릭계 내에서 그의 책이 가지고 있는 영향력에 대해서는 Anthony N. S. Lane, *Justification by Faith in Catholic-Protestant Dialogue: An Evangelical Assessment* (New York: T & T Clark, 2002), pp. 87-96을 보라.

의 중요한 진전을 위한 전조였다.[135] 1980년대와 90년대 전반을 지나면서, 16세기 로마 가톨릭과 개혁파의 칭의 문제를 둘러싼 상호비방이 오늘날의 대화 국면에서도 여전히 적용될 수 있느냐는 질문에 직면하게 되었다.[136] 1994년부터 1998년에 걸쳐서 세계 루터교회 연맹과 기독교 연합 증진을 위한 교황청 위원회(Pontifical Council for Promoting Christian Unity) 간에 칭의에 관한 공동 진술을 위한 다양한 초안이 작성되었고, 이의 분석 및 수정을 거쳐서 마침내 공동 선언을 발표하는 것으로 그 결실을 맺었다.

종교개혁 기념일인 1999년 10월 31일에 독일 아우크스부르크에서 역사적인 "칭의에 관한 공동 선언"(Joint Declaration on the Doctrine of Justification)이 조인되었는데, 이는 즉시 세계 각국 주요 언론의 헤드라인을 장식하게 되었다. "공동 선언"은 "칭의 교리의 기본 진리에 관한 의견 일치를 망라하고 있으며, 그 교리를 설명함에 있어서 여전히 남아 있는 차이점은 더 이상 교리적 비난의 경우가 될 수 없다"라고 명시한다.[137] "공동 선언"은 비록 양자 간에 칭의에 대한 견해차가 여전히 존재함을 인정하지만, 의견 일치가 "상당하고" 그 차이점이 두 교회의 교제를 가로막을 수 없음을 확인했다. 중요한 것은 이 공동 선언이 역사적으로 의미 있는 합의이기는 하지만, 양측 당사자에게 어떤 공식적인 구속력을 갖지는 않는다는 점이다. 이 공동 선언에 대한 반응은 혼재된 양상을 띠었는데, 가톨릭과 루터파 내부는 물론이거니와 그 밖의 진영에서도 지지자와 비판

135_ H. George Anderson et al., eds., *Justification by Faith: Lutherans and Catholics in Dialogue VII* (Minneapolis: Augsburg, 1985), pp. 13-74.

136_ 예. Karl Lehmann, Michael Root and William G. Rusch, eds., *Justification by Faith: Do the Sixteenth-Century Condemnations Still Apply?* (New York: Continuum, 1997).

137_ *Joint Declaration*, p. 11.

자들이 나타났다.[138]

루터파-동방 정교회의 대화 및 "핀란드 학파"

칭의와 관련된 다른 수많은 기독교 내부의(때로는 공식적이고 때로는 비공
식적인) 대화에는 루터파와 동방 정교회의 그것도 포함된다.[139] 동방 정교
회는 서방 교회와는 달리 결코 칭의를 구원의 과정을 표현하는 핵심 범
주로 여기지 않았다. 그 대신, 정교회는 신성화(theosis, "divinization" 혹은
"deification")라는 관념을 우선시해왔는데, 이 개념은 하나님의 본질에 참
여토록 하는 은혜를 받아 그리스도 안에 있는 구원을 마음속에 그리는 것
이다(예. 벧후 1:3-4).[140] 동방과 서방 교회의 이러한 차이는 상당 부분 그 둘
의 견해가 "창조와 구원의 경륜을 설명하는 데 있어 큰 차이"를 보였기 때
문이다.[141] 서방 교회에서 더 지배적인 칭의라는 범주를 고려하면, 오늘날

138_ 예. Gerhard O. Forde, "The Critical Response of German Theological Professors to
the Joint Declaration on the Doctrine of Justification," *Dialog* 38 (1999): 71-72; Lane,
Justification by Faith; Christopher J. Malloy, *Engrafted into Christ: A Critique of the
Joint Declaration* (New York: Lang, 2005); William G. Rusch, ed., *Justification and the
Future of the Ecumenical Movement: The Joint Declaration on the Doctrine of the
Justification* (Collegeville, Minn.: Liturgical, 2003); Reinhard Senczka, "Agreement and
Disagreement about Justification: Ten Years after the Joint Declaration on the Doctrine
of Justification," Concordia Theological Quarterly 73 (2009): 291-316을 보라.

139_ 예. John Meyendorff and Robert Tobias, eds., *Salvation in Christ: A Lutheran-Orthodox
Dialogue* (Minneapolis: Augsburg, 1992)

140_ 신성화(theosis)라는 동방 정교회의 교리에 관해서는 Michael J. Christensen and Jeffery
A. Wittung, eds., *Partakers of the Divine Nature: The History and Development of
Deification in the Christian Tradition* (Madison, N.J.: Fairleigh Dickson University Press,
2007); Vladimir Lossky, *The Vision of God*, trans. Asheleigh Moorhouse (Crestwood,
N.Y.: St. Vladimir's Seminary Press, 1983); Norman Russell, *The Doctrine of Deification
in the Greek Patristic Tradition* (New York: Oxford University Press, 2005). 이 개념의
성서적 근거에 관해서는 Stephen Thomas, *Deification in the Eastern Orthodox Tradition:
A Biblical Perspective* (Piscataway, N.J.: Gorgias, 2008)을 보라.

141_ J. Patuou Burns, "The Economy of Salvation: Two Patristic Traditions," *Theological*

동방 정교회의 칭의 진술은 대부분 동방과 서방의 차이에 대한 토론의 상에서 나타난다는 점을 고려할 때, 그 진술이 논쟁의 색채를 띠는 것은 그리 놀랄 일이 아니다. 예를 들면 "죄 사함을 통해 얻는 인간의 칭의는 단지 인간의 죄를 덮는 것이 아니라 죄를 실제적으로 파괴하는 것이다. 그것은 단지 외부적 결정이 아니라 실재다.…하나님은 참으로 자유하지 않은 자를 의롭다고 선언하시지는 않는다."[142] 동방 정교회의 그리스도인들이 서방 교회에서 계속되는 칭의 토론과 논쟁을 듣는다면, 어느 단계에서 그들은 "이 모든 야단법석은 대체 무엇에 관한 것[인지]" 의아해할 수밖에 없다.[143]

최근 수년 동안 동방 정교회의 신성화 개념은 현대 서방 교회의 구원론 토론에서 예기치 못한 많은 주목을 받았다.[144] 다양하고 폭넓은 배경을 가진 서구의 신학자들이 "프로테스탄트는 신성화를 동방 정교회 신학의 특이점으로 간주할 것이 아니라 그들에 의해 가장 잘 보존되고 발전된 에큐메니즘적인 합의, 즉 교회의 공적 가르침으로 여겨야 한다"는 F. W. 노리

Studies 37 (1976): 599.

142_ Constantine Dratsellas, cited in Maximos Aghiorgoussis, "Orthodox Soteriology," in Meyendorff and Tobias, eds., *Salvation in Christ*, p. 49에서 인용되었다.

143_ Valerie A. Karras, "Beyond Justification: An Orthodox Perspective," St. Paul's Greek Orthodox Church website, p. 1, www.stpaulsirvine.org/html/Justification.htm.

144_ Gösta Hallonsten, "*Theosis* in Recent Research: A Renewal of Interest and a Need for Clarity," in Christensen and Wittung, ed., *Partaker*, pp. 281-93에서 언급한 것과 같다. Boff, *Liberating Grace*, pp. 175-83; Gannon Murphy, "Reformed Theosis?" *ThTo* 65 (2008): 191-212; Finger, "Anabaptism and Eastern Orthodoxy," pp. 76-83; Avery Cardinal Dulles, "Justification and the Unity of the Church," in *The Gospel of Justification: Where Does the Church Stand Today?* ed. Wayne C. Stumme (Grand Rapids: Eerdmans, 2006), pp. 139-40; Kärkkäinen, *One with God*; Clark H. Pinnock, "Spirit and Union," in *The Flame of Love: A Theology of the Holy Spirit* (Downers Grove, Ill.: InterVarsity Press, 1996), pp. 149-83; Michael J. Gorman, *Inhabiting the Cruciform God: Kenosis, Justification, and Theosis in Paul's Narrative Soteriology* (Grand Rapids: Eerdmans, 2009).

스(F. W. Norris)의 말에 점차 동의하고 있다.[145] 신성화에 대한 서구 신학계의 관심이 증가하고 있다는 사실을 고려하면, 기독교 내 칭의 논쟁에 등장한 가장 매혹적인 현상 가운데 하나는 앞서 언급한 "핀란드 학파"의 루터 해석을 들 수 있다.[146] 이 학파는 핀란드 루터파와 러시아 정교회 간의 일련의 대화에서 영감을 받은 것으로 생각되는데, 투오모 만네르마(헬싱키 대학교의 에큐메니컬 신학부 명예 교수)를 중심으로 활동하기 때문에 "만네르마" 학파로도 불린다. 이들은 루터의 "믿음" 개념을 다음과 같이 설명한다.

> 믿음은 그리스도 안에 실제로 참여함이며, 신자는 믿음으로 그리스도 안에서 명목적·외적 방식뿐만 아니라 실제적·내적으로 하나님의 의를 수용한다.… [우리는] 그의 신적인 위격(divine person)으로 하나님의 의로움과 교제하는 그리스도의 온전함에 참여한다. 여기에 정교회의 신성화 개념에 도달하는 가교가 있다.[147]

만네르마 학파가 루터를 해석하는 핵심 개념은 믿음 그 자체를 통해 그리스도가 실제로 현존한다는 것이다. 이미 이전에도 신성화가 인식되었지만, 만네르마와 그를 따르는 사람들은 그릇된 철학적(즉 신-칸트주의

---

145 F. W. Norris, "Deificaiton: Consensual and Cogent," *Scottish Journal of Theology* 49 (1996): 422. 정교회의 신성화 개념을 성급하고 쉽게 평가하려는 서방의 시도가 수반하는 몇 가지 복잡성에 관해서는 Paul R. Hinlicky, "Theological Anthropology: Toward Integrating Theosis and Justification by Faith," *Journal of Ecumenical Studies* 34 (1997): 38-73을 보라.

146_ (핀란드 학파의 멤버에 의한) 루터파-정교회 사이의 대화에 관한 조망은 Risto Saarinen, *Faith and Holiness: Lutheran-Orthodox Dialogue 1959-1994* (Göttingen: Vandenhoeck & Rupercht, 1997).

147_ Carl E. Braaten and Robert W. Jensen, "Preface: The Finnish Breakthrough in Luther Research," in *Union with Christ: The New Finnish Interpretation of Luther*, ed. Carl E. Braaten and Robert W. Jensen (Grand Rapids: Eerdmans, 1998), p. viii.

적) 가정들 때문에 이 주제가 현대의 루터 연구에 있어서 그에 합당한 확고한 방식을 부여받지 못했다고 주장한다.[148] 지도적인 루터파 신학자인 칼 브라텐(Karl Braaten)과 로버트 젠센(Robert Jensen)이 그들을 호의적으로 받아들이면서부터 핀란드 학파는 북미 신학계에 주목할 만한 충격을 선사했으며,[149] 또한 (특별히 루터파) 오순절운동/은사주의 진영 일각에서도 이들의 견해를 호의적으로 수용하기 시작했다.[150] 이 학파는 바울 연구에도 영향을 미쳐서, 근래에 "루터파 바울"이라 비난 받는 접근방식에 대한 도전의 한 출처로 인정되고 있다.[151] 이 책에서는 카르카넨이 핀란드 학파의 견해를 잘 보여줄 것이다.

에큐메니컬 대화에 대한 반응들

에큐메니컬 대화가 이룬 몇 가지 성과—특별히 루터와 핀란드 학파의 신성화에 관한 결론—에 대한 강력한 반발은, "극단적인 루터파적" 접근이라고 규정된 자들을 포함하여 루터를 더 전통적으로 해석하는 사람들에게서 나타났다.[152] 비판의 일부는 본질적으로 역사적이고 주해적이다. 예

148_ Tuomo Mannermaa, *Christ Present in Faith: Luther's View of Justification* (Minneapolis: Augsburg Fortress, 2005).

149_ Braaten and Jensen, eds., *Union with Christ*; Robert W. Jensen, "Justification as a Triune Event," *Modern Theology* 11 (1995): 425.

150_ Kärkkäinen, *One with God*; Markku Antola, *The Experience of Christ's Real Presence in Faith: An Analysis on the Christ-Presence-Motif in the Lutheran Charismatic Renewal* (Helsinki: Luther Agricola Society, 1998).

151_ Risto Saarinen, "The Pauline Luther and the Law: Lutheran Theology Reengages the Study of Paul," in *The Nordic Paul: Finnish Approaches to Pauline Theology*, ed. Lars Aejmeleus and Antti Mustakallio (New York: T & T Clark, 2008), pp. 90-113.

152_ "극단적 루터파"(radical Lutheranism)에 관해 Gerhard O. Forde, "Radical Lutheranism," *Lutheran Quarterly* 1 (1987): 1-16; Robert Kolb, "Contemporary Lutheran Understandings of the Doctrine of Justification: A Select Glimpse," in *Justification: What's at Stake in the Current Debates*, ed. Mark Husbands and Daniel J. Treier

1장_칭의 개념의 역사 **73**

컨대 신성화와 유사한 개념은 오직 루터의 초기 저작에만 나타나기 때문에 그의 후기 견해를 대변하지 못한다는 반대 주장이 그것이다. 다른 비판은 더욱 신학적이다. 이러한 대응에는 핀란드 학파와 루터파를 중심으로 칭의 교리에 관한 에큐메니컬한 수정을 통해 "교회의 존폐를 좌우하는 조항"인 칭의 교리의 중요성에 위협을 초래하는 것에 대한 비난이 담겨 있었다. 이렇게 "극단적으로" 전통적인 루터파에게 칭의는 단순히 기독교 신앙의 중심 교리 중 하나가 아니다. 오히려 그것은 **유일한 중심**이며, 복음―오로지 "경건하지 않은 자들의 칭의를 위한 복음"―을 위한 단 하나뿐인 기준이다.[153]

19세기 막바지에 이르러 켈러는 이신칭의를 신학의 실질적 중심으로 삼았다. 20세기에 들어와서 에른스트 볼프(Ernst Wolf), 요아힘 이반트(Joachim Iwand) 및 게르하르트 글뢰게(Gerhard Gloege) 같은 몇몇 루터파 신학자는 신학의 중심이 칭의임을 더 강하게 인식하게 되었다. 그들은 "칭의 조항은 모든 종류의 교리를 지배하는 주인과 왕자, 지배자, 재판관이며, 교회의 모든 교리를 보존하고 지배하며 하나님 앞에서 우리의 양심을 되살린다. 이 조항이 없는 세상은 전적인 어둠과 죽음뿐이다"와 같이, 훨씬 더 도발적인 루터의 칭의 진술을 끄집어냈다.[154] 오늘날, 보다 전통적이고 "극단적인" 루터파에게서 이신칭의가 "모든 신학적 진술에 대한 단

(Downers Grove, Ill.: InterVarsity Press, 2004), pp. 153-76을 보라. 핀란드 학파에 대한 루터파의 비판은 Kolb, "Contemporary Lutheran Understandings," pp. 153-56; Mark C. Mattes, *The Role of Justification in Contemporary Theology* (Grand Rapids: Eerdmans, 2004), pp. 126-32을 보라.

153_ Eberhard Jüngel, "On the Doctrine of Justification," *International Journal of Systematic Theology* 1 (1999): 25.

154_ Martin Kähler, *What Luther Says: An Anthology*, ed. Ewald M. Plass, 3 vols. (St. Louis: Concordia, 1959), 2:703.

하나뿐인 유일한 기준"이라는 주장을 더 많이 발견하게 된다.[155] 따라서 그것은 "모든 신학적 전거를 평가하는 식별자(discrimen)"로서 상위기준(meta-criterion)으로 작용한다.[156] 오스월드 베이어(Oswald Bayer)에게 칭의는 "신학의 근거이고 경계"다.[157] 또한 에릭 그리치(Eric Gritsch)와 젠센에게 칭의는 "교회의 선언과 언어"로 적절하게 간주될 수 있는 **"일종의 말하기"**(Kind of talking)에 관한 "메타언어적(metalinguistic) 규정"이다.[158] 북미에서는 게르하르트 포르데(Gerhard Forde)와 그의 제자들이 가장 강력하게 "극단적 루터주의"를 지지하는데, 그들에 따르면 심지어 이신칭의가 유일하고도 중심적인 기준이라고 동의하는 사람들조차 이 주장의 희석되지 않은 힘을 약화시키는 결과를 초래한 요소들을—방법론적이든 혹은 그 외의 것들이든—포함시킨다는 비판을 받을 수도 있다.[159]

다른 루터파 신학자들은 지나치리만치 칭의를 중심에 두는 이들에 맞서 경고를 제기한다. 볼프하르트 판넨베르크(Wolfhart Pannenberg)는 그의 동료 루터파들에게 "심지어 바울 자신에게도 [칭의]가 그 밖의 다른 모든 것들을 제어하는 신학의 유일한 중심이 아니다. 바울에게 신학의 중심은 예수 그리스도다"라고 상기시킨다.[160] 브라텐 역시 "왜 하나 이상의

155_ Jüngel, "Doctrine of Justification," p. 51. 또한 idem, *Justification: The Heart of the Christian Faith* (New York: T & T Clark, 2001)을 보라.

156_ Mattes, *Role of Justification*, p. 15.

157_ Oswald Bayer, "Justification: Basis and Boundary of Theology, " in *By Faith Alone: Essays on Justification in Honor of Gerhard O. Forde*, ed. Joseph A. Burgess and Marc Kolden (Grand Rapids: Eerdmans, 2004), pp. 67-85.

158_ Eric and Gritsch and Robert Jensen, *Lutheranism: The Theological Movement and Its Confessional Writings* (Philadelphia: Fortress, 1976), p. 42.

159_ 즉 Mattes의 (*Role of Justification*) 평가에 의하면, Jüngel, Pannenberg, Moltmann, 심지어 Jensen도 모두 이 점에서 미치지 못했다. Forde의 칭의 접근 방식은 그의 *Justification by Faith*를 보라.

160_ Wolfhart Pannenberg, *Systematic Theology*, trans. Geoffrey W. Bromiley, 3 vols. (Grand Rapids: Eerdmans, 1991-1998), 3:213. 칭의에 대한 Pannenberg의 확장된 논의는 pp. 58-

필수불가결한 기준이 존재할 수 없는가…? 단일 원리라는 폭압은 루터파 **신조**의 유산이라기보다는 독일 관념주의의 유산"이라고 경고한다.[161] 브라텐에 따르면 "칭의를 기독교 진리의 유일한 기준으로 격상시키는 것은…분파적 이데올로기에 가까운 것이다."[162] 흥미로운 것은, 그럼에도 불구하고 브라텐과 판넨베르크 모두 핀란드 학파에 대해 우호적이라는 점이다.

에큐메니컬 상황에서 칭의 논의를 향한 비판적 대응은 루터파 밖에서도 발견된다. 위에서 언급했듯이, 교회 일치를 위한 합의라는 원대한 목표를 추구하면서 그들 중 많은 사람이 역사적 종교개혁의 관점 자체가 위험에 처하게 되었다는 우려를 표함에 따라, 전통적 종교개혁의 칭의 교리를 방어하려는 복음주의 진영의 출판물이 해마다 놀라울 정도의 비율로 증가하고 있다.[163] 덧붙여서, 영국의 복음주의자 맥그래스는 (그의 권위 있는 칭의론 연구서 안에 있는 에큐메니즘에 관한 비교적 짧은 장에서) "에큐메니컬적 관심"이 칭의 교리를 "소리 없이 부수적으로 만드는 데 기여한 중요한 원인"이었다는 결론을 내린다.[164] 이를 통해 드러나는 맥그래스의 정서는, 복음주의 개혁파 사상가들이 오늘날 광범위하게 교회 안에서 점증하는

96을 보라.

161_ Carl Braaten, *That All May Believe* (Grand Rapids: Eerdmans, 2008), p. 5.

162_ Braaten and Jensen, "Preface"; Pannenberg, *Systematic Theology*, 3:215 n. 368.

163_ 예. Henri A. Blocher, "The Lutheran-Catholic Declaration on Justification," in Husbands and Treier, eds., *Justification*, pp. 197-217; Fesko, *Justification*; Gary L. W. Johnson and Guy P. Waters, eds., *By Faith Alone: Answering the Challenges to the Doctrine of Justification* (Wheaton, Ill.: Crossway, 2006); Horton, *Covenant and Salvation*; Oliphint, *Justified in Christ*.

164_ McGrath, *Iustitia Dei*, p. 418. 한편 예를 들어 A. C. Ogoko Nkwume는 최근에 나이지리아 교회에 다시 활력을 불어넣고 이를 통일하는 데 효과가 있음이 입증된, 칭의에 관한 에큐메니컬 대화를 제안했다. A. C. Ogoko Nkwume, *Dialogue on Justification: A Model for Ecumenical Dialogue Among the Churches in Nigeria?* (Berlin: LIT, 2007)를 보라.

칭의의 주변화 그리고/혹은 칭의에 관한 오해에 대해 염려하고 있다는 폭넓은 의견 일치를 반영한다. 그들은 복음의 핵심은 오직 그리스도 안에서 발견되는 것으로, 외부에서 비롯된 의의 전가를 통해 죄인들을 의롭다 하는 수단인 하나님의 법정적 선언의 성패에 달려 있다고 주장한다.

사실 칭의에 관한 에큐메니컬 대화의 필요성과 전망에 대한 평가와 전통적인 법정적 칭의 해석의 적용에 대한 평가 사이에는 흥미로운 개념적 연관이 존재한다. 한편으로 심지어 에큐메니컬 대화에 가치를 두는 개혁파 전통주의자조차 그 대화의 추이와 결론에 대해 어느 정도는 불편함을 느낄지도 모르겠다. 다른 한편으로 에큐메니컬 대화의 가치만이 아니라 필요성까지도 염두에 두는 부류의 사람들은 가치 있다고 판단되는 다른 신학적·교회론적 목표들을 성취하기 위해서라면 전통적인 범주들을 기꺼이 변경할 준비가 되어 있다.

▶ 2장
▶ 현대 칭의 논쟁

칭의를 둘러싼 논쟁은 지난 30여 년간 소위 "사도 바울에 관한 새 관점"을 중심으로 더욱 발전해 왔다.[1] 새 관점과 함께 이 논쟁은 바울의 칭의 개념에 관한 종교개혁의 해석에 도전을 제기했을 뿐만 아니라, 바울 신학과 관련된 다른 문제들(이를테면 바울의 "개종"[굳이 그렇게 표현해야 한다면], 바울 신학의 기원과 "핵심", "율법"에 대한 바울의 관점 등등) 및 1세기 유대교의 본질에 관한 전통적인 종교개혁의 이해에도 도전을 제기했다. 그러나 이 질문 중 일부는 새 관점이 수면으로 부상하기 수년 전부터 이미 제기되고 있었다.

19세기 말, 일반적으로 프로테스탄트 성서신학자들은 제2성전기 유대교를 율법적이고 특히 외형에 초점을 둔 종교—예수와 바울이 옹호한 기독교에 정확히 반대되는 종교—로 폄하했다. F. C. 바우어(F. C. Bauer)

1_ 바울의 새 관점에 대한 (긍정적이거나 혹은 부정적인) 개론적 논의로는 Michael B. Thompson, *The New Perspective on Paul* (Cambridge: Grove, 2002): Guy Prentiss Waters, *Justification and New Perspective on Paul: A Review and Response* (Phillipsburg. N.J.: Presbyterian & Reformed, 2004); Stephen Westerholm, *Perspectives Old and New on Paul: The "Lutheran" Paul and His Critics* (Grand Rapids: Eerdmans, 2004); Kent L. Yinger, *The New Perspective on Paul: An Introduction* (Eugene, Ore.: Cascade, 2011)을 보라.

는 초기 저작에서 유대교의 민족적 배타주의를 기독교의 "의식의 새로운 보편주의적 원리"(new universal principle of consciousness)의 반대편에 두면서 이러한 국면을 심화시켰다.[2] 고대 유대교에 대한 부정적인 이미지는 페르디난트 빌헬름 베버(Ferdinand Wilhelm Weber)의 저작에서도 잘 드러난다. 베버의 유대교 이미지는 빌헬름 부세(Wilhelm Bousset)와 (구) 종교사학파에 영향을 끼쳤고, 거기서 마침내 루돌프 불트만(Rudolf Bultmann)의 사상과 맞닿았다. 이러한 학문적 상황에서, "헬레니즘화된"(Hellenized) 바울의 기독교는 고립된 "팔레스타인 기독교"의 반대편을 차지했다. 그래서 이 토론이 제기된 세기가 지났음에도 불구하고, 로마가톨릭에 대항하여 논쟁적 분위기를 유지했던 초기 종교개혁자들을 연상시키는 동일한 부정적인 기운을 유대교에 대해 유지하는 자유주의적 프로테스탄트를 흔히 볼 수 있었다. 바울의 칭의 교리가 유대교 안에 있는 율법주의(legalism)와 행위-의에 정확히 반대되는 대안이었다는 주장은 흔한 것이었다.[3]

새 관점의 선구자들

이러한 분위기에도 불구하고 19세기 후반과 20세기 초반에 걸쳐서 고대 유대교에 대한 부정적 묘사에 도전하는 소수의 목소리가 일어나 새 관점의 선구자적 역할을 감당했다. 그중에서도 종교개혁 이후 프로테스탄트 교회의 표준으로 자리 잡은 유대교의 희화화에 도전한 클로드 몬티

2_ John Riches, *Galatians Through the Centuries* (Malden, Mass.: Blackwell, 2008), p. 131.

3_ 예. Rudolf Bultmann, *Theology of the New Testament*, trans. Kendrick Grobel, 2 vols. (New York: Charles Scribner's Sons, 1951-1955), 1:262-64.

피오리(Claude Montefiore)와 조지 푸트 무어(George Foote Moore)의 작품이 주목할 만하다.[4] 사도 바울을 팔레스타인 유대교의 반대편에 두는 일반적인 접근과는 달리, 소수의 신약학자들은—예를 들면 윌리엄 브레데(William Wrede), 알베르트 슈바이처(Albert Schweitzer) W. D. 데이비스(W. D. Davies) 및 리처드 롱네커(Richard Longenecker)가 각자 자신들의 방식으로—이 둘의 관계에 대해 좀 더 긍정적인 평가를 내렸다.[5] 이러한 재평가와 함께 바울의 사고에 나타나는 칭의의 본질과 중요성에 관한 종교개혁의 관점으로부터 이탈하는 사건이 자연스럽게 발생했다. 브레데와 슈바이처는 칭의 개념이 유대교에 대한 초대 기독교의 논쟁적 조우와 관계 없이 생겼다고 주장했다. 그들에 따르면 칭의는 역사적으로 파생된 특정한 상황의 범주였다. 이들에게 이신칭의는 바울 사상의 중심이 아니었다. 사실 슈바이처에게 칭의는 바울 신학에서 단지 "하위 범주"에 지나지 않으며, 바울 신학의 진정한 핵심은 그리스도와의 신비한 연합이라는 개념이다.[6]

새 관점의 분명한 전조는 크리스터 스텐달(Krister Stendahl)이 1963년에 기고한 「사도 바울과 서구 세계의 내면 의식」(The Apostle Paul and the Introspective Conscience of the West)에서 왔다.[7] 여기서 스텐달은 영속적인 죄

4_ 예. Claude Montefiore, *Judaism and St. Paul: Two Essays* (London: Goschen, 1914); George Foote Moore, "Christian Writers on Judaism," HTR 14 (1921): 197-254.

5_ William Wrede, *Paul*, trans. Edward Lummis, reprinted ed. (Lexington, Ky.: American Theological Library Association, 1962); Albert Schweitzer, *The Mysticism of Paul the Apostle*, trans. William Montgomery (New York: Holt, 1931); W. D. Davies, *Paul and Rabbinic Judaism: Some Rabbinic Elements in Pauline Thought*, rev. ed. (London: SPCK, 1955[1948]); Richard Longenecker, *Paul: Apostle of Liberty* (New York: Harper & Row, 1964), pp. 65-85.

6_ Schweitzer, *Mysticism of Paul*, p. 225. 또한, Wrede, *Paul*, pp. 122-23을 보라.

7_ Krister Stendahl, "The Apostle Paul and the Introspective Conscience of the West," HTR 56 (1963): 199-215 (원래 1960년에 스웨덴어로 발간되었다).

책감으로 괴롭힘을 받는 심리학적 자기성찰의 감성이 아우구스티누스와 루터를 통해 오늘날까지 서방 기독교의 중요한 순간을 특징지었으며, 이런 자기 성찰의 인간학은 그 왜곡의 효과를 지닌 채 거슬러 올라가면 바울 서신 안에서까지 나타난다고 주장한다. 하지만 실제로 바울은 그런 경향을 전혀 보이지 않았을 뿐만 아니라 오히려 바리새인이었을 때의 굳건한 양심에 대해 말한다(빌 3:6). 사실 바울 자신의 내면적 양상을 보여주는 증거로 사용된 텍스트들은 유대인과 이방 그리스도인의 관계와 그 안에서 율법의 위치에 관한 논증을 담고 있었다. 바울에게 있어서 반드시 다루어야 했던 핵심 문제는 이방인들이 그리스도인이 되기 위해서는 사실상 (토라를 준수하는) 유대인이 되어야 한다는 유대인 신자들의 주장이었다. 그러나 이에 대해 바울은 "아니다!"라고 말한다. 스텐달에 따르면 이것이 이신칭의에 관한 바울의 이해를 드러내는 지점이다. 바울은 하나님 앞에서 죄책감을 느끼는 개별자의 보편적 체험을 묘사하기 위해서가 아니라, 초대 교회의 성숙한 구성원으로 보이기 위해 할례, 안식일 준수, 음식법을 따르도록 강요받고 있는 이방인 개종자들을 보호하기 위해서 자신의 이신칭의 논증을 사용한다. 이런 관점에서 볼 때, 칭의는 바울 복음의 중심이 아니라 초대 교회 내 사회적 갈등(유대인-이방인)에 대한 일시적·조건적인 반응이다. 이런 관점에서 보자면, 이를테면 로마서 9-11장은 바울의 논쟁에서 (표준적인 종교개혁 전통에서 종종 그렇게 취급된) 부수적 삽입이 아닌 서신의 요점이자 절정이 된다.

에른스트 케제만(Ernst Käsemann)은 주목할 만한 논평을 통해 스텐달의 견해에 동의하면서 "바울의 칭의 교리가 갖는 논쟁적 특성은 아무리 강조해도 지나치지 않다"라고 말한다.[8] 그는 명시적으로 불트만에 대해

8_ Ernst Käsemann, "Justification and Salvation History in the Epistle to the Romans," in *Perspectives on Paul*, trans. Margaret Kohl (Philadelphia: Fortress, 1971 [1969]), pp. 60-78

혹은 불트만의 일반적인 해석에 대해 거리를 두고 기독교 메시지가 "개인주의적으로 축소"되는 것을 거부한다.[9] 케제만에게 칭의는 다음과 같다.

> 의롭다 여김을 받는다는 것은 창조주가 피조물에 대해 영원히 신실하다는 의미다.…그것은 타락하고 배교한 자들을 새 창조물로 변화시킴을 의미한다.… 이는 예수가 선포한 하나님 나라가 바로 칭의에 달려 있다는 뜻이다.[10]

그의 언어는 전통적인 루터파의 칭의 개념을 지배하는 법정적 범주에서 현저히 벗어난 것이었다. 바울의 묵시적 상황 안에서 은사와 능력으로서의 하나님의 의에 관한 바울의 용어를 다루는 케제만의 선행 연구 역시 종교개혁의 전통적인 견해에 압박을 가하는 것이었다.[11] 그렇지만 케제만은 스텐달의 "구속사"(salvation history) 범주를 반대하면서, 칭의가 바울의 사상을 이해하기 위한 핵심 개념임을 변호한다. 그에 따르면 "구속사를 칭의에 우선하는 것으로 간주하면 안 된다. 칭의는 구속사의 영역이다. 칭의는 여전히 구속사의 중심이며 시작과 끝으로 남아 있다."[12]

마르쿠스 바르트(칼 바르트의 아들)는 1968년에 기고한 글에서, 스텐달이 묘사한 이신칭의라는 바울의 이상이 지닌 사회적/교회적 상황을 더욱 발전시킨다.[13] 바르트는 "무신경한 개인주의와 종교적·교회적 이름으로 포장된 이기주의"가 전통적인 종교개혁의 칭의 개념과 결합할 때 나타나

(여기서는 p. 71).

9_ Ibid., p. 74.

10_ Ibid., pp. 74-75.

11_ Ernst Käsemann, "'The Righteousness of God' in Paul," in *New Testament Questions of Today*, trans. W. J. Montague (London: SCM, 1969 [1965]), pp. 168-82.

12_ Ibid., p. 76.

13_ Markus Barth, "Jews and Gentiles: The Social Character of Justification in Paul," *Journal of Ecumenical Studies* 5 (1968): 241-67.

는 "위험"을 경고한다.[14] 계속해서 그는 바울의 칭의 개념에 내재하는 사회적 본질을 다음과 같이 표현한다.

> 스스로 의롭게 된 인간은 지금까지 한 명도 없으며, 이신칭의는 하나님이 공동 칭의를 위해서 선택한 동료 인간과 함께하는 공동체에만 실재한다.…하나님으로부터 오는 동료 인간의 칭의 없이는 결코 하나님의 개인적 칭의도 존재할 수 없다.…즉 사랑이 전혀 없는 곳에는 믿음도, 의도 전혀 없다.…따라서 행위로 말미암는 의는 반사회적 행위와 일치한다. 참으로 의롭게 할 수 없는 율법의 행위들은 율법을 통한 자의적 선택이 있는 곳에 존재하며,…그리고 그곳에서 선택된 항목들은 인간에게서 동료 인간을 분리시키려는 목적이나, 혹은 한 집단이 다른 집단을 지배하려는 권리를 지지하기 위한 목적으로 이용된다.[15]

"바울에 관한 새 관점"과 칭의

새 관점과 양립할 수 있는 "옛 관점"(old perspective)은 당연히 바울과 1세기 팔레스타인 유대교에 대한 전통적인 종교개혁의 관점이자 특히 "루터파"의 관점이다. 새 관점 학파의 시각에서 보면, 옛 관점은 1세기 유대교를 폄하하여 그것을 "율법의 행위"를 통해 구원을 "얻는" 공로의 종교로 윤색한다는 점에서 실패했다. 이 옛 관점의 각본에 따르면, 바울은 죄책에 짓눌린(그래서 아우구스티누스와 루터의 체험이 기대되는) 유대교의 경험에서 벗어나, 이제는 오직 믿음으로 은혜를 통해 새롭고 자유로운 존재

14_ Ibid., p. 243.
15_ Ibid., p. 244-45, 251.

가 되는 칭의 경험으로 들어온 것으로 묘사된다. 즉 **기독교의 은혜**가 유대교의 율법을 대체했다. 하나님이 죄로 가득 찬, 죄책을 짊어진 개인들과 화해하시는 그 방법을 통해 **기독교의 믿음**이 유대교의 행위를 대체했다. 새 관점은 이런 "옛 관점"의 주장에 반대하면서 심지어 "더 오래 된 관점"(older perspective)—바울의 진짜 관점—으로의 귀환을 제시한다. 실제로 새 관점을 옹호하는 이들이 관심을 갖는 것은 바울 신학에 관한 단일한 "관점"이 아니라(여기서 상당한 다양성이 발생한다), 오히려 1세기 유대교에 관해 전반적으로 공유된 관점이다.

제임스 던(James Dunn)은 "바울에 관한 새 관점"이라는 용어를 창안한 것으로 곧잘 언급되지만,[16] 그에 따르면 톰 라이트(N. T. Wright)가 1977년에 이 용어를 먼저 사용했다고 한다.[17] 그들이 말하는 새 관점은 1977년에 나온 E. P. 샌더스(E. P. Sanders)의 기념비적 연구인 『바울과 팔레스타인 유대교』(Paul and Palestinian Judaism)에서 잘 드러나는데, 이 책의 출간은 전형적인 새 관점의 시작을 알리는 것이었다.[18] 샌더스 저작의 중심에는 고대 유대교에 관한 새 관점이 존재하는데, 여기에는 유대교를 율법의 준수를 통해 구원을 얻는 행위 기반의 종교로 묘사하는 전통적인 프로테스탄트를 향한 직접적인 도전이 담겨 있다. 기원전 200년부터 기원후 200년 사이에 작성된 광범위한 유대 문헌을 검토한 후에, 샌더스는 이 시기의 유대교 안에 널리 공유된 "종교적 경향"을 탐지한다. 그는 이 경향을 "언

16_ 이 용어는 Dunn의 "The New Perspective on Paul," *BJRL* 65 (1983); 95-122 및 이를 기초로 한 1982년 학회 발제에 언급되어 있다.

17_ James D. G. Dunn, "The New Perspective: Whence, What and Wither?" in *The New Perspective on Paul*. rev. ed. (Grand Rapids: Eerdmans, 2008 [2005], p. 7 n. 24; N. T. Wright, "The Paul of History and the Apostle of Faith," *Tyndale Bulletin* 29 (1978): 61, 64, 77-84.

18_ E. P. Sanders, *Paul and Palestinian Judaism: A Comparison of Patterns of Religion* (Philadelphia: Fortress, 1977).

약적 신율주의"(covenantal nomism)라 칭한다. 샌더스는 이를 다음과 같이
설명한다.

> 하나님의 계획 안에서 인간의 자리는 언약에 기반을 두고 확립되는데, 이 언
> 약은 속죄의 수단을 공급하는 동시에 인간의 타당한 반응인 언약의 계명을
> 향한 순종을 요구한다는 견해가 바로 언약적 신율주의다.…순종은 인간의 위
> 치를 언약 안에 있게 하나, 그것 자체로는 흔히 말하는 하나님의 은혜를 얻지
> 못한다.[19]

샌더스의 핵심은 "들어감"(getting in)과 "머무름"(staying in)의 차이다.
샌더스는 제2성전기와 랍비 유대교의 규범적 경향은 하나님이 선택하신
언약 백성이라는 구원의 지위를 행위나 공로에 관계없이 유대인에게 은
혜롭게 베푸셨다고 주장한다. 즉 "들어감"은 전적인 하나님의 자비로운
선택을 의미한다. 그러나 유대인은 이 은혜의 관계 안으로 들어간 후 이
제 하나님의 계명에 순종함으로 그 관계를 **유지할** 것을 요청 받는데, 이
것이 곧 "머무름"이다. 따라서 이 "머무름"은 율법 준수와 분리될 수 없다.
간단히 말해서 "**구원은 은혜로 받으며…, 행위는 그 '안에' 머무르는 조건
이다. 하지만 행위로는 구원을 얻지 못한다.**"[20]

그러나 유대교가 본질적으로 은혜의 종교라면, 바울은 왜 그것을 거부
했는가? 샌더스가 보기에 그 대답은 간단하다. 바울의 시각에서 볼 때 유
대교가 가진 문제는 예수 그리스도를 구원의 유일한 통로로 인정하지 않
았다는 것이다. 다음과 같은 그의 말에 주목해보자. "**이것이야말로 바울이**

19_ Ibid., p. 75. 420.
20_ Ibid., p. 543 (강조는 원래의 것임).

발견한 유대교의 문제점이다. 유대교는 기독교가 아니다."[21] 샌더스의 평가에 따르면, 실제로 바울은 유대교에서 야기된 종교적 "역경"(즉 죄책감이라는 양심)에서 시작하지 않고 그 "해결책"(즉 예수 그리스도)에 이르게 된다. 오히려 바울은 역설적인 해결책—십자가에서 죽으신 예수 그리스도라는 구원의 통로—에서 시작하여, 이후에 그 해결책을 가능하게 한 역경을 회고적으로 분명하게 표현한다.[22]

던과 라이트를 비롯한 많은 학자가 샌더스의 새 관점을 비판하거나 혹은 발전시키는 데 급속도로 참여하기 시작했다. 데이비드 오니(David Aune)가 언급했듯이 샌더스, 던, 라이트가 함께 "새 관점을 형성하고 전파하는 핵심적인 3인방을 구성한다."[23] 새 관점을 지지하는 모든 이들이 그러하듯, 던과 라이트는 고대 유대교가 율법을 통해 구원을 받는다고 가르쳤던 종교가 아니라는 점에서 샌더스에 동의한다. 던은 "율법의 행위"(works of the law)라는 바울 서신의 구문을 연구하면서 이 점을 더욱 발전시켰다. 던에 따르면 이 문구는 구원을 얻기 위해 하나님의 도덕적 율법을 준수하려는 유대인들의 분투(즉 유대교에 대한 종교개혁의 평가)를 언급한 것이 아니다. 오히려 "율법의 행위"는 이방인으로부터 유대인을 구별하기 위한 민족적 "증표" 혹은 경계표지로 작용하는 특정한 율법 조항들—할례, 안식일 준수, 음식법—을 주로 언급한 것이다. 바울에게 이 "행위"가 문제가 되는 이유는, 만약에 교회가 그 행위를 용인하게 되면 그것들은 민족이라는 구분을 따라 신자들을 분리시키는 데 이용될 것이고, 따라서 한 민족이 다른 민족 위에 군림함으로써 그리스도의 몸이 쓸데없이

21_ Ibid., p. 552 (강조는 원래의 것임).

22_ Ibid., pp. 482, 484.

23_ David E. Aune, "Recent Readings of Paul Relating to Justification by Faith," in *Rereading Paul Together: Protestant and Catholic Perspectives on Justifications*, ed. D. E. Aune (Grand Rapids: Baker Academic, 2006), p. 205.

나뉘기 때문이었다. 바울이 보기에 하나님의 새 언약 백성의 정체성을 나타내는 유일한 표지는 예수 그리스도를 믿는 믿음이다.[24] 던은 샌더스가 주장하는 것보다 1세기 유대교와 바울 사이의 연속성을 더욱 인정한다. 그는 스텐달과 마찬가지로 바울이 예수를 메시아로 보는 관점을 수용한 것을 한 종교에서 다른 종교로의 "개종"(conversion)이라기보다는 "부르심"(calling)이라는 측면에서 보고 있다. 던은 새 관점의 주도적 학자로서 지난 수십 년간 자신의 접근방식을 계속 정교하게 다듬고 발전시켰다.[25] 던은 이 책에서 새 관점을 능숙하게 대변한다.[26]

라이트는 1978년에 발행된 중요한 논문을 통해 이 토론에 참여했다.[27] 라이트는 새 관점이 공유하는 확신을 반영하면서, 전통적인 바울 해석이 "그릇된 유대교를 통해 그릇된 바울을 만들어서 바울로 하여금 그 유대교에 반대하게 했다"고 언급한다.[28] 라이트는 이스라엘이 은혜를 통해 주어진 소명 안에서 유대민족임을 근거로 자랑하는 것을 가리켜 이스라엘의 "거대한 죄"(meta-sin)—"은혜를 한 민족에 한정하려는" 시도—로 보았는데, 이 점에서 열방으로부터 이스라엘을 구분하려는 표지(할례, 안식일, 음식법)들이 일종의 "우위를 나타내는 증표"로 변한다.[29] 라이트는 지난 수십

24_ Dunn, "New Perspective on Paul," pp. 194-98.

25_ 예. James Dunn, *Jesus, Paul, and the Law: Studies in Mark and Galatians* (Louisville: Westminster John Knox, 1990); idem. *The Theology of Paul the Apostle* (Grand Rapids: Eerdmans, 1998); idem, *New Perspective*.

26_ 위의 언급에서 인용된 출판물 이외에도 칭의 그리고/혹은 새 관점에 관한 Dunn의 이전 책은 Dunn, "The Justice of God: A Renewed Perspective on Justification by Faith," *Journal of Theological Studies* 43 (1992): 1-22; idem, "Yet Once More—'The Works of the Law': A Response," *Journal for the Study of New Testament* 46 (1992): 99-117; Dunn and Alan M. Suggate, *The Justice of God: A Fresh Look at the Old Doctrine of Justification by Faith* (Grand Rapids: Eerdmans, 1994) 등을 포함한다.

27_ Wright, "Paul of History."

28_ Ibid., p. 78.

29_ N. T. Wright, *The Climax of the Covenant: Christ and the Law in Pauline Theology*

년 동안 방대한 분량의 책을 출간하면서 새 관점에 관한 자신만의 독특한 견해를 계속 발전시키고 변호해왔다.[30] 최근에 던과 라이트는 그들의 견해가 종교개혁자들의 관심사나 관점과 상반되는 것이 아니라 오히려 더 전통적이고, 특히 개혁파 프로테스탄트의 관점을 보완하거나 혹은 수정하는 내용을 제공한다는 점을 강조하고 있다.[31]

그러면 이 모든 것은 바울의 칭의론을 이해하는 데 무슨 역할을 하는가? 돈 갈링튼(Don Garlington)은 "칭의 문제 자체는 바울에 관한 새 관점[NPP, New Perspective on Paul]의 원래 의제가 아니었다.…칭의에 관한 '새 관점의 입장' 같은 것은 전혀 없음을 분명히 해야 한다. 그것은 부적절한 호칭"이라고 상기시킨다.[32] 비록 새 관점 옹호자들 사이에 칭의에 관한 합의가 도출되지 못한 것이 사실이지만, 새 관점을 움직이는 근본적인 직관은 자연스럽게 바울 신학에 있어서 칭의의 탈중앙화로 이어진다. 새 관점 학파가 보기에 바울이 이신칭의 개념을 통해 드러내는 관심사는, 펠라기우스주의처럼 행위가 이끄는 유대교 안에 예시된 보편적인 인간의 자기-의에 대한 것이 아니다. 오히려 그것은 초기 교회의 무대에 국한된 문제로서, 당시 주도권을 쥔 다수의 유대인은 소수의 이방인들에게 (유대인) 메시아 예수에 접근하기 위해서는 토라에 기반을 둔 하나님의 백성(유대인)으로서의 상징들을 받아들여야 한다고 강요했었다. 따라서 바울의 칭의 가르침은 그의 신학의 "중심"—오직 이 조항에 따라 "교회의 존폐가 좌우되는 것"—문제가 전혀 아니다. 샌더스를 예로 들면, 바울의 주요 관

(Minneapolis: Fortress, 1991), pp. 240, 243.

30_ 예. N. T. Wright, *What Saint Paul Really Said: Was Paul of Tarsus the Real Founder of Christianity?* (Grand Rapids: Eerdmans, 1997); idem, *Paul: In Fresh Perspective* (Minneapolis: Fortress, 2005).

31_ 예. Dunn, "New Perspective: Whence," p 96; Wright, *Justification*, pp. 72-73, 252.

32_ Don Garlington, "The New Perspective on Paul: Two Decades On," in *In Defense of the New Perspective on Paul: Essays and Reviews* (Eugene, Ore.: Wipf & Stock, 2005), p. 4.

심사는 칭의가 아니라 오히려 그리스도께 능동적으로 참여함이다.[33]

던이 보기에 이신칭의 개념은 바울의 이방선교 사명이라는 이신칭의의 원래 상황을 분명히 인식할 때 온전히 파악된다. 그것은 "하나님께서 선한 구원을 특정 민족에게만 한정하셨다는 발상에 대한 바울의 근본적인 반대"와 본질적으로 묶여 있다.[34] 더 구체적으로 말하면 다음과 같다.

> 이신칭의는 인종, 문화, 국적이라는 미덕을 통해 하나님 앞에서 특권적 지위를 가진다는 모든 종류의 가정에 맞서서 바울이 들어 올린 기치이며, 배제와 분리의 행위를 통해 거짓된 구별을 유지하려는 일련의 모든 시도에 반대하는 것이다.[35]

던은 그의 견해에 대한 몇몇 이들의 비판에 대해, 바울의 칭의 교리가 단지 사회적 혹은 교회론적 관심에 제한되지 않는다는 점을 분명히 한다. 던이 보기에 바울의 칭의는 개인의 구원이라는 논제를 포함한다. 또한 던은 종교개혁의 견해—그는 심지어 "외부에서 온 의"(alien righteousness)라는 발상을 지지하기도 한다—를 거부하려는 것이 아니라, 단지 그 견해에서 실종된 측면을 보충하기를 갈망한다.[36] 던은 전통적 종교개혁의 견해에 도전하면서, 먼저 "첫"(initial) 칭의와 심판의 날에 있을 "최종"(final) 칭의의 중요성을 논증하며, 마지막 날에 능동적인 순종("행위들")이 단순한 증거에 불과한 것이 아니라 신자가 최종적으로 의롭게 되는 근거의 일환이라는 점을 주장한다. 던의 표현을 빌리면 "바울 신학에서 이신칭의는

33_ Sanders, *Paul*, pp. 502-8; 또한, pp. 434-42을 보라.

34_ Dunn and Suggate, *Justice of God*, p. 28.

35_ Dunn, *New Perspective*, p. 205.

36_ Dunn, "New Perspective: Whence," p. 85.

믿음에 의한 최종적 칭의일 **뿐만 아니라** 신자가 성령의 능력으로 성취한 행위에 의존하는 최종적 칭의로 한정해야 한다."[37] 그럼에도 던 자신은 많은 종류의 거짓되고 잘못된 "행위들"이 이신칭의를 침식시키기 위해 지속적인 위협을 가한다고 경고하는데, 그중 몇 가지는 다음과 같이 역설적 의미를 내포한다. "심지어 '오직 이신칭의'라는 교리의 특정한 문구를 강조하는 것은 자의적으로 이해된 정통이 되어 복음의 진리를 흐리게 하는 '행위' 가운데 하나가 될 수 있다!"[38] (칭의에 관한 던의 견해를 좀 더 살펴보려면, 이 책에 실린 그의 기고문을 보라.)

새 관점 진영에 속한 일부 사람들과 달리, 라이트는 법정 장면에서 끌어온 칭의에 관한 은유가 "**누군가에게 어떤 지위를 허락할 정도의 선언으로서 그를 변화시키는 행동을 뜻하지 않으며**", 다만 "**법정이 그들을 향해 호의를 선언했을 때 누군가가 가지는 지위**"라고 이해한다.[39] 이 지점에서 라이트는 아우구스티누스와 로마 가톨릭의 전통에 맞선 종교개혁의 견해와 노선을 확고하게 공유하는 것처럼 보인다. 그러나 라이트는 바울 서신 안에 존재하는 많은 구원론적인 이미지 가운데 하나인 칭의를 단순하게 취하여 그것에 **인류를 향한 하나님의 모든 화해 행동을 묘사하는 전체 그림에 억지로 적용하려는 시도가 심각한 해석학적 문제들을 낳는**다고 곧바로 지적한다.[40] 덧붙여서 라이트는 바울에게 항상 기능했던 3가지 개념적 상황—즉 "언약"이 지배하는 "법정"(아브라함과 그의 가족, 그리고 이스라엘을 통해 곤경에 처한 세상을 구원하시려는 하나님의 유일한 계획에 관한 바울의 그림)과 "종말론"(구세주 예수를 통해 하나님께서 "장차 도래할" 메시아적 "시

37_ Ibid., p. 88.

38_ Ibid., p. 96.

39_ Wright, *Justification*, pp. 91, 90 (강조는 원래의 것임).

40_ Ibid., p. 86.

대"[messianic "age to come"]를 출범시키셨다는 바울의 확신)—에서 칭의를 분리시키면 바울의 칭의 견해가 심각하게 왜곡될 것이라고 주장한다.[41] 이 개념적 모형을 통해 바울의 기독론이 갖는 풍부한 구조적 특징이 드러난다. 구세주 예수 안에서 하나님의 백성으로 함께 편입되어, 예수의 신실한 순종의 삶이 그들의 삶이 되고, 죄를 저주하는 예수의 죽음이 그들의 죽음이 되며, 예수의 의를 입증하는 부활과 함께 "전적인 새 창조가 시작"되고, "죽음 그 자체를 포함하는 모든 대적"에 대한 마지막 승리가 예견된다.[42]

다시 말하면, 바울이 성서 내러티브를 언약적 차원으로 인식한다는 점이 라이트에게는 결정적인 요소다. 예를 들면 라이트는(던도 마찬가지로) 바울의 "하나님의 의" 개념이 주로 **하나님의 언약적 신실성**을 나타낸다고 본다.[43] 더 나아가서 바울의 칭의 개념은 새 언약이 주는 값진 선물, 즉 하나님 자신의 성령과 분리될 수 없다. 간단히 말해서 바울의 칭의 이해를 충실히 드러내려면 언제나 "삼위일체론적 형태"를 취해야 한다.[44] 라이트의 말을 들어보자.

하나님의 언약적 계획을 이행하는 [칭의라고 불리는] 법정적 판결과 예수 그리스도 자신에 기반을 둔 모든 것들은 **현재**에는 믿음을 기반으로 오직 믿음을 통해서 선고된 판결이며, 동시에 **미래**에는 하나님께서 성령을 통해 이미 그 안에 내주하시는 모든 사람을 죽음에서 일으키실 그날에 선고될 판결이다. 현재의 판결은 그에 상응하는 미래의 판결에 관한 확신을 제공한다. 성령은 신자에게 능력을 부여하여 그 신자가 이 능력을 통해 마지막 때까지 산 삶

41_ Ibid., pp. 92-102.

42_ Ibid., p. 106.

43_ Ibid., p. 99. Dunn, "New Perspective on Paul," p. 190.

44_ Wright, *Justification*, p. 107.

과 그때 내려질 판결이 조화를 이루도록 할 것이다.[45]

　　라이트는 "칭의는 '사람이 어떻게 그리스도인이 되는가'의 문제가 아니다. 그것은 이제 막 그리스도인이 된 사람에 대한 하나님의 선언이다"라고 주장함으로써 자신의 견해를 분명히 한다.[46]

새 관점에 대한 반응

새 관점에 대한 반응은 폭넓고 다양하다. 여러 학자들은 새 관점이 옛 프로테스탄트 교리에 "신선한" 성서적 생명력을 불어넣은 것으로 본다. 일반적으로 새 관점에 호의적인 사람 중 일부는 서술된 어구 자체를 별다른 거부감 없이 수용한다.[47] 다른 사람들은 공개적인 새 관점 옹호자들과 비슷한 견해를 보이면서도, 그 문구 자체를 거의 혹은 전혀 사용하지 않거나 심지어 그것과 분명하게 거리를 둔다. 예를 들면 더글러스 캠벨(Douglas Campbell)은 새 관점에 전적으로 동의하면서 옛 관점—그는 이를 "칭의 이론"이라 부른다—을 "다양한 오류를 가진 패러다임"으로 평가한다. 그러나 또한 그는 오늘날 우리가 직면한 "해석의 어려움들"이 "새 관점이 일반적으로 시사하는 것보다 더 근본적이고 포괄적이다"라고 강조한다. 캠벨의 평가에 의하면, 현재의 칭의 논쟁은 "빠른 속도로 바울에

45_ Ibid., p. 251 (강조는 원래의 것임).

46_ N. T. Wright, "New Perspective on Paul," in *Justification in Perspective: Historical Developments and Contemporary Challenges*, ed. Bruce L. McCormack (Grand Rapids: Baker Academic, 2006), p. 260.

47_ 예. Brenda B. Colijn, "Justification by Faith(fulness)," in *Images of Salvation in the New Testament* (Downers Grove, Ill.: InterVarsity Press, 2010), pp. 196-218; Garlington, *Defense*; Thompson, *New Perspective*; Yinger, *New Perspective*.

관한 옛 관점과 새 관점을 넘어서고 있으며, 우리 역시 그렇게 해야만 한다."[48] 프랜시스 왓슨(Francis Watson)은 새 관점주의자들과 마찬가지로 옛 관점에 대해 우려를 표명하지만, 1986년에 처음 나온 그의 저서 『바울, 유대교, 그리고 이방인』(Paul, Judaism, and the Gentiles)의 개정판을 출간하면서, 그 부제를 "사회학적 접근"(A Sociological Approach)에서 "새 관점을 넘어서"(Beyond the New Perspective)로 바꾸었다.[49] 따라서 시대의 요청이 "새 관점 이후의 관점"(Post-New Perspective Perspective)으로 이동한 것은 결코 놀라운 일이 아니다.[50] 이 중 많은 부분은 그저 의미론적인 입씨름에 불과하다. 라이트 자신도 "새 관점에 관해 가장 중요한 점"은 "바로 그 새 관점 같은 것이 존재하지 않는다는 것이다.…단지 관점상 이질적인 부류들이 존재하는데, 어떤 이들은 더 가깝고 다른 이들은 덜 가까우며, 내부에서 계속되는 맹렬한 논쟁과 마치 자매들 간의 싸움 같은 경쟁만이 존재한다"라고 지적한다.[51] 또한 그는 만약 "새 관점"이라는 문구가 단지 "현 시대의 상황, 위기, 도덕적 가치"에서 유도된 주제들을 향한 현재 우리 자신의 열정에서 비롯된 것으로서 바울을 읽기 위한 하나의 새로운 방법에 지나지 않는다면, 이는 결국 특별한 내용이 전혀 없음을 의미한다고 말한다.[52]

48_ Douglas A. Campbell, *The Deliverance of God: An Apocalyptic Rereading of Justification in Paul* (Grand Rapids: Eerdmans, 2009), pp. 202-3.

49_ Francis Watson, *Paul, Judaism, and the Gentile: Beyond the New Perspective*, 2nd ed. (Grand Rapids: Eerdmans, 2007 [1986]). Watson은 자신의 견해 가운데 새 관점을 넘어서는 네 가지 요점을 명시한다. 이에 대해서는 같은 책 pp. 12-26을 보라.

50_ Brendan Byrne, "Interpreting Romans Theologically in a Post-'New Perspective' Perspective," *HTR* 94 (2001): 227-241; Michael F. Bird, "When the Dust Finally Settles: Reaching a Post-New Perspective Perspective," *Criswell Theological Review* n.s. 2 (2005): 57-69.

51_ Wright, *Justification*, p. 28 (강조는 원래의 것임).

52_ David G. Horrell, "A New Perspective on Paul? Rereading Paul in a Time of Ecological Crisis," *Journal for the Study of the New Testament* 33 (2010): 3.

새 관점과 후기 새 관점의 옹호자들 사이의 논쟁에도 불구하고, 특히 복음주의자들 사이에서 일어난 새 관점에 대한 두드러진 반응 가운데 하나는 비록 미묘한 형태지만 이전의 종교개혁 패러다임이 지닌 본질의 재확인이라고 할 수 있다.[53] 이 학자들—주로 더 전통적인 루터파와 개혁파 학자들—은 팔레스타인 유대교가 점수를 매기는 방식으로 선한 행위와 악한 행위를 저울질하는 조잡한 법정주의를 견지한 것은 아니라는 샌더스의 견해를 일반적으로 인정한다. 그러나 토머스 R. 슈라이너(Thomas R. Schreiner)처럼 그들은 여전히 "새 관점주의자들보다 개혁파들이 바울을 더 잘 이해했으며",[54] 1세기 유대교는 율법주의적인 색채를 띤다는 비난을 면하기 어렵다고 확신한다. 그러므로 그들은 새 관점이 오늘날 이신칭의 교리를 "퇴색시키고" "주변화하는 데" 이바지한 단지 또 하나의 강력한 영향력을 대표한다는 맥그래스의 주장에 동의하는 경향이 있다.[55]

앞에서 묘사한 것처럼, 새 관점은 옛(종교개혁의) 관점이 묘사한 대로 고대 유대교가 행위 구원을 주장하는 율법주의적 종교 체계—일반적으로 중세 가톨릭의 특징을 고대 유대교에 역투사하여 이를 평가하는 시대착오적인 발상—가 아니었다는 설득력 있는 논증을 제공했다. 대부분의 신약학자들과 심지어 새 관점을 폄하하는 사람들도 새 관점의 이러한 평가에 동의하게 되었다.[56] 그럼에도 이들은 여전히 새 관점의 종합적인 결

53_ *Perspective in Old and New on Paul*, pp. 201-25에서 이를 조망하면서, Stephen Westerholm은 이 반응들을 그 옹호자들의 전통적인 소속에 관계없이 "루터파 반응"으로 규정한다.

54_ Thomas R. Schreiner, *The Law and Its Fulfillment: A Pauline Theology of the Law* (Grand Rapids: Baker, 1993), p. 11.

55_ Alister E. McGrath, *Iustitia Dei: A History of the Christian Doctrine of Justifiaiton*, 3rd ed. (New York: Cambridge University Press, 2005 [1986]), pp. 418-20.

56_ 예. D. A. Carson, "Summaries and Conclusion," in *Justification and Variegated Nomism*, ed. D. A. Carson, Peter T. O'Brien and Mark A. Seifrid, 2 vols. (Grand Rapids: Baker Academic, 2001, 2004), 1:505.

론을 확신하지 못한다. 신율주의가 1세기 유대교의 일반적인 특징이라는 샌더스의 주장에 맞서는 가장 지속적인 사례 중 하나는 두 권으로 출간된 『칭의와 다양한 신율주의』(Justification and Variegated Nomism)인데, 그 첫 권은 샌더스의 주장을 검증하는 데 할애되었다. 카슨(D. A. Carson)은 이 책 제1권의 결론에서 "따라서 도출된 결론은 샌더스가 모든 곳에서 틀렸다는 것이 아니라, 그가 (신율주의에 관한) 자신의 범주가 모든 곳에서 옳았다는 것을 확증하려고 할 때 틀렸다는 것이다"라고 언급한다.[57] 카슨은 유대교 어디에서나 발견할 수 있는 단일구조적인 "언약적 신율주의" 대신에, 고대 유대교 내에 있는 "다양한 신율주의"(variegated nomism)를 포착한다. 카슨에게 있어서 샌더스의 "신율주의"라는 폭넓은 규정 안에는 "행위-의 혹은 공로 신학의 거대한 자국이" 숨겨져 있다.[58] 카슨과 함께 다수의 학자들은 전통적 종교개혁의 해석을 따라 전통적 유대교는 율법적 행위-의에 널리 감염되었다는 견해를 여전히 고수한다.[59]

『칭의와 다양한 신율주의』(Justification and Variegated Nomism) 제2권에 글을 기고한 다수의 학자들 역시 다른 측면에서 새 관점에 대한 확장된 비판을 제공했다. 이 책의 편집자이자 기고자인 마크 사이프리드(Mark Seifrid)는 새 관점이 주장하거나 혹은 부정하는 측면들을 광범위하게 비판했다. 그는 새 관점 옹호자들이 루터의 칭의 교리를 오해했으며, 결과적으로 "루터의 십자가와 칭의 신학이…바울을 이해하려는 최근의 시도들보다 훨씬 더 바울의 견해와 일치한다"고 주장한다.[60] 더욱

57_ Ibid., 1:543.

58_ Ibid., 1:545.

59_ 예. John Piper, *The Function of Justification: A Response to N. T. Wright* (Wheaton, Ill.: Crossway, 2007), pp. 145-61; Cornelius P. Venema, *The Gospel of Free Acceptance in Christ: An Assessment of the Reformation and 'New Perspective' on Paul* (Carlisle, Penn.: Banner of Truth Trust, 2006), pp. 299-301.

60_ Mark A. Seifrid, "Blind Alleys in the Controversy over the Paul of History," *Tyndale*

96 1부_서론

이 그는 언약적 신율주의가 유대교를 이해하기 위한 중요한 통합적 조망을 제공한다는 주장은 오해라고 말하면서, 이는 유대교 안에 "언약주의"(covenantalism)와 "율법주의"(nomism)가 산발적으로 나란히 있기 때문이라고 주장한다.[61] 마지막으로 사이프리드는 유대교를 묘사하는 단어로서 신율주의가 지닌 정확성을 인정하면서도, 유대교의 이러한 경향과 루터가 대응한 중세 신학 경향 간의 유사성을 강조한다.[62]

또 다른 기고가인 사이먼 개더콜(Simon Gathercole)은 초기 유대교의 구원론을 주의 깊게 조사하면서 "제2성전기 유대교를 '신율주의'로 이해하는 것은 유대 문서에 나타나는 최종적인 정당성의 결정적 기준인 순종의 역할을 경시하거나 무시 혹은 부정하는 것"이라고 주장한다. 대신에 그는 "(샌더스가 주장한 것처럼) 제2성전기 유대교는 하나님의 은혜로운 선택을 강조했지만, 그럼에도 불구하고 행위를 기반으로 선고될 최종적 무죄판결에 관한 확고한 믿음이 있었다"[63]고 말한다. 덧붙여서, 개더콜은 바울의 사상에서 행위 역시 마지막 칭의에서 결정적인 역할을 한다는 것을 확인한다. 그러나 이 지점에서 연속성이 중지되는데, 이는 마지막 칭의를 결정하는 행위들이 성령이 부어주시는 능력을 통해 하나님의 능력으로 유지되는 산물이기 때문이다. 따라서 그는 "구원론에 대한 유대교와 바울 사이의 유사성에 주목하는 새 관점 학자들의 시도는 바울의 성령론이라는 바위를 만나 좌초한다"고 반박한다.[64] 마지막으로 그는 새 관점 옹호자

Bulletin 45 (1994): 74.

61_ Mark A. Seifrid, *Christ, Our Righteousness: Paul's Theology of Justification* (Downers Grove, Ill.: InterVarsity Press, 2000), pp. 15-16.

62_ Seifrid, "Blind Alleys," p. 92.

63_ Simon J. Gathercole, "After the New Perspective: Works, Justification and Boasting in Early Judaism and Romans 1-5," *Tyndale Bulletin* 52 (2001): 304.

64_ Gathercole, *Where Is the Boasting? Early Jewish Soteriology and Paul's Response in Romans 1-5* (Grand Rapids: Eerdmans, 2002), p. 134.

들이 완전히 오해한 것처럼 바울은 단순히 유대인들이 그들의 정체성을 드러내는 독점적 표지를 기반으로 하여 이방인을 배제한 것을 비판한 것이 아니라, 실제로는 순종하는 능력을 과신하고 이를 자랑한 유대교를 비판한 것이라고 결론짓는다.

『칭의와 다양한 신율주의』(Justification and Variegated Nomism) 제2권의 기고자들 외에도 새 관점의 결론을 향해 전면적인 도전을 제기한 학자들이 있었다. 예를 들면 슈라이너는 비록 유대교에서 칭의가 이론적으로는 은혜에 기반을 두고 있지만, 미쉬나(Mishnah)에서 드러나는 율법을 향한 근시안적 집중이 실천적 율법주의를 확립했다고 논증한다.[65] 더욱이 슈라이너는 바울이―그리고 이 점에 관해 루터가 바르게 읽었다―샌더스가 유대교의 핵심으로 간주하는 행위를 통한 "머무름"이라는 개념을 그 자체로 신인협력적인 것으로 여겼고, 따라서 본질적으로 율법주의적 개념으로 여겼을 것이라고 주장한다.[66] 앤드루 다스(Andrew Das)도 유사한 방식으로 새 관점의 결론에 도전한다. 그는 슈라이너에 동의하고 샌더스에 반대하면서, 바울 자신은 율법이 칭의를 위해 완벽한 순종을 요구한다고 믿었다고 결론짓는다.[67] 더 나아가서 그는 바울이 그리스도가 하나님의 은혜를 위한 유일한 중재 수단이라고 확신한 것은 유대교 내에 있는 은혜 언약의 틀을 무너뜨리는 것이며, 율법의 엄격한 요구를 강조함으로써 결과적으로 "율법에 불순종하는 유대인들로 하여금 죄로 인해 초래한 상황을 해결할 유효한 수단을 전혀 갖지 못하게 한다"고 주장한다. "왜냐하면 해결책은 오직 그리스도 안에만 있기 때문이다".[68]

65_ Schreiner, *Law and Its Fulfillment*, p. 115.

66_ Ibid., p. 94.

67_ A. Andrew Das, *Paul, the Law, and the Covenant* (Peabody, Mass.: Hendrickson, 2001), pp. 145-70

68_ Ibid., p. 144; 또한 pp. 70-94, 113-44을 보라.

칭의 논쟁에서 주해와 관련된 최근의 논쟁점

구체적인 구분은 잠시 제쳐두더라도, 오늘날 칭의 논쟁을 둘러싸고 벌어지는 주해와 관련된 많은 토론의 요점은 분명해 보인다. 이와 관련하여 일반적으로 제기되는 다섯 가지 문제를 간략히 언급하면서 이 장을 마치고자 한다.

유대교를 향한 바울의 태도

특별히 유대교에 대한 바울의 태도에 초점을 맞추면 문제가 복잡해진다. 옛 관점과 새 관점은 1세기 유대교에 대한 바울의 주된 염려가 예수 그리스도만이 유일한 구원의 길이라는 사실과 관련되어 있음에 일반적으로 동의한다. 그러나 이를 넘어서 바울 서신 내 칭의 관련 구절들을 통해 그가 특별히 유대교에 제기한 염려는 무엇이었는가? 이 논쟁의 중심에는 토라를 향한 바울의 태도, 그리고 그가 말하는 "율법의 행위"가 정확히 무엇을 의미했느냐는 질문이 자리 잡고 있다.[69] 종교개혁의 견해처럼 전통적인 주장을 방어하는 사람들이 볼 때, 유대교가 가진 근본적인 문제는 그것이 어떤 의미에서든 간에 구원을 향한 유대교의 율법 지향성에 있다.[70] 이와는 달리 전형적으로 새 관점 옹호자들은 바울이 유대교에 대해 주로 문제 삼은 것은 법정주의가 아니라 오히려 **자민족중심주의**(ethnocentrism)였다고 간주한다. 마지막으로 이 범주의 다른 한쪽 끝에

69_ 이에 대한 다양한 관점들은 Dunn, *Jesus, Paul and the Law*; Lloyd Gaston, "Paul and the Torah," in *Antisemitism and the Foundations of Christianity*, ed. A. T. Davies (New York: Paulist, 1979), pp. 48-71; Das, *Paul, the Law, and the Covenant*; Schreiner, *Law and its Fulfillment*를 보라.

70_ 이 경우에 "의미"(sense)는 오늘날 종종 미묘한 차이를 보인다. 그 표현의 범위는 Das, *Paul, the Law, and the Covenant*; Gathercole, *Where Is the Boasting*; Piper, *Future of Justification*, pp. 145-61; Schreiner, *Laws and Its Fulfillment*를 보라.

는 바울에 관한 "새 견해"(new view)라고 불리는 인물들이 존재한다.[71] 이 새 견해를 따르면 사실 바울은 유대교 자체와는 큰 문제가 없었다. 로이 드 개스톤(Lloyd Gaston)의 연구에 고무되어, 존 개거(John Gager)와 스탠리 스토워스(Stanley Stowers) 같은 학자들은 유대교에 대한 바울의 실제 견해가 수 세기 동안 기독교 해석자들의 손에서 왜곡된 것은 매우 이질적인 사회 종교적 상황 또는 반유대 정서 안에서 그들이 논쟁을 위해 바울을 이용했기 때문이라고 주장한다.[72] 개거의 시각에서 보면, 구원에 관한 바울의 "두 언약" 모델을 통해 유대인들은 토라에, 이방인들은 그리스도에게 천착했다. 그러므로 개거가 볼 때 그리스도를 믿는 믿음은 구원을 위한 필수적인 조건이 아니었다. 그는 이신칭의가 오직 이방인을 위해서 의도된 것이었다고 말한다.

최후의 칭의 혹은 심판에서 행위의 역할

유대교와 바울의 관계를 더 복잡하게 만드는 것은 최후의 칭의 혹은 심판의 때에 행위가 무슨 역할을 하는가의 문제를 놓고 서로 다르게 주장하는 것처럼 여겨진다는 것인데, 이는 유대교와 기독교가 지닌 종교 양식에서 그 행위들이 서로 유사하게 기능하는지 혹은 다르게 기능하는지에 관련된 질문을 제기하게 했다. 덧붙여 바울에게는 마지막 심판에서 행위가 모종의 역할을 했을 것이라는 인식이 점차 증가하면서, 이러한 인식과 이신칭의에 대한 바울의 확신 간의 일치와 관련된 추가 질문이 제기되었다. 이러한 평가와 관련하여 몇몇 사람들은 바울의 사고로 해결할 수 없는 긴

71_ John G. Gager, *Reinventing Paul* (New York: Oxford University Press, 2000), p. 50; Aune, "Recent Readings," pp. 219-23.

72_ Gaston, "Paul and the Torah"; Gager, *Reinventing Paul*; Stanley K. Stowers, *A Rereading of Romans: Justice, Jews, and Gentiles* (New Haven: Yale University Press, 1994).

장—그의 유대적 사고의 흔적(즉 행위에 따른 심판)과 이신칭의에 관한 그의 기독교적 확신이 낳은 부조화—을 본다. 그럼에도 불구하고 대다수 바울 주석가들은 칭의와 행위 사이에 나타나는 명백한 긴장을 해결하기 위해 노력해왔다. 고전적인 프로테스탄트는 칭의와 행위에 따른 심판에 관한 바울의 진술을 통합하기 위해서 전형적으로 바울과 유대교 사이의 불일치를 강조한다. 물론 종교개혁 관점의 표현들이 유대교를 율법주의적인 종교라고 비난함으로써 불일치를 강조했으며, 행위는 "오직 믿음으로"(sola fide) 사상을 대변하는 바울과 대조되어 유대교 안에서 공로의 역할을 했다. 이런 관점에서 보면, 바울이 보기에 행위는 긍정적 판결을 위한 조건도 아니고, 심지어 전적으로 비물질적인 것임에도 불구하고 단지 최후 심판의 때에 구원받은 자의 상급이나 증거로서의 가치를 가늠하는 기반으로 여겨졌다.[73]

반면에, 행위와 칭의에 관한 바울의 진술을 통합하려는 시도는 새 관점의 영향을 필연적으로 인정해야만 했다. 따라서 학자들은 바울과 유대교 사이의 연속성/불연속성의 정도를 다양한 방식으로 강조하고, 팔레스타인 유대교에 대한 타당한 묘사로서 그들의 신율주의가 지닌 유효성을 인정함으로써 이신칭의를 강조하면서도 행위에 따른 심판을 주장하는 바울의 진술들을 화해시키려 애썼다. 예를 들면 켄트 잉거(Kent Yinger)는 은혜와 순종의 유사한 연관을 확신하는 신율주의자라는 점에서 바울이 유대교와 본질적으로 연속선상에 있다고 주장한다. 바꿔 말하면 [새] 언약의 백성으로 편입되는 첫 과정은 은혜로 이루어지지만, 그 안에 머무는 것은 순종을 요구한다는 것이다. 잉거는 바울의 견해는 "인간의 외적 행위(인간의 행위 혹은 길)는 그의 내적 실재에 상응하며, 또한 그 실재를 가시

73_ 예. Spener와 다른 경건주의자들에 반하여, 17세기의 프로테스탄트 정통은 믿음으로 의롭다 여김을 받은 사람의 삶에서 거룩한 행동이 지닌 역할을 지나치게 축소한다.

적으로 나타낼 것이라는 유대인들의 기본적인 기대를 반영한다. 행위에 따른 종말론적 보상은 행위를 기반으로 인간의 칭의를 **확인한다**"고 결론 내린다.[74] 동시에 잉거는 바울이 하나님의 백성이 갖는 정체성을 드러내는 유대교의 표지를 그리스도를 믿는 믿음으로 대체하고, 행위에 따른 심판을 성령의 새 언약적 활동에 대한 그의 확신에 위치시킴으로써 나타나는 바울과 유대교 사이의 불연속성을 발견한다.[75]

한편 로버트 건드리(Robert Gundry)는 바울과 유대교를 대조하면서 그 둘 사이에 훨씬 더 큰 불연속성이 존재하는 것으로 간주한다. 건드리의 평가를 고려하면, 팔레스타인 유대교에서 행위는 머무름의 표시이자 조건으로 작용하지만, 바울에게 "믿음"은 "들어감뿐만 아니라 머무름의 필요충분조건"이며 행위는 머무름을 위한 수단이 아니라 단지 그 증거가 된다.[76] 크리스 판 랜딩햄(Chris Van Landingham)은 이러한 관계에 대한 참신한 해결책을 발전시켰다. 그는 팔레스타인 유대교의 종교적 경향을 정확히 묘사하는 단어로 간주되던 신율주의를 거부하고, 사실은 유대교가 행위를 진짜 공로로 여겼으므로 개인의 행위가 그의 운명을 결정짓는 역할을 했다고 말한다. 판 랜딩햄의 논지가 지닌 참으로 놀라운 특징은 바울이 개인의 행위가 그의 운명을 결정짓는다고 주장한 점에서 유대교와 연속성이 있으며, 마찬가지로 바울이 개개인의 행위가 마지막 심판 때에 칭의나 저주로 이어질 것으로 간주했다고 주장하는 점이다.[77] 첫 칭의가 단순히 이전의 죄를 사하고 순종의 가능성을 제공한다면, 그 이후에는 사람

74_ Kent L. Yinger, *Paul, Judaism, and Judgment According to Deeds* (New York: Cambridge University Press, 1999), pp. 15-16, 290.

75_ Ibid., pp. 15-16, 202.

76_ Robert Gundry, "Grace, Works, and Staying Saved in Paul," *Biblica* 66 (1985): 35; 또한, 11-12을 보라.

77_ Chris Van Landingham, *Judgment and Justification in Early Judaism and the Apostle Paul* (Peabody, Mass.: Hendrickson, 2006), pp. 5-15.

들이 자신들의 행동이 지닌 도덕적 특질을 통해 최후 심판에서 자기의 운명을 결정한다. 그리스도인의 선한 행위의 뿌리를 성령의 내주하심에 두는 잉거와는 달리, 판 랜딩햄은 매우 놀랍게도 첫 칭의 이후 인간의 의지 자체가 정당한 행동을 산출할 수 있다는 입장을 취한다.[78]

특별히 복음주의 진영 안에서 제기되는 칭의에서 행위가 갖는 역할에 관한 최근 논의는 신약성서의 여러 핵심 본문의 의미에 관한 주해 논쟁으로 압축된다. 그중 첫 번째는 로마서 2장의 "율법의 요구들[dikaiō-mata]을 지키는" 무할례자를 포함하는 참된 할례에 관한 바울의 정의와 함께(롬 2:16-29; 참고로 롬 8:4에서 바울은 성령을 따라 걷는 사람은 "율법의 요구"[dikaiōma]를 성취한다고 말한다), 특별히 "율법을 행하는 자가 의롭다 하심을 얻는다"(롬 2:13)는 바울의 진술이다. 전통적인 로마서 2장의 해석에 따르면, 바울은 원칙적으로는 사람이 율법을 행함으로 의롭다 함을 얻을 수 있음을 확증하지만 이를 실제로 행할 수 있는 사람은 없다고 믿었다.[79] 다음으로 바울은 오직 은혜(sola gratia)에 관한 자신의 이해를 훼손하려는 사람들에 맞서 그들을 고발하고 기소하는 데 이 관점을 이용한다. 그러나 점점 더 많은 학자들은 이 본문이 이방인 신자들, 즉 성령의 능력 주시는 활동을 통해 율법을 성취할 수 있는 사람들을 가리키는 것으로 해석하기를 선호한다. 이 해석을 따르는 사람들은 로마서 8:3-4에 명시된 내용이 로마서 2장에서 이미 진행 중이었다고 주장한다. 심지어 여기에 중요한 의미의 차이가 존재함에도 불구하고 그렇다는 것이다. 어떤 이들은 행위가

78_ 새 관점을 반대하는 복음주의자들은 비록 Landingham의 바울 이해가 매우 회의적임에도 불구하고, 유대교에 관한 그의 결론에 매력을 느낄 수 있다. Landingham의 결론을 탁월하게 비평한 Michael Bird, "Judgment and Justification in Paul: A Review Article," *BBR* 18 (2008): 299-313을 참고하라.

79_ 예. Douglas Moo, *The Epistle to the Romans* (Grand Rapids: Eerdmans, 1996), pp. 142-43, 147-48.

최후 심판에서 유일한 법적 증거로서의 가치가 있으며 칭의의 실제 기반인 참된 신앙을 입증하는 것임을 강조하는 데 관심을 쏟지만, 다른 이들은 성령이 낳은 이 행위가 최후 칭의의 실제 기반임을 수용하는 듯하다.

이런 식으로 로마서 2장을 "기독교적으로" 읽는 것을 주도적으로 옹호하는 라이트는 종종 후자의 본보기가 된다. 로마서 2장이 앞으로는 로마서 8장과 연결되고[80] 뒤로는 구약성서의 위대한 새 언약 본문들―예레미야 31:33의 반향인 "그들의 마음에 새겨진 율법의 행위"(롬 2:15)에 대한 서술, 그리고 에스겔 36:27을 의도적으로 암시하는 "율법의 필요를 지킴"(롬 2:26)에 대한 묘사―과 관련되기 때문에, 라이트는 로마서 2장에서 바울이 성령을 통해 역동적으로 살아가는 이방인 신자들을 언급한다고 확신한다.[81] 라이트는 그의 칭의 개념에 대한 의문이 제기되기 전에 "믿음을 기반으로 하는 현재의 칭의가…영생을 **기반으로**…미래 칭의가 확증할 내용을 공개적으로 선언한다"는 요청을 제기했다.[82] 하지만 이어서 그는 더 조심스럽게, 미래의 칭의 판결은 "신자가 그때까지 살았던 삶에 **따라** 내려질 것"이라고 언급해왔다.[83]

라이트를 비판하는 복음주의자들은 그의 강조점에서 여러 결함을 발견했으며, 최후의 칭의와 관련하여 행위가 가진 순전한 증거로서의 본질을 강조하는 데 힘을 쏟는다. 존 파이퍼(John Piper)는 해석가들이 "순종의

80_ Wright, *Justification*, p. 190.

81_ N. T. Wright, "The Law in Romans 2," in *Paul and the Mosaic Law*, ed. James D. G. Dunn (Grand Rapids: Eerdmans, 1996), pp. 146-47과 pp. 135-36을 각각 보라. 또한, 그의 주석 "The Letter to the Romans," in *The New Interpreter's Bible*, vol. 10, ed. Leander E. Keck et al. (Nashville: Abingdon, 2002), pp. 442-448을 참조하라.

82_ Wright, *What Saint Paul Really Said*, p. 129.

83_ Wright, *Justification*, p. 251 (강조는 추가됨). John Piper는 행위와 조화를 이루는(in accordance with works) 칭의와 행위를 기반으로(on the basis of works) 하는 칭의를 정확하고 충분하게 구분하지 못한 점을 Wright의 칭의 이해가 지닌 주요 문제점으로 인식했다. 이에 관해 Piper의 *Future of Justification*, pp. 118-19을 보라.

필요성을 칭의를 위한 근거의 일부가 아니라, 엄격한 의미에서 그의 피와 의가 칭의의 유일한 근거인 예수 그리스도를 믿는 우리의 믿음을 입증하는 증거이며 확신으로 여긴다"고 우려한다.[84] 마이클 버드(Michael Bird)는 라이트의 입장에 동조하면서 "율법을 준수할 수 없는 인간의 무능에 대한 바울의 인간학적 비관주의는 성령의 능력을 힘입은 인간이 성령과 동행할 때 율법의 요구를 이룰 수 있다는 그의 성령론적 낙관주의와 정확히 대응된다"고 분명하게 언급한다(롬 8:4; 갈 5:25).[85] 그러나 동시에 버드는 "그의 성령론적 낙관주의가 종말론적 칭의의 물리적 원인을 기독론에서 성령론으로 이동시켰다"고 우려하면서,[86] "무죄 선언과 그 입증의 최종 근거는 예수 그리스도의 죽음과 부활에 있다"는 결론을 수호하기 원한다.[87]

칭의의 행위적 측면을 강조한다고 판단되는 다른 신약 텍스트는 야고보서 2:14-26인데, 이는 특별히 칭의에 대한 바울의 관점과 더불어 이 텍스트가 만들어낸 명백한 정경 내 긴장과 관련된다. 야고보가 "행함으로 의롭다 하심을 받고 믿음으로만은 아니다"(약 2:24)라고 주장한다는 점에서 바울과의 긴장이 첨예한 것처럼 보인다. 로마서와 갈라디아서의 바울처럼 야고보 역시 창세기 15:6을 인용하면서 아브라함을 그의 요점을 입증하는 본보기로 활용한다. 그러나 바울과 야고보 사이의 긴장을 해결하기 위한 논리적인 설명이 발전되어왔다. 고전적인 방식은 야고보가 바울 자신도 거부했을 법한 오해된 바울주의(Paulinism)에 대응했다고 보는 것으로서, 야고보는 비록 바울의 어휘와 우연히 겹치기는 하지만 같은 어휘를 전혀 다른 의미로 사용했을 것이라고 가정하는 것이다. 구체적으로 살

84_ Piper, *Future of Justification*, p. 110.

85_ Michael Bird, *The Saving Righteousness of God: Studies on Paul, Justification and the New Perspective* (Colorado Springs: Paternoster, 2007), p. 173.

86_ Ibid., p. 173.

87_ Ibid., p. 174.

펴보면, 야고보는 바울이 거부한 "율법의 행위"가 아니라 순수하게 도덕적으로 선한 행동을 언급할 때 "행위"라는 용어를 사용한다. 또한 그는 열매 없는 "믿음"을 가리켜 그것을 소유한 사람을 변화시키는 것에 실패한 어떤 정통으로 여긴다. 마지막으로 야고보는 의롭다 여김을 받을 사람을 나타내기 위해 70인역과 일치하는 "칭의" 언어를 사용한다. 바울이 이 용어들을 다른 의미로 사용한다는 점에서 "야고보와 바울 간의 인위적인 긴장이 조성된다."[88] 그러므로 피터 데이비즈(Peter Davids)는 "실제로는 야고보와 바울 모두 그리스도인의 삶에서 선한 행위의 역할에 대해 비슷한 개념을 가졌지만, 사회적·지리적으로 서로 다른 환경에서 목회했기 때문에 그들은 서로 다른 관심사를 전달했으며, 같은 용어를 서로 다른 의미로 사용했다"고 주장한다.[89]

미묘한 차이가 있지만 최근의 견해들은 일반적으로 전통적인 결론과 그 맥을 같이한다. 만약 칭의와 행위의 관계를 바울이 사용하는 어떤 특정한 방식으로 이해할 수만 있다면, 칭의에 관한 바울과 야고보의 관점이 일치를 이룰 수 있다고 간주하는 것이다. 알렉산더 스튜어트(Alexander Stewart)는 야고보를 바울과 독립적으로 보기 위해 "믿음"과 "행위"를 (위에서 묘사된) 전통적인 설명과 대부분 같은 양식으로 묘사하지만, 야고보가 칭의 언어를 단순히 증명의 의미로 사용했다는 결론은 거부한다. 대신에 그는 "야고보의 칭의는 심판의 때에 종말론적 구원을 낳는 무죄 평결(4:12; 5:7-9)을 주로 나타낸다"라고 주장한다.[90] 스튜어트는 이런 발견에

88_ Peter Davids, "James and Paul," in *Dictionary of Paul and His Letters*, ed. G. F. Hawthorne, R. P. Martin and E. G. Reid (Downers Grove, Ill.: InterVarsity Press, 1993), p. 459. 이 글은 위에서 개략적으로 진술된 야고보와 바울 간의 긴장에 관한 고전적인 해결책을 명료하게 제시한다.

89_ Ibid., p. 460.

90_ Alexander Stewart, "James, Soteriology and Synergism," *Tyndale Bulletin* 61 (2010): 301.

힘입어 "야고보에 따르면 신자들은 최후 심판의 때에 이르러서야 마침내 구원을 받는데, 현재와 그 마지막 때 사이의 시간에 '행한' 그들의 행위는 실질적으로 의미가 있으며 마지막 판결의 결과에 영향을 미칠 것이다"라고 결론짓는다.[91]

티모 라토(Timo Laato)는 매우 상세하고 통찰력 있는 분석을 통해 이와 비슷한 양상을 묘사한다. 그는 믿음에서 유래한 "심어진 말씀"(약 1:21)이라는 야고보의 묘사를 특별히 강조하면서, 이 심어진 말씀을 하나님의 법의 내면화와 관련된 예레미야의 새 언약의 성취로 본다.[92] 그 결과, 칭의에 필요한 행위는 반드시 성령이 낳은 행위로 간주해야 하며, 바울이 말하는 성령의 열매(갈 5:22-23)와 동일시해야 한다. 그러므로 바울과 야고보는 둘 다 성령의 능력을 힘입은 행동을 낳는 살아 있는 믿음을 확증한다. 따라서 이것은 "야고보와 바울이 용어상으로는 서로 다르지만, 신학적으로는 다르지 않다"는 라토의 주장을 확립하는 것이 된다.[93] 그러므로 그는 "야고보와 바울은 그리스도인의 삶의 경향이 지닌 종말론적 특성에 관한 판단에 서로 동의한다. 두 사람은 행위에 따른 심판이 있을 것이라고 가르친다"고 확증한다.[94] 라토가 말하는 최후의 평가는 잉거와 라이트가 바울 안에서 행위와 최후의 칭의의 관계를 이해하는 방식과 유사하다는 점에서 주목할 만한 가치가 있다. 행위가 첫 칭의에서는 아무런 역할을 하지 않지만, 최후 심판의 때에는 신자의 삶에서 성령을 통하여 하나님의 새 언약의 활동을 확립하고 믿음을 실현하는 역할을 감당한다.[95]

91_ Ibid., 309-10.

92_ Timo Laato, "Justification According to James: A Comparison with Paul," *Trinity Journal* 18 (1997): 53.

93_ Ibid., 77.

94_ Ibid., 75-76.

95_ 구원하는 믿음에 관한 복음주의 내부의 의견 불일치, 즉 "주되심 구원"(Lordship salvation) 논쟁을 이 지점에서 언급해야 한다. 가장 대중적인 용어로 하면, 그 논쟁은 예수가 인간의

구약에서 칭의/의

오늘날 또 하나의 논쟁점은 구약에 등장하는 칭의/의 개념과 신약성서에서 그것이 사용되는 의미를 명료하게 밝히는 것이다. 히브리어 어근 차다크(*ṣdq*)는 정의/의와 관련된 다양한 구약 용어의 기본이 된다. 중심 논쟁 가운데 하나는 바로 어떤 개념적 상황에서 구약의 칭의/의 언어를 읽어야 하는지에 관한 질문이다. 이 질문에 대한 공통적인 답 중 하나는 바로 **관계적**(relational) 상황이었다. 20세기 초 헤르만 크레머(Hermann Cremer)의 견해를 촉매로 하여 오늘날까지 영향을 미치는 게르하르트 폰 라트(Gerhard Von Rad)의 저서를 통해, 수많은 학자가 구약의 의 개념을 **야웨가 이스라엘과 맺은 언약**에 기반을 둔 관계적 용어로 이해했다. 이 견해에서 "의"는 주로 "언약으로 이루어진 의무 구조를 신실하게 지키는 것"으로 간주된다.[96] 이 의는 인간뿐 아니라 하나님을 위한 의이기도 하다. 그러므로 하나님의 의는 주로 하나님의 "언약적 신실함"—즉 직접 맺은 언약을 향한 하나님의 신실함, 특히 구원의 약속과 "회복시키는 정의"—

"구원자"(Savior)가 되기 위해서 인간의 "주"(Lord, 즉 신자가 실제로 순종해야 하는 사람)가 반드시 되어야 하는지의 질문으로 압축된다. "값없는 은혜"(free grace)를 주장하는 입장은 "전혀 아니다"라고 말한다. "주되심"(Lordship)을 주장하는 입장은 "분명히 그렇다"라고 말한다. 그리고 다양한 중간 견해들이 존재한다. 이 주제에 관한 첫 유명한 서신교환은 Everett Harrison과 John R. W. Stott 사이의 논쟁인 "Must Christ be Lord to be Savior? *Eternity* 10 (September 1959): 13-16, 36, 37, 48에서 비롯되었다. 그 논제는 다시 1980년과 1990년 초에 재점화되었다. S. Lewis Johnson, "How Faith Works," *Christianity Today*, September 22, 1989, pp. 21-25. "값없는 은혜"는 Zane Hodges, *Absolutely Free! A Biblical Reply to Lordship Salvation* (Grand Rapids: Zondervan, 1989)을 보라. "주되심" 견해를 가장 잘 변호하는 글은 John MacArthur, *The Gospel According to Jesus* (Grand Rapids: Zondervan, 1988)를 보라. 중도 노선을 제공하는 논문집은 Michael S. Horton, ed. *Christ the Lord: The Reformation and Lordship Salvation* (Grand Rapids: Baker 1992)을 참조하라.

96_ Richard B. Hays, "Justification," in *ABD*, 3:1129. 비슷한 견해로는 Elizabeth R. Achtemeier, "Righteousness in the Old Testament," in *Interpreter's Dictionary of the Bible*, ed. G. A. Buttrick, 4 vols. (Nashville: Abingdon, 1962), 4:80-85을 참조하라.

을 가리킨다.[97]

다른 이들은 의의 관계적 접근에 대한 반응으로서 구약의 칭의/의 언어가 지닌 **창조적**(creational) 상황을 강조했다. 이 논의의 핵심은 H. H. 슈미트(H. H. Schmid)의 연구에서 잘 드러나는데, 그는 하나님의 의를 "창조 질서의 선함과 유익을 지키려는" 하나님의 결심과 연결한다.[98] 슈미트에게서 영감을 받은 마크 사이프리드(Mark Seifrid)는 구약의 의에 관한 언어를 언약적 상황과 거리를 두면서 보다 넓은 창조의 상황에 연결시켰다. 사이프리드는 이스라엘을 구원하시겠다는 약속에 대한 하나님의 신실함을 현저하게 드러내는 해석학적 틀과 하나님의 의 사이에 거리를 두면서, 신적인 의의 인과응보/처벌과 관련한 새로운 자극을 발견한다.[99]

여전히 다른 사람들은 창조적 상황과 언약적/관계적 상황이 서로 경쟁할 하등의 이유가 없다고 주장한다. 야웨는 분명 창조의 주인이며 왕이고, 따라서 창조세계의 질서를 유지할 책임을 가진다. 그러므로 슈미트를 비롯하여 다른 이들이 20세기의 주요 성서신학이 이 주제를 냉대했다고 지적하는 것은 정당하다. 그러나 이 사실은 성서 내러티브에 표현된 야웨의 의가 지니는 (다른 고대 근동 종교와 비교해서) 독특한 언약적 국면을 결코 약화시키지 않는다.[100] 창세기의 초두에서부터 지속적으로 창조와 언약은

97_ Christopher D. Marshall, *Beyond Retribution: A New Testament Vision for Justice, Crime, and Punishment* (Grand Rapids: Eerdmans, 2001), pp. 53-59.

98_ Mark A. Seifrid, "Righteousness Language in the Hebrew Scriptures and Early Judaism," in *Justification and Variegated Nomism*, ed. D. A. Carson, Peter T. O'Brien and Mark A. Seifrid, 2 vols. (Grand Rapids: Baker Academic, 2001, 2004), 1:426. Hands H. Schmid, *Gerechtigkeit als Weltordnung* (Tübingen: Mohr Siebeck, 1968).

99_ Seifrid, "Righteousness Language," pp. 425-29. Seifrid 이전에는 Piper가 같은 방식으로 Schmid를 이용했다. *The Justification of God: An Exegetical and Theological Study of Romans 9:1-23*, 2nd ed. (Grand Rapids: Baker Academic, 1993 [1983]), pp. 103-19을 보라.

100_ 특히 Mary Sylvia Chinyere Nwachukwu, *Creation-Covenant Scheme and Justification by Faith* (Rome: Editrice Pontifica Universita Gregoriana, 2002)를 보라. 또한 Brevard S.

독특한 방식으로 결합하여 구약의 많은 나머지 신학적 개념들을 함께 형성한다.[101] 의/칭의와 관련해서 이것은 이스라엘을 대적의 손에서 구하고, 그들을 통해 부지배자(vice-regency)로서 세상을 다스리는 인간이 원래 갖고 있었던 영광을 회복할 것이라는 하나님의 언약적 약속들을 본래 포함한다.[102]

의롭다 하기: 전가, 변화 혹은 결합?

복음주의 진영에서 칭의와 관련된 가장 치열한 논쟁 가운데 하나는 신자들을 의롭다 칭하는 그 의의 본질과 효과에 관한 질문이다. 최근에는 그리스도의 의가 신자에게 전가된다는 전통적 프로테스탄트 개념이 한목소리로 변호되었다.[103] 프로테스탄트 정통은 죄는 "전가되지 않으며"(non-imputation 다시 말해 면제되며), 그리스도의 완벽한 순종이 신자에게 "전가"(imputation)된다는 용어를 통해 칭의를 묘사한다.[104] 파이퍼의 언급을

Childs, *Biblical Theology of the Old and New Testaments* (Minneapolis: Fortress, 1992), pp. 487-91; John Goldingay, "Justice and Salvation for Israel and Canaan," in *Reading the Hebrew Bible for a New Millennium, vol. 1: Theological and Hermeneutical Studies*, ed. Wonil Kim et al. (Harrisburg, Penn.: Trinity Press International, 2000), pp. 169-87.

101_ William Dumbrell, *Covenant and Creation* (Nashville: Thomas Nelson, 1984). idem, "Justification and the New Covenant," *Churchman* 112 (1998): 17-29.

102_ 예. 각각 Peter J. Leithart, "Justification as Verdict and Deliverance: A Biblical Perspective," *Pro Ecclesia* 16, no. 1 (2007): 56-72; Jonathan Moo, "Romans 8:19-22 and Isaiah's Cosmic Covenant," *NTS* 54 (2008): 74-89을 보라.

103_ 예. John Piper, *Counted Righteous in Christ: Should We Abandon the Imputation of Christ's Righteousness?* (Wheaton, Ill.: Crossway, 2002); Brian Vickers, *Jesus' Blood and Righteousness: Paul's Theology of Imputation* (Wheaton, Ill.: Crossway, 2006).

104_ McGrath, *Iustitia Dei*, pp. 270-71. 여기서 더 전통적인 개혁파 사상가들과 "통합적 관점"(Federal Vision)을 지닌 학자들 사이에 제기된 "그리스도의 능동적인 순종"에 관한 논쟁은 주목할 만한 가치가 있다. David VanDrunen, "To Obey Is Better Than Sacrifice: A Defense of the Active Obedience of Christ in the Light of Recent Criticism," in *By Faith Alone: Answering the Challenges to the Doctrine of Justification*, ed. Gary L. W. Johnson and

들어보자.

우리가 오직 믿음으로 그리스도와 연합되었기 때문에 하나님은 우리가 그리스도 안에서 그의 의를 소유한 것으로 여기신다. 즉 우리가 하나님의 영광을 완벽하게 높이고 보여주는 것으로 간주되는데, 이것이 하나님의 의의 본질이며 율법의 완전한 성취다. 그것은 하나님이 우리에게 전가한 것일 뿐만 아니라, 무죄한 삶을 통해 하나님을 완벽하게 높이신 그리스도 안에 우리가 있기 때문에 마치 우리가 그의 의를 소유한 것처럼 간주하는 것이다.[105]

무엇보다도 전가 교리는 그리스도 안에서 신자들을 의롭다 **여기는** 하나님의 의의 **외부적 특성**(alien nature)을 명확히 드러내고 보호한다.

최근에는 다수의 바울 신학자들이 이런 전통적인 프로테스탄트의 전가 교리를 반대했는데 그중 상당수는 복음주의자들이었다.[106] 그들의 주된 관심사는 프로테스탄트의 전가 개념이 바울 서신에 누락되어 있다는 것이다. 건드리, 사이프리드, 라이트와 같은 다양한 범위의 복음주의 바울 신학자들이 이를 주장했는데,[107] 예를 들어 라이트는 그리스도 안에서의 협력적 결속이라는 바울의 개념과 그 결과가 신자에게 미친 영향을 파악하게 되면, 전가 교리의 쓸모없는 부산물과 비(非)바울적인 언어를 걷어

Guy P. Waters (Wheaton, Ill.: Crossway, 2006), pp. 127-46을 보라.

105_ Piper, *Future of Justification*, p. 165.

106_ 예. Craig Keener, *Romans* (Eugene, Ore.: Cascade, 2009), p. 29.

107_ Robert H. Gundry, "The Nonimputation of Christ's Righteousness," in *Justification: What's at Stake in the Current Debates*, ed. Mark Husbands and Daniel J. Treier (Downers Grove, Ill.: InterVarsity Press, 2004), pp. 17-45; Mark A. Seifrid, "Luther, Melanchthon, and Paul on the Question of Imputation," in *Justification: What's at Stake in the Current Debates*, ed. Mark Husbands and Daniel J. Treier (Downers Grove, Ill.: InterVarsity Press, 2004), pp. 137-52; Wright, *Justification*, pp. 46, 105, 135, 157-58, 206.

내고 그 교리가 무엇을 성취하기 위해 계획되었는지 그 핵심을 깨닫게 된다고 제안한다.[108] 하지만 전가를 지지하는 학자들은 비록 그 **용어** 자체는 바울 서신에 나오지 않더라도, 그 **개념**은 바울의 수많은 본문 안에 표현 또는 암시되어 있다고 주장한다(예. 롬 4:3-8; 고후 5:21; 빌 3:9).

많은 사람이 보기에 전가된 의라는 개념은 주해적으로 결함이 있을 뿐만 아니라 윤리적인 파산을 의미한다. 전가된 의라는 오래된 관념은 종종 그리스도인의 의를 단지 "법정적 허구"로 전환시켰다는 비난을 받았다. 마커스 보그(Marcus Borg)와 존 도미닉 크로산(John Dominic Crossan)은 이를 다음과 같이 냉정하게 표현한다.

바울이 말하는 하나님의 정의를 인과응보적이라고 오해한다면, 유일한 좋은 소식은 말하자면 마치 하나님이 우리가 가지지 못한 정의를 우리에게 주입하셔서 그가 우리를 의로운 사람인 것처럼 가장하는 것일지도 모른다. 그런 "마치 ~처럼" 같은 취급은 바울을 매우 불쾌하게 했을 것이다. 예컨대 바울로부터 제기되는 이러한 요청을 따라 신자의 삶이 정의에 의해 실제로 변화한다는 사실을 제외하면 정의의 허구적 전가에는 아무것도 남지 않는다.[109]

마이클 버드는 『하나님의 구원하시는 의』(The Saving Righteousness of God)에서 바울의 실제 언어적/개념적 세계에 여전히 충실하면서도 전가 개념을 옹호하는 사람들이 갖고 있는 본질적인 두 가지의 관심을 포괄하는 중도적 관점인 소위 "결합된 의"(incorporated righteousness)라는 개념

108_ Wright, *Justification*, p. 105.

109_ Marcus J. Borg and John Dominic Crossan, *The First Paul: Reclaiming the Radical Visionary Behind the Church's Conservative Icon* (San Francisco: HarperOne, 2009), p. 165.

을 제안한다.[110] 바울의 칭의 개념과 관련된 이 논제와 다른 논제들에서, 버드의 연구는 "더 오래된" 프로테스탄트의 해석과 새 관점의 방법론 사이에서 중도적인 입장을 추구하고 있는 수많은 복음주의 학자들의 연구를 반영한다. 이런 의미에서, 버드는 이 책에서 진보적 개혁파의 대표자로서 자신의 견해를 제공한다.[111]

마지막으로 몇몇 사람들은 전가 대 비전가 논쟁이 "아르미니우스주의자"와 "칼뱅주의자" 노선을 따라 간단하게 나뉜다고 추론하기 쉽지만,[112] 사실은 그렇게 단순하지 않다. 예를 들면 구원론적 "칼뱅주의자"인 사이프리드는 (위에서 언급했듯이) 전가를 거부하는 반면, 오늘날 "아르미니우스주의"의 가장 열렬한 옹호자인 로저 올슨(Roger Olson)은 아르미니우스 자신이 명백히 그랬던 것처럼 전가 교리를 굳건하게 포용한다.[113]

믿음(pistis)의 의미

바울 서신에 7번 등장하며(롬 3:22, 26; 갈 2:16[2회]; 3:22; 엡 3:12; 빌 3:9), 전형적으로 칭의와 관련된 상황에서 등장하는 피스티스 크리스투(pistis Christou)라는 문구(혹은 약간 변형된 표현들)는 문법적으로 모호하기 때문에

110_ Bird, *Saving Righteousness*, pp. 60-87.

111_ 칭의에 관한 Bird의 글은 *The Saving Righteousness of God*; idem, "Justification as Forensic Declaration and Covenant Membership: A *Via Media* Between Reformed and Revisionist Readings of Paul," *Tyndale Bulletin* 57 (2006): 109-30; idem, "Judgment and Justification in Paul"; idem, "When the Dust Finally Settles"; idem, *Introducing Paul: The Man, His Mission and His Message* (Downers Grove, Ill.: InterVarsity Press, 2009)를 포함한다.

112_ Richard D. Phillips, "A Justification of Imputed Righteousness," in Johnson and Waters, ed., *By Faith Alone*, pp. 75-83.

113_ Roger Olson, *Arminian Theology: Myths and Realities* (Downers Grove, Ill.: InterVarsity Press, 2006), p. 220. Olson은 pp. 200-20에서 그 논제에 관한 아르미니우스주의자의 견해를 조망한다.

목적격 소유격(즉 "그리스도를 믿음"[faith in Christ]), 혹은 주격 소유격 (즉 "그리스도의 믿음/신실함"[faith/fullness of Christ]), 혹은 어쩌면 일종의 근원을 나타내는 또 다른 소유격(즉 "그리스도에게서 오는 믿음"[the faith which comes from Christ])으로 다양하게 해석될 여지가 존재한다.[114] 이러한 모호함에도 불구하고, 루터가 이 어구에 인간학적 해석으로도 알려진 목적격 해석을 적용하여 "그리스도를 믿음"(Glauben an Christus)이라는 구어체로 번역한 이래로, 이 해석은 이신칭의 교리의 필수불가결한 요소로 간주 되어 거의 450년 동안 프로테스탄트 해석을 지배했다. 이 지배적 견해는 최근 수십 년 동안 기독론적 해석으로도 알려진 주격적 해석을 지지하는 사람들의 거센 도전을 받았는데, 이들은 이 구문이 칭의를 정당하게 하는 인간의 수단을 언급한 것이라기보다 오히려 예수 자신의 믿음 그리고/혹은 신실함을 언급한 것이라고 주장한다.[115] 일찍이 이를 사용한 사람들이 더러 있었지만,[116] 이 기독론적인 해석은 리처드 B. 헤이스(Richard B. Hays)의 박사학위 논문인 『예수 그리스도의 믿음: 갈라디아서 3:1-4:11의 서사구조 분석』(The Faith of Jesus Christ: An Investigation of the Narrative Structure of Galatians 3:1-4:11)의 출판과 함께 그 우위를 획득하게 되었다.[117] 그의 연구의 주된 목적은 실제로 갈라디아서에 나타난 바울의 논증과 신

114_ Wright는 *pistis*와 이의 어원과 관련해서, 그 의미를 4개의 광범위한 노선으로 요약한다. "Faith, Virtue, Justification, and the Journey to Freedom," *The Word Leaps the Gap: Essays on Scripture and Theology in Honor of Richard B. Hays*, ed. J. Ross Wagner, C. Kavin Rowe and A. Katherine Grieb (Grand Rapids: Eerdmans, 2008), pp. 472-97(특히 pp. 482-89)을 보라.

115_ *pistis*를 "믿음"과 "신실함" 둘 다로 간주한 광범위한 제2성전기 유대교의 이해에 대해서는 Maureen W. Yeung, *Faith in Jesus and Paul* (Tübingen: Mohr Siebeck, 2002)을 보라. 또한 Colijn, "Justification by Faith(fulness)," pp. 196-218을 보라.

116_ 예. Markus Barth, "The Faith of the Messiah," *Heythrop Journal* 10 (1969): 363-70; George Howard, "Notes and Observation on the 'Faith of Christ,'" *HTR* 60 (1967): 459-65.

117_ 이 책은 현재 Hays, *The Faith of Jesus Christ: The Narrative Substructure of Galatians 3:1-4:11*, 2nd ed. (Grand Rapids: Eerdmans, 2002)로 재출간되었다.

학적 반응은 하나의 이야기를 가정하고 있음을 보여주는 것이다. 즉 그것들에 내러티브적 하위 구조가 존재한다는 것이다.[118] 그러나 피스티스 크리스투라는 문구를 통해 바울이 암시하고자 한 예수의 신실한 죽음이야말로 이 이야기의 중추적인 역할을 감당한다는 그의 견해가 사실상 많은 사람의 주목을 끌었다.

피스티스 크리스투의 목적격 혹은 주격 해석에 관한 논쟁은 처음에는 어휘론과 구문론적 논쟁에 집중되었다.[119] 가능성 있는 수많은 특징—피스티스(신뢰, 믿음 그리고/혹은 신실함)의 사전적 의미, 피스티스와 피스티스의 동족어인 동사 피스튜오(pisteuō)의 의미론적 범주의 의의, 피스티스 크리스투 구문에서 관사의 유무, 소유격 인칭 명사와 함께하는 피스티스의 다른 용례들(예. 롬 4:16 "아브라함의 믿음" [the faith of Abraham]), "순종"과 피스티스가 결합된 구문의 중요성(예. 롬 1:5), 그리고 납득할 수 있는 강조 수단으로서의 피스티스의 반복과 수용할 수 없는 불필요한 중복으로서 그것을 반복함에 대한 대조에 이르기까지—에 관한 주장과 반론이 제기되었다.[120] 여러 학자들이 여전히 설득력 있는 어떤 문법적 요소를 찾고 있지만, 그들은 이런 논쟁이 확정적인 결론에 이르지는 못했다는 것을 일

118_ Hays, *Faith of Jesus*, p. xxiv.

119_ 논쟁의 현재 상태에 관해 Michael F. Bird and Preston M. Sprinkle, eds., *The Faith of Jesus Christ: Exegetical, Biblical and Theological Studies* (Peabody, Mass.: Hendrickson, 2009)를 보라. 이 논쟁의 역사와 본질에 관한 도움이 되는 조망은 Matthew C. Easter, "The Pistis Christou Debate: Main Arguments and Responses in Summary," *Currents in Biblical Research* 9 (2010): 33-47; Debbie Hunn, "Debating the Faithfulness of Jesus Christ in Twentieth-Century Scholarship," in Bird and Sprinkle, eds., *Faith of Jesus Christ*, pp. 15-31을 보라.

120_ 예컨대 "그리스도를 믿음(*pistis Christou*)으로 의롭다 여김을 받기 위해 우리는 예수 그리스도를 믿는다"라는 바울의 주장은 우리 인간의 믿음의 의의를 강조하는 표현으로서 수용 가능한 반복인가, 아니면 단지 불필요하게 반복된 표현인가? 따라서 앞에서 진술한 목적격 표현 대신에 "그리스도의 신실함으로 의롭다 여김을 받기 위해 우리는 예수 그리스도를 믿는다"라는 주격 해석을 제시해야 할까?(갈 2:16)

반적으로 수긍하고 있다.[121] 결과적으로 이런 종류의 논쟁은 이후 주해적이고 정경적인 상황과 신학적 일관성에 중점을 둔 논쟁으로 확장되었다.

대화들이 이런 문제들로 발전하면서 또 다른 일단의 질문들이 전면으로 이동했다. 토론은 피스티스 크리스투와 율법의 행위를 대조하는 바울의 문구에 집중되었다. 이 대조가 목적격 읽기를 지지하여 인간의 두 가지 반응, 즉 행위의 반응과 믿음의 반응을 대조하는 것인가, 혹은 주격 읽기를 지지하여 인간의 반응과 하나님의 반응을 대조하는 것인가? 이 토론의 또 하나의 요점은 피스티스 크리스투와 하나님의 의와의 관계를 다루는 것이다. 바울은 피스티스 크리스투가 하나님의 의를 드러내는 수단이라고 주장한다(롬 3:21-22). 이 본문을 기독론적인 해석을 따라 메시아의 신실함이 하나님의 의를 드러낸다는 의미로 이해하는 것이 더 일관적인가, 아니면 인간학적 해석을 견지하면서, 인간의 믿음 자체가 하나님의 행동이라고 적절하게 간주된다면 예수를 믿는 우리의 믿음이 하나님의 의를 드러낸다고 주장하는 것이 여전히 가능한가?

숙고해야 할 또 다른 주제는 바울이 하박국 2:4을 인용한 의의인데, 학자들은 특별히 그 안에 묘사된 "의인"에 초점을 맞추었다. 인간학적 읽기의 관점에서 이 "의인"이 신자들을 포괄적으로 언급한 것이라고 이해할 수 있는가, 아니면 피스티스 크리스투의 주격 해석을 강하게 지지하는 기독론적인 칭호로 간주하여 메시아 자신의 신실함을 언급하는 것으로 이해해야 하는가?[122] 바울의 증거에 관한 논쟁의 마지막 영역은 피스티스의

121_ 예. Hunn, "Debating," p. 26.

122_ 기독론적인 읽기는 Richard Hays, "'The Righteous One' as Eschatological Deliverer: Hermeneutics at the Turn of the Ages," in *The New Testament and Apocalyptic*, ed. J. Marcus and M. L. Soards (Sheffield: JSOT Press, 1988), pp. 191-25 때문에 우위를 차지하게 되었다. 최근에는 Desta Heliso, *Pistis and the Righteous One* (Tübingen: Mohr Siebeck, 2007)이 조심스럽게 이를 확증했다.

종말론적 도래에 대해 초점을 맞추었는데, 갈라디아서 3:23-29이 상세하게 묘사하듯이 그것은 초등 교사로서의 율법의 역할을 종료시킨다. 아브라함의 예가 증언하듯이 인간의 믿음이 이 지점보다 앞서 존재하고, 아브라함의 자손으로서 그리스도가 "올(coming) 자"(갈 3:19)로 묘사되었기 때문에, 피스티스를 기독론적으로 이해해야 하는 것 아닌가? 혹은 던이 주장했던 것처럼 피스티스의 도래를 그리스도께서 성취하신 것에 대한 인간의 믿음이라는 반응을 그 특징으로 하는 새 시대의 시작으로 이해하는 것이 가능한가?[123] 마지막으로 이 논쟁은 신약 정경의 나머지에서 나타나는 증거들을 통해 피스티스 크리스투를 목적격이나 혹은 주격으로 읽는 것과는 상관없이 그 의미가 일치한다는 것을 고려하는 데까지 확대되었다. 양 진영의 주석가들은 바울 서신 외에도 공관복음서, 요한복음, 야고보서, 혹은 요한계시록 같은 텍스트가 이편 혹은 저편의 독법을 강화시킨다고 주장한다.[124]

피스티스 크리스투 논쟁의 부가적 측면은 언급할 만한 가치가 있다. 기독론적인 읽기는 종종 새 관점의 산물로 인식되었으나, 사실 이는 전적으로 맞는 말은 아니다. 주격 읽기를 대중화한 주요 인물인 헤이스는 새 관점의 바울 해석을 분명히 옹호하지는 않았다. 반대로 새 관점의 주도적인 지지자 중 한 사람인 던은 목적격 읽기를 주장한다. 새 관점과 피스티스 크리스투의 주격 해석 사이의 관련성의 한도 내에서, 새 관점은 바울을 재평가하고 그의 사고에서 무엇이 가장 본질적이었는지를 찾도록 이

123_ James Dunn, ΄ΕΚ ΠΙΣΤΕΩΣ: A Key to the Meaning of ΠΙΣΤΙΣ ΧΡΙΣΤΟΥ, in *The Word Leaps the Gap: Essays on Scripture and Theology in Honor of Richard B. Hays*, ed. J. Ross Wagner, C. K. Rowe and A. Katherine Grieb (Grand Rapids: Eerdmans, 2008), p. 364.

124_ 특별히 제4부의 기고문, 즉 "The Witness of the Wider New Testament," in Bird and Sprinkle, eds., *Faith of Jesus Christ*, pp. 209-74을 보라.

끌었다고 볼 수 있다. 루터파의 바울 독법에 대한 새 관점의 일반적인 회의주의는 근본적인 토대로서의 이신칭의 이외의 다른 수단이나 비유를 고려할 여지를 제공했다.

수많은 학자들은 칭의 교리의 중추성을 주장하는 대신 바울의 토대가 된 서사 혹은 이야기의 의미를 규명하는 작업을 계속 진행했다. 이 관점을 주장하는 사람들은 장엄한 이야기 혹은 거대담론이―아담 이래 타락한 세상에서 아브라함을 선택한 하나님의 첫 해법을 거쳐서, 아브라함의 자손으로서 이스라엘의 구세주이며 제2의 아담인 하나님의 아들이 하나님께 순종하여 신실하게 죽음을 맞이하고 부활한 사건을 통해 그 정점에 이르는 이야기가―바울 사고의 토대라는 관점을 견지한다. 이 신념은 이신칭의의 중요성을 재고할 뿐 아니라 이신칭의가 지닌 의미까지 만들어냈다. 따라서 바울의 사상을 내러티브적으로 읽어야 한다고 주장하는 이들은 피스티스 크리스투를 그리스도 자신의 신실함을 언급하는 구문으로 보는 견해를 역시 지지했는데, 이는 피스티스 크리스투의 주격 해석이 재구성된 바울의 서사와 상당히 일관적이며 또한 그 절정으로서의 역할을 한다고 간주되기 때문이었다.[125]

이것이 지닌 부수적 효과는 칭의와 참여의 관련성에 관한 서로 다른 평가였다. 피스티스 크리스투를 목적격으로 해석하는 전통적인 옹호자들은 그리스도에게 참여함이 이신칭의 교리보다 부수적이라고 간주하는 경향이 있다.[126] 반대로 주격 해석을 지지하는 사람들은 바로 "그리스도 안

125_ Hays에 더해서, 놀라운 본보기는 A. Katherine Grieb, *The Story of Romans: A Narrative Defense of God's Righteousness* (Louisville: Westminster John Knox, 2002), pp. 37-38 그리고 Ben Witherington III, *Paul's Narrative Thought World: The Tapestry of Tragedy and Triumph* (Louisville: Westminster John Knox, 1994), pp. 268-70이 있다.

126_ Dunn은 그 주장이 필요하지 않다고 믿지만, Bird and Sprinkle, *Faith of Jesus Christ* 서문에서, 그는 "종교개혁 전통 안에서 그리스도께 참여("in Christ")를 강조하는 바울의 사상과 교회의 존폐를 좌우하는 조항으로서의 '이신칭의'를 통합하는 것이 어렵다는 것을 알았다"고

에" 있는 사람이 그의 신실함으로 유익을 받는다는 점에서 참여의 중요성을 강조하고, 그것을 칭의와 밀접하게 결부시키려는 경향이 있다. 사실 전통적인 해석에서 전가가 하는 역할을 후자에서는 참여가 한다고 볼 수 있다.

결론: 주해, 해석학 그리고 아가페적인 사랑

사실상 칭의 교리는 언제나 논쟁적 양상을 갖는다는 것이 분명하다. 많은 사람들이 직면한 위기는 프로테스탄트 종교개혁에 대한 규정적 신념이다. 모든 사람이 우려하는 것은 성서, 특별히 바울의 사상에 대한 적절한 이해였다. 적절한 주해는 성서와 관련된 질문이 적절한 주해로 해결될 수 있다고 믿는 사람들에게 신학적인 주요 전선에 대한 범 기독교적 화해를 위한 운동의 기반을 제공한다. 그러나 우리는 오늘날 이 문제가 해석학적으로 단순하지 않다는 것을 알고 있다. 수 세기 동안 치러진 칭의 논쟁의 배경에는 다양한 무리의 신학적·인식론적·사회 문화적·경험적 전제와 가정으로부터 제기된 다양한 방법론적·학문적 균열이 자리하고 있다. 성서에서 교리에 이르기까지—심지어 쉽게 보일 때에도—그 움직임은 결코 쉽지 않다. 심지어 같은 전통 안에서도, 말하자면 현 시대의 프로테스탄트 복음주의에서도, 성서의 권위와 역사적 정통에 똑같이 충실한 학자들조차 주해적이고 신학적인 다양한 패러다임의 작용 때문에 놀랍도록 서로 다른 결론에 도달할 수 있다.[127]

인정한다(p. xvii).

127_ 예. Piper와 Wright 간 칭의에 관한 논쟁이 있다. 칭의에서 해석적 전통과 가정이 성서에서 도그마까지 어떻게 형성할 수 있는지를 드러내는 흥미로운 상호 토론은 Leithart, "Justification

여전히 성서의 권위, 방법론적으로 미묘한 의미에 신경을 쓰는 성실한 주해, 자기 의식적이고 폭넓게 수용된 신학 방법, 그리고 어떤 문제에 대해 우리가 동의하지 않는 사람들과 겸손하게 대화할 수 있는 헌신된 태도—"**아가페**적 사랑으로 (마치 우리가 막 그것을 파악한 것처럼) 참된 것을 말하는"(엡 4:15) 대화가 기준이 되는 태도—와 같은 것들이 칭의의 의미를 더 잘 이해하기 위해 우리 모두가 모인 길을 비추는 빛이 되어야 한다. 댄 리드(Dan Reid)와 IVP 출판사의 앤디 르 포(Andy Le Peau)와 함께 이 책의 공동 편집자로서 우리가 본래 마음속에 품은 이 기획이 이제 막바지를 향하고 있다. 마지막으로 우리는 진리를 추구하는 가운데 서로를 극진히 존중하는 태도로 대화를 이끌어 준 이 놀랍도록 멋진 기고자들에게 감사와 신뢰를 보낸다.

---

as Verdict"; 그리고 R. Michael Allen and Daniel J. Treier, "Dogmatic Theology and Biblical Perspectives on Justification: A Reply to Leithart" *WTJ* 70 (2008): 105-10을 보라. 새 관점 논쟁에서 신학적 가정의 역할에 관해 Kent Yinger, "Reformation Redivivus: Synergism and the New Perspective," *Journal of Theological Interpretation* 3 (2009): 89-106을 보라.

2

칭의에 대한 다섯 가지 관점

3장
전통적 개혁파

마이클 S. 호튼

16세기와 마찬가지로, 오늘날에도 여전히 칭의 교리가 프로테스탄트와 그 외부에서 폭넓게 논의되며 또한 도전받고 있다는 것은 결코 과장된 표현이 아닐 것이다. 특별히 여러 진영에서 이 견해를 다양하게 비판한 것을 고려하면, 나는 이 장을 "전통적 개혁파" 대 "진보적 개혁파"의 관점으로 구분한 의도가 다소 궁금하다. 개혁파의 견해들이 우리의 신앙고백, 특히 핵심적 교리를 기반으로 규정되었기 때문에, 견해의 분리를 일종의 발신으로 규정하는 것은, 16세기에 그랬던 것처럼 오늘날에도 신앙고백적 견해를 옹호하는 사람들이 주해적으로 옹호할 수 있는 신앙을 고백하기보다는 단지 전통을 복원하고 있다는 인상을 줄 수도 있다. 이 글의 목적은 단순히 우리의 신앙고백과 교리문답 안에 있는 관련 단락들을 되풀이하려는 것이 아니라, 칭의와 관련된 단락에 나타나는 견해가 최근의 연구를 통해 훨씬 더 확고하게 정립될 수 있다는 것을 논증하려는 것이다.

내가 변호하려는 관점을 간단히 요약하면서 시작하려 한다. 아브라함에게 주신 약속을 성취하는 과정에서, 야웨는 온 세상의 죄인들을 구속하기 위해 당신의 백성 이스라엘 안에서 그들을 통해 행동하셨다. 아담이 그랬듯이 이스라엘은 하나님의 종으로서, 하나님의 동산에 있는 죄를 깨끗이 하고 하나님의 의로운 통치를 세상 끝까지 넓히라는 명령을 위임 받았다. 그러나 "아담처럼, 이스라엘은 죄를 범하고 내 언약을 어겼다"(호 6:7).[1] 그러나 하나님은 또 다른 언약(아브라함에게 하신 약속과 연속성을 갖는)에 기초하여 친히 그 백성의 죄책을 고난 받는 종에게 전가하시고, 그들에게 이 순종하는 아들의 의를 전가할 것이라고 예언자들을 통해서 약속하셨다(사 53장). 이사야는 환상 중에 사명을 위임 받을 때, 하나님의 거룩함을 목도하면서 자신이 정죄되었다는 것을 깨달았지만, 그는 죄를 용서 받는다(사 6장). 스가랴 3장은 고소자인 사단과 변호자인 주의 천사와 함께 천국의 법정에 선 대제사장 여호수아에 관한 예언을 기록한다. 비록 여호수아 자신은 정죄를 받았지만, 주의 천사가 그의 더러운 옷을 벗긴 다음 그에게 흠 없는 예복을 입혀주었다. 이 모든 단락들은 그리스도를 "우리의 의이신 주"(렘 23:5-6; 33:16; 고전 1:30-31; 고후 5:21)로 증언하면서 사도들이 제시하는 이미지를 풍부하게 나타난다.

하나님이 사악한 자들을 의롭다 칭하신다(롬 4:5). 단순한 만큼이나 직관에 반대되는 이 주장은 복음의 중심부에 위치한다. 열방뿐 아니라 이스라엘 역시 율법의 저주 아래 있는 "경건하지 않은 자들"의 범주에 휩쓸려 들어간다. 그리고 이제 열방에서 남은 자와 함께 이스라엘은 언약의 주님이 베푸시는 구원을 보았다. 사도 바울이 "내가 그리스도를 얻고 그 안에서 발견되려 함이니, 내가 가진 의는 율법에서 난 것이 아니요 오직 그리스도를 믿는 믿음으로 말미암은 것이니, 곧 믿음으로 하나님께로부터 난 의라"(빌 3:8-9)고 고백하면서, "바리새인 중의 바리새인"으로 행했던 자신의 열심 있는 모든 순종을 돌아보고 그것을 "배설물"로 여긴 것은 바로 이

1_ 이 글의 성서 구절들은 NRSV에서 인용하였다.

단순한 주장 때문이었다.

율법은 하나님의(of) 의의 계시로서, 정죄하며 누구도 똑바로 설 수 없게 한다. 그러나 복음은 하나님으로부터 온(from) 의의 계시로서, 죄인들이 "그리스도 예수 안에 있는 속량으로 말미암아 하나님의 은혜로 값없이 의롭다 하심을 얻은 자 되었다"(롬 3:24-25)고 말하는 기쁜 소식이다. "일을 아니할지라도 경건하지 아니한 자를 의롭다 하시는 이를 믿는 자에게는 그의 믿음을 의로 여기시나니, 일한 것이 없이 하나님께 의로 여기심을 받는 사람의 복에 대하여 다윗이 말한 바…"(롬 4:5-6). "그러므로 우리가 믿음으로 의롭다 하심을 받았으니 우리 주 예수 그리스도로 말미암아 화평을 누리자"(롬 5:1). 바울은 이 교리를 매우 중요하게 생각하여 이에 대해 노골적으로 부인하는 것을 "저주"의 대상─즉 갈라디아 교회가 범하려고 했던 이단 행위─으로 간주했다(갈 1:8-9). 바울이 보기에 칭의를 부정하는 것은 은혜는 물론이거니와 심지어 그리스도를 부정하는 것이나 다름없었다. "만일 의롭게 되는 것이 율법으로 말미암으면 그리스도께서 헛되이 죽으셨느니라"(갈 2:21).

논쟁의 양상

하나님이 악한 자들을 의롭다 칭하신다는 이 주장은 오늘날까지도 사도적 전통에 서 있는 교회에 엄청난 논란을 가져왔다.[2] 그리고 16세기 양

---

2 칭의에 관한 고대 교회의 가르침은 모호하다. Thomas Oden, *The Justification Reader* (Grand Rapids: Eerdmans, 2002)에서 Oden이 관찰했듯이, 한편으로는 죄인을 의롭다 칭하는 하나님의 칭의를 나타내는 놀라운 증언들이 존재한다. 다른 한편으로는 후기 동방 정교회가 비잔틴 신학을 통해 서방(중세)의 발전과 나란히 발전시킨 신인협력설의 많은 줄기가 존재한다.

진영을 대표하는 자들의 영웅적인 노력에도 불구하고, 트리엔트 공의회 (Council of Trent, 1545-1563)는 종교개혁의 칭의 개념을 분명한 어조로 정죄했다.

종교개혁 논쟁

"칭의는 죄 사함뿐만 아니라 인간 내면의 성화와 갱신"이라는 것이 여전히 로마 가톨릭의 공식 견해다.[3] 그러므로 칭의는 실제적·본질적으로 의롭게 되는 과정으로 간주된다. 첫 칭의는 세례 시에 발생하여 원죄로 인한 죄책과 타락을 근절시킨다.[4] 전적으로 하나님의 은총에서 비롯된 이 최초의 칭의가 은총의 습성(또는 원리)을 수용자에게 주입한다. 우리는 이 내재된 은총과 협력함으로써 은총의 증가를 얻고, 우리가 바라는 최종적 칭의를 얻는다.[5] 따라서 최초의 칭의가 오직 은총에 의한 것이라면 최종적 칭의는 신자의 행위에 의존하는데, 이를 통해 하나님은 그 신자를 공적이 있는 것으로 자비롭게 받아들인다.[6] 신자가 거룩해지는 진보가 자범죄(actual sins)로 인한 죄책을 취소하기에 전혀 합당하지 않기 때문에, 신자는 천국에서 환영받기 전에 반드시 연옥에서 정화되어야 한다.

이와 반대로, 종교개혁자들은 칭의가 성화와 구별된다고 가르쳤으며 복음주의자들도 그렇게 가르치고 있다. 비록 이 둘은 분리할 수 없으며, 믿음으로 말미암아 그리스도와 연합함을 통해 얻은 선물이지만, 칭의는 죄인을 의롭다고—비록 그들이 본래 불의할지라도 단지 그들에게 전가된 그리스도의 의에 기초하여—선언하는 판결(verdict)이다. 우리가 성화

3_ *The Catechism of the Catholic Church* (New York: USCCB, 1995), 492, 이는 트리엔트 공의회 (1574): DS 1528에서 인용했다.

4_ Ibid., p. 482.

5_ Ibid., p. 483.

6_ Ibid., pp. 486-87.

됨으로써 종말에 의롭게 된다고 로마 가톨릭이 가르치는 부분에 대해서, 개혁파는 우리가 이미 의롭게 되었기 때문에 성화되고 있다고 확신한다. 신자는 하나님의 입증 판결을 받기 위해 일하기보다 오히려 믿음의 열매, 즉 선한 행위를 맺는 기쁨 속에서 의로워진 상태로 법정을 떠난다.

루터는 특별히 바울 서신에서 우리를 정죄하는 하나님의 의가 하나님이 예수 그리스도를 믿는 믿음을 통해 값없이 선물로 주시는 의와 같다는 것을 발견했다(롬 3:19-31). 클레르보의 베르나르두스(Bernard of Clairvaux, 1090-1153)와 같은 중세 신학자들은 죄인의 죄책을 대신하는 그리스도의 의라는 이 "놀라운 교환"을 아름다운 언어로 표현했다. 그러나 종교개혁 시대에 이르러서야 오직 믿음을 통해 전가되는 그리스도의 의 개념에 기초하여 순전히 법정적(법적) 선언으로서의 칭의를 가장 온전하게 표현하게 되었다.

비록 루터가 교리와 체험 간의 얽히고설킨 관계를 느꼈지만, 그는 현대의 일부 해석가들이 시사하는 바와 같이 단지 자신의 "고통 받는 주관성"으로부터 벗어나 그 자신의 결론에 도달하지는 못했다.[7] 프랑스의 저명한 인문주의자이며 성서학자인 자크 르페브르 데타플(Jacques Lefèvre d'Étaples, 1455-1536, 라틴어 불가타 성서를 프랑스어로 처음 번역하였다)은 루터보다 10년 더 일찍 루터의 주요 통찰 가운데 일부를 깨달았다. 에라스무스(Erasmus)도 종교개혁자들의 길을 조성하는 데 문헌적으로 중요하게 기여했다. 루터의 스승이자 독일 아우구스티누스 수도회(Augustinian

---

7_ Erik H. Erikson, *Young Man Luther: A Study in Psychoanalysis and History* (New York: W. W. Norton, 1962)에서 에릭슨은 일종의 성인전기(hagiographical) 같은 한계에 이른 루터의 "복음적 대전환"을 설명하기 위해 루터에 대한 정신분석을 시도한다. Krister Stendahl의 *Paul Among Jews and Gentile* (Minneapolis: Fortress, 1976)은 Erikson의 분석을 따랐는데, 이 분석은 바울에 관한 새 관점을 변호하는 사람들 사이에서(특히 Dunn과 Wright에 의해) 상당 부분 검증되지 않은 가설이 되었다.

Order)의 수장인 요한 폰 슈타우피츠(Johann von Staupitz) 역시 개혁자로서 루터의 통찰력을 발전시키는 데 중요한 역할을 했을 뿐만 아니라, 그를 비텐베르크 대학교의 성서학 교수로 추천했다. 루터와 마찬가지로 칼뱅을 비롯한 권위 있는 종교개혁자들은 모두 인문주의자였고, 고전어에 정통했으며, "근원으로 돌아가라!"(Ad fontes)는 르네상스의 구호에 지배를 받았다. 그들이 내린 결론에 대한 사람들의 평가와 상관없이, 종교개혁자들은 최고 수준의 성서해석학자들이었다.

권위 있는 모든 종교개혁자는 하나같이 칭의가 오직 그리스도 때문에, 오직 믿음을 통해 "외부에서 온 의"(alien righteousness)의 선물 안에 있는 사법적 판결이라고 결론짓는다. 칼뱅은 칭의를 "기독교의 주요 조항"이자 "종교가 의존하는 주요 원리"이며 "모든 구원 교리의 주된 조항이자 모든 종교의 기초"라고 생각했다.[8] 실제로 멜란히톤(Melanchthon)과 칼뱅은 이 공통된 복음적 관점을 조금씩 개선해가는 과정에서 상대방에게 영향을 주었다.[9] 이 의는 "죄 사함과 예수 그리스도의 의가 우리에게 전가된다"는 사실 안에 있다.[10] 이러한 복음적 해석을 따르면, 칭의는 죄로 가득한 상태에서 의로운 상태로 변화되는 과정이 아니다. 신자들은 죄인인 **동시에** 의인이다.[11] 죄의 지배가 없어졌지만, 죄는 여전히 신자 안에 거한다.[12] 결과적으로 신자들이 하는 어떤 행위도 하나님의 법이 요구하는 그 의에 언제

8_ Institutes 3.2.1, 3.11.1, 그리고 CR 46:23에 있는 눅 1:5-10 설교를 보라.

9_ 예. Richard Muller, *The Unaccommodated Calvin: Studies in the Foundations of a Theological Tradition* (New York: Oxford University Press, 2001), pp. 126-27. 그러나 칼뱅은 멜란히톤이 후에 신인협력설로 전환한 것을 날카롭게 비판했는데, 이는 그네시오(Gnesio, 이는 루터파의 한 분파로서 그네시오는 "참된, 진짜의"를 의미하는 그리스어 *gnesios*에서 유래했다—역자주) 루터파에서도 마찬가지로 거부되었다.

10_ Calvin, *Institutes* 3.11.2.

11_ Ibid., 3.3.10.

12_ Ibid., 3.3.11.

나 미치지 못하더라도, 그들은 이미 그리스도를 믿는 믿음을 통해 온전히 의롭다고 인정받았다.

이런 지향성은 로마 가톨릭뿐만 아니라 급진적인 프로테스탄트와도 날카로운 대조를 이뤘다.[13] 다른 면에서는 더 급진적이었지만, 재세례파의 칭의 견해는 로마 가톨릭의 그것과 비슷했다.[14] 둘 중 어느 쪽이든, 칭의는 하나님이 그리스도 때문에 죄인들을 값없이 변제해주고 그리스도의 의를 죄인들에게 전가해주는 것이라기보다는 죄인이 내적으로 변화되는 과정으로 이해되었다.

물론 우리는 비난받을 만한 것에서부터 칭찬받을 만한 것에 이르는 매우 다양한 도덕적 성품이 있음을 인식하지만, 칼뱅은 (루터의 대조를 반복하면서) 사람 앞에서의(coram hominibus) 의가 하나님 앞에서의(coram deo) 의와 같지 않다는 점을 우리에게 상기시킨다.[15] 칼뱅은 그리스도의 희생이 죄책을 사해줄 뿐 죄의 형벌을 사해주는 것은 아니라는 견해를 거부한다.[16] 칼뱅은 다음과 같이 진술한다. "그러므로 우리는 칭의를 하나님께서

13_ Ibid., 3.3.14. 칼뱅은 재세례파(Anabaptist)들이 이생에서 온전함(perfection)을 얻을 수 있다고 생각한다면서 "우리 시대의 특정한 재세례파들은 영적 갱신 대신 일종의 과도한 광분이라는 마술을 부린다"고 일갈한다.

14_ Thomas A. Finger, *A Contemporary Anabaptist Theology: Biblical, Historical, Constructive* (Downers Grove, Ill.: InterVarsity Press), p. 109. 현대 재세례파 신학자인 Thomas Finger는 "Robert Friedmann은 재세례파들이 '이 견해로 죄인이…그럴 가치가 없음에도 의롭다 여김을 받았다는…은혜의 법정적 견해를 단순히 받아들일 수 없었음'을 발견했다. Arnold Snyer와 같은 세심한 학자는 '역사적 재세례파는 "이신칭의"에 관해 결코 언급하지 않았다'고 강하게 주장할 수 있다"고 언급한다. Finger는 재세례파의 구원론적 강조(특별히 신성화에 관한)가 특히 주변부에 있는 프로테스탄트 집단(오순절이나 퀘이커 같은)과 동방 정교회 및 로마 가톨릭의 구원 신학 사이에 엄청난 통일성을 가져올 수 있다고 믿는다(p. 110). Finger는 최근의 재세례파는 그들의 선조와 달리 이신칭의 주제에 더 이상 관심을 표하지 않으며, 대신에 제자도("예수를 따름")와 신자의 내적 변화에 중점적으로 관심을 둔다는 것을 발견한다(pp. 132-33).

15_ Calvin, *Institutes*, 3.12.2

16_ Ibid., 3.4.30

호의로 우리를 의롭다고 받아주신 수락(acceptance)으로 간단하게 설명한다. 그리고 우리는 그것이 죄 사함과 그리스도의 의의 전가에 있다고 말한다."[17] 『기독교 강요』 제3권에서 칼뱅은 이 의는 우리에게 생소하며 성육신한 아들의 삶과 죽음, 그리고 부활을 통해 공로가 쌓인 것이라고 주장한다.[18] 그러나 그리스도는 우리를 **위해서** 주어졌을 뿐만 아니라 우리**에게** 주어졌다.[19] 믿음을 통해 우리는 그리스도의 은사뿐 아니라 그리스도 자신을 받는다.[20] 그러나 믿음은 단지 우리가 의롭게 되는 방편일 뿐 그 근거는 아니다.[21]

그러므로 칼뱅은 "만일 믿음이 본래 그 자체의 미덕으로 우리를 의롭게 하는 것이라면, 그것이 항상 약하고 불완전하다는 것을 우리가 알기 때문에, 그것은 부분적으로만 효과가 있고 단지 구원의 일부만을 우리에게 제공할 것이다"[22]라고 결론 내린다.

복음적인 칭의론을 가장 명료하게 요약한 진술 중 하나가 웨스트민스터 신앙고백서(Westminster Confession) 제13장에서 발견된다.

의를 그들에게 주입해서가 아니라 그들의 죄를 용서해주시고 그들의 인격을 의롭다고 간주하여 용납하심으로 하나님은 유효하게 부르신 자들을 또한 값없이 의롭다 칭하신다. 이는 그들 안에서 이루어진 어떤 것이나 그들이 행한 어떤 것 때문이 아니라 오직 그리스도 때문에 그러하며, 믿음 그 자체, 믿음의 행위, 또는 여느 다른 복음적인 순종을 그들의 의로 그들에게 주입해서가 아

17_ Ibid., 3.11.2.

18_ Ibid., 3.2.15-17; 3.11.2.

19_ Ibid., 3.1.1.

20_ Ibid., 3.1.1; 3.1.4; 3.2.24; 4.17.11.

21_ Ibid., 3.11.7; 3.18.8.

22_ Ibid., 3.11.7.

니라, 그들이 믿음으로 그리스도와 그의 의를 받아들이고 의존할 때 그리스도의 순종과 만족을 그들에게 전가함으로 그러한데, 그 믿음은 그들 자신에게서 나온 것이 아니라 하나님의 선물이다. 그리스도와 그의 의를 받아들이고 그것에 의존하는 믿음은 칭의의 유일한 방편이지만, 그 믿음은 의롭다 칭한 사람 안에 홀로 있는 것이 아니라 언제나 다른 모든 구원의 은혜를 수반한다. 이는 죽은 믿음이 아니라 사랑으로 역사하는 믿음이다.

의로워진 자들은 심각한 죄에 빠지거나 "하나님의 부성적인 노여움 아래 떨어질" 수는 있지만, "의인의 신분에서는 절대로 떨어질 수 없다."[23]

하이델베르크 교리문답(Heidelberg Catechism)에 의하면 이러한 하나님의 판결은 우리의 의가 아닌 그리스도의 의를 그 기초로 하며, 따라서 "하나님의 모든 계명에 대립하는 심각한 죄를 짓고 그 가운데 어느 하나도 지키지 못한" 사실에도 불구하고, 오직 믿음을 통해 마치 우리가 결코 죄를 지은 적이 없이 그 계명을 완벽하게 지킨 것처럼 받아들여진다. 심지어 믿음이라는 선물 그 자체도 칭의의 기반으로 여겨질 수 없으며, 단지 칭의를 받아들이는 빈손일 뿐이다. 하지만 이러한 가르침이 도덕적 무관심을 정당화하기 위해 사용될 수 없는 것은 "참된 믿음으로 그리스도에게 접붙임을 받은 자들이 감사의 열매를 맺지 않을 수 없기 때문이다."[24] 물론 비슷한 요점을 루터파 신앙고백서(Lutheran Book of Concord), 성공회 39조항(Anglican Thirty-Nine Articles), 그리고 런던/필라델피아 (침례교) 신앙고백서(London/Philadelphia[Baptist] Confession)에서도 발견할 수 있다.

23_ *The Book of Confessions* (Louisville, Ky.: PCUSA, 1991)에 있는 The Westminster Confession of Faith, 13장을 참조하라.

24_ *The Book of Confessions* (Louisville, Ky.: PCUSA, 1991)에 있는 Heidelberg Catechism, Q. 60-64을 참조하라.

로마 가톨릭이 트리엔트 공의회에서 가장 긴 칙령을 통해 공식적으로 파문을 선언한 칭의 교리는 다음과 같다.

9조. 만일 누가…죄인은 오로지 믿음으로 의화한다고 주장한다면, 그는 파문 받아야 한다.

11조. 만일 누가 오로지 그리스도의 의로움만 힘입어서 인간이 의화한다고 주장하거나…오직 죄의 사함에 의해서만 의화한다고 주장하거나…그는 파문 받아야 한다.

12조. 만일 누가 의화하는 믿음은 다름이 아니라 그리스도 때문에 죄를 용서 하시는 하느님의 자비에 대한 신뢰라고 주장하거나, 이 신뢰만이 의화한다고 주장한다면, 그는 파문받아야 한다.

24조. 만일 누가 인간이 받은 의로움이 하느님 대전에서 선행을 통해서는 보 존되거나 증대되지도 않고, 선행은 얻은 의화의 열매와 표징에 지나지 않으 며 의화의 증대 요인도 되지 못한다고 주장한다면, 그는 파문받아야 한다.

30조. 만일 누가 의화 은총을 받은 후에는 어떤 죄인이라도 회개하면, 죄를 용서받고 영벌을 탕감받는데, 이는 하늘나라의 문이 그에게 열릴 수 있도록 현세에서나 내세의 연옥에서 갚아야 할 잠벌의 빚이 전혀 남아 있지 않는 상 태가 되는 것이라고 주장한다면, 그는 파문받아야 한다.

32조. 만일 누가 의화한 자의 선행은 하느님의 은총이며 그런 의미에서 그 선 행이 의화한 자의 공로가 아니라고 주장하거나, 의화한 자는 하느님의 은총과 예수 그리스도의 공로에 힘입어 (그분의 살아 있는 지체로서) 자신이 행한 선행을 통해서 은총의 증대와 영원한 생명, (그가 은총 중에 죽는 경우에) 영원한 생명의 획득, 그리고 영광의 증진조차도 본인이 추구할 수 있는 게 아니라고 주장한다면, 그는 파문받아야 한다.[25]

비록 제2차 바티칸 공의회 이후에 유익한 대화가 있었지만 트리엔트 공의회가 여전히 구속력이 있는 도그마로 남아 있으므로, 프로테스탄트와 로마 가톨릭 사이에 체결된 칭의에 관한 그 어떤 유의미한 일치가 존재한다 해도 그것은 종교개혁자들의 합의에 대한 전자의 증언을 희생한 대가일 뿐이다. 세계 루터교회 연맹(Lutheran World Federation)과 바티칸 사이에 맺은 "칭의 교리에 관한 공동 선언문"(Joint Declaration on Justification)에는 심지어 확증된 종교개혁의 칭의 교리 문구조차 존재하지 않는다(그 지위가 로마 가톨릭 측에서 확인되지 않고 있으며, 훨씬 더 구속력이 떨어진다).[26] 게다가 교회의 일치를 증진하기 위한 바티칸 교황청 위원회(Vatican's

---

25_ *Canons and Decrees of the Council of Trent: Original Text with English Translation*, trans. H. J. Schroeder, O.P. (St. Louis: B. Herder, 1960), pp. 43, 45-46. 본문은 「보편 공의회 문헌집 제3권: 트렌토 공의회 · 제1차 바티칸 공의회」, 주세페 알베리고 외 공편, 김영국, 손희송, 이경상 공역, 가톨릭출판사, 2006, pp. 679-681에서 인용함.

26_ *Joint Declaration on the Doctrine of Justification: The Lutheran World Federation and the Roman Catholic Church* (Grand Rapids: Eerdmans, 2000). 다른 문제들 중에서, 공동 선언은 "죄인의 칭의는 용서이고 **의롭게** 되는 것"(4.3.17, 강조는 추가됨)이므로 죄라는 특별한 행동은 속죄 의식이 필요하다는 것을 가르친다(4.3.30). 그러므로 가톨릭은 이 근본적인 견해에서 변하지 않았으며 오히려 굴복한 것은 복음주의였다. 단지 이렇게 16세기에 서로를 정죄했던 것을 더 이상 적용하지 않는다는 사실에 동의하는 것으로 그 막을 내렸다. 세계 개혁교회 연맹(World Alliance of Reformed Churches)처럼, 세계 루터교회 연맹은 루터파 안에서 자유주의적인 분파를 대변한다. 고백적 신앙을 견지하는 그들의 반대파들은(미주리주 루터파 교회 회의[Lutheran Church Missouri Synod]를 포함해서) 이 "공동 선언"을 거부했는데, 이는 그들이 트리엔트 공의회와 그 이후 모든 가톨릭 교권의 재확인을 통해 정죄한 견해를 여전히 지지하기 때문이다.

Pontifical Council for the Promotion of Christian Unity)는 "공동 선언"이 발표되었을 때, 성명을 통해 우려를 표명했다. 그 성명은 양측이 도달한 의견 일치에 갈채를 보내는 동시에, "그러나 의화에 관한 가톨릭과 루터파의 해석 사이에 모든 차이를 제거했다고 할 만큼의 의견 일치를 보였다고는 아직 말할 수 없다는 것이 가톨릭교회가 가진 의견이다"라는 문구를 첨가했다.[27] 그 공식 성명은 트리엔트 공의회를 인용하면서, 가톨릭 교인들이 "영생은 선행과 공로에 대해 하나님이 단번에 그리고 동시에 주시는 은총이자 보상"이라는 도그마를 유지해야 한다는 점을 상기시켰다.[28]

로마 가톨릭교회는 은혜의 필요성을—심지어 은혜의 우선성도—결코 부정하지 않았다. 사실 트리엔트 공의회는 펠라기우스주의에 대한 명확한 비난을 반복했다. 그러나 칭의의 방편으로 믿음에 행위를 더한 것은 16세기에 그랬던 것만큼이나 오늘날에도 분명하게 확인된다. 복음적 관점에서 볼 때 하나님의 은혜의 중요성에 관한 가장 단호한 확신은 우리 자신의 공로를 포함함으로써 복음의 부패를 경감시키지 않는다. 복음주의자들에게 (그 용어의 원래 의미대로) 사도적인 복음은 단순히 우리의 모든 공로를 뛰어넘고 그것에 앞선 은혜를 찬양함으로써 유지되는 것이 아니라, 오직 그리스도의 공로만을 그 기초로, 오직 은혜만을 그 근원으로, 그리고 오직 믿음을 하나님 앞에서 신적으로 수여된 칭의의 수단으로 주장함으로써 유지된다. "만일 은혜로 된 것이면 행위로 말미암지 않음이니 그렇지 않으면 은혜가 은혜 되지 못하느니라"(롬 11:6).

칭의의 주해적인 정의

"부르신 그들을 또한 의롭다 하시고"(롬 8:30). 바울의 칭의 개념을 이해하

27_ 바티칸 관보 *L'Osservatore Romano*이 July 8, 1998, p. 2에 이를 보도했다.
28_ Ibid.

기 위해서는 우리가 그의 인간론(보편적인 인간의 부패)[29]을 받아들일 수 있는가의 여부와, 페터 슈툴마허(Peter Stuhlmacher)가 표현한 것처럼 "유대인이나 이방인이 하나님의 심판의 보좌 앞에서 살아남을 것인가 그렇지 않을 것인가"[30]에 관한 바울의 주체할 수 없는 관심에 달려 있다. 복음은 단순히 예수가 십자가에 달려 죽고 부활하셨다거나 혹은 이런 사건들이 그분의 주되심을 보여준다는 것만이 아니라, 그가 **"우리의 죄를 위해 십자가에서 죽었고 우리의 칭의를 위해 부활하셨다**"는 것이다(롬 4:25, 강조는 추가됨).

1. 선언적(법정적) 의미. 심지어 바울에 관한 새 관점을 옹호하는 이들도 (그리스어는 물론 히브리어로) "의롭다 칭하다"라는 동사가 법률 용어라는 것을 인정한다. E. P. 샌더스(E. P. Sanders)는 "히브리어 차다크[*tsadaq*] 동사는 칼(*qal*) 형태에서 보통 '법정에서 결백해지다'(to be cleared in court)를 의미하고, '죄 없는'(innocent)을 의미하는 어근인 자카(*zakah*)의 활용과 실제로 구별할 수 없다"고 지적한다.[31] 샌더스는 계속해서 "그것은 또한 '저울을 바르게 하다'(make the scale just)라는 구절처럼, 무언가를 교정하는 것을 의미할 수도 있다. 히필(*hif'il*) 동사형태인 '의롭다 칭하다'(justify) 역시 법정적인 의미를 내포하고 있다. 출애굽기 23:7에 있는 단락이 '나는 악인을 의롭다 칭하지 않는다'라고 말할 때, 그것은 '무죄로 여기다'를 뜻하는 것으로 분명하게 이해되었다"고 말한다.[32] 히브리어 성서에서 히필 동사 히츠디크(*hitsdik*, 피엘 형태인 치데크[*tsiddek*]와 함께)는 일반적으로

29_ Timo Laato, *Paul and Judaism: An Anthropological Approach* (Atlanta: Scholars Press, 1995).

30_ Peter Stuhlmacher, *Revisiting Paul's Doctrine of Justification: A Challenge to the New Perspective* (Downers Grove, Ill.: InterVarsity Press, 2001), p. 43.

31_ E. P. Sanders, *Paul and Palestinian Judaism* (Minneapolis: Fortress, 1977), p. 198.

32_ Ibid., p. 199.

율법을 기준으로 옳은 사람을 위한 사법적 선언으로 사용된다(출 23:7; 신 25:1; 잠 17:15; 사 5:23; 렘 3:11). 마찬가지로 "의롭다고 선언하다"를 뜻하는 그리스어 동사 디카이오오(dikaioō)는 특성상 틀림없이 법정적이다.

그러나 원문의 법정적 의미는 라틴어 불가타 성서(Latin Vulgate)의 오역으로 인해 사라졌다. 그것은 마치 중세의 고해성사(penance) 제도가 메타노에오(metanoeō, 사람의 마음을 바꾸다)를 포에니텐티움 아기테(poenitentium agite, 참회하다, 속죄하다)로, 디카이오오(dikaioō, 의롭다 선언하다)를 유스티피카레(iustificare, 의롭게 만들다)로 오역한 불가타를 주해의 기반으로 하여 세워진 것과 마찬가지였다.[33] 비록 교리적 관심에 기인한 것은 아니었으나, 에라스무스는 루터보다 먼저 이 어휘들의 불일치를 지적했었다. 틀림없이, 의롭게 **만들어지는** 것과 의롭다는 **선언을 받는** 것은 상당히 다르다. 후자의 용어들이 그 자체로 복음적 칭의 교리를 요구하지는 않지만, 그것들은 불가타 성서가 제시하는 번역을 오류로 만들 뿐만 아니라, 결과적으로 칭의를 도덕적 변화(moral transformation)로 해석하는 것을 오류로 만든다.

최근 들어 수많은 로마 가톨릭의 신약 학자들이 디카이오오(dikaioō)가 법적인 입증과 관련이 있을 뿐, 주입된 습성이나 혹은 내면의 변화와는 무관하다고 지적했다.[34] 칭의의 사전적 정의는 "법정에서 결백해지다"이다.[35] 위에서 언급했듯이, 심지어 샌더스도 이것이 구약(차다크[ṣdq] 및 동족어)과 똑같은 의미라고 인정하며, 라이트 역시 칭의가 법정에서의 판결이

33_ Alister E. McGrath, *Iustitia Dei: A History of the Christian Doctrine of Justification* (Cambridge: Cambridge University Press, 1986), pp. 11-14.

34_ 예. Joseph Fitzmyer, "The Letter to Romans," 그리고 "The Letter to the Galatians," in *The Jerome Biblical Commentary*, ed. Raymond S. Brown, Joseph A. Fitzmyer and Roland E. Murphy (Englewood Cliffs, N.J.: Prentice-Hall, 1968), 특히 pp. 241-44 그리고 pp. 303-41을 보라.

35_ BDAG, pp. 246-50을 보라.

라고 거듭 주장하면서 같은 견해를 갖고 있음을 피력한다. 종교개혁의 해석과 어느 정도 비판적인 관계에 서 있는 사람들조차 이 논점에 대해 상당한 의견 일치에 도달할 수 있다는 사실은 우리가 칭의의 법정적 정의에 대한 파괴를 목도하는 것과는 상당히 거리가 멀다는 것을 보여준다. 만일 로마 가톨릭과 프로테스탄트의 주석가들이 이 용어의 사전적 의미―종교개혁 논쟁의 핵심 자체―에 동의할 수 있다면, 적어도 이 논점에 대해서 여전히 남아 있는 논란은 정경의 권위와 교권적인 도그마들과 관련된 것이라 볼 수도 있다.

칭의의 반대어는 정죄(카타크리마, *katakrima*)이며, 이 역시 명확하게 사법적인 개념이다(요 3:17-18; 롬 5:16-17; 8:1, 33-34). 따라서 칭의는 누군가가 하나님 앞에서 의롭다는 법정적 선언일 뿐, 점진적인 변화나 혹은 하나님의 백성으로 인정받음과 같은 다른 어떤 것도 될 수 없다. 이러한 사실은 우리가 하나님 앞에서 자동적으로 의롭다 함을 받게 하는 기초나 수단을 가리키지 않는다. 그것은 단지 **율법의 요구가 온전히 충족되었음을** 규정할 뿐이다(행 13:39; 롬 5:1, 9; 8:30-33; 고전 6:11; 갈 2:16; 3:11).

2. 하나님의 의. 칭의는 선언적이고 사법적인 판결일 뿐 어떤 과정이 아니다. 이 학문적 일치는 주목할 만하다. 그럼에도 불구하고 더 상세한 질문은 "하나님의 의"라는 구절의 본질과 연관되며, 그것이 신자들에게 돌려지거나 혹은 전가될 수 있는지의 여부와 관련이 있다. 라이트에 따르면, 하나님의 의는 단지 언약에 대한 하나님 자신의 신실함과 관련될 뿐이다.[36] 이는 틀림없이 "법정에서 가져온 법정적 용어"지만, 그것은 하나님에게서 우리에게 옮겨질 수 있는 어떤 것이 아니다. 또한 피고가 본래 의롭기 때문에 석방될 만한 가치가 있음을 의미하지도 않는다. 오히려 성서

36_ N. T. Wright, *What Saint Paul Really Said: Was Paul of Tarsus the Real Founder of Christianity?* (Grand Rapids: Eerdmans, 1997), p. 96.

에 근거하여 "**법정이라는 배경 안에서 원고나 피고가 '의롭게' 된다는 것은 그들이 법적 판결의 결과로서 그 지위를 획득한다는 것이다.**"[37] 그러나 이 법적인 판결은 의의 전가를 수반할 수 없다. 어쨌든 판사가 그 자신의 의를 피고에게 부여한다고 말하는 것은 말이 안 된다.[38] 하나님의 백성들은 "의롭다 여김을" 받을 것이다. "**그러나 그들이 소유한 의는 하나님 자신의 의가 아닐 것이다. 그것은 전혀 이치에 맞지 않는다. 하나님 자신의 의는 그의 언약적 신실함이다**"(강조는 원래의 것임).[39]

이에 대해 답하자면, **하나님의 의**가 전가된다는 견해는 절대로 종교개혁의 입장이 아니었다고 한 것은 매우 중요한 지적이다. 첫째, 이런 견해는 의가 법적 지위라기보다는 한 사람에게서 또 다른 사람에게로 옮겨지는 실체나 물품이라고 추정한다. 비록 로마 가톨릭이 의롭게 하는 은총(justifying grace)이 하나님으로부터 인간의 영혼 안에 주입된 영적 실체라고 생각할지라도, 엄밀히 말해서 종교개혁자들이 거부했던 것이 바로 이 견해였으며, 라이트가 이것을 종교개혁자들의 특성으로 간주한 것은 한층 더 주목할 만하다.[40]

둘째, 라이트의 법정 배경에서 누락된 것은 제3자다. 그는 대표자인

37_ Ibid., pp. 97-98.

38_ Ibid., p. 98.

39_ Ibid., p. 99.

40_ Ibid., p. 98. "법정 언어를 사용하자면, 그의 의를 판사가 원고 혹은 피고에 전가하고, 분여하고, 물려주고, 전해주고 혹은 그렇지 않으면 전달한다는 등의 어떤 식으로 말하든지 하등의 의미가 없다. 의는 법정에서 건너가는 물건, 물질 혹은 기체가 아니다." Wright는 그리스도 자신—그의 인성과 사역—이 의의 선물이라는 종교개혁자들의 견해를 모른 듯하다. 칼뱅은 은혜를 그리스도가 그의 백성에게 그리스도 자신을 옷 입히시는 행동으로 보지 않고 오히려 어떠한 실체(즉 물질)라 가르친 중세의 관점을 명시적으로 비판했다(예. *Institutes* 3.1.1; 3.1.4; 3.2.24; 4.17.11). 사실 성숙한 종교개혁의 칭의 교리는, 칭의를 의의 주입된 특질을 나타내는 용어로 이해하려는 로마 가톨릭과, 그것을 그리스도의 신성의 본질적 의에 신자가 참여함이라는 용어로 설명하려는 Andreas Osiander의 견해에 대응하기 위해 작성되었다.

머리로서, 율법을 성취하고 그 자신과 자신이 세운 언약의 상속자들을 위해 "의롭다" 혹은 "정의롭다"는 판결을 획득하는 중보자다. 비록 인간인 종으로서 율법-언약이 지닌 조건을 성취한 분이 또한 신적인 주님일지라도, 신자들에게 돌려진 것은 의의 본질적인 신적 속성이기보다는 그의 능동적이고 수동적인 순종이다(실제로 칼뱅은 칭의가 그리스도의 본질적인 신적 의의 분여라는 안드레아스 오지안더[Andreas Osiander]의 견해를 길게 반박했다). 이러한 언약적 해석에서 볼 때, 마치 아담이 약속의 머리가 된 것이 정죄와 타락을 낳은 것처럼, 그리스도는 칭의(전가로)와 성화(분여로) 모두에 대해 신자의 의가 된다.

셋째, 라이트의 칭의 개념은, 그가 그리스도의 순종의 전가를 거부할 때 결국 (아이러니하게도) 법적 허구(legal fiction)가 된다. 잘못된 대립명제들(false antitheses)에 대한 많은 예들 중 하나로서, 라이트는 "신자에게 '간주된' 것은 예수 그리스도의 의가 아니다. 그것은 그의 죽음과 부활"이라고 요청한다.[41] 만일 "하나님의 의"가 그의 언약 당사자들에 대한 하나님의 법적인 판결을 언급한다면, 그들은 하나님이 정당하게 그들을 받아들이게 할 만한 도덕적 지위를 가져야 한다. 옮겨지는 것은 주입된 특질이나 실체가 아니라 바로 율법을 성취했다는 기록이다. 라이트가 도덕적 성취를 포함하는 칭의 관념을 도외시하지만, 이것이야말로 정확하게 하나님이 의롭게 하거나 정죄하는 방식이다. 종교개혁자와 그 후계자들은 그리스도가 언약의 대표자로서의 시험을 성공적으로 성취한 것이 모든 믿는 자에게 전가되거나 돌려진다는 점을 설명하는 데 온 힘을 기울였다. 이것이 바로 칭의가 추상적이 되거나 법적 허구가 되는 것을 막아주는 것은, 의롭다 여김을 받은 자들이 모든 의를 완벽하게 성취한 자의 지위를

41_ N. T. Wright, *Justification: God's Plan and Paul's Vision* (Downers Grove, Ill.: IVP Academic, 2009), p. 232.

"그리스도 안에서" 실제로 소유하고 있기 때문이다. 게다가 "그리스도 안에서" 그들의 언약 위반이 십자가에서 제거되었고, 그들에 대한 공적인 무죄입증이 그의 부활로 실현되었다. 그리하여 그리스도의 전 생애는 우리의 구속 안에서 공유되고, 그의 죽음과 부활에서 절정에 이른다. 라이트의 잘못된 대립명제가 제안하듯이 후자에서 전자를 단절할 이유가 전혀 없다.

복음서(특히 예수가 이스라엘의 시험을 재현[recapitulation]한 것, 즉 "모든 의를 성취한 것")와 서신서(특히 롬 5장)에 명백히 나타나는 아담-그리스도 및 이스라엘-그리스도 모형론(typology)은 그리스도의 순종의 삶이 그의 죽음 및 부활과 함께 칭의의 근거임을 시사한다. 바울이 세운 회계장부의 유비를 따라서 어떤 이에게 그의 빚을 무효로 해줄 뿐 아니라 다른 누군가의 이체를 통해 그의 계좌에 자금을 가득 채워주는 것은, 그 돈이 자신의 노동의 정당한 대가라기보다는 그 부가 절대로 허구가 아니라는 것을 의미한다. 바울은 빌립보서 3장에서 자신의 회계장부를 살피면서, 그 자신의 모든 의를 부채 난에 두고 그리스도의 모든 의를 자산 난에 두었다. 하지만 지금까지도 라이트의 장부는 특별히 누군가에게 실제로 주어지는 어떤 유산에 대해서 고려하지 않는 것 같다. 칭의는 법정적(즉 사법적)일 수 있지만, 신실한 대리자에게서 경건치 못한 자들에게로 그 어떤 자산의 이전도 있을 수 없다.

따라서 그리스도의 십자가 사역의 희생적·대속적 성격은 전가—적어도 그리스도에게 죄책을 전가하는 것—를 포함한다.[42] 만약 죄책이 한 사람에게서 다른 사람에게로 전가될 수 있다면, 왜 의는 안 되는가? 아담의 죄가 각 사람에게 전가되었기 때문에 그것은 결속된 언약적 실체로 인류

42_ N. T. Wright, *Jesus and the Victory of God* (Minneapolis: Fortress, 1998), pp. 604-10.

에게 전가되었다(롬 5:12). 한 사람의 죄가 이스라엘 각 사람에게—따라서 보편적으로 열방에—전가된다는 개념은 이사야 53장뿐만 아니라, 아간의 절도 기사처럼(수 7:10-26) 다른 곳에서도 발견된다.

라이트는 "하나님의 의/하나님으로부터 온 의"(dikaiosynē tou theou)를 주격 소유격으로 해석하면서, 로마서 1:17을 다음과 같이 바꾸어 표현한다. "그는 말하기를 복음은 하나님 자신의 의, 즉 그의 언약적 신실함을 계시하거나 드러내는데, 그것은 예수 그리스도의 신실함을 통해 결과적으로 신실한('믿음에서 믿음으로') 모든 사람들의 유익을 위해 작용한다."[43] 그러나 이것이 그 나머지 구절—"기록된 바, '의인은 믿음으로 말미암아 살리라'"—에 대한 적절한 이해인가? 바울의 하박국 2:4 인용은 하나님보다는 언약을 맺은 인간 당사자를 가리킨다. 율법은 하나님의 본질적인 의(우리를 정죄하시는 하나님의 정의)를 계시하지만, 복음은 우리를 구원하시는 하나님의 의의 선물을 계시한다는 루터의 견해를 따르는 것이 로마서 1-3장에 있는 바울의 폭넓은 논증과 더 일관된 것처럼 보인다. 유대인과 이방인, 즉 모든 사람이 율법으로 정죄를 받고 그들의 죄 때문에 율법으로

43_ Wright, *What Saint Paul Really Said*, 109. 하나님의 의에 대한 이 논쟁과 관련된 질문은 "그리스도를 믿는 믿음"에도 주격 소유격 구조를 부여해야 하는지의 여부다("그리스도의 믿음"[the faith of Christ]처럼). 그러나 이것은 믿음과 의의 관계를 묘사하는 바울의 일반적인 방식과는 그 의미가 다른 것 같다. 이를테면 바울은 "예수 그리스도를 믿음을 통해 모든 믿는 자에게 미치는 하나님의 의(롬 3:22)를 언급하는데", 마지막 구절("모든 믿는 자에게")은 중간 구절("예수 그리스도를 믿는 믿음을 통해"[dia pisteōs Iesou Christou])과 같은 의미를 반복하고 있으며, 바울은 25절에서 그의 대속적 죽음은 "믿음으로 수용된다"고 덧붙인다. 여기서 이 논쟁을 계속하는 것은 우리의 영역을 넘어선다. 주격 소유격 구조에 동의하는 입장을 살펴보려면 Bruce W. Longenecker, "Contours of Covenant Theology in the Post-Conversion Paul," in *The Road from Damascus: The Impact of Paul's Conversion on His Life, Thought, and Ministry*, ed. Richard N. Longenecker (Grand Rapids: Eerdmans, 1997), p. 133; 비교. Richard Hays, *The Faith of Jesus Christ: An Investigating of the Narrative Substructure of Galatians 3:1-4:11* (Chico, Calif.: Scholars Press, 1983): Richard Hays, "Justification," in *ABD*, 3:1129-33.

는 결코 의로워지지 못할 것이라는 논점을 확립한 후에, 바울은 "이제는 율법 외에 하나님의 한 의가 나타났으니 율법과 선지자들에게 증거를 받은 것이라. 곧 예수 그리스도를 믿음으로 말미암아 모든 믿는 자에게 미치는 하나님의 의니 차별이 없느니라"(롬 3:21-22)라고 덧붙인다. 그들은 "그리스도 예수 안에 있는 속량으로 말미암아 하나님의 은혜로 값없이 의롭다 하심을 얻은 자 되었다. 이 예수를 하나님이 그의 피로써 믿음으로 말미암는 화목제물로 세우셨다"(롬 3:24-25). 이 견해에 따르면, 하나님이 정말로 그의 언약적 신실함을 계시하지만, 이것만으로는—자신이 의로움 그 자체이며 또한 그의 율법이 요구하는 의가 예수 그리스도 안에서 선물로 우리에게 주어졌다는 것을 하나님이 계시하지 않는다면—복음이 되지 않는다.

　　종교개혁은 하나님의 본질적인 의(모든 사람을 정죄하는 의)와 하나님에게서 온 의의 선물(믿는 모든 자를 의롭게 하는 의)을 구별했다. 실제로 루터의 "대변혁"은 그가 로마서 1-3장에서 이 구별을 인식했을 때 나타났다. 따라서 종교개혁의 관점에서 하나님의 본질적인 의가 신자에게 이전된다는 라이트의 반복된 주장은 자신의 논의에서 중대한 오해를 낳는다. 종교개혁자들은 바울이 하나님의 의를 그의 본질적 정의와 언약에 대한 신실함, 그리고 의의 선물(즉 "의로우며 그리스도 예수를 믿는 믿음을 가진 사람을 의롭다 하는" 하나님[롬 3:26])로 간주한다는 점을 인식했지만, 라이트는 이 모든 언급을 전자로 환원시킨다. 그러나 이 둘 사이의 변증법적 작용이 특히 로마서 1-3장에서 바울 논증의 핵심인 것 같다. 즉 하나님 **자신인** 의가 (율법에 계시된) 유대인과 이방인을 막론한 모든 사람들을 정죄한다. "그러나 이제 율법 외에 하나님의 한 의가 나타났으니 율법과 선지자들에게 증거를 받은 것이라. 곧 예수 그리스도를 믿음으로 말미암아 모든 믿는 자에게 미치는 하나님의 의니 차별이 없느니라"(롬 3:21).

하나님의 언약적 신실함이 그리스도를 믿는 **우리의 믿음**을 통해 드러났다고 말하는 것은 특히 바울 서신 논증의 큰 흐름 속에서는 별 의미가 없다. 오히려 바울은 하나님 자신인 의(즉 하나님의 본질적인 의)가 실제로 모든 사람을—유대인과 이방인들을 막론하고—**정죄한다**고 주장하는데, 이는 어느 누구도 율법을 성취하지 못했기 때문이다. 그러나 복음은 믿음을 통해 받는 의의 선물을 드러낸다. 율법에 의해 드러난 하나님의 의의 계시는 "모든 입을 막고 온 세상으로 하나님의 심판 아래에 있게 하려 함이며"(롬 3:19), "율법 외에" 그리스도를 믿는 믿음을 통해 복음 안에 드러난 하나님의 의의 계시와는 다르다(롬 3:21). 율법은 하나님이 정의롭다(그래서 모든 죄인을 정죄해야 한다)는 것을 계시하지만, 복음은 하나님이 의로운 분일 뿐만 아니라 또한 의롭다고 칭하는 분(justifier)이라는 것을 계시한다(롬 3:26).

라이트의 해석에서는 그리스도의 언약적 순종이 신자에게 이전될 여지가 조금도 없지만, 바울에게는 이 구절에서 "예수 그리스도를 믿는 믿음으로 말미암은 하나님의 의"가 "모든 믿는 자"에게 주어진 "선물"로서의 "칭의"다. 라이트가 칭의를 개인에게 주어진 의로운 지위(right-standing)라는 선물로 간주하게 된 가장 가까운 이유는 다음과 같은 그의 진술에서 확인할 수 있다. 즉 신자들이 "미래에 하나님의 참된 백성이 될 것이라고 현재에 선포된다. 믿음에 기초하여 현재의 칭의는 미래의 칭의가 (2:14-16과 8:9-11에 따르면) **전 생애에 근거하여** 장차 공적으로 확인할 것을 앞당겨 선포한다."[44] 우리는 로마 가톨릭의 신학에서 현재와 미래의 칭의 사이의 구별을 접할 뿐 아니라 후자의 기반이 인간 자신의 언약적 신실함이라는 것도 마주한다. 바울에게는 그리스도를 믿는 믿음—오직 믿음을 통해—

44_ Wright, *What Saint Paul Really Said*, p. 129 (강조는 추가됨).

을 소유한 사람들을 위해 마지막 날 판결이 이미 제공된 것이지만, 라이트에 따르면 이 미래의 판결은 믿음 안에서, 하지만 신자의 신실함에 기초하여 단지 예견될 뿐이다.

라이트에 의하면 믿음은 인간이 어떻게 "구원받는가"가 아니라 "죄 사함을 받은 가족이라는 증표"다.[45] "따라서 로마서 4장의 강조점은 언약의 구성원이 할례(4:9-12)나 인종에 의해서가 아닌, 믿음에 의해서 규정된다"는 것이다.[46] 그러나 이 믿음은 또한 신실함―우리 자신의 언약적 순종―으로 다시 정의되는데, 이는 최종적 칭의를 위한 기초가 된다.[47] 결정적으로 라이트의 목록에서 빠져 있는 것은 "행위에 의한 것이 아닌"이라는 바울의 구절이거나 또는 이 칭의가 "일을 아니 할지라도 경건하지 아니한 자를 의롭다 하시는 이를 믿는 자(개별적인 개인을 언급함을 주목하라)"에게 임한다(롬 4:5)는 바울의 진술이다. 바울은 일하는 것과 믿는 것을 대조할 뿐, 할례와 성령이 이끄는 우리의 순종을 대조하지 않는다. 기본적으로 라이트의 주장은 우리가 어떤 행위(언약적 신실함)로 의롭다 여김을 받는 것일 뿐, 다른 것들(인종적 순결함)에 의한 것이 아니라고 말하는 것과 같다.

동방 정교회 신학자들은 죽음과 지옥의 권세에 대한 그리스도의 승리가 중요함을 우리에게 상기시켜준다. 그의 사역은 단지 형벌을 받는 것만이 아니다. 그러나 이 법적인 측면은 너무 중요해서 만일 이것이 없다면 우주적 승리와 같은 다른 양상들이 허사가 된다. 그리스도가 율법의 요구를 성취한 것과 우리에게 내려진 율법의 처벌을 짊어진 것은 우리를 속박하는 권세에 대한 야웨의 우주적이고 종말론적인 승리의 기반을 제공한

45_ Ibid. 이에 관한 Wright의 논증에 대한 타당한 비판은 Mark A. Seifrid, *Christ, Our Righteousness: Paul's Theology of Justification* (Downers Grove, Ill.: IVP Academic, 2001), p. 176 n. 13을 참조하라.

46_ Wright, *What Saint Paul Really Said*, p. 129.

47_ Ibid., p. 160.

다. 마찬가지로 경건하지 않은 자들에 대한 칭의는 개인적이고 우주적인 갱신을 전혀 배제하지 않으면서, 동시에 그리스도의 정복이라는 풍성하고 다양한 열매의 원천이 된다. 마치 고린도전서 15:53-56에 나오는 불멸의 은사가 그리스도께서 사망의 지배를 위한 법적 기반을 제거했다는 사실에서 기인하는 것처럼, 골로새서 2:13-15에 등장하는 권세들에 대한 그리스도의 정복은 율법을 위반한 우리의 죄를 그리스도께서 담당하셨다는 사실에 근거한다. "사망이 쏘는 것은 죄요 죄의 권능은 율법이라. 그러나 우리 주 예수 그리스도를 통해 우리에게 승리를 주는 하나님께 감사하노라"(고전 15:56-57).[48]

3. *전가된 의?* 종교개혁의 칭의 개념은 그 동사의 선언적 특징과 하나님의 의의 이중적 의미—하나님 그 자신으로서의 정의이자 우리를 정죄하는 정의, 그리고 우리를 구원하기 위해 하나님이 부여하시는 정의—에 기초한다. 그러나 그것은 한 걸음 더 나아가서, 하나님이 믿음을 통해 경건하지 않은 자에게 이러한 의 또는 정의를 부여하는 방법으로서의 **전가**(imputation)를 요구한다.

단지 어설픈 성서주의(biblicism)만이 전가 교리를 그 용어 자체의 우월성에 의존하게 한다. 신약성서는 옷 입는 것, 부채와 자산을 이전하는 것, 유언과 계약, 의의 선물, 그리고 다른 은유들과 같은 폭넓은 이미지를 전가 개념에 제공한다. 동사 "전가하다"(logizomai)는 로마서(특히 4장)에서 명시적으로 사용되는데, 바울은 로마서 4장에서 창세기 15:6을 인용하여 아브라함을 언급한다. "아브라함이 하나님을 믿으매 그것이 그에게 의로 여겨진바 되었느니라"(롬 4:3). 로마서 4:4-5을 통해 전가가 바울의 논증에 얼마나 잘 어울리는지 주목하라. 즉 "일하는 자에게는 그 삯이 은혜로

48_ *Covenant and Salvation: Union with Christ* (Louisville: Westminster John Knox, 2007), pp. 289-302에서 나는 이 우주적·종말론적 측면을 탐구한다.

여겨지지[전가되지] 아니하고 보수로 여겨지거니와, 일을 아니할지라도 경건하지 아니한 자를 의롭다 하시는 이를 믿는 자에게는 그의 믿음을 의로 여기시나니"(롬 4:4-5). 분명히 삯이 한 사람(고용인)으로부터 다른 사람(피고용인)에게 이전되거나 부여되고 있다. 그러나 이 경우에 하나님은 그것을 위해 일하는 사람들을 의롭게 하지 않고, 단지 경건하지 않은 자들을 의롭게 하는 자를 믿는 자들에게 의를 전가할 뿐이다. 다윗은 "주께서 그 죄를 인정하지 않는"(롬 4:8) 사람을 가리키는 또 하나의 예시다. 아브라함은 자신의 할례를 하나님 앞에서 자신의 칭의의 방편으로 여길 수조차 없었다(롬 4:9-12). "'그에게 의로 여겨졌다' 기록된 것은 아브라함만 위한 것이 아니요 의로 여기심을 받을 우리도 위함이니 곧 예수 우리 주를 죽은 자 가운데서 살리신 이를 믿는 자니라. 예수는 우리가 범죄한 것 때문에 내줌이 되고 또한 우리를 의롭다 하시기 위하여 살아나셨느니라"(롬 4:23-25).

갈라디아서 3장에서 바울은 "율법의 행위들"과 "믿음으로 들음"을 대조하면서 창세기 15:6의 인용을 반복한다. "~로 여김" 혹은 "~로 여겨짐"을 뜻하는 로기조마이 에이스(logizomai eis)는 사도행전 19:27과 야고보서 2:23뿐 아니라 로마서 2:26과 9:8 및 고린도후서 12:6에서도 발견된다. 비록 전가라는 용어가 로마서 5장에 등장하지는 않지만, 전가 개념은 바울이 아담과 그리스도를 비교하고 대조한 부분 전체에 걸쳐서 분명히 드러난다. 아담의 머리 됨 아래 모든 종족이 죄책을 지고 타락한다. 그리스도의 머리 됨 아래 많은 사람이 의롭다 여김을 받고 살아나게 된다. 틀림없이 이 구절들은 신자로 하여금 하나님의 심판대 앞에 당당히 서게 하는 의는 신자 바깥의 누군가에게 고유하게 속해 있는 **외부적인**(alien) 것이라고 가르친다. 그것은 전가된 그리스도의 의일 뿐, 비록 그것이 성령의 은혜로운 역사로 산출되었을지라도 신자의 내재적인 의가 아니다.

우리가 살펴본 대로, 라이트는 신자들이 살아온 전 생애에 기초하여 그들을 의롭다고 선언하는 것이 최종적 칭의라고 주장한다. 그는 구원 서정(ordo salutis, "개인들이 어떤 식으로 '구원을 받는가'")을 언급하는 것을 대체로 피하면서 어떤 이를 마지막 날에 의롭게 될 공동체의 현재 구성원이라고 판결하는 근거가 중생이라고 주장한다. 따라서 그는 다른 사항들에 대해서는 로마 가톨릭과 어떤 차이점이 있다고 하더라도, 칭의를 분석적 판결(analytic verdict)로 간주하는 점에서는 로마 가톨릭과 일치한다. 그들은 하나님의 백성으로서 신실한 삶을 통해 마침내 의롭게 될 것이라고 믿을 만한 충분한 이유를 갖고 있기 때문에 하나님 앞에서 "오른편"에 위치한다. 앞에서 인용된 웨스트민스터 신앙고백서가 말하는 것처럼, 칭의에서 배제된 것은 "우리에 의해서 행해진" 행위일 뿐만 아니라 성서에 의해 "우리 안에서 행해진" 행위라고 주장하는 것이야말로 정확하게 이러한 종류의 관점이 제기하는 것이다. 웨스트민스터 신앙고백서는 우리 안에서 성령이 하시는 사역을 결코 부정하지 않으면서도 단순히 이것이 칭의가 아니라고 말하고 있다.

한 사람의 의가 또 다른 사람에게 전가된다는 개념은 이미 제2성전기 유대교에 존재했다(즉 "조상들의 공로").[49] 더욱이 앞에서 우리는 우리의 죄

49_ Hermann Lichtenberger, "The Understanding of the Torah in the Judaism of Paul's Day," in *Paul and the Mosaic Law: The Third Durham-Tübingen Research Symposium on Earliest Christianity and Judaism*, ed. James D. G. Dunn (Grand Rapids: Eerdmans, 2001), p. 16. Hermann Lichtenberger는 간구하는 사람을 죄로부터 지속적으로 지킬 것이라는 랍비 문헌의 기도를 언급하면서 "네가 마지막 시대에 기뻐할 수 있도록…너 자신과 이스라엘의 구원을 위해서 하나님 앞에서 참되고 선한 일을 행하면 이것이 너를 의롭다 여겨지게 할 것이다"라고 말한다. 이에 대해 pp. 25-32을 보라. 또한 *Paul and Palestinian Judaism*, 18-89에서 Sanders는 유대인의 "조상의 공로"를 믿음으로 해석한다. 나는 *Covenant and Salvation*, pp. 37-52에서 Sanders의 요약된 견해를 다루었다. 초기 유대교가 족장의 공로가 전가될 수 있음을 주장했다는 사실을 통해 바울이 그리스도의 공로가 전가될 수 있음을 견지했다고 결론 내릴 필요는 없으나, 이 사실은 전가 개념이 중세 및 종교개혁의 범주와 질문에서 나온 생소한

가 그리스도에게 이전되거나 부가된다는 것을 단언하는 라이트의 주장을 이미 살폈으므로, 그가 그리스도로부터 신자들에게 전가되는 의를 부정하는 것은 자의적인 듯하다.

전가 개념을 비판하는 것은 새 관점 옹호자들에게만 국한된 것이 아니다. 예를 들면 마크 사이프리드(Mark Seifrid)는 "전가"라는 단어의 필요성을 여전히 확신하지 못한다. 칭의는 죄 사함을 제공한다고 말할 때, 즉 칭의는 그리스도의 능동적인 순종을 기반으로 한 의의 전가를 위해 필요한 것이라고 할 때, 사이프리드는 그것은 "불필요하고 호도하는 것이 아닌가?"라고 반문한다.[50] 그에 따르면 "프로테스탄트가 '칭의'의 의미를 신자가 '전가된 그리스도의 의'를 현재 소유하는 것으로 축소함으로써 칭의와 순종 사이에서 작용하는 세밀한 문제가 무의식중에 손상되었다. '전가된 그리스도의 의'라는 표현을 사용하는 것은 **오류**라기보다는 **결핍**이라고 할 수 있다."[51]

그러나 이것은 주해적 요점이라기보다는 오히려 신학적이다. 첫 번째 질문은 성서가 전가를 가르치는지 판단하는 것일 뿐, 그것이 불필요한 것인지 혹은 성화를 위태롭게 하는 것인지에 대한 개인의 인식 여부가 아니다. 그뿐만 아니라 개혁파 칭의 해석이 실제로는 사이프리드가 허용하는 것보다 **더 많은** 것을 말한다면 그것은 환원주의적이거나 결핍일 수 없다.[52] 보다 비판적으로 다음과 같은 질문을 제기해 볼 수 있다. 용서 그 자체가 어떻게 의로움을 확립하는가? 사실 마지막 심판을 견뎌내는 것은

것이라는 논증을 약화시키는 역할을 한다.

50_ Seifrid, *Christ, Our Righteousness*, p. 175.

51_ Ibid.

52_ 강한 흥미를 일으키는 다음의 언급을 통해 Herman Bavinck는 "합리주의 학파는 근본적으로 Piscator의 가르침에 뿌리를 두고 있는데, 그 가르침에 따르면 우리가 필요한 의는 그리스도의 능동적인 순종이 아니라 그의 수동적 순종으로 성취된다!"고 평가한다. (*Reformed Dogmatics*, ed. John Bold, trans. John Vriend [Grand Rapids: Baker Academic, 2006], 3:531.

용서(죄책의 무효화)가 아니라 **의**(긍정적 지위)다. 의가 없이는 언약의 조건뿐 아니라 언약의 목표도 성취되지 않은 채로 남게 된다. 사이프리드는 "칭의"는 "'구원 서정'(*ordo salutis*) 내에서 그리스도인의 삶이 시작될 때 개인에게 일어나는 사건으로 축소될 수 없다"고 결론짓는다.[53] 그러나 바울은 로마서 8:30에서 칭의를 구원 서정 안에 두지 않는가? 의의 긍정적인 전가를 제쳐두고 그리스도의 능동적인 순종(우리의 자리에서 율법을 성취한)에만 기초한다면, 칭의는 그것을 비판하는 사람들이 단언하듯이 진짜로 "법적 허구"다. 하지만 그리스도의 순종이 실제로 우리에게 전가되거나 혹은 우리의 것으로 간주되기 때문에, 우리는 하나님 앞에서 법적으로 의롭다.

로버트 건드리(Robert Gundry) 역시 전가 교리를 반대한다. 첫째, 그는 의의 전가를 명쾌하게 언급하는 본문들을 강조하면서 "그러나 이 본문들 가운데 단 하나도 그리스도의 의가 전가되었다고 말하지 않는다", "그러므로 본문에서 의는 의롭다고 간주되는 어떤 것이 아니라 하나님이 신자의 믿음을 의로 간주하는 것으로 나타난다"라고 말한다.[54] 건드리는 하나님이 그렇다고 간주했거나 전가한 것은 신자의 믿음이지, 그리스도의 의가 아니라고 주장한다.[55] 틀림없이 "바울은 하나님이 아브라함의 믿음을 의로 여겼다는 유대 전통을 거부한다. 왜냐하면 그것은 행위(물론 선한 행위)에서 나온 것이었기 때문이다."[56] 그러나 믿음이 칭의의 방편이 아니라

53_ Seifrid, *Christ, Our Righteousness*, p. 176.

54_ Robert Gundry, "The Nonimputation of Christ's Righteousness," in *Justification: What's at Stake in the Current Debates*, ed. Mark Husbands and Daniel J. Treier (Downers Grove, Ill.: IVP Academic, 2004), p. 18.

55_ Ibid., p. 22.

56_ Ibid. Gundry는 J. A. Ziesler, *The Meaning of Righteousness in Paul: A Linguistic and Theological Inquiry*, SNTSMS 20 (Cambridge: Cambridge University, 1972), pp. 43, 103-4, 109, 123, 125-26, 175, 182-83에 나타나는 유대교 문헌 연구에 주목한다.

오히려 기반이라면, 어떻게 유대적 해석이 잘못되었다고 말할 수 있는지 궁금하다. 건드리는 "믿음'으로부터'(ek) 오는(롬 9:30; 10:6), 그리고 믿음을 '통해'(dia) 하나님으로부터 오는, 그리고 믿음을 '기반으로'(epi) 하는 의 (빌 3:9)가 하나님이 의로 여긴 믿음이다. 바울의 언어는 유연하다. 믿음은 하나님이 그것을 의로 여긴다는 점에서 의의 **기원**이며 수단이고 **기반**이 다"라고 분명하게 언급한다.[57]

그러나 전치사 에피(epi)는 건드리가 허용하는 것보다 훨씬 더 광범위 한 사전적 의미를 갖고 있다.[58] 전문적 신학 용어로서 어떤 것의 기반(혹 은 공식 원인)은 수단(혹은 수단적 원인)과 구별되는 반면에, 에피(epi)와 디아 (dia)는 둘 다 성서의 더 큰 범위에서 유연하게 쓰이는데 이것은 영어에서 이에 상응하는 단어들의 흔한 용법과 같다. 사실 에피는 다양한 곳에서 근거("~때문에", on account of/because of)나 상태, 행동 혹은 결과의 기반을 표시한다.[59] 즉 에피("~때문에", on account of)는 디아("~를 통해", through)로 교체할 수 있다.

칭의와 관련된 용어들은 로마 가톨릭뿐만 아니라 프로테스탄트 진영 에서 나타난 종교개혁의 칭의 이해에 대한 다양한 도전에 의해 "은혜로 의롭게 됨", "믿음을 통해", "그리스도로 인하여"와 같은 문구로 더욱 정교 하게 다듬어졌다. 그러나 마치 스콜라주의처럼 신약성서에 지나치게 세 밀한 구분을 가하는 것은 시대착오일 것이다. 심지어 루터는 갈라디아서 강해에서 "그리스도를 믿는 우리의 믿음 때문에, 혹은 그리스도 때문에 우리가 의롭다 여김을 받았다"라는 언급에서 두 문구를 마치 상호교차적

57_ Ibid., p. 25, (강조는 추가됨).
58_ BDAG, pp. 363-67에 따르면 최소한 18개의 가능한 표현이 존재한다.
59_ Ibid., 특히 p. 366.

인 것으로 간주하고 있다.[60] 모든 것이 상호대조—믿음과 행위, 혹은 본래 가치 있는 기반으로서의 믿음과 수동적인 방편으로서의 믿음—에 달려 있다. 하지만 만약 건드리의 표현을 따른다면, 우리는 믿음으로(by), 믿음을 통해(through), 믿음을 기반으로(on the basis of) 의롭다 여김을 받는다고 각각 구별해서 말해야 할 것이다.

건드리는 인간이 (율법 앞에서) 죄를 범하는 일이 "아담의 범죄 양상을 따르지" 않았으므로 아담의 죄가 전가되었다는 것을 거부하면서 칭의의 전가를 부정한다.[61] 그러나 오히려 이 구절은(롬 5:14) 반대 요점을 주장하는 것처럼 보인다. 비록 그들이 똑같은 죄를 짓지는 않았다 할지라도 그들은 아담 안에서 여전히 죄인인 것이다. 더욱이 건드리는 "율법이라는 주제를 광범위하게 다루는 것과 그리스도가 '율법 아래 나셨다'는 표현에도 불구하고, 바울의 실패는 우리를 위해 그리스도께서 율법을 완벽하게 지키셨음을 주장하기 위한 것(심지어 고후 5:21에서 그의 죄 없음을 율법준수와 관련시키지 않았던 것)"이라고 말한다.[62]

그러나 "율법 아래 났다"는 문구가 어떤 다른 의미를 낳을 수 있는가? 그리고 유대인이 어떻게 "율법준수에 관한" 것을 제외하고 "죄 없음"이라는 개념을 이해할 수 있는가? 그리고 바울은 왜 아담의 불순종이라는 한 행동과 그리스도의 순종이라는 한 행동을 대조하는가? 이것은 우리의 믿음보다는 오히려 그리스도의 순종이 전가되었다는 것을 시사하지 않는가? 건드리는 다음과 같이 주장한다. "로마서 5:18에서 '의의 행동', 로마서 8:4에서(또한 롬 1:32에서) '의로운 필요'로 번역되는 디카이오마(dikaiō-ma)는 로마서 8:4에서는 율법의 모든 요구를 의미하는 집합적 용법으로

60_ *LW* 26:233에 있는 루터의 1535년 갈라디아서 주석을 참조하라.
61_ Gundry, "Nonimputation of Christ's Righteousness," p. 28.
62_ Ibid., p. 32.

사용되었을지도 모른다. 그러나 그 집합적 의미가 불확실하고 심지어 적합하지 않은 것 같은 이유는, 바울이 갈라디아서 5:14에서 '온 율법은 네 이웃 사랑하기를 네 자신 같이 하라 하신 한 말씀에서 이루어졌다'고 기록하기 때문이다."[63]

하지만 건드리의 갈라디아서 5:14 해석 역시 무리인 듯하다. 바울은 "온 율법"(즉 집합적 의미로 이해된 율법의 모든 요구)을 단순히 요약했다. 확실히 내 이웃을 사랑하는 것은 하나의 행동만으로 이루어지지 않는다. 그리고 갈라디아서에서 계속되는 격렬한 논쟁의 상황에서, 바울이 3:10에서 언급한 것처럼 단지 한 가지만 위반(하나님과 이웃을 완벽하게 사랑하는 데 실패한 것)해도 율법의 "저주 아래" 있게 된다는 논리를 5장에서 단순히 반복하는 것이라고 추정하는 것이 타당하지 않겠는가? 비록 그가 믿음은 행위가 아니라고 주장하지만, 동시에 건드리는 "믿음의 의는 비록 그것이 본질적으로는 그런 성취가 아니라 할지라도 하나님이 믿음으로 간주하시는 **도덕적 성취**"라고 말한다.[64] 그리스도는 "속죄(propitiation)를 위해 순종이라는 의로운 행위를 통해 하나님이 신자의 믿음을 의로 여기시는 것을 정당화했다."[65]

건드리의 견해는 새로운 것이 아니다. 그것은 아르미니우스의 제자들 중 일부가 발전시킨 것이었다.[66] 그러나 유사한 견해들에 관한 역사적 조

63_ Ibid., p. 34.

64_ Ibid., p. 36 (강조는 추가됨).

65_ Ibid., p. 39.

66_ 비록 아르미니우스가 칭의의 공로적 기반이 그리스도의 주입된 의라는 견해를 동시에 갖고 있었지만, Simon Episcopius와 Hugo Grotius 같은 그의 추종자들은 믿음 자체(그리고 회개)가 칭의의 기반이 된다고 가르쳤다. 청교도인 Richard Baxter도 비슷한 논증을 하는데, 그는 칭의의 기반으로서 "옛 법"을 대체하는 "새 법"으로서 믿음과 복음전도의 순종을 다루었다. 웨스트민스터 신앙고백서 13장은 이 오류를 겨냥하여, 신자가 "믿음 그 자체, 믿음의 행위, 또는 여느 다른 복음적인 순종을 그들의 의로 그들에게 주입해서가 아니라, 그들이 믿음으로 그리스도와 그의 의를 받아들이고 의존할 때 그리스도의 순종과 만족을 그들에게 전가함으로 그러한데,

망을 제쳐둔다 해도, 건드리의 견해가 주해적으로 적절하다고 할 수 있을까? 먼저 D. A. 카슨(D. A. Carson)은 조직신학과 성서(주해)신학이 각자의 목적에 기여하는 서로 다른 분야의 담론을 대표하지만, 때때로 서로의 과거를 이야기할 때 해당 분야와 연구를 고려하지 않았다고 건설적으로 응답한다.[67] 카슨은 "유대교의 주해에서 창세기 15:6은 아브라함이 행위가 아니라 믿음으로 의롭다 여김을 받았음을 증명하기 위해 인용된 것이 아니라" 오히려 공로적인 순종에 대해 언급하기 위해 인용되었다고 주장한다(랍비 쉐마이야[Shemaiah], 기원전 50년; 출 14:14[35b]; 40b에 관한 주석 [Mekilta]). 카슨은 "우리의 목적에서 볼 때 이것이 의미하는 것은, 확실히 이 전통들을 잘 알았던 바울이 그 자신의 전통에서 발견한 것과는 상당히 다른 방식으로 명백하게 창세기 15:6을 해석하면서, 이 방식이 해당 본문을 이해하는 옳은 방식이라고 확신했다는 점이다"라고 말한다.[68]

카슨은 보다 구체적으로 우리의 관심을 다음과 같은 로마서 4:5-6의 평행으로 끌고 간다.

4:5 하나님이 경건하지 아니한 자들을 의롭다 하신다.
4:6 하나님이 일을 아니할지라도 의로 여기셨다.

그 믿음은 그들 자신에게서 나온 것이 아니라 하나님의 선물이다"라고 진술한다. 사실 후기 중세 율법주의의 언약(covenant, 사실은 계약[contractual]이라 하는 것이 더 나은) 신학과의 병행을 인식하는 것이 가능한데, 이 신학에 따르면 칭의는 한 인간의 불완전한 순종에 기반해서 주어진다. 엄격한 공로(*de condigno*)를 따르면 최종적 칭의를 받을 만한 사람이 하나도 없으나, 그것이 마치 유효한 공로(*de congruo*)인 것처럼 받아들이는 하나님의 자비로운 결정을 따라서만 칭의를 받을 사람이 있다.

67_ D. A. Carson, "The Vindication of Imputation," in *Justification: What's at Stake in the Current Debate*, ed. Mark Husbands and Daniel J. Treier (Downers Grove, Ill.: IVP Academic, 2004), p. 49.

68_ Ibid., p. 56.

"다른 말로 하면 '의롭다 칭하다'는 '의로 여기다'와 병행이다. 혹은 그 문제를 명사적(nominal) 용어로 대치하면, 칭의(justification)는 의의 전가 (imputation)와 병행이다."[69] 그리고 이것은 "외부에서 오는" 의여야만 하는데, 이는 **"하나님이 경건하지 않은 자들을 의롭다 하시기**(롬 4:5) **때문**이다. 그들은 일을 아니할지라도 의롭다고 여김 받는다(롬 4:6)."[70] 카슨은 "하나님이 우리의 믿음을 의로 여기거나 의를 전가했다면, 하나님이 우리의 믿음을 의로 여기거나 전가한 즉시, 그 다음에 우리를 의롭다 여기거나 우리에게 의를 전가하는 일종의 두 번째 전가가 일어나는가?"라고 추론한다.[71] 빌립보서 3장을 참조하면 그것은 분명히 내재적 의가 아니다.[72] "고린도후서 5:19-21에서 하나님이 죄가 하나도 없는 예수를 우리를 위해 죄 있다 하셨으므로, 그 **안에서** 우리는 하나님의 **의**가 될 수 있을 것이다. 바로 하나님 때문에 우리가 그리스도 안에 있고, 그리스도는 우리를 위해서 의로움이(그리고 고전 1:30에 나타나는 다른 것들도) 되셨다. 바울 안에서 이 구절들은 서로 이어져서 같은 논증을 형성한다."[73] 믿음은 설사 그것이 그리스도를 믿는 믿음이라 하더라도 "우리의 것이 아닌" 의를 소유하는 일과는 별개의 것이다. 건드리의 해석에서는 그리스도가 아니라 믿음이 불의에서 의로움으로 옮기는 기반이 되었다.[74]

69_ Ibid., p. 61.

70_ Ibid.

71_ Ibid., p. 64.

72_ Ibid., p. 69.

73_ Ibid., p. 72.

74_ Ibid.

결론: 칭의에 관한 신학적 전제들과 주해

종종 공공연한 독립에도 불구하고, 성서신학자들은 다른 사람들만큼이나 특별한 교리적 전제들과 교회론적 전통에 빚을 지고 있다. 오늘날 많은 프로테스탄트 학자들이 순수한 법정적 칭의 교리(오직 은혜, 오직 믿음, 오직 그리스도)가 도덕적 행동에 대한 기반을 전혀 제공하지 않는다는 로마 가톨릭의 의심을 공유하고 있다. 그들은 칭의를 위해 그리스도를 받으려면 성화를 위해서도 그리스도를 받아야 하며, 행위와 별도로 칭의가 주어지지만 결코 열매가 없으면 안 된다는 종교개혁자들과 그 계승자들의 반복된 주장도 종종 무시한다. 그러나 종교개혁 사상에 바탕을 둔 교회들은 칭의에서 그리스도의 의가 전가된다는 사실을 믿을 뿐 아니라 성화에서 칭의가 신자의 갱신과 불가분의 관계임을 고백한다.

정확하게 말하면 "그러므로 이제 그리스도 예수 안에 있는 자에게는 결코 정죄함이 없"기(롬 8:1) 때문에, 신자들은 그들의 삶을 지배하는 죄로부터 자유롭다. 이 관련성이 로마서 3-5장에서 6-8장까지 바울의 논증을 통해 충분히 분명하게 드러난다. 오래전에 알베르트 슈바이처(Albert Schweitzer)는 "그러나 결과적으로 그(바울)의 칭의 교리를 기독교 신앙의 중심으로 삼은 사람들은 구원 개념을 다루면서 그것으로부터 논리적으로 조금의 윤리도 추론할 수 없다는 것을 알게 되는 비극적 체험을 했다"고 판단했다.[75] 그러나 바울을 비판의 소용돌이에 몰아넣는 슈바이처의 결론은 심지어 갈라디아서에서 바울의 논리 안에 있는 상당히 자연스러운 전환—그의 다른 서신과 마찬가지로 법정적 서술과 대립하지 않은 채 오히려 그것으로부터 유도되는 윤리적 명령—을 완전히 놓치고 있다. 거저 주

75_ Albert Schweitzer, *The Mysticism of the Apostle Paul* (New York: Seabury, 1968), p. 225.

시는 칭의 복음은 과거 우리를 정죄했던 바로 그 율법을 자발적으로 포용하게 한다. 바울이 "성령 안에서의 삶"이라 칭하는 이 자발적 삶은 "성령의 열매"를 낳는다(갈 5:16-26). 우리가 "아담 안에" 있었을 때 그 율법은 사망과 정죄를 낳았으나, "그리스도 안에서" 그 율법이 우리를 인정한다. 이런 이유로, 이른바 칼뱅이 말하는 율법의 세 번째 용법(감사의 형태로 신자를 인도하는 것)은 그리스도인들을 위한 율법의 "주된 용도"가 된다.[76] 모든 루터파와 개혁파의 교리 교육은 그리스도인의 삶에 십계명의 적용을 포함한다.

언약적 신율주의(신인협력설)의 옹호자들은 값없는 은혜의 복음이 논리적으로 결국 방종에 이를 수밖에 없다고 시종일관 주장했다. 새 관점의 개척자인 샌더스는 무조건적 선택은 독단적이라고 추정하면서, 선택 안에는 선물을 설명하는 **어떤 것**이 반드시 존재해야 한다고 말한다.[77] 확실히 "들어감"은 순종에 의존하지만 이것이 '행위-의'를 이루지는 않는데, 이는 우리가 자신의 실수를 만회할 어떤 것들이 존재하기 때문이다. 이러한 신학적 전제들이 제2성전기 유대교와 바울에 관한 샌더스의 평결을 이끈다.

던은 자신의 바울 해석이 그의 아르미니우스주의적 성향에 기인한다고 시인한다.[78] 라이트는 "그리스도인들이 이것[칭의 교리]을 바르게 이해할 수만 있다면, 그들이 복음을 믿게 될 뿐 아니라 그것을 실천하게 될 것이므로, 이것이 복음을 선포하는 가장 좋은 근거라는 것을 발견할 것이다"라고 답변한다.[79] 그러므로 라이트에 따르면 복음은 단순히 우리를 위해서 단번에 이미 이루어진 일에 관한 놀랍고도 파괴적인 선언이 아니라

76_ *Institutes*, 2.7.12.

77_ Sanders, *Paul and Palestinian Judaism*, pp. 101-6.

78_ "An Evening Conversation on Jesus and Paul with James D. G. Dunn and N. T. Wright" (2007), p. 20, www.NTWrightpage.com.

79_ Wright, *What Saint Paul Really Said*, p. 159.

156 2부_칭의에 대한 다섯 가지 관점

우리가 행해야 할 어떤 것이다.[80] 라이트는 믿음과 거룩함은 서로에 속한다고 바르게 주장하지만, 그들을 함께 지키는 유일한 방법은 그들을 융합하는 것이라고 제안하는 것 같다. 비록 "믿음"이 신자가 되기 위한 방편이 아니라 어떤 이가 신자로서 머물러 있는지를 나타내는 표지라고 우리에게 상기시켜줌에도 불구하고, 라이트는 "정말로, 너무나도 자주 '믿음'이라는 단어 자체가 적절하게 '신실함'으로 번역될 수 있으며, 그것이 또한 이 관점을 정당하게 한다"고 말한다.[81]

건드리는 "프로테스탄트가 '칭의'의 의미를 신자가 '전가된 그리스도의 의'를 현재 소유하는 것으로 축소함으로써 칭의와 순종 사이에서 작용하는 세밀한 문제가 무의식중에 손상되었다"는 사이프리드의 진부한 고발에 호소한다. 같은 근거로 그는 그리스도의 전가된 의는 반율법주의에 이르게 한다는 웨슬리의 비판에 호소한다.[82] 건드리는 자신의 견해가 "로마 가톨릭뿐만 아니라 루터파 전통, 재세례파와 침례교 전통, 케직(Keswick) 운동, 성결(Holiness) 운동, 그리고 오순절운동 안에 있는 경건주의자들의 합법적인 염려를 만족시키는 데 크게 도움이 된다"고 보았다.[83] 따라서 복음주의 칭의 교리에 대한 건드리의 비평 역시 종교개혁자들과 그 계승자들과 마찬가지로 조직적·신학적 범주들과 가정들에 의해 형성된 것이라고 할 수 있다.

심지어 새 관점 진영의 저자들을 다소 비판적으로 대할지라도, 나 역

80_ 심지어 바울이 복음에 대한 "순종"을 언급하는 곳에서도 그가 마음에 품은 것은 믿음이다. "그러나 그들이 다 복음을 순종하지 아니하였도다. 이사야가 이르되 '주여 우리가 전한 것을 누가 믿었나이까?' 하였으니, 그러므로 믿음은 들음에서 나며 들음은 그리스도의 말씀으로 말미암았느니라"(롬 10:16-17).

81_ Wright, *What Saint Paul Really Said*, p. 160.

82_ Gundry, "Nonimputation of Christ's Righteousness," p. 44, 이는 Seifrid의, *Christ, Our Righteousness*, p. 175을 인용했다.

83_ Gundry, "Nonimputation of Christ's Righteousness," pp. 44-45

시 라이트와 같은 신학자들로부터 심오한 통찰을 많이 발견한다.[84] 그러나 다소 거칠게 말하면, 라이트는 종교개혁자들이 바울을 확실하게 이해하지 못했다고 생각하지만, 오히려 나는 라이트가 종교개혁자들을 잘 이해하지 못했다고 생각한다. 내가 믿기로는, 개혁파 신자들 사이에서 벌어지는 이 주제에 대한 토론이 종종 많은 긴장을 수반하는 것은 특별히 칼뱅과 다른 개혁파 신학자들뿐만 아니라 후대의 언약 신학자들 안에 있는 미묘한 차이들에 대한 친밀감의 부족—특히 한편으로 치우친 해석들—을 분명히 드러내는 과장된 묘사 때문이다.[85] 그것은 내가 보기에는 대체로 새 관점 학자들이 바울을 통해서 본 것이라기보다는 단지 실망감의 표시라고 생각한다.

여느 학문과 마찬가지로 훌륭한 이론을 시험하는 잣대는 그 이론이 폭넓은 자료들을 설명할 수 있는가 하는 것이다. 주해적·신학적으로 볼 때 (역사적으로 신인협력설이라고 규명된) 모든 형태의 언약적 신율주의는 환원주의적이며, 중요한 자료를 치명적으로 배제한다. 종교개혁의 성서 주해의 기본 관점이 죄인들의 갱신과 성화와 영화는 물론 오직 믿음으로 말미암는 오직 그리스도 안에 있는 죄인들의 값없는 칭의를 확인하는 반면에, 율법주의는 후자를 부정하는데, 이 때문에 율법주의는 그리스도와의 연합이 지닌 변화의 결과를 위한 타당한 기반을 제공할 수 없다.

특별히 칭의를 양자(adoption)와 연관해서 볼 때, 우리는 새로운 지위가 새로운 관계를 창조한다는 것을 인식한다. 우리는 사법적/관계적 범주

84_ 나의 저서인 *Lord and Servant: A Covenant Christology* (Louisville: Westminster John Knox, 2005) 그리고 특별히 *Covenant and Salvation*을 보라.

85_ 나는 신약성서 전문가가 또한 역사신학의 전문가가 될 수는 없음을 안다. 그러나 새 관점을 주장하는 많은 이들은 종교개혁자들이 바울을 오해했다는(종종 광범위한 진술로 나타나는) 주장에 기초한다. 따라서 관련된 주제들에 관한 종교개혁자들의 직간접적인 주해 자료들을 해석하는 학자들의 책임을 기대하는 것이 더 나을 것이다.

들 사이에서 반드시 하나를 선택해야 할 필요가 없다. 성서는 고대 근동 조약들을 하나님의 언약의 목적에 적합한 방식으로 각색한다. 위대한 왕에게 입양된다는 것은 봉신이 군주의 신분을 "입는 것"임을 시사하며 이는 제왕의 영광을 포함한다. 바로 이 잃어버린 영광이 회복되었다. 그 영광은 신-인간의 영광만큼 크기 때문에 "첫 번째 사람…땅에서 흙으로 만들어진 사람"의 원래 영광보다 더 크다. "우리가 흙에 속한 자의 형상을 입은 것같이 또한 하늘에 속한 이의 형상을 입으리라"(고전 15:49).[86] "하나님의 형상이 된 것은 하나님의 아들이 된 것이다."[87]

"그리스도를 입음"은 칭의와 성화 둘 다를 위한 인간의 모든 의가 그리스도로부터 연유함을 의미한다. 예수가 하나님의 영원한 아들일 뿐만 아니라 자기 백성을 위한 의로운 언약의 머리이기 때문에 그것은 사실이다. 예수는 "성결의 영으로는 죽은 자들 가운데서 부활하사 능력으로 하나님의 아들로 선포되셨다"(롬 1:4의 난하주를 보라). 그리스도 안에서 우리의 넝마가 화려한 왕의 의복으로 교체되었고, 우리는 아브라함, 이삭, 야곱과 같은 식탁에 앉는다.

의복의 유비는 바울 신학의 독창적인 측면이 아니다. 이 유비는 타락 직후에 아담과 하와에게 준 하나님의 의복, 스가랴 3장에서 자신의 더러운 옷이 의의 예복으로 교체되는 대제사장 여호수아의 환상, 그리고 다른 다수의 구절에서도 나타난다. 이사야 61:10-11은 "내가 여호와로 말미암아 크게 기뻐하며 내 영혼이 나의 하나님으로 말미암아 즐거워하리

86_ 나는 Phyllis Bird의 연구에 호소해서 *Lord and Servant*(4장)에서 창 1-2장이 논쟁적 의도로 이집트 신화를 이용한다고 지적했다. 이집트 신화에서는 파라오를 신의 아들이라고 생각한 반면에, 창세기에서는 왕의 아들 됨이 왕을 넘어서까지 확장되는데, 이는 모든 아들만이 아니라 하나님의 형상으로 창조된 "남자와 여자"인 모든 인류에게로 확장됨을 가리키는 아들 됨의 언어다.

87_ M. G. Kline, *Images of the Spirit* (Eugene, Ore.: Wipf and Stock, 1999), p. 35.

니, 이는 그가 구원의 옷을 내게 입히시며 공의의 겉옷을 내게 더하심이 신랑이 사모를 쓰며 신부가 자기 보석으로 단장함 같게 하셨음이라"(참고로 계 21:2은 이 구절을 달리 표현한다)라고 말한다. 예수의 비유에서 혼인 잔치 손님들에게는 잔치 의복이 입혀지고(마 22:1-14), 탕자는 돌아오자마자 그 아버지가 가장 좋은 옷으로 치장해준다(눅 15:11-32). 그래서 바울은 그리스도가 "우리의 의, 거룩 그리고 구원"이라 말하며(고전 1:30), 우리의 존재를 가리켜 "그리스도와 함께 옷 입고" 혹은 "예수 그리스도를 옷 입고"라는 어구를 반복해서 언급한다. 바울이 우리의 삶이 날마다 "그리스도를 옷 입음"에 근거해야 한다고 요청할 때, 이와 같은 관계가 칭의와 성화에서도 도출되는 것이다.

이스라엘의 율법은 주변 민족들의 관행과 마찬가지로 첫째 아들이 유업의 상속자였으며 이는 그리스-로마 세계의 상속법이기도 했다. 그러나 새 언약(아브라함과 사라와의 언약은 물론 아담과 하와에게 주신 약속을 성취함)에서 머리인 그리스도와 함께하는 사람들은 "유대인이나 헬라인이나 종이나 자유인이나 남자나 여자나 다 그리스도 예수 안에서 하나다. 그리스도의 것이면 곧 아브라함의 자손이고 약속대로 유업을 이을 자들이기 때문이다"(갈 3:28-29). 그리스도 안에 있는 모든 사람은 "첫 아들"이며 모든 유업의 공동상속자다(갈 4:1-7, 27). 상속의 자격이 있는 이 "아들들"은 차별 없이 남자나 여자나 유대인이나 이방인이나 자유인이나 노예를 모두 포함한다(갈 3:28-29).

더욱이 이 형제자매들은 단지 맏아들의 유업에서 훼손된 부분 중 남겨진 모든 것만 상속하지 않는다. 사실 우리가 구원 서정의 구조로 사용하는 바로 그 구절(롬 8:30)은 "하나님이 미리 아신 자들을 또한 그 아들의 형상을 본받게 하기 위하여 미리 정하셨으니, 이는 그로 많은 형제 중에서 맏아들이 되게 하려 하심이니라"(롬 8:29)라는 언급으로 시작한다. 유대인과 이방인을 막론하고 그들은 "함께 상속자가 되고, 함께 지체가 되며, 복음을 통해 그리스도 안에 있는 약속에 참여하는 자들이다"(엡 3:6). 예수가 개인적·공적 인간으로서 만물을 분명히 소유했기 때문에 정확히 말하면 "모든 만물의 상속자"는 바로 그리스도시지만(히 1:2; 비교. 눅 20:14), 그의 유업은 일종의 공공신탁(public trust)이다. 신자들은 그리스도가 소유한 것을 공동으로 소유하며 따라서 서로서로에 대해서도 그러하다.

시내산 언약의 경륜에서 모세는 하나님 집의 청지기인 반면에 예수 그리스도는 맏아들이다(히 3:1-6). 따라서 심지어 모세의 칭의와 양자됨도 시내산에서 맺은 율법 언약을 그 자신이 개인적으로 성취한 것에 의존하는 것이 아니라, 그 언약을 그리스도가 개인적으로 성취한 것에 의존한다. 이 성취에 의해 그리스도는 은혜 언약 안에 있는 당신의 형제와 자녀들을 위한 유업을 획득했다. "거룩하게 하시는 이와 거룩하게 함을 입은 자들이 다 한 근원에서 난지라. 그러므로 형제라 부르시기를 부끄러워하지 아니하시고 이르시되 '내가 주의 이름을 내 형제들에게 선포하고 내가 주를 교회 중에서 찬송하리라' 하셨으며, 또 다시 '내가 그를 의지하리라' 하시고, 또 다시 '볼지어다. 나와 및 하나님께서 내게 주신 자녀라' 하셨다"(히 2:11-13). 칭의가 그렇듯이, 이 양자됨이 법적 허구가 아닌 이유는 율법이 성취되었기 때문이다. 맏아들은 왕위에 대한 그의 승리의 공으로 전 재산을 얻었으나, 구원 언약(즉 하나님의 선택)의 상호성 안에서 확증되었듯이, 모든 입양된 이들에게도 같은 몫이 있다.

자녀들은 자신들의 미래를 염려하거나 아버지의 호의를 얻기 위해(야곱과 에서가 그랬듯) 다툴 필요가 없다. 결국 "자기 아들을 아끼지 아니하시고 우리 모든 사람을 위하여 내주신 이가 어찌 그 아들과 함께 모든 것을 우리에게 주시지 아니하겠는가?"(롬 8:32) 은혜 언약 안에서 그리스도와의 연합이 바울의 구원 서정의 모체라면, 칭의는 여전히 그 근원이며 심지어 양자됨의 근원이기도 하다. 칭의에서 다른 (더 흥미로운) 주제들로 이동하지는 않겠지만, 우리는 우리 유업의 풍성함을 항상 이 결정적인 선물 (칭의)과 연결짓는다. 윌리엄 에임스(William Ames)의 말로 하면 "양자됨은 자체적인 특성상 칭의에서 발견되는 화해를 요구하고 전제한다.…양자됨의 첫 열매는 모든 신자가 율법, 죄, 그리고 세상의 속박으로부터 자유롭게 되는 그리스도인의 자유다."[88]

양자됨이 칭의와 마찬가지로 법정적인 동시에 관계적인 것은 소외 (alienation)와 정죄라는 다른 한쪽이 존재하기 때문이다. 양자됨은 그들의 부모를 성공적으로 모방하는 자녀에게 지속적인 목표거나 가계적인 특징, 혹은 유전자 주입의 결과가 아니다. 오히려 그것은 아이의 정체성, 특징과 행동 안에 서서히 반영되는 관계 안에서 공표되는 법적 지위의 변화다. 그 아이는 법정으로부터 법적 지위, 변경될 수 없도록 확립된 유업, 성장과 번영이라는 미래를 보장받는다.

여기에서 법정적/관계적 범주 사이에 전혀 대립이 없는 것처럼, 우리는 법정적/유효적(effective) 범주 중 하나를 선택하도록 강요받지 않는다. 하나님의 말씀은 우리가 상속자의 원형(archetype)인 맏아들과 함께 그 나라의 의로운 상속자라고 선언하는데, 또한 같은 말씀이 우리로 하여금 실존적·도덕적·사회적으로 이 새 창조의 실재를 따르는 행동을 즉각 시작하게 한다. 칭의는 중생과 구별되지만, 이 둘은 그리스도와의 연합이 낳은 결과이자 그의 말씀으로 성령이 유효하게 하시는 결과다. 이것이 바로 바울이 칭의와 그 효과를 하나님이 말씀을 통해 무로부터(ex nihilo) 창조한 세상과 비교한 이유다(롬 4:17; 시 33:6과 함께). 오스월드 베이어(Oswald Bayer)는 루터를 해석하면서 이 점을 다음과 같이 잘 표현하였

88_ William Ames, *The Marrow of Theology*, ed. John Dykstra Eusden (Grand Rapids: Baker Academic, 1997), p. 165.

다. "하나님이 말씀하시고, 행하신다.…하나님의 일은 하나님의 발화행위(speech)다. 하나님의 발화행위는 헛된 숨결이 결코 아니다. 그것은 생명을 창조하는 가장 효과적인 숨결이며, 생명을 소환하는 것이다."[89]

새로운 탄생과 성화의 주관적인 변화를 부인하는 것과는 달리 복음에 기반을 둔 전통적 견해는 그 변화를 가능하게 만든 유일한 출처를 지시한다. 칭의 교리의 목적은 성서 안에 있는 모든 건전한 가르침과 함께 우리를 송영(doxology)에 이르게 하는 것이며, 전력을 다하여 모든 찬송을 하나님께 드리게 하는 것이다. "그런즉 이 일에 대하여 우리가 무슨 말 하리요? 만일 하나님이 우리를 위하시면 누가 우리를 대적하리요?…누가 능히 하나님께서 택하신 자들을 고발하리요? 의롭다 하시는 이는 하나님이시니 누가 정죄하리요?…누가 우리를 그리스도의 사랑에서 끊으리요?"(롬 8:31-35)

하나님께서 버림받은 자들—경건하지 않은 자들—을 그 아들 안에서 믿음을 통해 의롭다 칭한다. 예수는 바로 그들이 예복을 입고 혼인 잔치 자리에 있을 것이나, 자기 자신의 의복을 입고 들어온 자들은 내쫓김을 당할 것이라고 말했다(마 22:1-14). 아버지의 유산을 탕진하고 돌아오면서 종이 되리라고 예상한 탕자는 가장 좋은 예복과 축하 잔치를 통해 환영받았다.

아마도 신약성서에 나타나는 최고의 칭의 이미지는 세리와 바리새인에 대한 예수의 비유에 나타날 것이다. "바리새인은 서서 따로 기도하여 이르되 '하나님이여 나는 다른 사람들 곧 토색, 불의, 간음을 하는 자들과 같지 아니하고 이 세리와도 같지 아니함을 감사하나이다. 나는 이레에 두 번씩 금식하고 또 소득의 십일조를 드리나이다' 하고, 세리는 멀리 서서

89_ Oswald Bayer, *Living by Grace: Justification and Sanctification*, trans. Geoffrey W. Bromiley (Grand Rapids: Eerdmans, 2003), p. 43.

감히 눈을 들어 하늘을 쳐다보지도 못하고 다만 가슴을 치며 이르되 '하나님이여 불쌍히 여기소서. 나는 죄인이로소이다!' 하였느니라"(눅 18:11-13). 누가는 "자기를 의롭다고 믿고서 다른 사람을 멸시하는 자들을" 가리켜 예수가 의도했던 이 비유를 소개한다. 분명히 예수는 종교지도자들의 문제를 배타적 의식 안에서 열매 맺는 자기 의로 보았다. 더욱이 바리새인과 세리는 둘 다 "기도하러 성전에 올라"갔으므로(눅 18:10), 그 대조는 다른 것들보다 어떤 행위(할례와 음식법 같은)를 비교하려는 것이 아니었다. 마지막으로 바리새인은 심지어 자신의 의로움 때문에 하나님의 은혜에 감사했다(눅 18:11). 세리는 자신의 의를 인정받으려고 하기보다는 오히려 자비를 간청했다. 예수는 "내가 너희에게 이르노니 이에 저 바리새인이 아니고, 이 사람이 의롭다 하심을 받고 그의 집으로 내려갔느니라"라고 결론 맺는다(눅 18:14).

논평

진보적 개혁파

마이클 F. 버드

나는 이 책을 통해 북미 개혁파 복음주의를 대표하는 신학자 중 한 명인 마이클 호튼과 함께하게 된 것을 기쁘게 생각한다. 나는 그의 언약신학을 통해 엄청난 유익을 얻었다. 우리 둘은 "개혁파" 됨이 지닌 책임을 주장한다. 그러나 나는 개혁파 신앙고백을 넘어서는 분야의 통찰을 기꺼이 수용하려는 의지를 갖고 있다. 나는 신앙고백 진술 중에서 수정이나 명확한 구분이 필요한 부분을 변경하는 데 별다른 어려움을 느끼지 않기 때문에, 나의 "진보적 개혁파" 관점은 호튼의 "전통적 개혁파" 관점과 다를 수 있다. 나는 칭의의 법정적 본질과 하나님이 경건치 않은 자들을 의롭게 한다는 호튼의 확신에 동의하지만, 몇몇 부분에 대해 그에게 재고를 요청한다. 그것은 4가지 영역으로 나뉘는데 각각 칭의와 성화, 칭의와 용서, 칭의와 전가, 그리고 칭의와 사회적 상황이다.

1. 칭의와 성화. 나는 바울의 관점에서 칭의(하나님 앞에서 법적으로 의롭다고 선언받는 것)가 **일반적으로** 성화(하나님이 능력을 베풀어 도덕적으로 의롭게 되는 것)와 구별된다는 점에서 호튼에게 동의한다. 사실 나는 "성화"보다는 "변화"라는 용어를 선호하는데, 그 이유는 신약성서에서 "성화"와 관련된 단어(예를 들면 *hagiazō*)의 대부분이 지위적인(positional) 거룩성, 즉

그들이 하나님께 성별된 지위를 소유하는 것과 관련되어 있기 때문이다. 칭의와 변화를 구분하는 것은 다음의 두 가지 이유 때문에 적절하다고 할 수 있다. (1) 칭의는 정죄와 반대되며(롬 5:1, 18; 8:1, 33-34; 고후 3:9), 의롭게 되는 과정이 아니라 법적 지위로 이해하는 것이 적절하다. (2) 바울이 도덕폐기론자라는 고발(롬 3:7-8; 6:1-2; 행 21:21)은 만약 그가 칭의를 도덕적 변화에 기반을 둔 어떤 것으로 여겼다면 제기되지 않았을 것이다. 칭의와 변화는 똑같이 그리스도와의 연합이라는 실재에 그 뿌리를 두고 있으므로, 칼뱅(그리고 호튼)과 더불어 나는 하나님의 무죄 선고라는 선언적 언어와 하나님의 새 창조라는 유효한 사역은 서로 분리될 수 없다고 믿는다. 그러므로 칭의와 변화는 논리적으로뿐만 아니라 심지어 기독론적으로도 연결돼 있으나, 후자는 개념적으로 전자에 포함될 수 없다.

그러나—그리고 이것은 주해와 조직신학의 비교에 대한 문제인데— 때때로 칭의와 변화를 구분하는 것이 다소 애매할 때가 있다. 나는 이를 보여주는 몇 가지 예를 제시하려 한다.

바울은 갈라디아서 5:5에서 성령을 통해 믿음으로 우리가 간절히 "의의 소망"(*elpida dikaiosynēs*)을 기다린다고 말한다. 그것은 우리가 칭의 판결이 종말에 마침내 완전하게 시행될 그날을 고대하고 있다는 뜻인가? 혹은 의의 소망은 성령을 통해 우리가 실제로 도덕적으로 의롭게 되리라는 갈망을 나타내는가? 비록 내 견해는 법정적 견해를 지지하는 쪽에 가깝지만, 나는 여기서 "의"가 또한 윤리적일 수 있음을 인정한다.

바울은 고린도전서 1:30에서 그리스도를 언급하면서, 그리스도는 우리에게 "하나님으로부터 지혜, 의, 그리고 거룩과 구원"이 되었다고 말한다. 그리스도는 명백히 신자들의 의의 출처지만, 이것이 우리의 의로운 지위인가 아니면 의롭게 살기 위한 우리의 능력인가? 둘 중 하나일 수도 있으며 둘 다일 수도 있다!

바울은 로마서 5:19에서 "한 사람이 순종하지 아니함으로 많은 사람이 **죄인 된 것같이** 한 사람이 순종하심으로 많은 사람이 의인이 **되리라**"라고 언급한다(롬 5:19). 동사 카티스테미(*kathistēmi*, "행하다", "만들다")는 인류가 어떻게 죄인이 되었고, 동시에 신자들이 어떻게 의인이 되었는가를 묘사하는 데 사용되었다. 여기서 문제는 카티스테미가 의롭게 만드는(make righteous) 것인가 아니면 의롭다고 선언하는(declare righteous) 것인가를 결정하는 것이다. 몇몇 주석가는 아담의 불순종이 죄인에게 전가되었고 그 다음으로 신자들은 칭의를 위해 그들에게 전가된 예수의 순종을 소유한다고 주장한다. 문제는 얼마나 많은 사람들이 시도했든 간에, 카티스테미는 로기조마이(*logizomai*는 어떤 것이 "전가"되거나 혹은 "여김"을 받는다는 뜻을 나타낸다)를 뜻하지 않는다는 점이다. 카티스테미는 어떤 사건의 실제 상태를 나타낼 뿐, 어떤 수여(transaction)를 의미하지 않는다. 신자가 의롭게 된다는 말은 그의 법적 지위와 도덕적 상태의 교정을 상정한다. 토머스 R. 슈라이너(Thomas R. Schreiner)가 언급한 것처럼 "이는 바울 안에서 비록 의가 법정적이지만 모든 예를 법정적 범주로 한정할 수는 없다는 강력한 증거다."[1]

바울은 로마서 6:7에서 "이는 죽은 자가 죄에서 벗어났기 때문이다"라고 말한다. "벗어나다"는 보통 "의롭다 칭하다"(justify)로 번역되는 동사 디카이오오(*dikaioō*)를 기반으로 한다. 그래서 바울은 죄에 대해 죽은 자가 말 그대로 "죄로부터 의롭게" 되었다고 말한다. 이를 있는 그대로 받아들이면, 디카이오오는 여기서 문자적으로 죄의 권세에서 해방됨, 즉 변화적 의미로 쓰였다. 전치사 아포(*apo*)와 함께 동사 디카이오오를 사용하는 것은 "~에서의 해방"이라는 관용어일 것이다(행 13:38-39을 보라). 이

1_ Thomas R. Schreiner, *Romans*, BECNT (Grand Rapids: Baker, 1998), p. 288.

는 바울이 명백하게 신자들이 죄에서 자유로워졌다(*eleutherōthentes apo tēs hamartias*)고 말한 로마서 6:7과 6:18의 병행을 고려하면 그럴 듯하다. 슈라이너를 다시 인용하면, "하나님과 바른 관계에 있는 사람들은 또한 극적으로 변화한다. 그들은 또한 의롭게 되었다."[2]

따라서 나는 신학적으로는 칭의와 변화의 구별에 동의한다. 그러나 주해를 기반으로 보면 그런 구별이 성서 본문에서는 절대적이지 않다는 것을 인정한다.

2. 칭의와 용서. 호튼에 따르면 죄의 용서는 칭의의 근거를 이루기에 불충분하다. 호튼은 칭의가 예수의 의의 전가에 의해 보충되는 죄 용서라는 개혁파의 표준적인 견해를 확인한다. 논리적으로 보면 용서는 우리의 과거 경력을 깨끗하게 하고 죄책을 무효화하는 것이다. 그 후 신자는 하나님 앞에서 긍정적인 법적 지위를 가지기 위해 의로운 율법 준수의 전가를 여전히 필요로 한다. 이는 확실히 논리적이지만 성서적이지는 않다. 사실 성서의 저자들은 칭의와 용서를 상호 교환적으로 사용한다. 그것은 칭의와 용서가 같은 의미는 아니지만 한 여정에서 각각 다른 두 경로로 해석될 수 없다는 것을 뜻한다. 칭의와 용서는 동전의 양면이라고 할 수 있다. 다음에 이어지는 내용을 고려해보자.

첫째, 바울이 로마서 4:7-8에서 시편 32:2─"불법이 **사함을 받고** 죄가 가리어짐을 받은 사람들은 복이 있고 주께서 **그 죄를 인정하지 아니하실** 사람은 복이 있도다"─을 언급하면서 율법의 행위와 별도로 하나님이 의롭다고 간주하는 것(즉 하나님이 의롭다 칭하는 것)을 증명하는 방식에 주목하라. 여기서 하나님이 의롭다고 간주하는 판결은 죄의 용서와 비 전가에 상호 관련된다. 브라이언 빅커스(Brian Vickers)에 따르면 "바울이 로마서

2_ Ibid., p. 319.

4장에서 시편 32편을 인용하여 분명하게 강조한 것은 의의 전가가 주로 죄의 용서와 관련된다는 것이다."[3]

둘째, 바울의 비시디아 안디옥에서의 연설은 다음 언급을 포함한다, "그러므로 형제들아 너희가 알 것은 이 사람을 힘 입어 **죄 사함**을 너희에게 전하는 이것이며, 또 모세의 율법으로 너희가 **의롭다 하심**을 얻지 못하던 모든 일에도 이 사람을 힘입어 믿는 자마다 **의롭다 하심**을 얻는 이것이라"(행 13:38-39). 죄의 용서는 모세 율법의 정죄로부터의 해방으로 해석되는 칭의와 직접적인 관련이 있다.

로마서의 다른 곳에서 칭의는 구속(롬 3:24), 평화(롬 5:1), 화해(롬 5:9-11), 그리고 구원(롬 10:10)과 연결되어 있다. 바울이 이 이미지들을 자유롭게 바꿔 쓸 수 있는 이유는 구원 개념을 지배하는 단일 이미지가 존재하지 않기 때문이다. 그 모든 이미지는 예수 그리스도를 믿은 그들의 믿음 때문에 하나님께서 사람들을 받아들이셨다는 하나의 실재를 표현하는 서로 다른 방법들이다. 구원의 다양한 이미지들은 그의 백성의 구원을 위해 그리스도 안에서 하나님이 극적으로 행동하셨다는 일관된 실재를 증명하는 조건적(contingent) 은유들이다.[4] 칭의는 죄의 용서를 보충하는 긍정적인 지위가 아니다. 용서 자체가 구약성서(예. 레 4:20; 5:10; 민 15:25-26, 28)에서 그렇듯이 긍정적인 지위를 제공한다. 나는 이러한 관찰이 호튼의 신학 체계에 어떤 도움이 될지 알 수 없지만, 그가 이를 심각하게 재고할 필요가 있지 않을까 싶다.

3. 칭의와 전가. 나는 전가 개념에 대한 호튼의 언급으로 인해 다소간

3_ Brian Vickers, *Jesus' Blood and Righteousness: Paul's Theology of Imputation* (Wheaton, Ill.: Crossway, 2006), p. 108 (특히 pp. 100-9을 보라).

4_ 비교. J. Christiaan Beker, *Paul the Apostle: The Triumph of God in Life and Thought* (Philadelphia: Fortress, 1980), pp. 364-77.

혼란을 겪었다. 한편으로 그는 전가된 의가 "구체적 물질이나 물건"이 아니라 "법적 지위"라고 말한다. 아멘! 그 후에 그는 전가된 의가 그리스도의 "수동적이고 능동적인 순종"이고 심지어 다른 사람들을 위해 그리스도가 "공로를 세운" 어떤 것이라고 말한다. 이제 신자들이 그리스도의 의에 포함되었을 때 신자들에게 부여되는 의의 지위라는 개념을 다룰 수 있다. 그러나 나는 다음의 두 가지 이유 때문에 공로라는 관념을 전면적으로 거부한다.

첫째, 인류가 가진 문제는 도덕적 공로의 부족이 아니다. 문제는 깨어진 관계다. 문제해결을 위해서 필요한 것은 공로가 아니라 화해다. 예수가 자신의 메시아적 사역을 통해, 그의 대속적인 죽음과 무죄를 입증하는 부활을 통해 우리를 소외에서 회복으로 옮기셨기 때문에, 우리를 심판하는(against) 하나님의 판결이 우리를 위한(for) 하나님의 판결이 된다. 신자들은 그리스도가 그들을 위해 형벌을 받을 때 죄의 형벌에서 벗어나고, 하나님이 인류의 대표로서 아담과 이스라엘에게 부여한 역할을 완수한 메시아의 칭의에 참여할 때 칭의를 경험한다.

둘째, 호튼은 공로 개념이 바울의 세계에서도 동일하다는 것을 증명하기 위해 "조상의 공로"라는 랍비들의 가르침에 호소한다. 하지만 첫째로 랍비들의 가르침 안에서 조상들의 공로라는 개념은 기원후 135년 이후에나 등장하는 것이므로 1세기 유대교로 거슬러 올라갈 수 없다. 둘째로 조상들의 공로를 언급할 때 랍비들이 뜻하는 것은 이를 교황이 베푸는 공적의 보고(treasury)로 간주하는 중세 가톨릭의 개념과는 전혀 다르다. 조지 무어(George Moore)가 말했듯이 "족장들의 특성과 관련하여, 하나님이 그들과 관계하시고 그가 기뻐하시는 뜻 안에서 그들과 언약을 맺었다는 사실이 어떤 특별한 호의나 그들의 후손에 대한 관대함을 보여준다는 것은 전적으로 다른 문제다[로마 가톨릭주의]. 사람이 그의 '조상을 위해' 하나님께 죄의 용서를 간구할 수도 있으나, 조상의 공로 때문에 그들의 과실 (demerit)이 상쇄되었다고 주장할 수는 없다."[5]

내가 보기에 전가 개념은 성서적 가르침을 신학적으로 사색한 결과다. 그러나 전가를 어떤 종류의 공로신학에 묶기보다는(그 다음에 공로가 전가 [imputed]되었는지 아니면 분여[imparted]되었는지의 여부를 입씨름하는 것보다는), "위대한 복음의 진리들" 가운데 하나는 "'그리스도 안에' 있는 모든 사람에게 예수 그리스도의 성취가 존재하는 것으로 간주된다는 것이다"라고 말하는 라이트를 따르는 것이 더 좋다고 생각한다.[6] 그러나 그 성취는 역할의 완수일 뿐, 공로의 획득이 아니다. 신자들은 메시아의 신실함 및 죽음과 부활에 참여했기 때문에 의롭다 여김을 받았으므로, 메시아의 참된 것은 그의 백성의 참된 것이기도 하다.

4. 칭의와 사회적 상황. 아마도 호튼의 글에 대한 나의 가장 큰 불만은 그가 언급하지 않은 것으로 향할 것이다. 그의 작업은 바울의 이신칭의 가르침이 어떤 종류의 의로운 행위도 배제함을 보여주는 훌륭한 것이다. 바울 서신은 사람이 선한 행위로 구원을 얻을 수 없음을 상세하게 보여준다(롬 3:20; 4:4-5; 갈 3:1-5; 엡 2:8-9; 딛 3:5 등을 보라). 그러나 갈라디아서와 로마서에서 바울의 주된 관심은 트리엔트 공의회에서 제기된 행위 구원을 논박하는 것이 아니었다. 바울은 이방인이 그리스도인이 되기 위해 반드시 유대인이 되어야 할 필요는 없다고 논증한다. 믿음으로 의롭게 된다는 것은 하나님이 예수 그리스도를 중심으로 한 백성을 창조하신다는

5_ G. F. Moore, *Judaism in the First Centuries of the Christian Era: The Age of the Tannaim*, 3 vols. (Cambridge, Mass.: Harvard University Press, 1927), 1:544-45.

6_ N. T. Wright, "Paul in Different Perspective: Lecture1: Starting Points and Opening Reflections,"[www.ntwrightpage.com/Wright_Auburn_Paul.htm]를 참조하라. 이 강의는 Wright가 루이지애나 주에 있는 어번에비뉴 장로교회(Auburn Avenue Presbyterian Church, Monroe, Louisiana [January 3, 2005])에서 했던 것이다(책으로 출간되지 않음).

것을 의미한다고 바울이 그토록 힘을 다하여 강조한 것을 호튼은 거의 무시한다.[7] 바울에게 이신칭의의 반대편은 공로주의(legalism)가 아니라 자민족중심주의(ethnocentrism)다(롬 3:29). 그리스도는 구속을 위해, 이방인들을 아브라함의 가족으로 들어오게 하기 위해 십자가에서 저주를 받았다(갈 3:13-14). 믿음을 통해 은혜로 얻는 구원과 선한 행위들이 신자들을 위해 계획되었음을 다루는 탁월한 본문인 에베소서 2:9-10 뒤에는 회복된 이스라엘이라는 연합체 안에서 유대인과 이방인의 하나 됨에 관한 바울의 긴 강론이 즉시 따라온다(엡 2:11-3:12). 이신칭의를 말하면서 한 교회 안에서 유대인과 이방인의 연합에 무관심하다면, 바울이 칭의에 관해 말한 바로 그 요소를 말하지 않는 것이다. 호튼은 서론에서 "전 세계의 죄인 가족을 구원하시려는" 약속이 어떻게 바울 이야기의 배경을 형성하는지 보여준다. 그러나 그는 디아스포라 유대인의 사회적 상황에서 그들의 정체성 및 지위와 모세 율법의 문제들 사이에서 고군분투했던 로마, 안디옥, 그리고 갈라디아에 있는 가정 교회들의 지역에 얽힌 이야기들과 바울의 논지를 더 관련지을 필요가 있다.

7_ Horton은 몇 가지 요점에서 유대인과 이방인을 공평하게 언급하지만, 전반적으로 볼 때 그는 그 요점들을 단지 부수적으로 다룰 뿐이다.

논평

바울 신학의 새 관점

제임스 D. G. 던

이 글은 누구나 기대했었던 만큼, 전가라는 용어를 통해 전통적인 개혁파의 칭의 신학을 변호하는 분명하고도 확고한 설명을 제시한다. 나는 스코틀랜드 내에서 칼뱅주의적인 배경을 가지고 있음에도, 제네바의 거장(혹은 더 연장자인 비텐베르크의 동시대 사람[전자는 칼뱅을, 후자는 루터를 가리킨다—편집자주])과 가까운 학생은 아니다. 또한 나는 종교개혁 논쟁과 트리엔트 공의회를 반대하는 호튼의 설명에 이의를 제기할 생각이 거의 없거나 혹은 전혀 없다. 그가 주해로 관심을 돌리게 된다면, 그 동의는 더욱 확장될 수 있다. "칭의"는 확실히 법정적 은유(metaphor)다. 칭의는 "변화"를 뜻하지도, 과정을 나타내지도 않는다.

그러나 호튼의 바울 본문 주해로 들어가면 이야기가 달라진다. 그리고 이 모든 것은 그가 다룬 모든 성서 본문을 법정적 전가라는 중심 논리에 관한 그의 확신 및 법정적 은유라는 좁은 틀 안에 억지로 끼워 맞추려는 그의 의도에 대한 점증하는 의심의 주변에 집중된다. 예를 들어 독자들은 하나님의 "의"가 "신원"(vindication)이나 "구원"(salvation)으로 잘 번역된 구약성서의 용례들을 바울이 로마서 1:17과 다른 곳에서 주로 이용했다는 사실을 "하나님의 의"를 다루는 호튼의 글에서는 인식하기 어렵다는 것을 알게 될 것이다.[1] 물론 이 배경은 하나님이 이스라엘과의 언약 안으로 들어오신 개입이다(우리가 이를 정말 "법적 개입"이라고 말해야 하는가?). 하나님의 의는 하나님이 이스라엘을 택함 안에서 그 자신을 드림으로 이룬 구원이었다. 그러나 초점을 법적 의무로 좁히는 일은, 정확히 말하면 하나님께 법적으로 기대하고/요구하는 내용을 넘어서서 하나님의 은혜로운 주도하심을 무너뜨리는 것이다.

호튼이 "하나님의 의"를 "하나님의 언약적 신실함"과 동일시한 라이트에 대해 비판한 것은 어느 정도 수긍할 수 있지만, 그는 로마서 3장에서 이러한 두 가지 개념이 서로 긴밀하게 연결되어 있다는 점을 간과하고 있다. 그러나 로마서 3:3-7을 경솔하게 간과하는 주해는 하나님의 의와 언약적 신실함이 밀접하게 통합되고 겹치는 개념이라는 사실이 무시되는 것을 용인하는 것이다. 단지 로마서 1-4장뿐만 아니라 9-11장까지 바울의 주요 관심이 하나님의 신실함을 방어하는 것이라는 점을 인식하지 못한다면 로마서의 논지는 실패로 끝나게 된다.

로기제스타이(logizesthai)를 "전가하다" = "여기다"로 받아들이는 것은 충분히 그럴듯하다. 그러나 바울이 자신의 수신자들에게 그를/그들을 의롭다고 여기게 한 것이 바로 아브라함의(혹은 그들의) **믿음**이 아닌 그리스도의 **의**로 이해하도록 의도했다고 주장하는 것(호튼의 건드리 비판)은 로마서 4장의 주해로는 전혀 타당하지 않다. 바울은 다음과 같이 말할 수 있을 정도로 분명했다. "아브라함이 하나님을 믿으매 그것이 그에게 의로(for/as) 여겨진바 되었느니라"(롬 4:3). "아브라함에게는 그 믿음이 의로(for/as)

1_ 내 책 *The Theology of Paul the Apostle* (Grand Rapids: Eerdmans, 1998), pp. 34-46에서 언급한 이래로 나는 자주 이 점을 주장했으나, 분명히 쇠귀에 경 읽기였다. *The New Perspective on Paul*, rev. ed. (Grand Rapids: Eerdmans, 2008), 2-4; *Beginning from Jerusalem* (Grand Rapids: Eerdmans, 2009), pp. 879-80과 같은 자료들을 그 논쟁에서는 간과하고 있는 듯하다.

여겨졌다"(롬 4:9). "무할례시에 믿음으로 된 의를 인친 것이니, 이는 무할 례자로서 믿는 모든 자의 조상이 되어 그들도 의로 여기심을 얻게 하려 하심이라"(롬 4:11). "'그에게 의로 여겨졌다' 기록된 것은 아브라함만을 위한 것이 아니요 의로 여기심을 받은 우리도 위함이니, 곧 예수 우리 주를 죽은 자 가운데서 살리신 이를 믿는 자니라"(4:23-24). 도그마의 논리는 언제나 주해에 종속되어야 한다.

내가 보기에 로마서 5장을 "그리스도의 순종의 삶이 그의 죽음과 부활과 더불어 칭의의 기반을 제시한다"고 해석하는 것 역시 적절하지 않다. 아마도 우리는 다시 한 번 그것이 두 명의 개인뿐만 아니라 두 개의 단일 행동―아담의 불순종의 행동과 그리스도의 순종의 행동(롬 5:19, 빌 2:8에서 처럼)―의 대조일 수도 있을 만큼 분명한 것이라고 생각해야 할지도 모르 겠다. 그리고 그리스도의 의의 전가가 아담의 죄의 전가와 병행한다는 주장은 숨이 막힐 지경이다. "아담의 죄가 각 구성원에게 전가되었기 때문에 언약적 실체로서 결속된 인류에게 아담의 죄가 전가되었다"(롬 5:12). 호튼은 로마서 5:12의 해석에 있어서 가장 공격적인(그리고 근거 없는) "원 죄" 해석으로 우리를 다시 돌아가게 했을 뿐만 아니라, 또한 그 구절을 통 해 바울이 펴고 있는 논점을 완전히 무시하고 있다. 왜냐하면 바울이 죄 책을 의식적으로 율법을 어기는 행동에 국한하기 때문이다. "율법이 없었 을 때에는 죄를 죄로 여기지(엘로게이타이[ellogeitai]는 로기제타이[logizetai]와 거의 동의어다) 아니하였느니라"(롬 5:13). 능동적인 불순종이 없다면 죄는 "전가"되지 않는다. 따라서 정말로 이 본문에 의의 전가 같은 개념이 존 재한다면, 이 전가는 순종한 행동의 결과로 따라와야 할 것이다! 로마서 5:19에 대한 더욱 세심한 주해가 이루어져야 한다. "한 사람이 순종하지 아니함으로 많은 사람이 죄인 된 것같이 한 사람이 순종하심으로 많은 사 람이 의인이 되리라."

새 관점이 칭의 교리에 도전하면서 "종교개혁자들이 바울을 오해했다"고 주장한다는 호튼의 비판에 대해 나는 좀 더 발끈했다. 그 비판은 1980년대와 90년대에는 유효했을 수도 있다. 그러나 나는 "새 관점"(확실히 내 이름과도 관계되는)이 주로 바울의 칭의 교리에서 **실종된 차원**―바울 자신에게 가장 중요한 것임에도 불구하고 실종된 것들―을 강조하려는 시도임이 이제는 분명해졌을 것이라고 믿었다. 특히 그것이 유대교에 대한 부당한 모욕과 상관이 없다면, 지금까지 내가 아는 한, 실종된 차원을 강조하는 것은 결코 개혁파 교리 자체를 비판하려는 의도가 아니기 때문이다. 오히려 그것은 유대인 신자들이 그랬던 것처럼 이방인 신자들도 하나님의 교회의 구성원으로 온전히 받아들여져야 한다는 것에 대한 바울의 관심―바울 자신이 중심에 두었던 것―을 무대의 중앙으로 다시 가져오려는 시도였다. 이것은 (다른) 열방/이방인들로부터 이스라엘을 분리하는 (율법이라는) 역사적 장벽의 붕괴를 수반했다. 호튼은 불행히도 그가 했던 방식으로(비록 그는 이를 암시적으로 표현하지만) 바울이 그의 칭의 교리를 형성하게 된 이유였던 이 양상을 무시하는데, 이것은 바울 교리의 (전체가 아닌) 이 차원이 시야에서 사라졌다는 여느 "새 관점"의 항의를 단순히 강화하는 것에 불과하다.

　　내가 가장 이해하기 힘든 것은 "새 관점"이 칭의에 관한 바울의 가르침의 가장 중요한 양상들을 배제하고 "활용 가능한 가장 폭넓은 자료들"에 대한 설명을 제공하지 못했다는 호튼의 착각(counterchange)이었다. 그것은 정확하게 "옛 관점"(the old perspective)을 겨냥한 것이기 때문이다. 또한 그 비판이 겨냥하는 전형적인 본보기가 호튼 자신이다. 그는 단순히 전가에 바탕을 둔 그의 해석에 다른 "자료"들을 끼워 맞춘다. 그는 자신의 해석이 적합한지는 전혀 고려하지 않는다. 호튼은 칭의가 "변화"를 뜻한다는 것을 반복적으로 부인하면서 바울 자신이 변화라는 용어를 사용하기를 매우 즐거워했다는 사실은 조금도 주목하지 않는다(롬 12:2; 고후 3:18). 만약 변화라는 단어가 칭의라는 단호한 교리에 포함되지 못한다면 어디로 가야 할까? 바울에게는 자신의 개종이 "변화"였다는 사실이 매우 중요하기 때문에, 칭의 교리와 최소한이라도 관련되어야 하는 중요한 내용들은 변화라는 언어에 존재한다.

비슷하게, 호튼은 "그리스도 안에서"라는 모티프를 단순히 하나님의 의가 신자들에게 전가되었음을 확언하는 또 다른 방식으로 읽는 것처럼 보인다.[2] 그러나 "그리스도 안에서"는 훨씬 더 다양한 모티프이며, 호튼이 상상할 수 있는 것보다 바울 읽기에 참여하는 방식에 더 많은 실체를 부여한다. 여기서 내가 다시 바울 복음의 중심에 있는 칭의의 관계적 국면을 역설해야 할지도 모르겠다. 바울의 복음을 이해하기 위해 법정적 이미지를 너무 많이 강조하거나 그 이미지에 유일한 역할을 부여할 때, 법정적 이미지 자체는 "법적 허구"라는 비판을 피할 길이 없다. 반면에 의는 죄를 인정하지 않고, 율법 없는 자들을 포용하며, 단순히 신뢰하는 사람들에게 양자의 영을 부여하고, 법적 은유의 한계를 넘어 자유롭게 이동한다. 바울은 하나님의 자비가 얼마나 법적 과정(하나님은 경건치 못한 자를 의롭다 하신다!)을 전복시키며 법의 논리를 초월하는지를 강조하기 위해 법정적 이미지를 사용하고 있다.

칭의를 오직 법정적인 양상으로만 해석하는 좁은 기준을 엄격하게 적용하여 바울에 관한 모든 것을 압박하게 되면, 바울이 그의 복음—"그리스도 안에서"와 관계된 용어, 성령의 은사에 관한 주제, 그리고 그것들 안에 포함된 모든 것들—을 자세히 설명하기 위해 사용한 이미지와 은유들의 다양성이 지닌 풍성함이 대부분 사라지는 문제가 발생한다. 나는 호튼

2_ Horton이 "칭의는 중생과 구별되나, 이 둘은 그리스도와의 연합의 효과이고 성령이 그의 말씀으로 그 연합을 효력 있게 한다"고 말할 때 그는 정말로 이 말을 의도했는가?

이 마지막 심판에 대한 바울의 이해를 진지하게 받아들이지 않을 뿐만 아니라 바울이 의도했던 진지함을 그의 권고와 경계에 더할 의도가 없음을 보고 적잖게 놀랐다. 바울이 말하는 마지막 심판은 신자들의 삶을 고려할 것이라는 라이트의 주장을 반박하면서, 호튼은 단순히 "바울에게 마지막 날 내려질 판결은 이미 그리스도 예수를 믿는 사람들에게 호의적으로 내려졌다"고 가정하고, "의롭다 여김을 받은 자는…'칭의의 상태에서 결코 떨어질 수 없다'"고 재차 확인한다.

> 칭의를 위해 그리스도를 받으려면 성화를 위해서도 그리스도를 받아야 하며, 행위와 별도로 칭의가 주어지지만 결코 열매가 없으면 안 된다는 종교개혁 자들과 그 계승자들의 반복된 주장도 종종 무시된다. 그러나 종교개혁 사상에 바탕을 둔 교회들은 칭의에서 그리스도의 의가 전가된다는 사실을 믿을 뿐만 아니라 성화에서 칭의가 신자의 갱신과 불가분의 관계임을 고백한다.

그렇다면 바울이여, 당신은 왜 그토록 당신의 교회들을 많이 염려했는가? 당신은 왜 그리스도의 날에 그들의 흠 없음을 보여주어야 함에 대해 그렇게도 염려했는가? 당신은 왜 그들에게 다양한 행동들이 그들을 실패하고 죽게 할 것이라고 경고했는가? 왜 호튼은 로마서 2:6-16과 같은 구절에 대해 한 번도 언급하지 않는가? 심각한 것은 호튼이 "언약적 신율주의"(covenantal nomism)를 "신인협력주의"(synergism)로 폄하한다는 사실일 텐데, 이때의 신인협력주의는 단순히 "율법주의"(nomism)로 축약된다. 적어도 "언약적 신율주의"는 언약의 신적 주도권(선택과 약속)과 선택된 민족이 율법을 준수할 책임 사이에서 균형 잡힌 태도를 유지하려는 시도였으며, 이 둘을 강조하는 내용이 구약과 그 시기의 문헌들에 분명하게 드러난다. 그리고 "언약적 신율주의"라는 문구는, 만약 그것이 바울의 구원론을 묘사하는 데 사용될 수 있다면, 믿음으로 말미암는 구원과 믿음의 순종이라는 두 개념에 대한 동등한 강조점을 지닌다.[3] 그러므로 나는 바울의 권면, 경고, 변화라는 개념과 행위를 따르는 마지막 심판을 진지하게 수용하려는 시도를 당돌하게(혹은 터무니없이) 거부하는 것에 대한 불편한 심기를 감출 수 없다. 하나님이 인정하시는 모든 선한 행동을 성령이 행하실 것이라고 하거나 혹은 성령의 능력으로 성취될 것이라는 그럴듯한 말로 바울의 이 "자료들"을 포장하기보다, 오히려 나는 차라리 그것들을 심각하게 받아들이는 시도를 하려고 한다. 나는 조금도 의심하지 않고 그런 태도가 하나님께서 명령하신 삶을 돌아보는 신실한 신자의 태도일 것이라고 믿는다. 바울의 권면과 경고는 구원의 과정에 있는 신자를 위한 것이다. 바울이 옳다면 어떤 신자들은 안심해도 되겠지만, 그보다 더 많은 신자들은 그의 경고를 심각하게 받아들여야 할 것이다.

3_ "주해적·신학적으로 볼 때 언약적 신율주의에 관한 모든 형태(역사적으로 볼 때 혼합주의와 동일시되는)는 환원주의적이고, 중요한 자료를 치명적으로 배제한다"는 호튼의 언급이 나를 매우 받아들이기 힘들 정도로 당황스럽게 만드는 것은, 언약적 신율주의라는 용어야말로 정확히 Horton의 글에서 완전히 배제된 바울의 가르침("믿음의 순종")의 두 가지 요소에 대한 정당한 접근을 시도하려는 문구이기 때문이다.

논평
신성화
벨리-마티 카르카넨

나는 유럽, 특별히 스칸디나비아반도 출신의 신학자로서, 대서양을 사이에 둔 두 신학적 세계 사이에 있는 신학적 윤리성과 주제들의 차이에 민감하다. 비록 루터파 학자의 글이 실려 있지는 않지만─심지어 칭의는 바로 그 루터파의 것임에도!─그 대신 세 저자(호튼, 버드, 던)를 통해 개혁주의 전통이 중요하게 취급하는 것들이 무엇인지 알게 되었다. 비록 내가 비루터파이자 수정주의적(revisionist) 관점을 갖고 있지만, 나의 기고문은 루터파 전통과 직접적인 연관성을 갖고 있는 유일한 글인 것 같다.

호튼은 자신이 전통적인 고백적 개혁파 견해라고 명명한 내용을 묘사하고 방어하는 것으로 그의 논의를 시작한다. 비록 그것이 나의 견해는 아니지만, 다음과 같이 처음부터 자신의 의도를 사려 깊게 평화적으로 규정한 그의 솔직함을 높이 평가한다. "개혁파의 견해들이 우리의 신앙고백, 특히 핵심적 교리를 기반으로 규정되었기 때문에, 견해의 분리를 일종의 발전으로 규정하는 것은 16세기에 그랬던 것처럼 오늘날에도 신앙고백적인 견해를 옹호하는 사람들이 주해적으로 옹호할 수 있는 신앙을 고백하기보다는 단지 전통을 복원하고 있다는 인상을 줄 수도 있다." 그러나 그런 과제에는 많은 도전이 제기되는 것도 분명하다. 예컨대 누가 우리에게 어느 특정한 개혁파의 고백이 "정경적"이라고 말해 주었는가? 혹은 정경적인 고백에 대한 합의가 존재한다 하더라도 그 규정에 동의하는 모든 사람들이 그것을 비슷한 방식으로 해석하고 있는지에 대한 문제 같은 것들이다. 이 책에서 가톨릭 저자들은, 심지어 트리엔트 공의회의 여섯 번째 회기에서는 단 한 번의 "공식적인" 해석(reading)도 없었다고 독자들에게 솔직하게 말한다!

나는 호튼이 "전통적인" 개혁파 칭의 견해를 변호하면서, 트리엔트 공의회에서 의결된 로마 가톨릭의 견해와 널리 알려진 종교개혁의 고백적 견해(개혁파와 루터파 둘 다를 포함하여)를 과격하게 나란히 비교하는 이유를 이해한다. 내가 이해하기로는 두 가지 주요한 이유가 있는데, 첫째로 그 둘 사이를 범주적으로 구분하는 전통적인 프로테스탄트 신학과 달리, 칭의를 성화와 연결시키는 로마 가톨릭을 반대하는 배경에는 "행위-의" 및 오직 "믿음"으로 구원받음을 부인하는 것에 대한 두려움이 자리 잡고 있다. 둘째로 이 관심과 한 쌍을 이루는 것은 트리엔트 공의회의 결정에 따른 구원론(Tridentian soteriology)과 은혜 교리 모체의 일부분인 로마 가톨릭의 핵심 문구와 교리들에 대한 것인데, 그중에서 가장 두드러진 것은 공로 개념과 연옥에 대한 가르침이다. 그 두려움과 의심은 실제적인 것이며 쉽게 일축되지 않아야 한다. 그러나 나는 내 글을 통해 칭의에 관한 견해를 제시하면서—내 주장은 바울의 새 관점을 기초로 던이 제기하는 논의나, 혹은 우리의 로마 가톨릭 동료들이 더 폭넓은 가톨릭 전통을 고려하여 제시하는 견해 안에 기본적으로 반영된 것 같다—지난 500년간의 교착 상태 이후 수 세기에 걸쳐 지속된 긴 논쟁을 불식시킬 수 있는 새로운 방법을 표면화시켰다.

여기서는 간단히 요점만을 언급하고 뒤에 나오는 나의 글에서 좀 더 자세히 이를 논의하겠다. 첫째, "행위-의"에 대한 두려움과 관련하여 루터 자신의 신학을 보면, 신자 안에 내주하시는 성령으로 말미암는 믿음 안에서 그리스도의 현존(*in ipsa fide Christus adest*)이 단순한 법정적 선언을 넘어서도록 그를 도왔다는 사실을 언급하려 한다. 심지어 루터는 칭의가 인간 존재의 외부에서 기인한다는 측면을 강조하기 위해 "외부에서 온 믿음"(alien faith)을 언급할 때조차, 외부에서 온 이 의가 선물로서 "우리의 의"가 된다는 사실을 부인하지 않는다. 어떤 사람이 그리스도인이 되기 시작하면 그리스도의 현존은 그가 그리스도를 닮도록(Christlikeness) 회복시키고 변화시키기 시작한다. 가톨릭의 오콜린스가 제시하는 매우 유용한 기고문에 대한 나의 논평에서 언급한 것처럼, 칭의를 법정적 관점으로 이해하는 것은 그 법정적 구조를 절대화하지 않고서도 "유효한"(effective) 효과로 이해하는 것과 서로 잘 어울릴 수 있다.

둘째, 프로테스탄트 신학자로서 나는 "공로"를 말하는 것에 대해 불편을 느낀다. 비록 내가 오콜린스에 대한 논평에서, 로마 가톨릭 신학자로서 이 문제를 언급하는 방식이 트리엔트 공의회의 방식보다는 덜 문제시된다고 말했음에도 그렇다는 것이다. 게다가 나는 연옥을 부인한다. 다시 말해 이러한 의심스러운 도식들은 우리를 의롭다고 선언하는 동시에 의롭게 만드는 것으로서의 칭의와 관련하여 로마 가톨릭과 프로테스탄트가 도출해낸 공동 신앙고백의 일부가 될 수 없다. 가톨릭과 루터파의 "공동 선언"(Joint Declaration)은 이 문제에 관한 전통적이면서도 교단적인 차이를 무효화하지 않으면서도 충분한 공동 기반을 형성할 수 있음을 잘 보여준다.

나의 요점을 좀 더 세밀하게 드러내자면, 나는 칭의의 선언적이면서도 유효한 측면의 결합을 옹호하지만, 동시에 그것 때문에 법정적 체계의 정당성을 무시하고 부정하기를 분명히 원치 않는다. 내가 반대하는 것은—나는 판넨베르크와 같은 지도적인 몇몇 루터파 신학자와 몰트만 같은 개혁파 신학자와 함께 조화를 이루는 것을 추구한다―법정적 체계를 주도적일뿐 아니라 유일한 것으로 삼으려는 몇몇 보수적인 프로테스탄트 전통 안에 있는 성서적·역사적·교리적·에큐메니컬적으로 근거 없고 역효과를 낳는 경향성이다. 나머지 신약성서는 버려두고 단지 피상적으로 바울 신학을 보는 것은 구원에 대한 다양한 은유와 상징, 이미지, 심지어 다른 문맥 안에서 드러나는 "칭의"에 대한 어떤 특정한 은유도 서로 다른 미묘한 의미상의 차이를 보일 수 있다는 것을 우리에게 말해준다. 일반적으로 새 관점을 어떻게 생각하든지 간에, 내게는 그것이 구원이나 구원론에 대한 타당한 은유가 풍부하게 존재한다는 설득력 있는 증거를 제시하는 것으로 보인다. 그러므로 내가 내 글에서 제안하고 던과 로마 가톨릭 저자들이 비슷하게 언급한 것처럼, 하나의 은유를 지배적이고 유일한 은유로 삼을 성서적·역사적·교리적 이유는 조금도 없으며, 이는 심지어 칭의에 대해서도 그렇다.

루터를 배타적인 법정적·사법적 칭의만을 분명히 옹호했던 사람으로 만들려는 시도는 역사적·신학적으로 실패한 프로젝트다. (루터 자신의 글을 기반으로 하는 더 충분한 논의를 보려면 나의『하나님과 함께한 자: 신성화 및 칭의로서의 구원』[One with God: Salvation as Deification and Justification]을 보라.[1]) 내가 호튼과 동의하는 점은 비록 루터 자신의 구원 신학을 아무리 이해한다 할지라도, 그것이 그의 실존적 불안(Angst)의 기능으로 주요하게 작용될 수 없다는 것이다. 다수의 전기적·역사적·교회론적·문화적·성서적·교리적 영향이 그의 "탑 경험"(tower experience)에서―이 단어의 더 큰 의미에서―중요한 역할을 감당했다.

칭의의 선포적 선언으로서의 측면과 실제적으로 의롭게 만드는 측면

1_ Collegeville, Minn.: Liturgical Press, 2004.

을 둘 다 언급해야 할 필요성의 문제로 돌아가 보면, 이 둘을 다 언급하는 것은 호튼이 다음과 같이 제시하는 종교개혁 교리의 두 가지 주요 구호와 전혀 반대되지 않는다는 것을 알 수 있다. 첫째, "신자들은 의롭다 여김을 받은 동시에 죄인이다". 둘째, "죄의 지배가 무너졌으나 죄는 여전히 신자 안에 거한다." 나의 기고문에서 설명하듯이, 심지어 그리스도가 신자 안에 존재하는 그의 용서와 현존을 통해 단 한순간에 모든 죄를 "흡수했다"고 주장할 때조차, 루터는 "죄인인 동시에 의인"(simul iustus et peccator)이라는 자신의 위대한 발견을 절대 포기하지 않았다. 루터에게는 매일 속죄하고 세례의 은혜로 돌아오는 것이 그리스도인의 삶의 핵심이었는데, 이것은 공로를 얻는다는 측면이 아니라 현존하시는 그리스도(Christ-as-present)가 내면에서부터 우리의 삶을 변화시킨다는 의미였다.

사실 급진적인 종교개혁파는 많은 주류 프로테스탄트 그리스도인의 현실 안주에 대한 염려와 "예수의 방식"을 굳게 따르고자 하는 마음에서, 때때로 믿음과 행위의 필수적 연결 혹은 선언적이면서도 의롭게 만드는 칭의를 둘 다 수용하는 로마 가톨릭적인 이해에 좀 더 가깝게 서기도 한다. 하지만 나는 그러한 관찰을 재세례파나 다른 이들을 비판하는 수단으로 삼기보다는, 오히려 그들이 "성서적" 신앙을 증언하는 것으로 받아들인다. 실제로 루터파와 개혁파 노선을 따르는 교회들의 신앙고백서에 나타나는 전통적 개혁파의 교리는 신자의 삶, 제자도, 미덕을 함양하는 일을 간과하게 하기 쉽다. 이 점과 관련해서, 루터 자신이 칭의가 지닌 두 가지 측면을 실질적으로 관련시키는 것은 로마 가톨릭 신학의 정점에 있는 그것과 비슷하며, 각자 자신의 신앙을 심각하게 고려하라는 급진적 종교개혁자들의 요구(참고로 신약성서의 야고보)와 동방 정교회의 "신인협력적" 지향성과의 관련성은, 만약 그것들이 올바르게 이해되고 해석된다면 프로테스탄트로서 그리스도인의 삶과 길에 관한 더 균형 잡힌 시각을 얻는

데 도움이 될 것이다.

호튼은 두 번째 각주에서 어느 정도 논평이 필요한 초대 교부들의 칭의 견해를 다음과 같이 진술한다. "칭의에 관한 고대 교회의 가르침은 모호하다.… 한편으로 죄인을 의롭다고 칭하는 하나님의 칭의를 나타내는 놀라운 증언들이 존재한다. 다른 한편으로 후기 동방 정교회가 서방(중세)의 발전과 나란히 비잔틴 신학을 통해 발전시킨 신인협력설의 많은 줄기가 존재한다." 첫 진술과 관련해서, 교부들에게서 명확하게 표현된 칭의 교리를 하나도 발견할 수 없음은 분명한 사실이다. 그러나 그것을 "모호하다"라고 말하는 것은 교부들의 도식화된 구원론적인 문구를 종교개혁 교리의 안경을 쓰고 평가하는 것처럼 여겨진다. 다시 말하면, 칭의에 관한 교부들의 증언이 종교개혁 교리에서 말하는 "순전한 복음"에 기반을 두지 않았기 때문에 모호하다는 것이다. 그러나 그것은 말 앞에 수레를 두는 것과 같다. 오히려—혹은 적어도 같은 수준으로—전자의 빛 아래 후자가 형성되었다고 평가하는 것이 정확하지 않을까? 역사적으로 더 정확히 말하면, 래퍼티가 말한 대로 아우구스티누스 이전에는 칭의 교리를 둘러싼 논쟁이 많지 않았음을 인정해야 한다. 심지어 용어 그 자체에 대한 빈번한 언급도 없었다! 교부들이 대개 이신칭의보다는 다른 비유를 사용해서 구원론을 언급한 것은 단순한 역사적 사실이다(만약 그들이 이신칭의에 관한 "반 전문적으로"[semi-technical] 발전된 교리를 가지게 되었다면 그것은 아마도 종교개혁의 방법론이 등장한 이후였을 것이라는 사실은 차치하자). 만약 그렇다면, 하나의 역사적 전설처럼 후대에 형성된 교리에 배타적으로 천착하는 것은 모든 구원론적인 표현을 재단하는 잣대가 아니라 재고의 대상이 되어야 한다.

각주에 있는 나머지 진술을 살펴보면, 호튼은 동방 정교회의 신인협력설을 중세 서방 교회의 "행위-의"와 동일시하는 것처럼 보인다. 비록 중세

신학에서—확실히 대중적인 교리와 실천에 있어서—"신인협력적" 경향
이 만연했지만, 동방 정교회의 전통적 특성인 은혜에 기반을 둔 신인협력
(*synergia*) 교리를 같은 범주로 묶어버리는 것은 성급하게 "싸잡아 취급하
는 죄책"이 될 것이다.

논평

로마 가톨릭

제럴드 오콜린스

호튼에게 응답하기 이전에, 의화(Justification)에 대한 이 공동연구 프로젝트가 내게 얼마나 큰 의미가 있는지를 언급하고 싶다. 오랜 친구들(베일비, 던, 에디, 래퍼티)뿐만 아니라 새 동료들과 함께한 것이 내게는 큰 특권이었다. 호튼은 "그리스도의 신앙"(the faith of Christ)이라는 바울의 언어를 바르게 해석하는 방식에 대해서는 던의 편에 서지만, 그 논쟁은 "우리의 영역을 넘어선다"고 생각한다(각주 43). 나는 던의 글에 대한 논평을 통해 바울이 우리가 공유하는 그리스도 자신의 신앙/신실함을 언급하고 있다고 이해하는 일단의 주석가들의 입장을 따랐다. 이 질문을 한쪽으로 제쳐두고, 나는 여섯 개의 서로 다른 주제를 다루려 한다.

첫째, 호튼은 의롭다 여김을 받은 자들의 "새로운 지위가 새로운 관계를 창조한다. 우리는 사법적·관계적 범주들 사이에서 반드시 하나를 선택해야 할 필요가 없다"고 기꺼이 언급한다. 그렇다면 우리는 "법률적" 방식으로 이해해야 하고 법정적 상황에 속해야만 하는 "전적으로 법정적(법률적) 선언"인 의화로 도대체 무엇을 할 수 있는가? 만약 디카이오오(호튼이 제시한 사전적 규정을 따라)가 정확히 "법정에서 깨끗하게 됨"으로 해석된다면, 우리는 다음과 같은 상황을 떠올려볼 수 있다. 배심원단이 재판 말미에 "우리는 피고에게서 죄를 발견하지 못했다"고 말한다면, 그 진술은 실제로 영향을 미치고 상황을 변화시킬 것이다. 그 죄인은 자유롭게 걸어 나갈 것이다. 법정에서 누군가의 혐의가 벗어지는 것은, 존 랭쇼 오스틴(John Langshaw Austin)의 화행 이론(speech act theory)에 빗대어 말하면, 효과적으로 무엇인가를 행하는 수행 발화(performative utterance)다. 호튼은 그의 글 끝부분에서 다음과 같이 오스월드 베이어(Oswald Bayer)의 루터 해석을 인용한다. "하나님이 말씀하시고, 행하신다.…하나님의 일은 하나님의 발화행위(speech)다. 하나님의 발화행위는 헛된 숨결이 결코 아니다. 그것은 생명을 창조하는 가장 효과적인 숨결이며, 생명을 소환하는 것이다." 이 언급에 다음과 같이 주석을 달 수 있겠다. "법정적 의화는 유효한 의화**이다.**" 카르카넨이 그의 글에서 관찰한 것처럼, 루터의 견해에서 의화는 의롭다고 선포하는 것과 실제로 의롭게 만드는 것을 모두 포함한다. 따라서 "의화는 죄인들을 의롭다고 선언하는 판결이다"라고 말하는 것만으로는 불충분하다. 바울이 담대하게 말한 것처럼, 하나님이 그렇게 행하셨으므로 "우리가 하나님의 의가 **되었다**"(고후 5:21).

둘째, 루터와 다른 종교개혁자들은 마음속으로 의화와 성화가 참으로 "믿음을 통해 그리스도와 연합함이 주는 분리할 수 없는 선물"이라고 인식하는 반면에, 호튼은 그 둘이 구별된다고 주장한다. 그러나 카르카넨은 의화와 성화를 그렇게 구별하는 것은 루터의 사고와 이질적이라고 주장한다. 하지만 나는 이 문제를 종교개혁자들의 저작을 전문적으로 다루는 이들의 판단에 맡기려 한다.

셋째, 호튼과 카르카넨은 세계 루터교회 연맹과 로마 가톨릭교회의 대표들이 1999년에 서명한 **의화에 관한 공동 선언**(Joint Declaration on

Justification)에 대해 명백하게 서로 다른 평가를 내린다.[1] 분명히 이 선언은 완전한 의견 일치를 구현하지 못했고, 여전히 남아 있는 차이에 대해 솔직히 시인한다. 그러나 나는 로마 가톨릭의 신학자로서, 이 공동 선언이 공표된 사실에 감사한다. 성서나 혹은 니케아-콘스탄티노플 신조(Nicene-Constantinopolitan Creed)와 같은 그런 주요 신앙고백이 구속하듯이 나 자신을 이 공동 선언에 "구속하지"는 않지만, 만약 의화와 관련된 분야와 그리스도 안에서 하나님이 의롭게 하시는 행위에 관한 우리의 공통된 기독교 신앙을 표현하는 타당한 수단을 선택하는 문제에 대해 이 선언이 내 생각을 인도하는 것을 거부한다면 나는 내 자신이 심각하게 잘못되었음을 깨닫게 될 것이다.

넷째, 카르카넨은 "신성화"(deification, divinization 혹은 *theosis*)가 루터의 사고에서 필수적인 이유를 설명하고, 이 부분에서 구원이 수반하는 것에 관한 동방 정교회의 이해와 함께 발전한 소중한 연결점을 발견했다. 호튼이 칼뱅의 『기독교 강요』에서 취한 다음 부분을 소개하는 것이 유용할 것이다. "그리스도가 우리를 **위해서** 주어졌을 뿐만 아니라, 또한 우리**에게** 주어졌다. 믿음으로 말미암아 우리가 그리스도의 선물들을 받을 뿐만 아니라 그리스도 자신을 받는다." 그리스도 자신이 "의의 선물이다."

다섯째, 나는 말 그대로 아버지에게 순종한 죄 없는 하나님의 아들에게 이전되어 아버지로부터 저주를 받고 처벌을 받는 길을 열게 만든 인간의 개인적 죄라는 개념에 반대한다. 호튼과 많은 다른 이들이(로마 가톨릭의 주교인 자크-베니뉴 보쉬에[Jacques-Bénigne Bossuet]와 같은 주목할 만한 많

1_ "공동 선언"에 대한 바티칸의 "주의"가 믿음 교리 위원회(the Congregation for the Doctrine of Faith[악명 높을 정도로 신중하며 또한 부정적으로 인식되는 모임인])와 교회 일치를 촉진하기 위한 교황청 위원회(the Pontifical Council for Promoting Christian Unity) 사이의 "공통적인 동의"를 거쳐 공표되었다.

은 가톨릭 신도들을 포함해서) 주장하듯이 개인의 죄가 한 사람에서 다른 사람에게 "전가될" 수 있는가? 오히려 내가 우리의 죄와 개인적 죄가 다른 사람에게 옮겨질 수 없다고 주장한다면,[2] 내가 "우리 모두의 질고"를 고난받는 종에게 "담당시키고" 그를 벌했다는 하나님의 언어(사 53:4-6)에 대해 무슨 말을 할 수 있을까?

70인역은 이 주제에 어느 정도 민감함을 보이면서 해당 히브리어("하나님이 우리 모두의 허물을 그에게 지우셨다")를 "하나님이 그를 우리의 죄에 넘겨주셨다"(사 53:6)라고 번역한다. 이후에 바울은 똑같은 그리스어 동사 파라디도미(*paradidōmi*)를 끄집어내어, "그[그리스도]는 우리의 죄를 위해 [하나님에 의해] 넘겨졌다"(롬 4:25), "하나님은 그의 하나뿐인 아들을 아끼지 아니하시고 우리 모든 사람을 위하여 넘겨주셨다"(롬 8:31-32)고 기록한다. 70인역과 바울 서신은 신학적, (한 가지만 더 언급하면) 철학적으로 의문시되는 것처럼 보이는 방법으로 이사야의 네 번째 종의 노래(servant song, 사 52:18-53:12를 가리킨다―편집자주)가 지닌 강렬하고 극적인 언어를 해석하지 않도록 우리를 설득한다. 그러나 이를 언급하는 것이 세상 죄를 보상하기 위한 그리스도의 자기 희생 자체를 의문시하는 것은 아니다.

그렇다면 형벌에 대한 언어들과 "질고로 그 종을 짓밟는 하나님의 뜻"(사 53:10)에 관한 언급은 무엇을 뜻하는가? 제2이사야(Deutero-Isaiah, 40-55장)는 종종 하나님을 그들의 신성한 주님을 무시하거나 모욕하는 자에게 형벌을 가하는 분으로 묘사한다(예. 사 42:18-22; 24-25; 43:24, 27-28). 비록 그들에게 "형벌"의 훈육이 있지만, 그들은 자신들의 사악한 방식에서 돌이켜서 치유 받을 수 있다. 이것이 "그 종"과 그 종의 고난을 집단적

2_ 나는 여기서 "원죄"의 입장을 취하지 않음을 명확히 하기 위해서 **개인의 죄책**을 강조한다. 원죄의 대물림된 "죄로 가득함"은 개인의 죄책을 언급하는 것이 아니라 그 안에서 혹은 그곳에서 인간이 태어나게 되는, 죄로 가득 차 있는 조건을 말하는 것이다.

의미로 해석할 수 있는 여지를 제공하는데, 이는 심지어 네 번째 "종의 노래"에서도 그렇다. 그러나 우리가 여기서 이 종을 오직 개별적 의미나 혹은 그리스도를 예시하는 인물로만 간주한다면, 기원전 6세기에는 하나님의 "절대적"(absolute) 의지와 하나님의 "관대한"(permissive) 의지 사이를 가로지르는 구분이 존재하지 않았음을 또한 기억해야 한다. 그런 구별은 하나님이 심지어 어떻게 그의 전혀 죄 없는 아들을 고난받도록 "내어주셔서" 인간에게 잔인하게 처벌받도록 허용하셨는지 우리가 이해할 수 있도록 한다.

네 번째 "종의 노래"는 타인을 위하여 대신 받는 고난의 가치에 관한 독특하고 훌륭한 진술로서 소중히 여겨져야 하며, 그리스도의 고난에 적용되어야 한다(신약성서가 그랬듯이). 그러나 이 생생한 시의 의미가 그 시가 실제로 말하는 것을 넘어서거나, 혹은 이 시가 마치 개인적 죄의 전가를 다루는 신학적 문서인 것처럼 오해해서는 안 된다.[3]

성서의 다른 구절들은 형벌 대속(penal substitution)이라는 주제를 옹호하기 위해 반복 인용되었다. 예를 들면 로마 가톨릭을 포함해서 다양한 교단의 신학자, 설교자, 주해가들은 하나님이 십자가에 달린 그의 아들에 맞서 전쟁을 수행했다는 견해를 지지하기 위해 시편 22편과 유기(abandonment)에 대한 울부짖음으로 시작하는 그 시의 도입부를 그 증거로 제시해왔다. 십자가에 달린 예수는 죄악 된 인간을 위한 대속물로서 하나님의 분노의 대상으로 간주되었다. 예수는 모든 시대에 걸쳐 가장 최악의 죄인으로서 다루어졌으며, 심지어 지옥의 영원한 고통을 받도록 저주받은 사람들이 겪을 그 고통으로 처벌받았다. 시편 22편을 십자가에서 하나님의 진노로 인해 고통당하는 우리의 형벌의 대속물인 그리스도라는

3_ 추가로 G. O'Collins, *Jesus Our Redeemer: A Christian Approach to Salvation* (Oxford: Oxford University Press, 2007), pp. 148-52.

개념을 지지하기 위해 사용하는(사실상 오용하는) 것에 대해서는, 나의 다른 책에서 좀 더 길게 논하였다.[4]

여섯째, 교리의 역사를 담은 몇몇 요점을 제시하면서 이 글을 마치려 한다. **모든 사람**이 "천국에서 환영받기 전에 연옥에서 정화되어야 한다"는 것은 결코 로마 가톨릭의 신앙이 아니다. 순교를 통해 죽음의 고통을 당한 사람은 "곧바로 천국에 가는" 것으로 간주되었다. 그렇다면 불행히도 호튼은 트리엔트 공의회의 의화교령 9조와 11조를 온전히 인용하지 않은 것 같다. 실제로 전문은 일부 인용이 제시하는 것보다 더 미묘하고 복잡하게 설명한다. 마지막으로 호튼은 라이트에 대응하여 "종교개혁의 입장에서 하나님의 의는 절대 전가되지 않는다"고 지적하지만, 분명히 장 칼뱅은 의화가 "죄 사함과 **그리스도의 의의 전가**"에 있다고 설명한다.[5] 그렇다면 우리에게 전가되는 그리스도의 의는 도대체 어디에서 오는가? 호튼이 주장한 대로, 그 의는 단순히 율법 언약을 완수한 종으로서의 인간인 그리스도의 능동적이고 수동적인 순종의 미덕에서 오는가? 이는 의화가 하나님이 아닌 인간 안에서 온다는 것을 나타내는가? 칼뱅은 의가 단순히 그리스도 안에서 신성과 인간의 결합을 통해서가 아니라, 그리스도의 순종과 희생의 죽음으로 우리에게 주어졌다는 사상을 수호하기 원한다. 끝으로 "의화는 하나님으로서 그리스도의 본질적인 의의 가정적인 분여(supposed impartation)에 있다"[6]는 안드레아스 오지안더(Andreas Osiander)의 견해에 대한 칼뱅의 긴 논박을 다루는 세부사항은 칼뱅 전문가들을 위해 남겨두려 한다.

4_ Ibid., pp. 140-48.
5_ *Institutes* 3.11.2, (강조는 추가됨).
6_ Ibid., 3.11.5.

▶ 4장
▶ 진보적 개혁파

마이클 F. 버드

서론

나는 이 글을 통해 칭의에 관한 "진보적"(progressive) 개혁파의 관점을 제공하고자 한다.[1] "진보적 개혁파"라는 이름은 해설이 필요하다.[2] 나는 신앙생활에서 성서의 최고 권위를 믿으며, 칼뱅주의적인 구원관을 견지하고, 대체적으로 언약신학 체계를 따르며, 비록 성서의 요약적 진술로서 오류가 있을지라도 개혁파 신앙고백을 좋게 여긴다는 점에서 나 자신을 "개혁파"(Reformed)라 여긴다. 동시에 다음의 이유로 나를 "진보적"(progressive)이라고 부를 수 있다. (1) 교회가 "항상 개혁"되어야 한다면 교회를 향한 주해적·신학적 도전의 국면에서 당신의 전통이 지닌 진실성을 단순히 재진술하는 것은 소용이 없다. 우리는 반드시 "모든 내용을 시험해야" 하며

1_ 초고를 읽어 준 Brian Vickers, Joe Mock, Jason Hood 그리고 Steven Coxhead에게 감사를 전한다.

2_ 나는 서지적으로 볼 때 Francis Watson, *Paul, Judaism, and the Gentiles: Beyond the New Perspective*, 2nd ed. (Grand Rapids: Eerdmans, 2007)과 D. A. Carson et al., eds., *Justification and Variegated Nomism*, 2 vols. (Grand Rapids: Baker, 2001-2004) 사이의 어디엔가 위치할 것이다.

(살전 5:21), 만약 우리의 전통이 성서와 맞지 않다면 그것은 기꺼이 수정 되어야 한다. (2) 나는 기존 개혁파 신학자들이 일반적으로 **구원사**(*historia salutis*; history of salvation)를 도외시한 채 신학적으로 **구원 서정**(*ordo salutis*; order of salvation)에 얽매여 바울을 해석해왔다고 생각한다. (3) 개 혁파의 바울 해석의 대부분은 사회적으로 현실성이 없다. 그들은 단지 바 울의 저작을 이용하여 인식된 적과의 격렬한 신학 논쟁을 위한 무기를 구 축하려고 종종 바울 서신의 특정한 역사적 상황을 대충 얼버무린다. 그럼 에도 개혁파 전통 안에는 바울을 읽을 수 있는 많은 양의 훌륭한 자원이 있다고 생각한다. 칼뱅과 루터의 저작에 진정한 **바울주의**(Paulinism)가 스 며들어 있다는 점, 개혁파가 자주 사용하는 문구인 오직 은혜(*sola gratia*) 가 바울 신학의 **중심사상**을 선언한다는 점, 종교개혁자들은 바울의 인간 학적 비관주의가 인간을 유효한 은혜를 지극히 필요로 하는 피조물로 간 주했다는 점, 개혁파 전통은 의인이 아닌 경건치 못한 자를 하나님이 의 롭다고 선언한다는 점에서 정확히 바울을 따른다는 점, 바로 그 개혁파 전통이 우리에게 성서신학의 규율을 제공했다는 점, 개혁파 교의학은 하 나님의 구원 계획의 통일성과 이스라엘과 교회의 연속성을 정확히 강조 한다는 점 등이 그렇다.

나는 이러한 구조를 기반으로 갈라디아서와 로마서 1-4장(지면의 제 약 때문에 전체를 다룰 수 없으므로)에 나타나는 바울의 칭의 가르침을 자세 히 설명하면서 전가에 관한 몇 가지 사항을 언급하고 믿음과 행위를 바라 보는 바울과 야고보의 관점에 대한 해설을 덧붙이려 한다.[3] 나는 칭의가

3_ 바울과 칭의에 관한 더 충분한 논의는 Michael F. Bird, *The Saving Righteousness of God: Studies in Paul, Justification and the New Perspective*, PBM (Carlisle, U.K.: Paternoster, 2007); idem, *A Bird's-Eye View of Paul: The Man, His Mission and His Message* (Nottingham, U.K.: Inter-Varsity Press, 2008), pp. 93-98; idem, "Judgment and Justification in Paul: A Review Article," *BBR* 18 (2008): 299-313; idem, "What if Martin Luther Had Read

새 시대를 여는 첫 관문이며, 하나님이 새 언약을 통해 새로운 지위를 획득한 새로운 백성을 창조하는 행위임을 보여주려고 한다. 칭의는 십자가에 못 박히고 부활한 구세주의 복음 안에서 하나님의 구원하는 의라는 묵시론적 계시를 통해서 일어난다. 그렇다면 칭의는 대속의 죽음과 능력 있는 부활을 통해 언약으로 맺어진 가족의 구원에 효력을 주시는 의로운 자(Righteous One)이신 예수 그리스도 안에서 구원이 어떻게 일어나는지에 관한 바울의 조건적·사법적 표현일 것이다.[4]

갈라디아서와 로마서 안에서 본 이신칭의

바울과 하나님의 구원(갈라디아서)

갈라디아서는 바울 서신 중 가장 논쟁적이다. 그는 이방 그리스도인 개종자들에게 할례를 강요하여 바울 복음을 대체하거나 완성하려는 목적으로 갈라디아를 방문한 유대 그리스도인들에게 맞대응하고 있다. 나는 "칭의 복음"을 언급하는 사람들에 대해 대체로 비판적이다. 그 문구가 성서에 결코 나타나지 않는다는 사실은 차치하더라도, 그 문구는 구원, 화해, 양자 삼음과 같이 동등하게 중요한 다른 이미지보다 칭의에 더 많은 특권을 부여한다. 더욱이 "칭의 복음"을 언급하는 것은 사람이 이신칭의에 대한 믿음을 통해 의롭게 된다는 잘못된 인상을 심어줄 수 있다. 하지만 바울은 칭의라는 표현을 주로 복음이 어떻게 이방인을 구원하여 이스라엘의 유업에 참여하게 하는지를 묘사하는 데 사용한다. 바울은 갈라디아서를

the Dead Sea Scrolls? Historical Particularity and Theological Interpretation in Pauline Theology: Galatians as a Test Case," *JTI* 3 (2009): 107-25을 보라.

4_ Richard Hays, "Justification," *ABD* 3:1130을 참조하라.

통해 율법의 행위가 아닌 믿음으로 의롭게 된다는 그의 주요 논지를 변호함으로써 복음을 변호하고 있다.

바울은 자신의 가르침을 시작하면서 주 예수를 "우리 죄를 위해서 자기 자신을 내어준 분이며, 이를 통해 그가 하나님 곧 우리 아버지의 뜻을 따라 이 악한 세대에서 우리를 건졌다"(갈 1:4)고 소개한다.[5] 여기서 그는 묵시문헌적인 이미지뿐만 아니라 사해사본과 관련된 것으로 추정되는 다른 유대 분파들이 사용하는 것과 유사한 언어들을 사용하고 있다. 이 관점은 세상이 초자연적인 악으로 가득 차 정죄를 받은 것으로 간주하면서, 악한 시대의 권세로부터 선택한 자들을 구원하시는 하나님의 행동을 극적으로 그리고 있다. 갈라디아서 안에 있는 의의 언어는 그의 백성을 구원하시는 하나님의 극적 개입을 의미하는 이 묵시적 체계에 반드시 종속되어야 한다.

갈라디아서의 핵심은 2:1-3:29이며, 이는 이신칭의에 관한 방대한 자료를 담고 있다. 바울은 갈라디아서 2:1-3:29에서 바나바와 디도와 함께 참여한 예루살렘 공의회를 설명하면서 이방인들도 율법을 지켜야 한다는 메시지를 통해 그들을 율법의 노예로 만들려는 어떤 "거짓 형제들"을 경계한다. 바울은 예루살렘 회의를 통해 그의 메시지에 추가된 것이 아무것도 없었다고 강조하면서, 기둥과 같은 핵심 사도들이 무할례자를 향한 그의 복음이 적법함을 재가했음을 확인한다(디도가 할례를 받지 않았다는 사실이 이를 증언했다).

바울은 모든 이들이 복음이라는 같은 악보로 함께 노래하고 있다고 생각했다. 그러나 바로 그때 안디옥을 방문했던 베드로는 여러 민족이 함께하는 교제에 참여했으나, 후에 "야고보에게서 온 어떤 이들"이 도착했

5_ RSV에서 인용함.

을 때, 그 교제에서 물러나 자리를 피했다(갈 2:11-14). 이 사건은 복잡하므로 어느 정도 분석이 필요하다. 내가 보기에는 기원후 40년대에 유대에서 일어난 일들을 바르게 인식해야 한다. 바로 이 기간에 칼리굴라(Caligula)가 예루살렘 성전에 자신의 상(像)을 세우려고 시도했고, 일련의 무능한 로마 총독들이 집권했으며, 도적 떼가 증가하고 혁명의 열기가 팽배했고, 반 이방인 정서가 점차 증가하면서 예루살렘 교회는 핍박을 피하기 위해 이방인과의 교제를 피하려 했다(갈 6:12; 살전 2:16을 보라). 만약 베드로가 할례를 받지 않은 이방인들과 교제한다면 예루살렘 신자들이 더욱 위험에 처할 수 있었기 때문에, 야고보는 베드로에게 사절단을 보내 이방인들이 할례를 받지 않는 한 그들과 교제하지 말라고 통보했다. 베드로와 바나바는 이에 동의하여 자리를 정리하고 물러났다. 그러나 바울은 이런 베드로의 위선이 이방 그리스도인들은 교회의 정회원도, 동등한 회원도 아니라는 것을 의미한다고 생각했기 때문에 격노했다. 그러나 사실 바울과 베드로는 둘 다 최근까지 공개적으로 이방인들 가운데서 살고 있었다. 바울은 베드로가 이방인들에게 그들의 외피를 잘라내도록 강요함(할례를 의미함—역자주)으로써 자신의 체면을 유지하려 한다고 생각했다.

바울의 논의는 갈라디아서 2:15-21에서 훨씬 더 격렬해진다. 여기서 그는 베드로에 반대하는 더 충분한 근거를 제공하면서 갈라디아 교회의 상황에 대한 자신의 반응을 보여준다. 바울은 다음과 같이 언급한다. "우리는 본래 유대인이요 이방 죄인이 아니로되, 사람이 의롭게 되는 것은 율법의 행위로 말미암음이 아니요 오직 예수 그리스도를 믿음으로 말미암는 줄 알므로 우리도 그리스도 예수를 믿나니, 이는 우리가 율법의 행위로써가 아니고 그리스도를 믿음으로써 의롭다 함을 얻으려 함이라. 율법의 행위로써는 의롭다 함을 얻을 육체가 없느니라"(갈 2:15-16). 다음 사항에 주목하자.

1. 본문의 "우리"는 유대 그리스도인을 의미하며, 칭의의 방편은 율법의 행위가 아닌 믿음이라는 개념은 바울이 고안한 것이 아니라 처음부터 유대 그리스도인들이 가진 전통의 일부였다.

2. 비록 몇몇 상황에서 바울이 유대인과 이방인을 구별하는 율법(예. 유일신 사상, 음식법, 안식일)을 전면에 두거나 혹은 "입회 의식"을 나타내는 율법(예. 할례) 등을 염두에 두지만, 그가 말하는 "율법의 행위"는 단순히 율법이 요구하는 행위를 의미한다.

3. 비록 "그리스도의 믿음"이 "그리스도의 신실함" 혹은 "그리스도를 믿는 믿음"을 의미할 수 있지만, 나는 중재적인 관점을 선호한다. 그리스도의 믿음은 특별히 십자가 위에서 자신을 내어주기까지 순종한 예수의 행위를 포함하여, 그리스도 안에서 하나님의 행동에 한 사람을 위탁하는 것과 관련이 있다(갈 1:4; 2:19-20b을 보라).

4. 바울에 의해 제기된 논제가 유대인과 이방인을 구별하는 음식과 교제에 대한 상징적인 경계표지였으나, 문제는 신앙 공동체의 식사에서 단순히 이방인이 배제되었다는 사실보다 더 광범위한 것이었다. 오히려 율법 행위는 보편적 조건, 즉 "율법의 행위로 의롭다 함을 얻을 육체가 없기[전혀 하나도 없다]" 때문에 의롭다 할 수 없으므로, 바울은 "만일 의롭게 되는 것이 율법으로 말미암았으면 그리스도께서 헛되이 죽으셨느니라"(갈 2:21)라고 말한다. 바울은 구원을 유효하게 하는 동시에 율법을 완전히 무력화시키는 복음의 독특성을 기탄없이 제기한다.[6]

6_ 우리는 바울이 공로주의(legalism) 혹은 자민족중심주의(ethnocentrism)를 논박했다는 그릇된 이분법을 반드시 넘어서야 한다. 그에 따르면 율법은 모세 언약을 표현한 것이며 그리스도의 계시로 대체되었으므로 지나간 시대에 속한다(갈 3:24-25; 4:4-5을 보라). 율법은 이스라엘의 주위를 하나님의 약속으로 둘러싸 보호하고, 그 시대에 하나님이 그의 백성에게 기대한 것을 드러내는 특정한 구속사의 기간과 밀접한 관련이 있다. 율법은 결코 최종 언어가 아니며, 또한

5. 바울은 이신칭의에 관한 담론에 대해 즉시 "그리스도 안에서 의롭다 여김을 추구함," "그리스도와 함께 고난을 받고," "그리스도가 내 안에 거함"(갈 2:17, 19b-20)과 같은 참여적(participationist) 범주로 화제를 전환한다. 이것은 칭의, 즉 율법에 대해 죽고 하나님에 대해 사는 것은 오직 그리스도와의 연합으로만 파악되는 실체이기 때문이다.

갈라디아서 2:11-21을 보면, 안디옥에서 벌어진 베드로의 행동은 이방인이 먼저 할례(즉 개종)를 통해 유대인이 되어야만 공동체의 동등한 구성원으로 대접받을 수 있다는 것을 시사했으므로, 바울은 이에 맞서 복음의 진리를 변호했다. 바울의 대응은 그리스도인이 되기 위해서 반드시 유대인이 될 필요는 없다는 것이었다. 바울은 사람은 율법의 행위가 아니라 그리스도를 믿음으로 의롭다 여김을 받는다는 유대 그리스도인 사이에서 공유된 전통에 호소했다. 그 외에 다른 것을 추가로 요구하는 것은 "그리스도를 믿음"이라는 유일한 요구를 약화시키고, 하나님이 예수를 신뢰하는 사람들을 수용하셨다는 복음의 핵심 주장을 무효로 만드는 것이다.

바울은 자신의 체험을 밝힌 후에, 그리스도 안에서 의롭다 여김 받음을 추구함으로써 바울 자신이나 베드로 같은 유대 그리스도인들도 이방인 사이에서 그들처럼 사는 것을 통해 율법의 영역 바깥에서 살아갈 수 있다고 선언했다. 그러나 이 때문에 그리스도가 유대인들이 법 없는 이방 죄인이 되도록 촉구한다고 생각할 필요는 없다. 반대로 (죄인들로부터) 구분의 수단으로든지 혹은 (죄로부터) 의로운 삶의 방식으로든지, 율법을 다

아브라함에 주어진 약속을 실현하는 도구로 고안된 것도 아니다. 구원의 영역은 언제나 이스라엘 민족보다 더 넓었고, 따라서 구원의 방편(즉 믿음)은 항상 모세 언약이 지닌 독특한 구조보다 더 넓었을 것이다.

시 세우려고 하는 모든 사람은 복음의 핵심 요구—그리스도를 믿음 외에는 구원받을 다른 방편이 없음—를 거부함으로써 자신이 죄인이라는 것을 증명하는 것이다. 다시 말해서 율법을 기독교 공동체의 기반으로 다시 세우고자 하는 시도는 그리스도의 완성된 사역에 맞서 죄를 짓는 것이다. 왜냐하면, 그러한 시도는 십자가가 인간을 의롭다고 규정하는 데 불충분하다는 것을 암시하는 행동이기 때문이다. 이방인과 친밀하게 지내는 것이 유대인에게는 적법한 것이 아닐 수도 있지만, 그리스도의 사역을 부정하는 죄와 비교하면 그것은 대수롭지 않은 것이다.

따라서 바울은 율법이 죄/죄인을 다루도록 뒤로 물러서는 행동은 복음을 통해 드러난 하나님의 은혜를 제쳐두는 것이라고 주장한다. 그리스도의 죽음이 의가 율법으로 말미암지 않는다는 것을 근거로 의도되었으므로 그런 행동은 전혀 타당하지 않다.[7] 그 대신에 죽음에서 생명으로 나아가는 체험이 필요하다. 바울은 자신이 그리스도와 함께 십자가에 못 박힘으로써 율법에 대해서 죽었고 하나님에 대해서 살았다고 말한다. 신자들이 율법 언약에서 의로움을 찾도록 그리스도가 그들을 재촉하지 않았다는 것은 명백하다. 오히려 그리스도와 함께 죽어야 그리스도가 그들 안에서 살 수 있고 또한 그리스도가 그들을 살게 할 수 있을 것이다. 유일한 생명은 바울을 사랑하고 그에게 자신을 내어준 하나님의 아들의 신실함 안에서 발견된다.

갈라디아 사람들이 받은 성령 체험이 율법에 대해 그리스도와 함께 죽었다는 바울 자신의 경험을 확인해준다. 갈라디아서 3:1-5이 말하듯, 갈라디아 사람들은 율법이 아니라 복음으로 말미암아 성령을 받았다. 율법은 그들에게 성령을 분여하지 않았으나, 그들은 십자가에서 고난받

7_ Ben Witherington, *Grace in Galatia: A Commentary on Paul's Letter to the Galatians* (Grand Rapids: Eerdmans, 1998), p. 185.

은 예수를 믿음으로 성령을 받았다(그리고 성령은 그들이 율법을 성취하게 했다. 롬 8:4; 갈 6:2을 보라). 또한 바울은 갈라디아서 3:6-14에서 자신의 복음이 성서의 모범에 합치된다는 것을 보여준다. 분명히 이것은 갈라디아 교회의 거짓 선생들이 사용하는 본문이었을 것이다. 바울은 하나님이 이방인을 용납한 배경이 행위가 아닌 믿음이라는 것을 보여주기 위해 창세기 15:6을 인용한다. 동시대의 유대인들과 다르게 바울은 아브라함이 율법이라는 사사로운 계시를 가졌거나(예. 집회서 44:19-21; 희년서 23:10; 바룩2서 57:1-2), 아브라함이 시험을 받을 때 이삭을 기꺼이 바칠 것이라는 신적 예지(foreknowledge)에 근거해서(예. 마카비1서 2:25) 하나님이 그를 의롭게 여겼다고 생각하지 않는다. 바울은 아브라함이 과거 우상숭배자였고 할례받기 이전이었음에도 불구하고 하나님이 그의 믿음을 의로 여겼다는 구약성서의 언급을 그대로 수용한다. 그러므로 아브라함은 유대교로 개종한 이방인의 전형이 아니라 이방 그리스도인의 전형일 뿐이다. 아브라함과 같은 믿음을 가진 사람들이 아브라함의 자손으로서, 아브라함과 같은 복을 받게 된다.

바울은 갈라디아서 3:10-14에서 신명기 27:26, 하박국 2:4, 레위기 18:5, 신명기 21:23을 인용하면서 다음과 같은 논증을 제시한다.[8]

1. 신명기 27:26은 율법을 지키지 않는 모든 사람이 저주 아래 있다고 위협한다.
2. 율법을 완벽하게 지킬 사람이 하나도 없다는 것은 명백하다.
3. 그러므로 율법과 관련된 모든 사람은 저주 아래 있다.
4. 하박국 2:4은 의인이 믿음으로 살 것이라고 진술한다.

8_ A. Andrew Das, *Paul, the Law, and the Covenant* (Peabody, Mass.: Hendrickson, 2001), pp. 145-46을 참조하라.

5. 그러나 율법의 명령은 의무를 다하는 행실을 요구하기 때문에 믿음과 관련이 없다.

6. 그러므로 율법으로는 하나님 앞에서 의롭다 여김을 받을 사람이 하나도 없다.

7. 레위기 18:5은 율법을 지키는 자에게 생명을 약속한다.

8. 율법을 완벽하게 지킬 사람이 하나도 없다는 것은 명백하다.

9. 그러므로 율법을 통해 생명을 받을 사람은 하나도 없다.

바울은 갈라디아서 3:13에서 그리스도가 율법의 저주 아래 있는 자들을 위해서 저주받음으로써 그들을 구원했다고 주장한다. 이것은 신약성서에서 예수가 다른 사람들을 대신해서 저주를 받았다는 형벌 대속(penal substitution)을 가장 분명하게 확증하는 구절 중 하나다. 그러나 제발 갈라디아서 3:14에 제시된 그리스도가 저주받은 목적을 주목하라. "이는 그리스도 예수 안에서 아브라함의 복이 이방인에게 미치게 하고 또 우리로 하여금 믿음으로 말미암아 성령의 약속을 받게 하려 함이라." 바울은 구약성서에 관한 자신의 논의, 칭의를 제공하기에 무능력한 율법, 그리고 아브라함을 부르심 및 예수의 대속적 죽음을 구속사—열방이 아브라함처럼 그리스도를 믿을 때 그들을 아브라함의 가족의 구성원이 되게 하는 하나님의 계획—의 광대한 지평 안에 위치시킨다. 그러므로 갈라디아서 3:6-14은 아브라함의 약속과 관련된 같은 범주로 묶인다. 성서가 아브라함에게 먼저 알고 복음을 선언했을 때 그것은 "너로 말미암아 열방이 복을 받을 것이다"(갈 3:8)라는 말과 함께였다. 그리고 아브라함의 약속이 그리스도 안에서 이방인에게로 온다(갈 3:14)는 바울의 진술이 마지막 부분에서 나타난다. 그러므로 당신이 복음을 생각할 때에는 하나님이 아브라함과 맺은 약속을 생각하라. 복음은 구원의 시대에 이방인들이 아브라함의 약속을 수용하는 것과 관련된다. 다시 말해 이신칭의는 복음 그 자체가 아니라, 하나님이 아브라함과 맺은 약속에 어떻게 이방인이 참여할 수 있는지 묘사하는 메커니즘을 의미하는 것이다. 그리스도의 인격과 사역에 대한 그들의 믿음이 그들로 하여금 하나님과 바른 관계를 갖게 하기 때문에, 바로 그리스도를 믿는 믿음을 통해 이방인들이 성령을 받고 하나님과 연합하게 된다.

이어지는 갈라디아서 3:15-29의 논증은 아브라함 언약과 모세 언약이 하나님의 약속과 어떤 관련이 있는가에 집중한다. 바울은 다음과 같이 주장한다. (1) 아브라함에게 하신 약속은 약속의 "자손"인 예수 그리스도에게 집중되고, 430년 후에 주어진 율법이 이전의 약속들을 폐하지 않는다. (2) 율법은 약속의 자손이신 예수 그리스도가 오기 전까지 (희생제사 제도를 통해서) 죄를 처리하기 위해서 주어졌다. (3) 율법은 약속과 반대되지 않지만 죄에 대한 확신을 가져올 수 있다는 의미로 제한되며 생명을 줄 수 없다. 오직 하나님만이 그렇게 하실 수 있다. (4) 율법은 그리스도의 때까지 그들을 인도할 뿐만 아니라, 그들을 오신 그리스도에게 인도하는 일시적인 관리인(custodian, 개역개정 성서는 초등교사로 번역함—역자주)이었다. (5) 율법은 인간이 그리스도를 믿음으로 의롭게 되는 믿음의 시기가 올 때까지 이스라엘을 하나님의 약속으로 보호하여 아브라함 약속의 성취를 가져다준다. 이 논증은 이방인이 그리스도 예수를 믿음으로 말미암아 이제 그 약속들이 선하게 이루어졌다는 바울의 언급과 함께 끝난다. 세례라는 언약의 표지를 통해 그들이 그리스도를 옷 입었고, 율법이 인간 사이에 두었던 차별이 그리스도 안에서 제거되었다. 그것은 하나님이 시종일관 유대인과 이방인, 혹은 유대인 계층과 헬라인/야만인 계층으로 구성된 두 그룹이 아닌 한 백성, 즉 교제를 통해 그들의 하나님을 함께 예배하는 한 백성을 소유하기 원하셨기 때문이다. 이것이 함축하는 것은 할례를 통해 하나님의 보좌에 가까이 나아가는 것이 아니라, 그리스도 안에 있는 존재로서 신자가 아브라함 자손의 일부이고 그 약속의 상속자라는 것이다.

갈라디아서에서 칭의를 언급한 다른 유일한 부분은 5:2-6이다. 그곳에서 바울은 만약 갈라디아 성도들이 율법을 통해 의로움을 추구하려 한다면, 그리스도에게서 단절되고 은혜에서 떨어진다고 경고한다. 거짓 선생들은 할례와 그리스도, 혹은 율법과 은혜 사이에서 하나를 선택하도록 강요한다. 하지만 성령 안에서 의의 소망을 기다리는 신자들의 믿음이 그들의 선택에 영향을 끼쳐야 한다. 여기서 "의"는 윤리적인 것이 아니라 현재 선언된 의의 판결이 온전히 수행될 마지막 심판의 날에 하나님의 백성이 갖는 미래의 지위를 의미하는 것이다. 바울이 이러한 주장을 펼칠 수 있었던 것은, 할례가—새 창조가 시작되고 사랑의 행위를 낳는 믿음의 권능이 부어짐으로 인해—신자들에게 무가치해졌기 때문이었다.

여기까지의 논의를 요약해보자. 바울은 다음과 같은 몇 가지 반증을 통해 갈라디아에 침입한 거짓 교사들의 가르침을 비판한다. (1) 바울은 그리스도가 단지 율법에 더해진 것이라고 주장하는 자들과 싸운다. 하나님은 인간을 율법에서 구속하고 그들을 하나님의 가족 구성원으로서 양자로 삼으려는 성취의 순간에 그리스도를 보내셨다. (2) 바울은 율법이 죄 문제의 해결책이 아니라 바로 그 문제의 일부라고 주장한다. 갈라디아서의 심장부에서 바울은 이스라엘의 언약과 그 율법이 치유할 수 없는 인류가 가진 문제가 무엇인지를 묻는다.[9] 율법은 칭의가 아닌 정죄를 가져오고, 복이 아닌 저주를 불러온다. 그것은 최종적이 아니라 임시적이며, 은혜의 기반이 아니라 단지 은혜로 인도하는 역할을 하고, 이방인을 포용하기보다는 그들을 배제한다. (3) 바울은 아브라함도 할례를 받았으므로 갈

9_ Bruce Longenecker, *The Triumph of Abraham's God: The Transformation of Identity in Galatians* (Nashville: Abingdon, 1998), pp. 120-21.

라디아 사람들도 의롭게 되기 원한다면 할례를 받아야 한다는 의미로 아브라함 이야기를 해석하려는 거짓 선생들의 가르침에 반대한다. 그 대신, 바울은 아브라함이 믿음으로 의롭다고 여겨진 것은 할례와 전혀 무관하다고 가르친다. (4) 거짓 선생들은 하나님의 구원의 중심지가 이스라엘이므로 **할례**를 통해 이스라엘에 입회하는 것이 필요하다고 본 반면에, 바울은 이스라엘의 메시아 안에서 연합된 유대인과 이방인으로 구성된 교회가 바로 "하나님의 이스라엘"이므로 그것을 경험하기 위한 **새 창조**의 필요성을 옹호한다.

한 마디로 갈라디아서에서 "이신칭의의 복음"은 아브라함에게 주어진 "약속의 복음"의 한 목록이라고 말할 수 있을 것이다.

바울과 하나님의 의(로마서)

로마서는 바울 서신의 문학적 절정이다. 로마서는 신학적으로 강렬하고, 사회학적으로 복잡하며, 목회적으로 풍성하다. 그 서신은 세 가지 이유 때문에 기원후 50년대 중반 고린도에서 기록되어 로마 교회로 보내졌다. (1) 바울은 예루살렘에 갈 채비를 하면서 모든 이방인 교회가 자신을 뒷받침한다는 것을 확인하고 떠나기를 원한다. 이 서신은 또한 예루살렘에 연보를 전달하면서 자신을 변호하기 위한 일종의 최종 연습이었다. (2) 고린도 교회의 평온함이 어쩌면 바울이 직면했던(예를 들면 안디옥, 갈라디아, 고린도에서) 모든 논란을 감안해서 복음을 반영할 기회를 어느 정도 제공했을 것이다. 로마서는 바울 사고의 압축으로 기능한다. (3) 바울은 극서 지역에서의 선교 사역을 더 감당하기 위해 스페인 행을 의도했으며, 이를 위해 자신이 서쪽으로 갈 때 로마 사람들의 지원을 요청한다. 이 지원을 얻기 위한 두 가지의 암시된 과제가 바울에게 있었다. 바울은 반드시 (a) 반 율법 그리고 반 이스라엘이라는 유언비어로부터 자신을 변호해야 했고,

(b) 그들과의 친밀한 결합이 회복되지 않는다면 인종에 따라, 혹은 논쟁의 여지가 있는 율법에 대한 믿음의 문제로 파편화되어버릴지도 모르는 한 무리의 회중에게 일종의 목회 신학을 제공해야 했다. 바울은 복음 전도 여행에 필요한 그들의 지원을 얻기 위해 로마에 있는 이방 그리스도인에게 편지를 쓰면서, (아마도 유대 그리스도인들도 역시 이 서신을 읽을 것을 잘 알면서) 복음의 내용과 그 필연적 귀결이 포함된 웅장한 신학적 이상을 펼치고 있다.

서신의 중심 논지는 로마서 1:16-17에서 시작된다. 바울은 "내가 복음을 부끄러워하지 아니하노니 이 복음은 모든 믿는 자에게 구원을 주시는 하나님의 능력이 됨이라. 먼저는 유대인에게요 그리고 헬라인에게로다. 복음에는 하나님의 의가 나타나서 믿음으로 믿음에 이르게 하나니 기록된 바 '오직 의인은 믿음으로 말미암아 살리라' 함과 같으니라"라고 진술한다. 논쟁의 초점은 "하나님의 의"가 목적격인지(즉 하나님으로부터[from] 오는 의) 혹은 주격인지(즉 하나님께[to] 속한 의)의 여부를 결정하는 것이다. 나는 다수의 이유 때문에 주격 견해를 선호한다. (1) 그것은 하나님의 "권능"(롬 1:16), "분노"(롬 1:18; 3:5), "심판"(롬 2:2-3, 5), "선하심"(롬 2:4), "참되심"(롬 3:7) 그리고 "미쁘심"(롬 3:3)의 언급을 통해 하나님의 특성과 행동을 나타내는 진술이 로마서 1-3장에 만연한 것과 상통한다. (2) 구약성서에는 "의"와 "구원"이 사실상 동의어인 예가 다수 등장하며(예. 시 51:14; 71:15-16; 사 46:13; 56:1), 여기서 사용된 용법은 하나님의 의가 하나님의 전능하신 구원의 행위라고 말하는 예와 유사하다(예. 삿 5:11; 삼상 12:7). 다시 말하면 "하나님의 의"는 하나님 성품의 강직함 및 땅에 있는 모든 것들의 심판자로서 그의 성품과 예수 그리스도 안에서 이스라엘을 향한 그의 성실함 안에 드러나는 그의 성품을 어떻게 드러내는지를 보여준다. 그렇다면 하나님의 의는 하나님의 구원 행위에서 구체화되고 제정된 하나님의 성품이며, 하나님의 백성을 위해 무죄를 입증하고 사악한 자를 정죄하는 것을 뜻한다.

무엇이 하나님의 의가 아닌지를 지적하는 것이 중요하다. 하나님의 의는 복음이 **아니지만**, 복음 안에서 드러난 어떤 것이다. 그 묵시적 구조로 관심을 되돌리면, 이스라엘을 통해 전 세계에 미친 하나님의 구원에 대한 극적인 계시는 부활한 예수가 주님이고 메시아라는 복음으로 촉발된다. 알랜드 헐트그렌(Arland Hultgren)은 이렇게 설명한다.

이 경우에 바울이 하나님의 의를 언급하면서 복음으로 하나님의 의가 드러났다고 말할 때, 그는 신자에게 전가된 의를 주로 언급하지 않는다. 그는 하나님의 아들의 복음을 통해 드러난 의를 말하고 있으며, 그 복음은 하나님이 죄인인 인간을 구원하기 위해서 어떻게 그의 아들을 보내셨는지 보여주는 구원의 메시지다. 하나님의 의는 이스라엘의 성서와 메시아 혹은 메시아적 시대의 도래에 대한 약속 안에 언급된 하나님의 구원 행위다.[10]

또한 "하나님의 의"는 이신칭의가 **아니다**. 하나님에게서 연유한 의로운 지위라는 선물이 실제로 존재하지만(롬 5:17; 빌 3:9을 보라), 하나님의 의는 로마서의 모든 본문 안에(단지 롬 1-4장에만 있는 것이 아닌) 있는 칭의, 구속, 희생, 죄 용서, 언약의 구성원 됨, 화해, 성령의 선물, 새로운 순종의 능력, 그리스도와의 연합, 죄로부터의 자유, 종말론적 신원을 포함하는 구원이라는 총체적 선물 꾸러미를 소개한다. 제임스 던(James Dunn)이 언급한 것처럼 "'하나님의 의'는 그 어디에서도 하나님의 단일한, 단 한 번의 행위로 인식되지 않았으며, 오히려 하나님의 받아주심, 견인하심, 그리고 마지

10_ Arland J. Hultgren, *Paul's Gospel and Mission* (Philadelphia: Fortress, 1983), p. 31.

막 때에 신원하시는 은혜로 인식되었다."[11]

마지막으로 하나님의 의는 하나님의 언약적 신실함으로 축소되지 **않 는다.** 우리는 구약에서 하나님의 의와 그의 신실함이 서로 관련됨을 인정 해야 하지만(예. 신 7:9; 32:4; 시 25:10; 26:3; 40:10-11; 89:28, 49; 111:5-10; 143:1; 슥 8:8), 언약을 준수하는 모든 행동이 의롭다고 해서 모든 의가 언약을 준 수함에 관한 것은 아니라는 마크 사이프리드(Mark Seifrid)의 언급에도 주 의해야 한다.[12] 하나님의 의는 이스라엘과 아브라함을 향한 **언약적** 약속 을 성취하지만, 하나님이 모든 창조에 대한 그의 의로운 통치를 세우려 할 뿐만 아니라 마침내 자신을 위해 세상을 회복하려 한다는 측면에서 하 나님의 의는 또한 **창조적이다**(시 98편을 보라).

바울은 로마서 1:18-32에서 우상숭배와 비도덕성으로 인해 이방인들 이 하나님의 분노 아래 정죄되었음을 확고히 한다. 다음으로 그는 로마서 2:1-3:20의 전환을 통해 이는 유대인에게도 같은 사실임을 다소 도발적으 로 선언한다. 단순히 언약과 율법을 소유했다는 사실만으로는 마지막 날 에 율법이 그들을 무죄 방면하지 않을 것이기 때문에 유대인들도 동일하 게 하나님께 정죄될 것이다. 중요한 것은 어떻게 행하느냐의 문제이기 때 문이다. 이 부분에서 바울은 이스라엘을 향한 하나님의 신실함과 유대인 과 헬라인을 향한 하나님의 심판이 공평함을 동시에 주장하기 때문에 외 줄타기 같은 아슬아슬한 상황에 처하게 된다. 말하자면 바울은 하나님이 어떠한 편애 없이 공정하게 만찬을 제공할 때 어떤 이방인들은 언약 백성

11_ James D. G. Dunn, *Romans 1-8* (Dallas: Word, 1988), p. 97; idem, *The Theology of Paul the Apostle* (Grand Rapids: Eerdmans, 1988), p. 386.

12_ Mark A. Seifrid, "Righteousness Language in the Hebrew Scriptures and Early Judaism," in *Justification and Variegated Nomism*, vol. 1: The Complexities of Second-Temple Judaism, ed. D. A. Carson, Mark A. Seifrid and Peter T. O'Brien (Grand Rapids: Baker, 2001), p. 424.

(유대인)보다 더 좋은 자리에 위치하게 될 것이라는 비유를 제시하면서 그의 가상의 유대인 대담자(interlocutor)를 부끄럽게 만든다.

"율법을 행하는 자라야 의롭다 하심을 얻는다"라는 로마서 2:13의 진술에 대해서는 주석가마다 해석이 다르다. 바울이 로마서 3:20에서 율법의 행위로는 의롭다 여김을 받을 육체가 없다고 솔직하면서도 단순하게 말하기 때문에, 로마서 2:13은 행위로 구원받음을 의미할 수 없다. 하지만 바울이 다른 문맥에서 "논증을 위해"라는 말을 사용하는 것처럼(롬 3:5; 6:19; 갈 3:15을 보라), 여기서 바울이 그의 주장을 "만약…그렇다면"의 구조나 혹은 "내가 사람의 논증을 사용하고 있다"와 같은 수사적 단서를 사용해서 표현하지 않기 때문에, 로마서 2:13은 단지 가설적 진술이 될 수 없다. 그리고 경건하지 않은 자들의 정죄가 실제라면, 율법을 행한 자를 위한 칭의도 반드시 실제여야 한다. 내 생각에는, 믿음으로 율법을 실제로 행하는 이방 그리스도인에 관한 텍스트인 로마서 2:14-16, 25-27를 기준으로 로마서 2:13을 읽어야 할 것 같다. 나는 위대한 많은 주석가와 같은 노선에 서서, 여기서 묘사되는 이방인은 고상한 이교도들이나 혹은 하나님을 경외하는 자들(God-fearer)이 아니라, 성령으로 인도함을 받는 그들의 행동을 통해 율법을 실제로 행하는 이방 그리스도인이라고 생각한다(롬 3:31; 7:6; 8:4-9; 10:4-11; 13:8; 갈 6:2을 보라).[13] 그것은 특별히 "그런즉 무할례자가 율법의 규례를 지키면 그 무할례를 할례와 같이 여길 것이 [logisthēsetai] 아니냐?"라는 로마서 2:26에서 분명히 드러난다. 전가에 대한 끝없는 논쟁에도 불구하고, 많은 사람들이 로마서에서 이방인에게 첫 번째로 전가된 것이 하나님의 백성 안에 있는 언약 백성으로서의 자격임에 주목하지 못했다!

13_ N. T. Wright, "Law in Romans 2," in *Paul and the Mosaic Law*, ed. J. D. G. Dunn (Tübingen: Mohr/Siebeck, 1996), p. 136을 참조하라.

예수 그리스도 안에 있는 하나님의 구원을 다루는 가장 심오한 진술인 것으로 생각되는 로마서 3:21-31을 살펴보자. 이 구원에는 다음과 같은 몇 가지 특징이 있다. (1) 구원은 율법 제도와 연속적이면서도 불연속적이다(롬 3:21). (2) 구원은 그리스도를 믿음으로 차별 없이 모든 사람에게 온다(롬 3:22). (3) 모든 사람이 죄를 지었고 하나님의 영광에 이르지 못했기 때문에 구원이 필요하다(롬 3:23). (4) 그리스도 예수 안에 있는 구속과 희생으로 의롭다 선언됨을 통해 구원이 온다(롬 3:24-25). (5) 이것은 하나님이 모든 믿는 자에게 구원의 방편을 제공하실 뿐 아니라, 개인이 처벌받지 않도록 내버려두지 않으신다는 것을 결정적으로 보여주고 있다. 즉 하나님은 의로우시며, 예수 그리스도를 믿는 자를 의롭다 하시는 분이다(롬 3:26). 결과적으로 인종적으로든 노력으로든, 모든 자랑이 배제된다(롬 3:27). 바울이 제기한 특별한 대안을 주목하라. 인간이 율법의 행위 없이 믿음으로 의롭다 여김을 받는가? 혹은 하나님은 오직 유대인만의 하나님인가(롬 3:28-29)? 바울의 대안은 우리가 율법주의라 부를 수도 있는 어떤 것, 혹은 민족중심적인 어떤 것을 이신칭의가 배제한다는 뜻이다. 이것은 율법이 유대인을 위한 법이기 때문이다. 바로 그 율법이 이스라엘의 정체성과 정신을 정의한다. 칭의를 위해 율법을 주장하는 것은 행위를 기반으로 한 구원의 방편을 주장하는 것일 뿐만 아니라 자민족중심주의적인 구원을 의미하는 것이다. 그래서 바울은 하나님이 할례자와 무할례자를 믿음으로 의롭다 칭하는 것은 율법을 폐하기보다 오히려 그것을 견지하는 것이라고 강조하는 것이다(롬 3:30-31).

바울은 로마서 4장에서 아브라함 이야기로부터 그의 논의를 가져온다. 아브라함 이야기는 하나님이 유대인과 이방인에게 구원을 베푸시는 방법에 대한 결정적인 예시라고 할 수 있다. 토머스 R. 슈라이너(Thomas R. Schreiner)가 "바울은 이방인을 포함하는 것과 그 근거에 관심을 둔다"

라고 쓴 것처럼,[14] 이 문제는 칭의의 수단과 그 영역을 포괄한다. 로마서 4:1-8에서 바울이 아브라함을 통해 호소하는 것은 바로 아브라함이 로마서 3:21-31에서 말한 것의 실례이며, 하나님은 율법 없이 인간들을 의롭다 하실 수 있다는 것이다. 바울은 하란 출신 이교도인 아브라함이 의롭다 여김을 받았을 때 하나님 앞에서 자랑할 것이 없었다고 주장한다. 로마서 4:4-5에서 바울은 아브라함이 율법을 순종함이 아니라 오직 은혜로 의롭다 여김을 받았다고 진술한다. 이것은 구원이 행위의 대가라는 견해에 대한 분명한 거절이지만, 쉽게 상상할 수 있듯이, 구원이 이방인을 배제하는 이스라엘의 율법과 결합되어 있다고 주장하는 사람들에 대한 예리한 반박이기도 하다.

로마서 4:9-17에서 바울은 이신칭의가 유대인과 이방인에게 동등하게 적용된다는 로마서 3:29-30의 주제를 집어 든다. 아브라함은 할례 **이전**에 믿음으로 의롭다 여김을 받았다. 그것은 시간적 순서와 관련된 사소한 사항일 수 있지만, 바울 신학 전체로 들어가는 초반 핵심이 이에 달려 있다 해도 과언이 아니다. 할례는 믿음으로 받은 약속의 표지였으나, 그것은 약속을 확립하거나 혹은 아브라함의 약속을 물려받았다는 표시가 아니었다.[15] 이렇게 아브라함은 모든 믿는 자의 조상이 되었고, 따라서 유대인이든 이방인이든, 그들의 믿음이 의로 여겨질 수 있었다. 로마서 4:13의 다음과 같은 작은 절정에 주목하라. "아브라함이나 그 후손에게 세상의 상속자가 되리라고 하신 언약은 율법으로 말미암은 것이 아니요 오직 믿음의 의로 말미암은 것이니라." 여기서 "믿음의 의"(dikaiosynē pisteōs)는 믿음

14_ Thomas R. Schreiner, *Romans*, BECNT (Grand Rapids: Baker, 1998), p. 228.

15_ Peter T. O'Brien ("Was Paul Converted?" in *Justification and Variegated Nomism*, vol. 2: The Paradoxes of Paul, ed. D. A. Carson, Mark A Seifrid and Peter T. O'Brien [Grand Rapids: Baker, 2004], pp. 376-88)의 로마서 4장 토론은 특별히 이에 유용하다.

을 방편으로 얻은 의와 동등하다. 그렇다면 그의 믿음에 결속된 아브라함에게 주어진 약속을 중단시키기 위해 율법이라는 잣대를 들이댈 수 없다. 이 의롭다 여김을 받게 하는 믿음은 죽은 자 가운데에서 예수를 살리시고 생명을 주신 하나님의 능력을 지향한다(롬 1:4; 4:17, 24; 10:9-10을 보라). 그래서 바울은 예수가 우리의 죄를 대속하기 위해 내어줌이 되었고, 우리의 칭의를 위해 부활했다는 진술로 결론을 맺는다(롬 4:25). 고난받는 종(Suffering Servant)의 구속 사역을 통해 아브라함을 향한 하나님의 약속이 확인되었으므로, 복음은 "아브라함의 자손"이라고 불릴 가치가 있는 구속된 공동체이자 다민족으로 구성된 공동체를 창조한다.

로마서에서 칭의에 관한 더 많은 진술을 들을 수 있겠지만(예. 롬 6:7; 8:1-32; 9:30-10:12), 다음과 같이 로마서를 통해 우리가 분명히 볼 수 있는 것을 몇 가지만 더 제시하려 한다. (1) 하나님의 의는 주 예수에 관한 복음을 통해 세상에 들어온다. 이 의는 우상을 숭배하는 이교도 및 심지어 율법을 지키는 이스라엘의 구성원인 유대인들이 그들의 지위를 과신하는 것을 바로잡는다. (2) 그들의 죄 때문에 유대인과 헬라인 모두 저주받음에는 아무런 차이(diastolē)가 없으며, 역시 그리스도를 믿음으로 의롭다 여김을 받기 때문에 칭의에도 그 어떤 차이가 없다(롬 3:22; 10:12). (3) 칭의는 그리스도를 믿음으로 모든 신자에게 하나님과 바른 관계를 맺게 하는 하나님의 은혜로운 선물이 드러난 것이다(롬 3:24). (4) 칭의는 이방인을 아브라함 가족의 지위로 들어오게 하는 아브라함에게 주신 약속과 지울 수 없이 결부돼 있지만, 그들이 불신앙에 여전히 머물러 있다 할지라도 똑같은 약속은 확장된 채로 이스라엘에게 여전히 남겨져 있다(롬 3:30; 4:9; 11:26). (5) 칭의는 선택받은 자들을 위한 하나님의 종말론적 목적에 뿌리를 두고 있으며(롬 8:29-30), 지속되는 예수 그리스도의 제사장적 사역을 통해 보장된다(롬 8:31-34).

전가

개혁파의 표준견해는 율법에 대한 예수의 순종이 신자들의 의의 기반으로서 그들에게 전가되었다는 것이다. 그러므로 예수의 율법 순종의 전가는 신자들을 적극적으로 의롭게 하는 반면에, 칭의는 소위 백지상태로 되돌리는 죄 용서로 구성된다. 전가 교리가 "장점"이 있기는 하지만, 타당한 성서의 사고를 타당하지 않은 체계에 밀어 넣는다. 이 교리는 몇몇 언어를 잘못 해석하여 여전히 공로라는 중세적 범주에 빠져 있으며, 그리스도와의 연합이 지닌 함의를 제대로 파악하지 못하게 한다.

첫째, 예수의 순종은 엄청나게 중요하며, 이것이 없으면 구원받을 사람이 하나도 없다. 그러나 그것은 예수가 우리의 계좌로 이체 가능한 포인트를 빈번하게 쌓았기 때문이 아니다. 예수는 하나님의 아들로서 그에게 주어진 소명을 신실하게 순종함으로써 제2의 아담이자 새 이스라엘로서 자신이 맡은 임무를 수행했다. 예수는 아담과 이스라엘이 실패한 그곳에서 순종했다. 예수의 순종이 하나님으로부터 소외된 이스라엘과 인류를 구속할 수 있는 희생물이 될 자격을 그에게 부여했다. 그러므로 신약성서는 그의 **수동적인**(passive) 순종, 즉 십자가에서의 죽음을 통한 그의 순종을 강조한다(롬 5:19; 빌 2:8; 히 5:8-9을 보라).[16]

둘째, 로마서 4장은 개혁파의 전가 이해를 확립하기 위한 어떤 증거도 제시하지 않는다. 아래에 나는 로마서 4장의 대부분을 인용했다. 굵은 글자로 표시된, "여겨진"(counted)이라는 단어의 주어와 목적어에 주목하라.

16_ 웨스트민스터 신앙고백서(WCF) 11.1은 예수의 "능동적" 순종에 대한 언급을 의도적으로 누락시킨다. 이 토론에 대해서는 J. R. Daniel Kirk, "The Sufficiency of the Cross," *SBET* 24 (2006): 35-39을 참조하라.

- 성서가 무엇을 말하고 있는가? "아브라함이 하나님을 **믿으매, 그것이 그에게 의로 여겨진바 되었느니라**"(롬 4:3).

- 이제 일하는 자에게는, 그의 **삯**이 선물로 **여겨지지 않고** 그의 몫으로 **여겨진다**(롬 4:4).

- 그리고 일하지 않고, 경건하지 않은 자를 의롭다 하는 그를 믿는 자에게는, 그의 **믿음**이 의로 **여겨진다**(롬 4:5).

- 일한 것과 상관없이 **하나님**이 **의롭다 여긴** 사람의 복에 대해 다윗이 말한 것처럼(롬 4:6).

- 무법한 행동을 사함 받은 자에게 복이 있고, 그의 죄가 가려진 사람에게 복이 있다. **주께서** 그 죄를 죄로 **여기지 아니할** 사람은 복이 있다(롬 4:7-8).

- 그렇다면 이 복이 할례받은 자만을 위한 것인가, 아니면 또한 무할례자도 위한 것인가? 우리는 아브라함에게는 그 **믿음**이 의로 **여겨졌다**고 말한다(롬 4:9).

- 그러면 어떻게 믿음이 그(아브라함)에게 의로 여겨졌는가? 그가 할례를 받기 전인가 아니면 그 후였는가? 할례받은 후가 아니라 할례받기 전이었다. 그는 자신이 여전히 무할례자였을 때 믿음으로 그가 얻었던 의의 보증으로 할례의 표지를 받았다. 그 목적은 그를 할례받지 않고 믿는 모든 이의 조상이 되게 하는 것으로, 그래서 그들 또한 **의롭다 여겨지는 것**이었다(롬 4:10-11).

- 그것이 그(아브라함)의 **믿음**으로 "그가 **의롭다 여김을 받은**" 이유다. 그러나 "**믿음이 그에게 의로 여겨졌다**"는 말은 그 자신만을 위해서가 아니라 또한 우리를 위해서 기록되었다. 그것[믿음]이 죽음에서 살아난 예수 우리 주를 믿는 우리의 것으로 **여겨질 것이다**(롬 4:22-24).

여기 네 종류의 "여겨짐"이 있다.

1. 일하는 자에게는 그의 삯이 선물이 아니라 보수로 여겨진다(롬 4:4).
2. 또한 죄로 여기지 않음이 존재하는데, 이는 용서의 다른 면이다(롬 4:7-8).
3. 매우 중요한 것은 "믿음이 의로 여겨졌다"는 것이다(롬 4:3, 5, 9, 22, 24).
4. 그리고 믿는 자가 "의로 여겨졌다"(롬 4:6, 11).

그래서 실제로 신자들에게 "여겨진" 그것은 무엇인가? 그것은 3번의 "믿음"인가 혹은 4번의 "의"인가?[17] 이에 대해 살펴보기 위해, 먼저 카슨의 다음과 같은 경고에 주의해야 한다. "돌려짐(crediting) 혹은 전가(imputing)에 관련된 언어 구조는 이 구절들 내내 일관성이 없으며, 그래서 그것은 그릇된 평행법(parallelism)을 강요하고 사고의 흐름을 놓치게 하기 쉽다."[18]

어떤 이들은 "의로 여겨진 믿음"이 "우리를 외적으로 의롭다고 여기게 하는 수단"임을 의미한다고 말하고 싶을지도 모르겠다.[19] 본문이 그렇게 단순하게 말하지 않는다는 불운한 문제만 아니었다면 그것은 매우 편리한 해답이었을 것이다. 동일한 의를 언급하는 외부 자료조차도 존재하지 않는다. 더 큰 문제는, 여기서 의는 이체되는 자산이 아니라 부여된 지위라는 점이다. 다른 이들은 하나님이 아브라함의 믿음을 의와 동등한 것

17_ 믿음의 전가를 언급한 아우크스부르크(Augsburg) 신앙고백서(4조) 이후, 이 "여김(counting), 돌려짐(crediting), 전가함(imputing)"과 관련된 다양성이 프로테스탄트 전통 내에 존재하는 반면에, 웨스트민스터 신앙고백서(11.1)는 믿음의 전가 혹은 복음적 순종을 명백하게 거부한다.

18_ D. A. Carson, "The Vindication of Imputation: On Fields of Discourse and Semantic Fields," in *Justification: What's at Stake in the Current Debates*, ed. Mark Husbands and Daniel J. Treier (Downers Grove, Ill.: InterVarsity Press, 2004), p. 60.

19_ 예. John Piper, *Counted Righteous in Christ: Should We Abandon the Imputation of Christ's Righteousness?* (Wheaton, Ill.: Crossway, 2002), pp. 58-63을 참조하라.

으로 여겼다고 제안한다.[20] 그것이 본문을 우회하지 않고 솔직하게 읽는 것임을 인정하지만, 이는 "믿음"을 의로운 행위를 대신하는 어떤 도덕적 특성으로 자리 잡게 한다. 로마서 4:4-5의 삯/일 은유는 하나님이 믿음을 의의 한 형태로 여기셔서 아브라함의 믿음에 보상하셨다는 발상을 제거한다.[21]

나는 이에 대한 해결책으로, 바울은 로마서 4장에서 자신의 복음이 성서와 어떻게 같은 맥락에 있는지 보여주기 위해 상호본문적(intertextual) 논증을 제공한다고 주장한다. 바울은 창세기 15:6의 언어를 사용하여 하나님이 믿음으로 유대인과 이방인을 의롭다 하셨다는 로마서 3:21-31의 진리를 보여주려고 한다. 먼저 "의로 여기다"(count righteousness)의 뜻을 규명하는 것부터 시작하자.

사람이 (For we hold that one)	율법의 **행위와 관계없이** (*apart from works* of the law.)	믿음으로 **의롭게 된다** (롬 3:28) (is *justified* by faith)
하나님은 (God)	**행위와 관계없이** (*apart from works*.)	**의로 여기신다** (롬 4:6) (*counts righteousness*)

여기서 주요한 차이는 바울이 로마서 3:28의 "의롭게 되다"를 로마서

20_ John Ziesler, *The Meaning of Righteousness in Paul: A Linguistic and Theological Enquiry* (Cambridge: Cambridge University Press, 1972), pp. 181-85; Robert Jewett, *Romans*, Hermeneia (Minneapolis: Fortress, 2007), pp. 310-12을 참조하라.

21_ "아브라함 안에 있는 그의 믿음에 놀란 하나님이 약속한 선물을…확증하는 신실함으로 그에게 보답했다"는 필론의 언급(*Abraham* 273)을 참조하라.

4:6에서 "의로 여기다"로 바꿨다는 점이다. 따라서 바울이 "하나님이 의로 여기다"라고 말할 때, 그는 단지 "하나님이 의롭게 하다"(God justifies)라고 말하는 것이다. 그러나 바울은 결코 이 "의"를 "그리스도의 의"와 관련짓지 않는다. 말하자면, 그는 한 사람에게서 다른 사람에게로 어떤 물질이나 재산이 이체되었음에 관한 세부사항을 제공하지 않는다. 바울은 하나님이 인간을 의롭다 칭함이 율법의 행위와 전혀 별개임을 보여주기 위해 창세기 15:6의 언어를 이용한다. 그러면 "믿음이 의로 여겨졌다"는 말은 하나님 자신이 인간 주체와 올바른 언약 관계 안에 계시기 위해 행위가 아닌 오직 믿음을 요구하신다는 뜻이다. 그것은 다음과 같은 바울의 요점을 확립한다. 이방인들은 아브라함이 그러했던 것처럼, 율법 행위의 실행을 통해서가 아니라 믿음으로 의롭다 여김을 받는다. 아브라함의 가족으로 입양되는 경로는 모세 율법을 통해 할례받은 유대인으로 한정되지 않는다.

셋째, 다수의 본문이 의의 전가를 참으로 옹호하는 것 같지만, 사실은 전혀 그렇지 못하다.[22] 파이퍼는 이에 대한 전형적인 본문인 로마서 5:17-19을 다음과 같이 적절하게 요약한다. "아담은 죄인으로 행동했으며, 우리는 그와 연결되었기(connected) 때문에, 우리도 그(아담) 안에서 정죄 받는다. 그리스도는 의롭게 행동했으며, 우리는 그와 연결되었기 때문에, 우리도 그리스도 안에서 의롭게 된다. 아담의 죄가 우리의 죄로 여겨졌고, 그리스도의 '의로운 행동'이 우리의 것으로 여겨진다."[23] 우선, 나는 "연결되다"가 반드시 "여겨지다"를 뜻하지 않음을 말하고 싶다. 나는 아담과 그리스도가 그들과 동일시 된 사람들에게 미친 대표적(representative) 효력과 본질적(constitutive) 효력을 인정한다. 그러나 "많

22_ Bird, *Saving Righteousness*, pp. 80-85을 참조하라.
23_ Piper, *Counted Righteous in Christ*, p. 107.

은 이가 의롭게 되었다"(dikaioi katastathēsontai hoi polloi)는 구절은 "의로 여겨졌다"(logizetai dikaiosynēn)와 같은 뜻이 아니고, 로마서 5:19이 언급하는 의는 법정적 의(그러므로 롬 5:18의 정죄와 칭의의 대조)일뿐 아니라 "변화시키는(transformative) 의"(실제적으로 의롭게 "됨"[becoming])이다.[24]

더욱이, 예수의 "한(one) 의로운 행동"은 아마도 그의 전 인생에 걸친 순종의 삶이 아니라 죽음의 순종을 의미할 것이다.[25] 바울은 고린도전서 1:30에서 "너희는 하나님으로부터 나서 그리스도 예수 안에 있고, 예수는 하나님으로부터 나와서 우리에게 지혜와 의로움과 거룩함과 구원함이 되셨다"고 말한다. 여기에 나열된 것들이 "하나님에게서" 왔고, 신자에게는 낯선 것임을 주목하라. 하지만 그것들은 순전히 은혜로 신자에게 주어졌다. 이 본문의 "의"는 변화시키는 힘일 수도 있지만, 여기서는 의로운 지위일 가능성이 가장 높다. 그러나 거룩함, 구원함, 지혜가 전가되지 않듯이, 의도 전가되었다고 추론할 필요가 전혀 없다. 고린도전서 1:30에서 말하는 것은 "그리스도 예수 안에" 있음으로 우리가 "의"를 받았다는 것일 뿐, 구체적 수단은 규정되지 않은 채로 남아 있다. 바울은 빌립보서 3:7-9에서 "모든 것을 해로 여김은 내 주 그리스도 예수를 아는 지식이 가장 고상하기 때문이라. 내가 그를 위하여 모든 것을 잃어버리고 배설물로 여김은 그리스도를 얻고 그 안에서 발견되려 함이니, 내가 가진 의는 율법에서 난 것이 아니요 오직 그리스도를 믿음으로 말미암은 것이니 곧 믿음으로 하나님께로부터 난 의라"라고 열정적으로 말한다. 하나님으로부터 신자에게 주어진 의가 명백히 존재한다. 그러나 우리가 율법에서 의가 전가되었다고 생각하지 않듯이, 이 의가 하나님에게서 전가되었다고 추정할 수는 없다. 더 신빙성 있는 것은, 믿음으로 신자들이 그를 신뢰하고, 따라

24_ Schreiner, *Romans*, p. 288을 참조하라.
25_ Dunn, *Romans 1-8*, p. 238을 참조하라.

서 그들이 그(그리스도) **안에** 있을 때, 메시아의 신실함이[26] 신자들로 하여
금 이 의를 깨닫게 한다는 것이다.

마지막으로, 고린도후서 5:21은 "하나님이 죄를 알지도 못하신 이[그
리스도]를 우리를 대신하여 죄로 삼으신 것은 우리로 하여금 그 안에서
하나님의 의가 되게 하려 하심이라"라고 진술한다. 이 구절은 그리스도가
인간의 죄에 참여함으로써 인간이 그리스도와의 연합을 통해 하나님의
의에 참여하게 되었다고 가르친다. 이를 나타내는 단어 기노마이(*ginomai*,
"되다")는 로기조마이(*logizomai*, "여기다")와 동의어가 아니다. 따라서 바울
은 "하나님이 우리 죄를 죄 없는 자에게, 그리고 하나님의 의를 우리에게
전가했다"고 말하지 않는다. 우리는 오직 본문이 말하는 내용을 말할 수
있을 뿐, 그 이상도 그 이하도 아니다. 예수 자신이 죄를 지니고, 짊어지
고, 취했다는 의미에서 그리스도는 죄가 되었고, 그리스도 안에 있는 자
들은 "하나님의 의"를 공유한다.

우리가 이런 구절들을 하나로 묶어서 얻는 것은 다음과 같다. (a) 이
구절들 어디에도 그리스도의 의에 관한 언급은 없다. (b) 의는 예수가 율
법을 준수하여 축적한 공로가 아니라 구원에 대한 하나님의 특성 및 선물
과 관련된 특질이다. (c) 성서가 일관되게 말하는 것은 **믿음으로** 그리고
그리스도 안에서 우리가 "의로운" 지위를 체험한다는 것이다. 몹시 현학
적으로 들릴 수도 있으나, 주해의 결과는 그렇다.

넷째, 당신의 관점을 산산조각낼 수도 있는 충격적인 말을 한마디 하
자면, 하나님이 예수를 의롭다 하셨다(God justified Jesus)![27] 십자가에서

26_ *pistis Christou*를 이런 방식으로 번역함에 대해서는 Paul Foster, "Πίστις Χριστοῦ Terminology
　　in Philippians and Ephesians," in *The Faith of Jesus Christ: Exegetical, Biblical, and
　　Theological Studies*, ed. M. F. Bird and P. M. Sprinkle (Peabody, Mass.: Hendrickson,
　　2009), pp. 93-100을 보라.

27_ Richard Gaffin, *The Centrality of the Resurrection: A Study in Paul's Soteriology*

예수에 대한 하나님의 판결은 빈 무덤에서 그의 아들에 대한 무죄선언으로 바뀐다. 로마 법정은 예수가 메시아인 척했다고 선언했으나, 하나님은 부활을 통해 예수가 하나님의 아들이라고 선언했다(롬 1:4). 디모데전서에서 우리는 예수를 죽은 자 가운데서 일으킨(롬 8:11) 그 성령으로 예수가 "의롭게 되었다"(딤전 3:16)는 것을 발견한다. 그러므로 죄 용서함(고전 15:17)과 칭의(롬 4:25)는 예수의 십자가뿐 아니라 그의 부활과도 밀접한 관련이 있다(롬 3:24-25; 5:9을 보라). 이렇게 보면, 그리스도와의 연합은 우리가 그리스도와 함께 죽었기 때문에 우리가 죄에 대해 죽었다는 뜻이 된다. 그러나 우리는 곧바로 예수의 부활로 그리스도와 연합했으며, 이로 인해 우리는 예수의 칭의에 참여한다. 신자는 오직 메시아의 칭의에 참여했기 때문에 의롭게 된다. 부활한 예수와 연합한 사람들은 하나님 아버지께서 그 아들에게 내리신 판결을 공유한다. 덧붙이면, 그들이 공유하는 판결의 근거는 예수의 메시아적 직무를 향한 순종, 즉 구속의 고난이다. 그래서 예수의 순종이 정말로 우리의 순종이 되고—그러나 예수의 순종을 인위적으로 능동적·수동적 행동으로 구분해서도 아니며,[28] 분여(imparted)가 아닌 전가된(imputed) "공로"라는 중세적 개념을 통해서

(Grand Rapids: Baker, 1978), pp. 119-22; Morna D. Hooker, "Raised for Our Acquittal (Rom 4:25)," in *Resurrection in the New Testament*, ed. R. Bieringer, V. Koperski and B. Lataire (Leuven: Leuven University Press, 2000), pp. 339-340; Mark Seifrid, *Christ, Our Righteousness: Paul's Theology of Justification*, NSBT (Downers Grove, Ill.: InterVarsity Press, 2000), pp. 47. 77, 90-91; Bird, *Saving Righteousness of God*, pp. 40-59; Daniel Kirk, *Unlocking Romans: Resurrection and Justification of God* (Grand Rapids: Eerdmans, 2008), pp. 78-79. N. T. Wright, *The Resurrection of the Son of God*, COQG 3 (London: SPCK, 2003), pp. 248, 270-71; 그러나 I. Howard Marshall, *Aspects of the Atonement: Cross and Resurrection in the Reconciling of God and Humanity* (London: Paternoster, 2007), pp. 89-91의 반대에도 주목하라.

28_ 능동적/수동적 구분이 어떻게 신약성서를 초월하며 본문에서 발견되지 않는 무조건적인 이분법을 제안하는지에 대해서는 Carson, "Vindication of Imputation," p. 55을 보라.

도 아니고, 우리가 구원을 얻을 수 없을 때 예수가 펠라기우스주의의 모범으로서 구원을 얻었기 때문도 아니며, 은혜를 수반하지 않은 행위 언약을 성취해서도 아니고, 대기를 통해 우리에게 흘러들어 온 의라는 분자(molecules)를 통해서도 아니며—나아가 믿음으로 우리가 예수 그리스도의 대속의 죽음과 부활에 참여할 때 그리스도 안에서 "의롭게" 된다. 그런 의미에서 예수가 행한 순종의 전가는 타당하나, 예수의 율법 준수와 회계장부 비유에 대한 다소 경직된 의존성에 집중하는 **대부분의** 개혁파 신학 체계 내에서는 그렇지 않다.[29] 오히려 예수의 죽음과 부활 안에 있는 그의 순종과 의로움에 **참여하고 결합된다**는 표현이 전가라는 표현보다 더 성서적 서술이라고 할 수 있다.

그렇다면 이 모든 것들이 전가와 함께 우리에게 남긴 것은 무엇인가? 톰 라이트(N. T. Wright)는 그리스도와의 연합이 일반적으로 전가에 부여된 책무를 실제로 행하기까지 한다고 말한다. 그는 다음과 같이 말한다.

전통적인 프로테스탄트 체계 내에서 그리스도의 의의 전가에 대한 강조가 맡은 역할을 바울의 사고체계 안에서는 메시아 안에 있는 자에게 참된 것은 무엇인가를 다루는 교리가 떠맡고 있다. 바꿔 말하면, 내가 생각하기에 전가된 의라는 개념을 통해 주장하려 했던 것은, (예를 들면) 바울이 메시아에 대해서 참된 것은 그의 모든 백성에 대해서도 참되다고 선언하는 로마서 6장 같은 곳에서 충분히 고려되었다. 예수는 형벌의 죽음 이후에 하나님에 의해 죄

29_ 장 칼뱅의 신학이 그리스도와의 연합을 중심으로 삼았다. 그의 신학은 내가 여기서 세우는 패러다임과 유사하다. Craig B. Carpenter, "A Question of Union with Christ? Calvin and Trent on Justification," *WTJ* 64 (2002): 363-86; J. Todd Billings, *Calvin, Participation, and the Gift: The Activity of Believers in Union with Christ* (Oxford: Oxford University Press, 2007); Mark Garcia, *Life in Christ: Union with Christ and Twofold Grace in Calvin's Theology* (Milton Keynes, U.K.: Paternoster, 2008).

가 없는 메시아로 입증되었다. 나는 메시아 안에 있다. 그러므로 나도 죽었고 또한 살아났다.···하나님은 그리스도를 죄 없다 하심을 통해 우리를 그와 함께 죽었고 다시 살아난 자로 간주하신다.[30]

나는 라이트의 개요를 받아들이지만, 우리에게는 여전히 다음과 같은 질문이 실제로 남아 있다고 생각한다. 하나님 앞에서 우리를 "의롭게" 만드는 연합(union)은 **실제로 무엇을 의미하는가?** 이것은 전가와 같은 개념이 불가피하게 성서 자료를 **함축**하고 있음을 보여준다. 로마서 4장의 "여기다"라는 언어, 로마서 5:17과 빌립보서 3:9의 의의 선물, 연합의 머리인 아담과 그리스도의 대표로서의 본질, 여러 구절에 나타나는(예. 롬 3:21-26; 10:10; 갈 2:15-21; 5:4-5) 디카이오오와 디카이오쉬네의 법정적 본질, 그리고 아들로서 자기의 일을 감당하신 예수의 신실함과 순종에 구원의 빚을 지고 있다는 사실을 포함하는 이 모든 것들을 하나로 취합하면, "그리스도 안에" 있는 사람들을 위한 구원의 적용을 묘사하기 위해 "전가"와 같은 어떤 것이 논리적으로 필요한 것처럼 들린다.[31] 그러나 우리는 신중해야 한다. 칭의의 논리에 관한 요점들을 연결하고 결론을 도출하는 다른 방법들이 존재할 수 있기 때문이다.

30_ N. T. Wright, "New Perspective on Paul," in *Justification in Perspective; Historical Developments and Contemporary Challenges*, ed. Bruce L. McCormack (Grand Rapids: Baker, 2006), pp. 260-61. 비슷하게 Don Garlington, "Imputation or Union with Christ? A Response to John Piper, *R&R* 12 (2003): 45-113.

31_ Bird, *Bird's-Eye View of Paul*, pp. 96-98. 비슷한 맥락에서 Brian Vickers(*Jesus' Blood and Righteousness: Paul's Theology of Imputation* [Wheaton, Ill.: Crossway, 2006])을 참조하라. 그는 반복적으로 전가를 바울 재료가 "혼합"된 결과로 본다. Leon Morris(*The Apostolic Preaching of the Cross*, 3rd ed. [Grand Rapids: Eerdmans, 1984], p. 282)는 전가를 예수와 신자를 동일시함이 가져오는 "필연적 결과"로 여긴다. Carson("Vindication," pp. 72-73)은 다음과 같이 논평한다. "바울에게, 칭의는 논쟁의 여지없이 그리스도와 우리의 결합, 그리스도와 우리의 연합에 묶여 있다.···전가가 중대하지만, 그 자체는 더 포괄적인 어떤 것을 기반으로 한다."

칭의의 필수적 요소는 어떻게 칭의가 작용하는지를 설명하는 메커니즘을 정확히 형성하는 것이라기보다는 오히려 칭의의 법정적 본질 자체에 있다(즉 칭의는 신적으로 선언된 우리의 지위에 관한 것이지, 의로움이라는 우리의 도덕적 지위를 언급하려는 것이 아니다). 비슷한 이유로 사이먼 개더콜(Simon Gathercole)은 아마도 전가는 믿음에 대한 복음주의적 진술의 특징이 되지 말아야 할 것이라고 제안한다.[32] 어떤 경우든, 종교개혁자들은 믿음으로 신자에게 수여된 외부적·법정적 의와 구원을 위한 예수의 순종이 갖는 중요성에 대해서는 옳았다. 그러나 프로테스탄트 스콜라주의(Protestant scholasticism)가 잘못 나아간 것은 용서가 단지 흠 있는 과거의 이력만을 깨끗이 하기 때문에 능동적인 순종이 필요하다고 주장한 것이었다. 그것은 말하자면 "대변"(credit)을 칭의라는 회계장부 비유의 지배적 주제로 만드는 실수였다. 프로테스탄트 스콜라주의는 마치 하나님이 의를 추상적으로 이체하는[33] 것처럼 간주하는 설명을 제시하기 위해서 바울이 칭의 개념에 사용하는 "그리스도 안에"라는 어법을 종종 얼버무렸을 뿐만 아니라, 하나님이 유대인과 이방인을 메시아 가족의 일원으로 받아들이는 구원사(historia salutis)의 중요한 이야기 안으로 개인의 구원 서정(ordo salutis)을 통합하지 않은 채 오히려 개인의 구원에서 일어나는 개별적 사건의 순서에 대해 근시안적으로 집중하곤 했다.[34] 그 대신 만약 바울

32_ Simon Gathercole, "The Doctrine of Justification in Paul and Beyond," in *Justification in Perspective: Historical Developments and Contemporary Challenges*, ed. Bruce L. McCormack (Grand Rapids: Baker, 2006), p. 223.

33_ 이것이 칭의에 관한 전통적인 진술에 반대하는 Seifrid의 핵심이다(*Christ, Our Righteousness*, pp. 171-77). "마지막으로 하나님 앞에서 의롭게 됨은 그리스도와의 연합과 본질적으로 관련된다는 것은 명백하다. 이 본문에서 그것은 대표적인 연합으로서, 그것을 통해 신자가 그리스도와 연합되고 하나님은 신자가 그렇게 된 것으로 인정하며, 따라서 그리스도의 모든 유익에 신자가 참여하게 된다"는 Vickers의 언급에 주목하라(*Jesus' Blood*, p. 195).

34_ 칭의를 구원 서정과 구원사에 통합시키려는 시도는 Michael S. Horton, *Covenant and Salvation: Union with Christ* (Louisville: Westminster John Knox 2007), p. 108을 보라.

을 적절한 묵시적 세계관 안에 위치시키면, 우리는 믿음의 선물이 인간이라는 주체를 주 예수의 신실함, 죽음, 부활에 참여시킬 때 악, 죄, 죽음이라는 전제주의 폭군에 맞선 격렬한 침략에 관한 이야기가 어떻게 바울에게 복음의 사건이 되는지를 보게 된다.

행위에 의한 칭의에 관한 바울과 야고보의 견해

믿음과 행위라는 주제에 관한 야고보와 바울의 모순된 주장은 유명하다. 갈라디아서 2:15-21/로마서 3:21-4:25와 야고보서 2:14-26을 피상적으로 비교하는 것은 두 견해의 조화를 어렵게 한다. 결국 신약성서에서 "오직 믿음"(faith alone)이 나타나는 유일한 곳은 야고보서 2:24인데, 그곳에서 야고보는 "오직 믿음"이 의롭게 한다는 것을 명확하게 거부한다. 더욱이 바울이 그랬듯이 야고보 역시 창세기 15:6을 인용하지만, 그것은 이삭을 제물로 기꺼이 바친 아브라함처럼 의를 얻기 위해서는 행위가 실제로 중요하다는 취지를 밝히기 위한 것이다. 그러나 좀 더 깊이 조사해보면 바울과 야고보가 모순된다는 주장은 사라진다(그리고 아마도 바울이라는 렌즈를 통해서 야고보를 읽는 것을 중지한다면 그렇게 될 것이다). 비록 바울과 야고보가 같은 언어를 사용하지만(믿음, 행위, 의), 그들은 그 단어들을 똑같은 의미로 사용하지 않았다. 아래의 표를 참고하라.

	바울	야고보
믿음	구원을 얻기 위해 예수 그리스도 안에 있는 하나님의 행위에 개인을 위탁함	특정 제안에 동의함
행위	유대교의 개종자가 되도록 이방인에게 강요하는 행동	행동으로 믿음을 표현함

야고보가 오직 믿음으로 의롭게 된다는 것을 부인할 때, 그는 믿음을 단지 동의라고 말하고 있다. 단순히 특정 사실이 참이라고 승인하거나 인정하는 것 자체를 칭의라고 하기에는 불충분하다. 마찬가지로 바울이 믿음을 말할 때, 그는 유대인과 이방인을 구원하기 위해 예수 그리스도 안에서 행동했던 하나님에게 개인을 위탁하는 행동을 의도했다. 바울의 믿음 개념은 하나님을 **수동적으로** 신뢰하고 의지하는 것을 수반하지만, 그것은 또한 **능동적으로** 급진적인 자아의 변화를 수반하며 순종, 신실함, 사랑과 긴밀히 연합되어 있다. 다른 말로 하면, 바울에게 오로지 믿음으로 의롭게 됨은 의의 열매를 그 특징으로 하며 사랑이라는 행동으로 표현된다. 야고보와 바울 모두 믿음이 "말씀"으로 창조된 중요한 어떤 것이라고 인지하는 것은 주목할 만한 가치가 있는데, 이때 그 말씀은 "심어진 말씀"(약1:21) 혹은 "그리스도의 말씀"(롬 10:17)이다. 또한 야고보가 행위의 필요성을 강력히 권고할 때, 그는 하나님 앞에서 공로를 쌓는 행동을 말하는 것이 아니다. 그는 행함 안에 존재하는 믿음이 사랑으로 드러난다고 말한다. 우리는 그것이 바로 갈라디아서 5-6장과 로마서 7-8장에서 바울이 말하는 것임을 알 수 있다. 바울이 "행위"와 "율법 행위"에 대해 거부하는 것은 율법의 교훈에 순종하는 것이 마지막 심판에서 인간이 무죄 선언을 받는 근거가 되지 못한다는 것을 전제하는데, 이방인에게 그렇게 하는 것은 구체적으로 이방인들이 반드시 유대교로 개종할 필요가 없다는 것을 의미한다. 그러나 바울은 신자의 삶에서 행위가 지닌 긍정적 역할에 대한 여지를 분명히 남긴다(예. 갈 6:10; 엡 2:1). 간단히 말하면 야고보와 바울은 의심의 여지없이 "우리는 행위로 구원받지 않으나, 행위 없이 구원받을 수 있는 것도 아니다"라는 칼뱅의 말을 확증했을 것이다.[35] 다른 말

35_ *Institutes* 3.16.1.

로 하면 선한 행위는 우리가 고백하는 믿음의 진실성을 보여준다.

칭의, 심판, 행위에 관해 마지막으로 몇 마디만 더 언급하자면,[36] 라이트가 종종 칭의를 "살아온 삶을 기반으로" 내려지는 하나님의 판결이라고 표현하는 것에 대해 나는 큰 거부감을 느끼는데, 그 이유는 그의 용어가 마치 칭의를 행동에 의존하는 것처럼 보이게 하기 때문이다. 나는 라이트가 그렇게 말한 이유를 이해한다. 또한 그가 주장하는 방식이 갖는 설득력을 인정한다. 라이트는 로마서 2:13 같은 특정 본문을 심각하게 받아들이려 하지만(이런 본문은 종종 그 의도가 숨겨져 있다), 그의 어구는 틀린 것이다. 신자들이 의롭다 여김을 받는 근거는 믿음이다(빌 3:9). 바울 역시 하나님과 함께 의롭게 됨의 근거에 있어서 믿음과 행함이 구별된다는 것을 알고 있다(예. 롬 4:4-5; 갈 3:1-5). 그럼에도 불구하고 행위에 따른 칭의가 전적으로 성서적이라면(예. 롬 14:10; 고후 5:10), 이신칭의와 행위에 따른 심판은 서로 어떻게 관련되는가라는 질문이 제기될 수 있다. 내가 생각하는 해결책은 바울이 사용하는 전치사를 자세히 관찰하는 것이다. 바울은 신자들이 의롭다 여김을 받는 방편이 믿음이라는 것을 나타내기 위해 디아(dia, "말미암아")와 에크(ek, "~로/때문에")를 일관성 있게 사용한다(롬 3:22, 25; 5:1; 갈 2:16). 그러나 마지막 심판에서 행위의 역할에 대해서 바울은 카타(kata, "따라서")를 사용한다(롬 2:6 고후 11:15). 신자의 행위, 신실함, 순종, 삶은 마지막 심판의 때에 하나님의 판결과 반드시 일치해야 한다. 그러므로 칭의는 믿음을 기반으로 하지만, 심판은 순종의 삶과 일치한다. 그것은 우리가 단지 동의(assent) 때문에 의롭다 여김을 받지 않으며, **신인협력설**(synergism)의 기준을 따라서 심판을 받지 않는다는 것을 뜻한다.

우리가 하나님과 더불어 의로운 상태가 되는 근거는 우리의 죄를 넘

36_ Dane C. Ortlund, "Justified by Faith, Judged According to Works: Another Look at a Pauline Paradox," *JETS* 52 (2009): 323-39을 보라.

겨받고 우리의 칭의를 위해 부활한 그리스도 예수를 믿는 믿음이다. 그러나 우리는 칭의라는 이 그림 안에 성령의 내주하심이라는 새 언약의 실체, 믿음·신실함·순종의 유기적 연합, 그리스도와의 연합이 지닌 변화시키는 능력, 그리고 신앙을 고백하는 공동체의 삶 속에서 하나님의 지속적인 일하심을 통합해야 한다. 만약 그렇다면, 우리 공동체에게 행위에 따른 심판을 상기시키는 것을 반대하는 프로테스탄트가 갖고 있는 일종의 편집증적 증상은 가톨릭처럼 되지 말아야 한다는 집착 때문에 성서의 증언을 잘못 전달하게 된다. 더 나쁜 것은, 이것이 예수를 따르는 자보다 예수의 팬을 만든다는 것이다. 경주를 완주하는 제자들을 낳는 대신, 무가치한 것들만을 산출하는 결과를 낳게 된다. 내 생각에 오직 그 해결책은 인내하는 믿음이 참된 믿음이라고 선언하는 것뿐이다. 벨기에 신앙고백서(Belgic Confession) 제24조가 증언하듯, "그리고 믿음은 우리가 그와 그의 모든 유익 안에서 교제함을 유지하도록 하는 도구다."

둘째, 선한 행위가 정말로 선하고 구원에 필요하다는 것을 반드시 강조해야 한다. 예배 시간에 앉아서 지켜보기만 하는 게으른 사람들은 에베소서 2:10, 요한복음 5:29과 에베소서 2:8-9, 로마서 8:4-5과 고린도후서 5:10, 21 및 요한복음 5:24, 그리고 덧붙여서 로마서 8:1-3을 반드시 들어야만 한다. 그렇지 않고 그것을 가질 권한이 없는 사람에게 확신을 심어주는 것은 무책임하다! 셋째, 고린도전서 6:11, 갈라디아서 5:5-6, 로마서 8:1-17이 성령의 중요성에 대해 말하는 것을 감안하면, 칭의에서 성령의 역할에 관해 개혁파 신학자들의 관심이 상대적으로 부족한 것은 이상한 일이다.[37] 구원에서 하나님의 행위는 믿음의 순간에 끝나지 않는다. 빌립보서에 따르면 하나님이 믿음을 부여하시지만(빌 1:29), 신자는 하나님

37_ 이것이 N. T. Wright의 주요 관심사 중 하나다. 그의 *Justification: God's Plan and Paul's Vision* (Downers Grove, Ill.: InterVarsity Press, 2009), pp. 188-89을 보라.

이 여전히 그들 안에서 일하시기 때문에 구원을 받았음에도 계속 순종함으로 행한다(빌 2:12-13). 이 부분에서 벨기에 신앙고백서 24조가 한 번 더 도움이 된다. "[우리가] 하나님께 우리가 행하는 선한 행위를 빚졌을 뿐, 그가 우리에게 빚진 것이 아니다. 왜냐하면 바로 하나님이 '자기의 미쁘신 뜻을 위하여 우리 안에서 소원을 두고 행하시기 때문이다'"(빌 2:13). 또한 다음과 같은 테트라폴리스 신앙고백서(Tetrapolitan Confession)를 주목하라.

> 그러나 하나님의 자녀들은 그들 스스로 행하기보다는(롬 8:14) 성령의 인도하심을 받기 때문에, 그리고 "만물이 주에게서 나오고 주로 말미암고 주에게로 돌아가기"(롬 11:36) 때문에, 무엇이든지 우리가 제대로 경건하게 행할 수 있는 것은 다른 어떤 사람 때문이 아니라 모든 선행의 수여자(Giver)인 유일한 성령 덕분이다. 그렇다 할지라도 하나님은 우리를 강요하지 않으시고 우리를 인도하시며, 뜻을 두셔서 소원함과 행함을 통해 우리 안에서 일하신다(빌 2:12-13). 그래서 아우구스티누스는 현명하게도 하나님이 우리 안에 하나님 자신의 일을 보답으로 주신다고 기록한다. 이로 인해 우리는 선한 행위를 거부할 수 없으며, 사람이 그리스도의 영에 의해 그 안에 하나님이 창조해 놓으신 선한 행위의 결핍이 없도록 만들어지지 않는 한 구원받을 수 없다는 견해를 전적으로 부인한다.[38]

내 생각에, 아버지 하나님은 마지막 심판에서 우리를 흠 없고 칭찬받

38_ Wright가 이 단계에서 빌 2:13를 인용하는 것은 벨기에 신앙고백서와 테트라폴리스 신앙고백서가 동일한 본문을 인용하고 있는 것과 조화를 이루기 때문에, 확실히 "신앙고백적"이라 할 수 있다. 그의 *Paul: Fresh Perspectives* (London: SPCK, 2005), pp. 73-74; *Justification*, pp. 152-53, 189을 보라.

을 만하게 하시려고 그리스도 안에서 성령으로 우리 안에서 자신의 일을 행하신다. 그날에 십자가와 부활에서 우리를 향해 선포되는 하나님의 판결은 성령의 인도함을 받는 믿음의 삶을 통해 우리 안에 있는 하나님의 행위와 동등하다.

의롭다 칭하시고 의롭다 여김 받으시는 하나님

나는 이 연구를 통해 칭의가 여러 가지 양상을 갖고 있다는 것을 보여주었기를 희망한다. 이를 요약하면 칭의에는 다섯 개의 핵심 측면이 있다.

1. 칭의는 사람의 지위를 나타내는 **법정적** 개념이며, **도덕적** 상태가 아니다.
2. 칭의는 마지막 심판의 판결이 지금 선언되었다는 점에서 **종말론적**이고, 그 판결은 무죄이며, 그리스도와 성령의 지속적인 사역에 의해 보증된다.
3. 칭의는 아브라함 언약의 약속을 확증하고 유대인, 헬라인, 야만인(심지어 한국인도!)의 정체성을 하나님의 백성의 온전하고 동등한 구성원으로 확증하는 것이므로 **언약적**이다.
4. 칭의는 도덕적 성화가 칭의에 포함될 수 없는 한 **유효**하지만, 칭의와 도덕적 성화가 절대적으로 분리될 수 있는 것은 아니다. 칭의와 변화(transformation)는 모두 그리스도와의 연합이라는 똑같은 실체에 그 뿌리를 두고 있다(즉 칼뱅의 "이중적 은혜"[twofold grace]).
5. 칭의는 "의롭다 하시는 분이 하나님"이기 때문에 **삼위일체론적**이다(롬 8:33). 이것은 성부가 성자를 십자가에 내주시고 우리의 칭의

를 위해 그를 살리심을 통해서 볼 수 있다(롬 4:25). 칭의는 오직 **그리스도와의 연합**의 영역에서 일어나고, 신자를 정죄할 수 있는 유일한 이가 하나님 앞에서 신자를 위해 바로 그 순간에 탄원한다(롬 8:34). **성령**은 믿음을 창조하고 공급함으로써 칭의를 작용하게 하고, 그리스도를 의롭다 하신 그 성령(딤전 3:16)이 또한 신자를 의롭다 칭한다 (고전 6:11).

이 요점들은, 칭의는 하나님이 새로운 백성을 새로운 신분으로, 새 언약 안에서, 새 시대의 전조로 창조하시는 활동이라는 나의 주장을 지지한다. 우리는 믿음을 통하여, 예수가 십자가에서 정죄 받을 때에 그리스도와 연합했고 또한 예수의 부활에서 그의 칭의와 연합했다. 덧붙여, 십자가에서 우리의 죄를 정죄한 하나님의 판결은 그 아들의 부활로 공표된 하나님의 의의 판결로 변한다. 그 다음으로 우리가 예수 그리스도의 의와 결합됨으로써 그의 옳음, 그리고 그 옳음의 근거였던 예수의 순종의 행동이 우리의 것으로 여겨지게 된다. 또한 칭의는 죄인이 하나님과 더불어 올바르다는 선언일 뿐만 아니라 이방인을 아브라함의 가족으로 들어오게 함으로써 수직적이면서도 수평적인 요소를 지니고 있다. 그러므로 우리는 바울 서신에서 칭의를 해석할 때, 바울은 "구원받기 위해서 내가 무엇을 해야 하는가?"라는 질문에 답하고 있을 뿐만 아니라 "누가 하나님의 백성인가?"라는 질문에도 답하고 있음을—이 둘은 함께한다—기억해야 한다. 더욱이 칭의의 근거는 믿음이다. 그러나 성령으로 살아가는 우리의 신실한 삶이 마지막 심판의 판결과 일치한다는 점을 증명할 것이다. 끝으로 친애하는 신약학자 중 한 명인 마르쿠스 바르트(Markus Barth)의 글을 인용하면서 내 글을 마치려 한다.

따라서 "믿음으로 의롭게 됨"은 신실한 하나님에 의한 것이며, 순종의 아들이자 사랑의 아들의 출현, 죽음, 승천에 의거하여 선고되었고, 새 창조와 일치하는 방식으로 무죄 선고를 받고 자유롭게 되었으며, 오직 기쁨과 감사로만 인식 가능하다는 것을 뜻한다. 하나님의 믿음, 예수 그리스도의 믿음, 그리고 믿음 안에서 인간의 응답은—각자의 방식으로—그것을 통해 죄로 가득 찬 유대 및 이방 공동체에 의로움과 생명이 부여되는 수단이 된다.[39]

39_ Markus Barth, *Justification*, trans. A. M. Woodruff III (Eugene, Ore.: Wipf and Stock, 2006 [1971]), p. 68.

논평

전통적 개혁파

마이클 S. 호튼

나는 특히 바울 서신에서 법정적·참여적(participationist) 범주, 혹은 구원론과 교회론 사이의 그릇된 선택을 극복하려는 마이클 버드의 관심에 감사한다. 버드는 로마서 1:16-17을 서신의 중심 논지로 취하면서, 후자에 대한 바울의 해결책을 전자에 대한 더 깊은 해결책으로 삼은 것으로 보인다.

비록 문제가 민족적 배타성(즉 "율법의 저주", 갈 3:10)보다 더 깊고 넓지만, 버드는 다음과 같이 그 해결책이 교회론적 결과를 낳는다고 적절하게 관찰한다. "그래서 아브라함의 복이 그리스도 예수 안에서 이방인에게 미칠 수 있었다"(갈 3:14). 버드는 "그러므로 당신이 복음을 생각할 때에는 하나님이 아브라함과 맺은 약속을 생각하라"고 올바르게 조언한다. 버드는 하나님의 의(*dikaiosynē tou theou*)라는 문구의 뜻을 결정할 때 폭넓은 범위의 주해 가능성을 용인하도록 우리를 적절히 고무시킨다. 나는 이 문구가 더 일반적으로는 하나님의 의와 심판—그 심판이 정죄든 혹은 칭의든—을 언급할 수 있다는 점을 덧붙이고 싶다. 이사야 59장에(특히 15b-20절에) 명백히 그 예가 제시되는 "하나님의 의"라는 양날 검은 로마서에서도 분명히 그렇다. 하나님의 의가 분노를 가져오는 율법으로 드러났고(롬 1:18-20), 구원하는 자비를 가져오는 하나님의 의는 복음으로 드러났다(롬 3:21-

28). 그러므로 온 세계를 위해 아브라함에게 주신 약속이 실현되었다(롬 3:21-28). 하나님은 "의 자체이자 의롭게 하는 분"으로서 오직 그리스도 때문에 죄인들을 의롭다고 선언하는 행위를 통해 그의 언약적 신실함을 분명하게 보여준다.

나는 버드가 행위로 인한 미래의 칭의를 거부하는 것(롬 3:20)이 바울의 로마서 2:13을 공허한 메아리로 만든다고 생각한다. 바울의 전체 논증은─유대인을 포함해서, 단순히 율법을 **소유함**이 아니라 율법의 준수가 요구사항이기 때문에─온 세상에 죄책이 있다는 것이다. 더 나아가 이방인 **그리스도인이** "율법을 소유하지 않았지만, **자연스럽게**[성령으로 혹은 그리스도 안에서라기보다는] 율법의 요구를 행한다"(롬 2:14)고 말하는 것은 바울답지 않은 어법인 것으로 보인다. 바울이 말하는 "율법을 가지지 않은 이방인들"은 "자신들의 의로 진리를 억압하는" 사람들과 같은 부류인(롬 1:18) 것으로 보인다. 그러나 종교개혁자들의 범주를 빌리자면, 바울이 마음에 두고 있는 것은 사람 앞에서의(coram hominibus) 의와 하나님 앞에서의(coram Deo) 의의 차이점이다. 도덕법이 양심에 새겨져 있기 때문에 전자가 가능하며, 따라서 이방인들에게 책임을 충분히 물을 수 있다(롬 1:19-20). 도덕법은 그들의 위선에 대해 토라를 소유한 이들(유대인)을 수치스럽게 만들 수 있을 정도로 불의한 행동을 충분히 억제할 수 있다(롬 2:17-29). 그럼에도 나는 버드의 해석 및 행위를 "통하여"(dia, through)와 행위에 "따른"(kata, according to)─행위 "때문에"(ek, on account of)라는 구분이 비록 종교개혁의 전통에서 잘 입증되어 있음에도 이를 훨씬 덜 취급하면서─심판 사이에서 후자를 택하는 그의 구분법에 대해서 열려 있다.

또한 버드는 "그리스도를 믿음/그리스도의 믿음"이라는 목적격 소유격과 주격 소유격 구문 사이에서 "중재적인 관점"을 취한다. 버드는 "즉 십자가에서 자신을 내어주는 순종이라는 특별한 예수의 행동에 참여하는 것을 포함하면서, 그 문구는 예수 그리스도 안에서 하나님의 행위에 자신을 위탁한다는 것을 언급하는 것이다"(갈 1:4; 2:19b-20)라고 주장한다. 그러나 나는 이것이 표준적인 개혁파(그리고 루터파)의 정의와 어떻게 다른지 잘 모르겠다.

버드는 전가에 관한 전통적인 종교개혁의 해석을 다음과 같이 비판적으로 판단한다.

> 전가 교리가 "장점"이 있기는 하지만, 타당한 성서의 사고를 타당하지 않은 체계에 밀어 넣는다. 이 교리는 몇몇 언어를 잘못 해석하여 여전히 공로라는 중세적 범주에 빠져 있으며, 그리스도와의 연합이 지닌 함의를 제대로 파악하지 못한다.…
>
> 그래서 예수의 순종이 정말로 우리의 순종이 되고—그러나 예수의 순종을 능동적 및 수동적 다양성으로 인위적으로 나눔을 통해서가 아니며, 분여(imparted)가 아닌 전가된(imputed) "공로"라는 중세적 개념을 통해서도 아니고, 우리가 구원을 얻을 수 없을 때 펠라기우스주의의 모범인 예수가 구원을 얻었기 때문도 아니며, 은혜를 수반하지 않은 행위 언약을 성취해서도 아니고, 대기를 통해 우리에게 흘러들어 온 의라는 분자(molecules)를 통해서도 아니며—나아가 믿음으로 우리가 예수 그리스도의 대속의 죽음과 부활에 참여할 때 그리스도 안에서 "의롭게" 된다.

비록 버드가 이 복잡한 비난을 약간 구체화하긴 하지만, 그 비난은 너무 포괄적이며 지지를 받지 못한다. 그리스도와의 연합은 개혁파 구원론의 핵심 주제로서 칭의와 성화를 아우른다. 더욱이 이사야 53장에서처럼 대체물을 통한 언약적 지위의 이전/교환은 물론, 랍비들의 가르침에 나타나는 "조상들의 공로"는 그 기원이 중세적이라고 말하기 힘들다. 버드가 언급한 "예수가 아담과 이스라엘이 실패한 곳에서 순종했다"는 말에 대해 우리가 동의한다면, "무슨 목적으로?"라는 질문이 제기될 수밖에 없다. 그가 순종한 것이 무엇이고, 아담과 이스라엘을 대신해서 그가 언약적 의를 성취한 것이 그리스도—마지막 아담—가 행위 언약을 성취했고 모든 수확의 첫 열매로서 위풍당당하게 다시 부활했다는 말과 본질적으로 어떻게 다른가? 따라서 그 안에서 우리 모두가 그의 재산을 상속받을 수 있다는 것은 그의 부요함이 그렇게 간주하는 것인가, 혹은 우리에게 전가된 것인가?[1]

라이트는 판사가 법정을 가로질러 피고에게 자신의 의를 마치 일종의 가스(gas)처럼 전해주는 이미지를 통해 종교개혁의 칭의 견해를 희화화했다. 마찬가지로 버드도 "대기를 통해 우리에게 흘러들어 온 의라는 분자"를 언급한다. 버드는 이 견해에 반대하면서 "여기서 의는 이체되는 자산이 아니라 부여된 지위"라고 설명한다. 그러나 오히려 이것은 어떤 주입된 물질(로마 가톨릭)이나 하나님의 본질적 의의 전이(오지안더)에 반대하면서, 그것을 뛰어넘어 개혁주의가 전가를 주장하는 요점이다. 라이트의 법정에는 판사와 피고는 있지만 중재자가 빠졌다. 종교개혁의 해석에서 판사는 자신의 의를 이전하지 않는다. 가스, 액체, 증기, 고체 같은 것이 아니라, 오히려 하나님은 그의 아들 때문에 죄인이 의롭게 되었다고 선언한다. 버드가 "정말로 하나님에게 의로운 지위의 선물이 있다"(롬 5:17; 빌 3:9을 보라)라고 단언하기 때문에, 나는 그가 이것을 그리스도의 의가 신자에게 전가되는 것과 일치한다고 말하기를 꺼리는 이유를 도무지

1_ Bird는 각주 16번에서, 웨스트민스터 신앙고백서(11.1)가 "그리스도의 '능동적' 순종을 언급하는 것을 의도적으로 누락한다"고 주장한다. 그러나 웨스트민스터 신앙고백서는 7.2조에서 행위 언약을 확인하고, 8.5조와 11.3조에서 구속을 보증하는 그의 순종과 만족이라는 언급을 덧붙인다. 사실 이때까지도, 그리스도의 능동적 순종을 부인하는 것은 개혁파 체계에서 탈퇴한 아미랄두스주의자들(Amyraldian)과 아르미니우스주의자들(Arminian)과 관련 있었다.

모르겠다. 참으로 바울은 그리스도가 우리의 의라고 말한다(고전 1:30b, 아마도 이것은 렘 23:6과 사 53:11b을 주석한 것으로 보인다. 또한 빌 3:9을 참조하라). "대변에 기입함"(crediting) 외에도 다른 칭의 은유―그리스도를 옷 입음, 부채가 취소됨, 전적인 유업 등―가 존재하지만, 그 은유들은 모두가 같은 실재를 가리킨다. 바울은 버드가 여기에서 제안한 것보다 더 많은 요점을 연결하는 것처럼 보인다.

종교개혁자들은 "믿음으로 그리스도의 전가된 의를 통한 칭의"의 약칭으로 "믿음으로 의롭게 됨", "의롭다 여김을 받은 믿음"을 거리낌 없이 언급했다. 바울이나 종교개혁자들이 주로 내적인 충돌 때문에 후대에 나타난 개선책 안에서 중요하게 부각된 아리스토텔레스적인 범주를 통해 디아/에크(*dia/ek*)를 이해했을 것이라고 기대하는 것은 시대착오적인 발상일 것이다.[2] 우리는 믿음으로 의롭다 여김을 받고, 믿음은 그리스도를 받기 때문에 의로 여겨진다.

내가 판단하기로는, 우리를 위해서 그리스도의 죄인 "됨"(becoming)이 일종의 실제적 악화 과정을 의미하는 것이 아니라 단지 전가의 과정을 언급하는 것처럼, 버드가 생각하듯 로마서 5:19이(고후 5:21처럼) 실질적인 변화"됨"(becoming)을 언급하는 것은 아니다. 나는 여기에서 바울이 **구원 서정**이 아닌 **구원사**를 염두에 두고 있다고 생각한다. 바울은 모든 사람이

2_ 그의 각주 17번에서, Bird는 "믿음의 전가를 언급한 아우크스부르크(Augsburg) 신앙고백서(4조) 이후, 이 '여김(counting), 돌려짐(crediting), 전가함(imputing)'에 대한 다양성이 프로테스탄트 전통 내에 존재하는 반면에, 웨스트민스터 신앙고백서(11.1조)는 믿음의 전가 혹은 복음적 순종을 명백하게 거부한다"고 말한다. 그러나 다시 말하면, 그 다양성은 전통들 사이에 있지 않고, 일반적으로 칭의를 언급하는 방식(종교개혁 시대, 이는 아우크스부르크 신앙고백서[1530]에 의해 실증되었다) 및 후대에 내적·외적으로, 특별히 아르미니우스주의―종종 믿음을 칭의의 기반(물질적 원인)으로 삼았던―의 도전과 마주하여 칭의 교리를 정교하게 다듬으면서 (루터파 신앙고백서[Formula of Concord⟨1577⟩]와 웨스트민스터 신앙고백서[1646]등에서) 존재하게 되었다.

어떻게 "죄인이 되었는지"(롬 5:19) 우리에게 말했다. 즉 "한 사람의 범죄함이 모든 사람으로 정죄에 이르게 했다"는 것이다(롬 5:18b). 사법적 정죄의 반대는 칭의일 뿐 중생이 아니다. 비록 로마서 6장이 그리스도와의 연합이 지닌 **변화시키는 충격**을 강조하지만, 5장에서 우리는 신자들이 **어떻게** "의롭게 될 것인가"—즉 "한 의로운 행위"(롬 5:18b)를 통해—를 듣게 된다(롬 5:19b). 그렇다면 "의롭게 될 것이다"(dikaioi katastathēsontai)라는 문구는 새 국면—아담의 범죄로부터 미래에—을 언급한 것이라고 이해하는 것은 어떨까? 바울은 종교개혁 논쟁에서 "의롭게 만들었다"(made righteous)가 지불하게 될 비용을 예상하지 못했다. 그는 단순히 역사적으로 세상(유대인과 이방인)이 죄책을 지게 되었으며, 법정적 판결을 통해 하나님 앞에서 의롭게 될 것임을 말해준다. 비록 고린도전서 1:30이 전가를 언급하지는 않지만, 그리스도가 법정적 혹은 법적 의미의—버드도 동의하듯—"우리의 의"라는 것 외에 달리 어떤 설명이 가능하겠는가? 그는 빌립보서 3장에서 "하나님으로부터 신자에게 주어진 의가 명백하게 존재한다"고 인정한다. 그렇다면 왜 그것이 전가되거나 간주된 것이 아닌가? 버드는 "믿음으로 신자들이 그(그리스도)를 신뢰함으로 그 **안에** 있을 때, 메시아의 신실함이 신자들로 하여금 이 의를 깨닫게 한다"고 주장하지만, 내가 보기에는 법정적 칭의가 더 자연스러운 해석인 것 같다.

그러나 바로 이 점에서, 버드는 "그리스도와의 연합"이 "전가"가 의도하는 모든 내용을 성취한다는 라이트의 견해에 도전한다.

나는 라이트의 개요를 받아들이지만, 여전히 우리에게는 다음과 같은 질문이 정말로 남아 있다고 생각한다. 하나님 앞에서 우리를 "의롭게" 만드는 연합(union)은 실제로 무엇을 **의미하는가**? 이것은 전가와 같은 개념이 불가피하게 성서 자료를 **함축**하고 있음을 보여준다. 로마서 4장의 "여기다"라는 언어, 로마서 5:17과 빌립보서 3:9의 의의 선물, 연합의 머리인 아담과 그리스도의 대표로서의 본질, 여러 구절에 나타나는(예. 롬 3:21-26; 10:10; 갈 2:15-21; 5:4-5) 디카이오오와 디카이오쉬네의 법정적 본질, 그리고 아들로서 자기의 일을 감당하신 예수의 신실함과 순종에 구원의 빚을 지고 있다는 사실을 포함하는 이 모든 것들을 하나로 취합하면, "그리스도 안에" 있는 사람들을 위한 구원의 적용을 묘사하기 위해 "전가"와 같은 어떤 것이 논리적으로 필요한 것처럼 들린다.

그러므로 종교개혁자들의 정당성이 입증되지만, 비난의 화살은 그리스도의 능동적인 순종에 관한 프로테스탄트 스콜라주의의 주장으로 옮겨간다. 버드는 "회계장부에 대변을 기입하는" 비유를 제기하면서, "프로테스탄트 스콜라주의는 마치 하나님이 의를 추상적으로 이체하는 것처럼 간주하는 설명을 제기하기 위해서 바울이 칭의 개념에 사용하는 '그리스도 안에'(in christ)라는 어법을 종종 얼버무렸을 뿐만 아니라, 하나님이 유대인과 이방인을 메시아 가족의 일원으로 받아들이는 구원사(historia salutis)의 중요한 이야기 안으로 개인의 구원 서정(ordo salutis)을 통합하지 않은 채 오히려 개인의 구원에서 일어나는 개별적 사건들의 순서에 대해 근시안적으로 집중하곤 했다"고 비판한다.

이와 비슷한 것들을 몇몇 복음주의 논단에서—어떤 유명한 칼뱅주의적 견해를 포함하는—들었지만 내가 말할 수 있는 전부는 그들이 전형적인 개혁파의 논의를 공정하게 다루었다고 생각하지 않는다는 것이다. 버드의 유용하고 치밀한 요약 안에 그리스도의 능동적 순종과 전가(간주됨)의 모든 요소들이 잘 드러난다고 하지만, 개혁파 신학은 그리스도와의 연합을 강조하고 있음에도 불구하고, 그의 죽음과 부활뿐만 아니라 그의 능동적 순종을 향한 언약적 참여에 대해 "그리스도 안에"라는 언어로부터 벗어나 있다고 말하는 것은 어불성설이다. 내게는 개혁파 구원론이 구원 사보다 구원 서정에 근시안적으로 집중한 것처럼 보이지도 않는다. 실제로 버드는 개혁파 신학자들이 성서신학을 개척했다고 서론에서 언급한다. 또한 내가 인용했던 많은 반례를 고려하면, "개혁파 신학자들의 칭의론에서 성령의 역할에 대한 상대적 관심의 부재"라는 버드의 비판을 나는 이해할 수 없다. 사실상 버드 자신은 구원에서 성령의 중요성—그리고 "구원에서 하나님의 일하심이 믿음의 순간에 종결되지 않는다"는 사실—에 대해 벨기에 신앙고백서와 테트라폴리스 신앙고백서를 인용해서 자기에게 유리한 요점에 힘을 싣고 있다. 그의 글은 잘못된 선택을 피하면서 더 논쟁적으로 비판하려고 애쓴다. 하지만 내가 보기에 그는 전형적인 개혁파의 칭의 개념을 과장하면서 자신의 결론이 나의 견해와 달리 실질적으로 더 급진적인 것처럼 보이게 하려고 애쓰는 것 같다.

논평
바울 신학의 새 관점
제임스 D. G. 던

"바울에 관한 새 관점"을 둘러싸고 벌어진 혼란스러운 논쟁에서 그동안 버드가 해온 것들은 매우 환영받을 만한 평화의 외침이었다. 그는 논쟁의 양 진영이 지닌 장점에 대해 인식하라고 요구하면서, 바울의 모든 가르침에 관해 더욱 균형 잡힌 평가를 옹호한다.[1] 이 글은 그의 전략을 잘 보여 주는 하나의 예시로서, 나는 이 글과 크게 의견을 달리하지 않는다.

예를 들어 나는 "'칭의 복음'이…구원, 화해, 양자 삼음과 같은 다른 동등하게 중요한 이미지보다 칭의에 특권을 더 부여한다"는 그의 경고와 "전가"라는 "표준적인 개혁파의 견해"에 대한 그의 비판을 떠올린다. 나는 마찬가지로 "처음부터 [이신]칭의는 유대 그리스도인들의 전통의 일부였을 뿐 바울이 고안한 것이 아니다"라는 그의 언급과, 이방인에게 약속된 축복의 복음이 갈라디아서 3:6-14 부분과 연결된 맥락이라는 그의 인식에 대해 호의적이다. 또한 법정적 은유로서의 칭의가 도덕적 상태가 아닌 지위와 관련된다고 상기시키는 버드의 언급에도 찬성한다. 갈라디아서 3:15-29에 대한 그의 논의 및 바울과 야고보의 상호 관계성에 관한 그의

1_ 나는 Michael F. Bird, *The Saving Righteousness of God: Studies on Paul, Justification and the New Perspective* (Milton Keynes, U.K.: Paternoster, 2007)를 특별히 염두에 두고 있다.

성공적 논증에도 동의한다.

버드의 글에 대한 긍정적인 반응을 제외하고, 다음에서 제시할 비판적 논평은 대부분 사소하고 중요하지 않은 것들에 한정된다.

나는 안디옥의 이방인 신자들에게 **할례**를 강요했기 때문에 바울이 베드로를 맹렬히 비난했다는(갈 2:11-14) 그의 제안이 옳은지를 질문하려 한다. 논지는 오히려 이스라엘의 거룩함을 유지하기 위해 이방인/열방으로부터 "분리"를 요구받은 유대인/이스라엘 사람과 관련되어 있다(갈 2:12에서 동사 "분리하다"를 사용하는 것은 거의 확실하게 레 2:24-26을 반영한다). 할례에 관한 논의는 과거 예루살렘에서 야고보, 베드로, 바울 사이에 합의된 것이었다(갈 2:6-9). 그 합의에 따르면, 할례는 "복음의 진리"를 위협하는 유일한 "율법의 행위"가 아니었다. 우리는 이 시점에서 베드로를 향한 바울의 힐책을 부풀려서 바울의 논증을 강화할 수는 없다. 또한 나는 갈라디아에 있는 바울의 대적자들이 "그리스도는 단지 율법에 추가된 것이라고 암묵적으로 주장"했다는 버드의 제안이 옳다고 생각하지 않는다. 아브라함에 호소한 그들의 논리로 추정하건대, 그들은 할례가 이신칭의의 본질적인 당연한 귀결이고, 특정한 율법의 행위는 바울의 복음에 필요한 "부가물"이었다고 주장한 것으로 보인다.

나는 바울이 갈라디아서 2:18에서 자신을 "범법한 자"라고 규정한 것이 "복음의 핵심 주장"을 거부한 자를 의미한다는 버드의 해석이 옳은지 궁금하다. 내가 보기에, 이 경우의 핵심은 정결법을 묵살하는 사람을 "죄인"("이방인 죄인," 갈 2:15)으로 간주하는 저주(추정하건대 야고보로부터 온 무리에 의한)로 보인다. "그리스도 안에서 의롭다 여김을 받은" 사람을 "죄인"으로 여기는 것은(그들이 정결법을 무시했기 때문에), 그리스도(그런 "죄인들"을 의롭게 한 이)를 "죄의 종"으로(갈 2:17; 우리는 예수가 무엇으로 악명 높았는지 놓치지 않아야 한다. 참조. 마 11:19; 막 2:16-17; 눅 15:2) 부르는 것과 같다. 반대로 바울이 율법이 결정하는 삶으로 되돌아가서 그가 산산조각낸 삶을 다시 복원한다면, 그가 (이전에) 율법을 준수하는 것을 실패했기 때문에 실제로 율법을 어긴 자/"범죄자"(갈 2:18)였음을 시인했을 것이다.

나는 "레위기 18:15이 율법을 준수하는 자에게 생명을 약속한다"는 버드의 진술에 대해 또 다른 이의를 제기하고자 한다. 나는 이 주장에 끌리지 않지만, 바울이 레위기 18:5을 언약 아래 있는 이스라엘의 의무를—사람은 율법의 요구(율법의 행위)를 행함으로 살 것이라는—나타내는 것으로 이해했다는 생각을 견지해왔다. 그것이 율법을 생명을 수여하는 것으로 간주하는 견해에 대해 바울이 그토록 부정적이었던 이유다(갈 3:21). 오직 하나님과 그의 성령만이 "살게 할 수" 있으며, 대조적으로 율법의 기능은 단순히 언약 백성이 어떻게 살아야 하는가를 단속하는 것이었다(겔 20:5-26에서처럼, "사람은 그의 [율법]준수로 살 것이다").[2]

버드는 바울이 로마서 2:13-16(율법 없음에도 불구하고 "율법을 행하는" 이방인)에서 오직 이방인 **신자**를 마음에 두고 있었을 것이라는 학자들의 (아마도) 주요 합의를 따른다. 그것은 정말로 바울 신학에 일관성을 부여한다. 그러나 나는 여기서 바울이 경건한 삶을 살고 있는 이방인들(제2성전기 유대교가 "하나님을 경외하는 이방인들"[God-fearers]을 인정한 것이나 혹은 랍비 유대교가 "의로운 이방인들"[righteous Gentiles]을 인정한 것과 마찬가지로)이 있다고 쉽게 인정하는 모습을 보이지 않았을지도 모른다는 생각이 든다. 베드로가 욥바의 무두장이 시몬의 집에서 환상을 통해 "각 나라 중 [하나님을] 경외하며 의를 행하는 사람은 다 받으신다"(행 10:35)는 사실을 깨달은 것처럼, 이것이 바울에게 절실하게 와 닿은 성취 혹은 계시였을까? 비슷한 의문이 다음과 같은 바울의 로마서 주해의 정점과 관련해서 제기될

2_ 추가로 내 책 *The New Perspective on Paul*, rev. ed. (Grand Rapids: Eerdmans, 2008), pp. 73-74을 보라.

수 있을 것이다. 즉 바울은 긍휼이야말로 하나님이 인간을 다루시는 기준선이라 확신하면서, "모든 이"—"하나님이 모든 사람에게 긍휼을 베푸시려고"(롬 11:32)—라는 용어를 통해 자신의 궁극적인 소망을 제기할 수 있었다는 것이다. 그러나 바울의 사고를 그 자신이 소유하지 않은 엄격한 논리로 가두려는 것은 항상 위험이 따른다.

지금까지 내가 제기한 문제들은 버드의 글의 주요 논지로부터 크게 벗어나지 않는 사소한 것들이라 할 수 있다. 그러나 그의 의견에 거의 동의하기 어려운, 하지만 충분히 더 강조될 수 있는 세 가지 중요한 문제가 있다.

첫째, 나는 버드의 로마서 논의를 보면서, 그가 "하나님의 의"라는 문구의 해석과 관련하여 이미 오래된 주격-소유격/목적격-소유격 논쟁으로 쉽게 되돌아간 것에 대해 약간 실망했다. 나는 특정한 딜레마를 풀어내는 핵심으로서, "의"라는 히브리어 개념이 지닌 관계적 특성(특별한 관계에서 일어나는 의무를 충족함)을 매번 발견한다. 버드가 헐트그렌을 인용하여 하나님의 신원(vindication)과 그 자신을 드려 사람들을 구원하신 사건을 잘 보여준 것처럼, "하나님의 의로움은 하나님의 구원하시는 활동이다." 처벌이 아닌 구원하는 속성을 인지하는 것이야말로 (위대한 계시로서 루터에게 임했던) 하나님의 의가 갖는 특성을 정확히 인지하는 것이라고 생각할 수 있다. 칭의를 단지 주어진 지위가 아니라 관계의 측면에서 볼 때, 수많은 전통적 불일치와 격렬한 논쟁은 위축된다. 그 밖의 다른 것과는 별개로, 로마서 4:17-21은 아브라함을 통해 생생하게 칭의와 관련된 모든 사건과 과정에서 믿음—즉 하나님의 약속과 그분이 가능하게 할 수 있음에 기반을 둔, 하나님을 향한 전적인 개방과 그분을 의지하는 믿음—의 역할에 더욱 분명한 의미를 부여한다. 버드는 이 구절을 언급하지 않고 지나가지만, 나는 이것이 그의 논증에 도움을 줄 것이라고 생각한다.

둘째, 버드가 칭의 논쟁에 기여한 장점 가운데 하나는 법정적 칭의 은유가 바울에 의해 사용된 참여적 범주와 대립되는 것으로 간주하지 말아야 함을 인식하고 있다는 점이다. 우리는 "그리스도 안에"(in Christ)라는 바울의 언어가 하나님의 (구원하시는) 의와 칭의에 대한 언급보다 그의 서신에서 더 빈번히 나타난다는 것을 잊지 말아야 한다. 바울 서신을 해석하려는 사람들이 정작 바울 자신은 고린도후서 5:17-21과 빌립보서 3:7-11 같은 곳에서 분명하게 함께 견지했던 이 두 가지 측면─법정적이면서 동시에 참여적인 언어─을 함께 이해할 의지도 없을 뿐더러, 그렇게 할 능력도 부족한 것처럼 보인다는 점은 이 논쟁의 가장 실망스러운 측면일 것이다. 요점은 바울이 복음의 경이로움과 심오함은 오직 하나의 이미지로 적절하게 표현될 수 없음을 분명히 인식했다는 것인데, 이는 마치 골프를 치려는 사람이 휴대할 수 있는 다양한 클럽 중 단지 하나만 갖고 필드에 나가는 것과 다름없다. 의롭다고 확증된 신자의 지위를 선언하는 사건을 강조할 때는 법정적 이미지가 그 효력을 발휘한다. 그러나 법정적 이미지는 구원의 **과정**을 묘사하는 데는 별다른 효력이 없다. 또한 바울이 변화(transformation)의 언어를 사용하고 있음을 언급한다는 점에서 버드는 옳다. 버드는 이를 위해 특별히 로마서 5:19을 인용했다. 그러나 우리는 로마서 12:2 같은 본문, 그리스도와 같이 됨에 대한 모든 언어들(롬 8:29; 고후 3:18), 그의 죽음을 본받음(빌 3:18), 기타 등등의 언어들을 손쉽게 언급할 수도 있다. 나 역시 버드처럼 바울 신학의 다양한 줄기를 한곳에 모으려고 시도해왔지만,[3] 그렇게 해야 할 필요성이 현 논쟁에서 긴급하기 때문에 버드의 글에서 드러나는 몇 가지 강조점은 아마 환영받을지도 모르겠다.

3_ *The Theology of Paul the Apostle* (Grand Rapids: Eerdmans, 1998), 13-16, 18장; *New Perspective on Paul*, 특별히 pp. 92-95.

셋째, 아마도 "새 관점"에 관한 논쟁이 되살린 가장 민감한 주제는 바울이 "행위에 따른" 심판을 강조한 것이 그가 (오직) 믿음으로 의롭게 됨을 강조한 것과 어떻게 어울릴 수 있는가라는 질문이었다. 내가 "되살린"이라고 언급한 것은, 이 책에 실린 다른 글에서도 분명히 나타나듯이, 이 질문이 칭의에 대한 초기 논쟁의 중심부에 있었기 때문이다. 버드는 이 문제에 대해 매우 민감하지만, 이 부분에서 바울의 복음 전체를 그가 제시할 수 있을까? 변화/성화에 대한 바울의 언급은 그리스도가 다시 올 때에 "순수하고", "흠 없으며", "책망할 것 없고", "흠 잡을 것 없는"(예. 고전 1:8; 빌 1:6, 10; 골 1:22; 살전 3:13) 등등의 언어로 제시되는 회심자들에 대한 바울의 소망과 관련되어야 한다. 그러나 여기서 도외시할 수 없는 것은 바울이 자기 서신의 수신자들이 흠 없이 살 수 있다고 추정하지 않았다는 것이며, 이런 이유로 그는 도덕적 실패를 반복적으로 경고한다(롬 8:13; 고전 3:17; 9:27; 11:27-29; 고후 13:5; 갈 5:4; 6:7-9에서처럼). 이 시점에서 "새 관점"을 향한 많은 도전이 지닌 주요 약점은 회심을 의미하는 칭의가 마지막 심판의 때에 틀림없이 재가될 것이라는 가정이다. 그들은 성령으로 태어난 자들은 당연히 성령의 인도를 받고 은혜의 (필연적인?) 열매인 선한 행위를 낳을 것이라고 주장한다.[4] 하지만 바울 자신은 그런 가정을 하지 않았다. 인내하라는 바울의 권면을 인내의 실패에 대한 그의 경고와 분리하지 말아야 한다. 빌립보서 1:6의 안심의 언어들은 갈라디아서 3:3에서 표현된 경고와 반드시 균형을 이뤄야 한다! 불행하게도 회심이 사실상 결과(마지막 구원)를 낳을 것이라는 그 어떤 가정도 선택받은 자들에 관한 가정과 유사한 듯하며, 따라서 제임스 호그(James Hogg)가 『의롭게 된 한 죄인의 회고와 고백』(*The Private Memoirs and Confessions of a Justified Sinner*)을 통

4_ 이 요점에 관한 Bird의 거의 마지막 논평이 다음과 같은 사고방식을 유발했다. "그러나 성령으로 살아가는 우리의 신실한 삶이 마지막 심판의 판결과 같다는 것을 증명할 것이다."

해 이를 통렬하게 드러낸 것이다![5]

　이제 다시 한 번 간청하면서 마무리하려 한다. 우리는 언제쯤이나 바울의 복음 전체를 평화롭고 균형 있게 이해할 수 있을까?

5_ James Hogg, *The Private Memories and Confessions of a Justified Sinner*, ed. John Carey (New York: Oxford University Press, 1999[1824]).

논평

신성화

벨리-마티 카르카넨

"진보적" 개혁파 사상가로서 버드의 사상을 잘 보여주는 글에 먼저 감사를 표하고 싶다. 나 역시 에큐메니컬적인 "진보적" 루터파의 관점을 추구하는 좁은 길을 가기 때문에 그에게 공감한다. 하지만 나는 "교회를 향해 제기된 주해적·신학적 도전의 국면에서 당신의 전통이 지닌 진실성을 단순히 재진술하는 것"을 거부하는 것과 같은 그의 판단 기준 중 하나가 진보적 사상가를 특징짓는 데 적합하지 않다고 생각한다. 진보적이든 아니든, 과거의 견해를 단순히 반복하거나 재진술하면서 만족할 신학자는 아무도 없을 것이다. 비록 진보적 성향에 대한 그의 나머지 정의는 유용하다고 생각하지만, 이러한 관찰은 심지어 버드의 개혁파 동료로서 "전통적" 개혁파 견해를 변호한 호튼에게도 적용된다.

나는 개혁파 전통에 대해 이방인이지만, 버드가 다음과 같이 제기하는 "같은 집안 내에서의 비판"에 대해 동의해야 할 것 같다. "나는 기존 개혁파 신학자들이 일반적으로 구원사를 도외시한 채 신학적으로 구원 서정에 얽매여 바울을 해석해왔다고 생각한다." 내 기고문은 교의신학 혹은 조직신학자들이 성서신학자들로부터 얼마나 많이 배울 수 있는지―그래야 한다!―보여주는 것을 추구한다. 이런 이유로, 내가 "진보적" 프로테스탄트의 칭의 교리에 대해 이해하는 것은 버드와 여러 방면에서 다름에도 불구하고, 나는 무엇보다 "성서로 돌아가려는" 그의 갈망을 전심으로 환영한다. 그러나 나는 단순히 성서로만 돌아가는 것은 그것이 필요한 만큼이나 또한 충분치 않다고 생각한다. 여느 기독교 교리와 마찬가지로, 칭의 교리의 형성은 최종적·궁극적으로는 조직신학의 직무다. 성서신학에 기반을 둔 버드의 기고문은 그러한 직무를 위한 유용하고 사려 깊은 통찰을 제공한다.

버드는 개혁주의 전통을 가리켜 칭의에 관한 가르침의 배경이 되는 성서의 역사적·사회적 상황에 대한 관심이 부족하다고 힐난하면서도, 동시에 칭의를 다루는 균형 있고 평화로운 견해를 제시하면서 바울 복음과 관련된 개혁파 전통이 지닌 많은 유익을 정당하게 인정한다. 나는 나의 기고문을 통해, 혹은 다른 저서들을 통해 발전시킨 한 가지 중요한 주제—율법과 복음이라는 매우 논쟁적인 주제—를 여기에 덧붙이고 싶다. 내가 보기에는, 율법과 복음의 관계에 대한 칼뱅파와 루터파의 개념을 주의 깊게 다시 탐구하고 정의할 필요가 있다. 만약 그 관계를 더 "성서적"— 내가 감히 바울적(Pauline)이라고 말하는—방법으로 바로잡을 수 있다면, 로마 가톨릭과 프로테스탄트, 다른 한편으로 서방과 동방 그리스도인 사이에서 교착 상태에 있는 에큐메니즘 문제가 더 쉽게 풀릴 수도 있을 것이다. "현대판"(Latter Day) 프로테스탄트로서 우리의 직무는 프로테스탄트 선조들이 성서를 새롭게 읽으려 했던 시도들을 우리도 추구하고, 또한 그 해석을 감안하면서 우리의 현재 이해를 알리는 것이라고 생각한다. 그것이 종교개혁 혹은 개혁(Re-formation)의 모든 것이 아닐까(더 많은 재형성 및 더 적은 이의제기[Protest-ing])?

그중에서도 특히 하나님의 백성, 언약, 부활, 종말론을 포함하는 바울 신학(주로 로마서와 갈라디아서)의 주요 주제를 다루는 버드의 탐구는 내

신학적 민감함을 일깨워준다. 버드의 흥미로운 글에서 빠진 (구원사를 진술하는 데 중요한) 한 가지 주제는 바울 신학의 깊고 철저한 선교 지향성(missionary orientation)이다. 심지어 로마서조차 무엇보다도 선교적인 글이고, 따라서 역동적이면서도 개인적이고 매력적인 서신이다.

갈라디아서 3:10-14 같은 바울의 핵심 본문에 대한 버드의 탐구는 (이 책에 실린 다른 개혁파 학자인 호튼의 글에 대해 내가 제기한 우호적 비평뿐만 아니라) 나의 기고문에서도 주장하려 했던 것인데, 다시 말하자면 바울은 구원과 종말론에 대한 풍부한 은유를 사용했다는 것이다. 심지어 바울은 짧은 한 문단 안에서도 다양한 제의적·역사적·종교적·사회적·문화적 자료를 한데 묶는다. 예를 들면 갈라디아서 3장의 구절들은 아브라함의 부름과 관련해서 창세기 12장의 축복의 주제로 돌아갈 뿐 아니라 신성모독을 저지른 이들에 대한 신명기적 율법의 저주로도 되돌아간다! 그뿐 아니라 3장의 앞부분에서 바울은 명백하게 기사와 이적과 같이 갈라디아 사람들의 강력한 영적 체험을 상기시키는 굳건한 성령론적 자료들을 가지고 주된 기독론적(그리고 교부적[patrological]) 토론을 보완한다. 버드가 바울의 구원론이 갖는 삼위일체론적인 양상을 좀 더 이야기했었더라면 훨씬 좋았을 것이다!

버드는 로마서의 칭의 구절을 다루면서 로마서 1:17의 문구인 "의인은 믿음으로 말미암아 살리라"가 지닌 다양한 측면을 바르게 강조한다. 하지만 버드가 이 특별한 문구가 갖는 풍부한 성서적 배경을 더 철저하게 탐구했더라면 칭의 토론을 확장하는 데 더 유용하고 포괄적이지 않았을까 하는 아쉬움이 있다. 나는 개인적으로 이 문구가 다음과 같은 네 개 본문─하박국 2:4, 로마서 1:17, 갈라디아서 3:11, 히브리서 10:38─의 다양한 상황 속에서 발견된다는 것이 매우 흥미롭다. 의인이 "믿음으로 살아감"이 의미하는 것이 지닌 다양한 양상을 말해줄 수 있는 것은 본문의 상황과 역사적 정황뿐이다. 확실히 하박국에서의 강조점은 믿음에 있는 만큼이나 신실함에도 있다. 히브리서에서 그 상황은 종말론적 기대를 가리킨다. 나머지 구절도 마찬가지다(물론 상당히 비슷한 뜻을 가진 히브리어 단어 에무나[emunah]도 그러하다). 여기서 내 요점을 간단히 말하면, 구원에 대해 말할 때 성서의 저자들은 수많은 은유를 이용하고 있으며, 심지어 하나의 똑같은 은유가 서로 다른 상황에서 사용될 때 서로 다르거나 혹은 보완적인 미묘한 의미상의 차이를 가질 수 있다는 점이다.

나는 버드가 성서를 섬세하게 연구하면서 다음과 같이 제시하는 총체적 진술에 최대한 동의한다. "하나님의 의는 로마서의 모든 본문 안에 있는(단지 롬 1-4장만이 아니라) 칭의, 구속, 희생, 죄 용서, 언약의 구성원 됨, 화해, 성령의 선물, 새로운 순종의 능력, 그리스도와의 연합, 죄로부터의 자유, 종말론적 의의 입증을 포함하는 구원이라는 총체적 선물 꾸러미를 소개한다." 로마서 4:25에서 바울이 언급하는 것은 하나님의 "칭의"라는 더 넓은 컨텍스트와 조화를 이룬다. 버드는 이 본문이 갖는 중요성을 그의 글 후반부에서 적절하게 강조한다. 또한 버드는 그 문맥에서 바울의 칭의 복음의 목표인 모든 인종 간의 화해를 언급한다.

버드가 마음에 두고 있는 그 "큰 그림"과 더불어, 칭의 교리에서 진가의 역할을 다루는 저자의 길고도 다소 논쟁적인 문장이 때로는 나를 기쁘게 하고 또 어느 정도는 놀랍게 한다. 나의 기고문과 호튼에 대한 논평에서 언급했듯이 전가의 측면이 틀렸다고 말할 필요가 전혀 없다. 다른 이유가 아니었다면, 전통이라는 역사적 측면에서 보면 전가는 그 비판적인 역할을 충분히 담당했으며, 규범적인 특징을 갖지 않는 한 그 측면은 보존되어야 한다. 심지어 성서신학의 기반 위에서 전가 개념을 사용하는 전통적인 접근방식이 많은 경우에 문제가 될 수 있다는 사실에도 불구하고, 교의신학이 성서적 용례와 다소 다른 방식으로 개념들을 사용하는 것이—그것이 마음속에 계속 새롭게 유지되는 한—꼭 불합리한 것은 아니다. 어떤 교리를 형성할 때 비록 성서의 내용에 반하지 않기를 원함에도 불구하고, 대개의 경우 성서를 뛰어넘는 뜻을 의미하기도 한다. 이를 감안한다면, 다른 문맥에서 "우리는 오직 본문이 말하는 내용을 말할 수 있을 뿐, 그 이상도 그 이하도 아니다"라고 한 버드의 논평은 물론 사실이 아니다. 우리는 성서 텍스트로 종종 "더" 혹은 "덜" 말하곤 한다. 만약 그렇지 않다면 해석과 관련된 모든 학자는 필요 없을 것이다. 그런 식으로 말하면서 포스트모던 해석학과 함께 노닥거릴 필요가 없다! 단지 해석학적이면서도 주해적인 수많은 전투를 생각하라. 칭의 교리라는 원형경기장에 있는 해석자들은 그래야 한다!

나는 다른 기고문에 대한 논평에서, 한 기고문에서 토론되지 않은 주제에 관해 "불만"을 제기할 때 주의해야 한다고 언급했다. 다른 어떤 내용이 포함되었어야 했는가에 대한 제안은 끝이 없다. 그렇지만 이 특별한 기고문이 로마서 8장을 포함하기만 했다면 상당히 강화되었을 것 같다는 생각이 든다. 정말로 나는 버드가 의도하는 매우 많은 내용이 그의 글 안에서 반영되고 있다고 생각하는데, 그의 글은 강력한 삼위일체의 도식 안에서 구원을 언급할 뿐만 아니라 성령론적 측면을 강조하고, 부활, 종말론적 소망, 창조의 운명 등에 합당한 관심을 쏟고 있다. 이 상황에서 특별히 로마서 8장을 보충하기를 언급한 이유는, 프로테스탄트 신학자나 로마 가톨릭 신학자 모두 몇 가지 이유로 인해 로마서 5장 너머에서는 칭의에 대한 연구 방향을 이제껏 발견하지 못했기 때문이다. 만약 그것을 발견했다면, 어쩌면 과거의 교착 상태를 피했거나 혹은 적어도 칭의 문제에 대해 유연했을 것이다.

마지막으로 나는 로마서 2:13에 관한 버드의 해석에 사소한 이의를 제기하려 한다. 로마서 2:13에 대한 버드의 다음과 같은 해석—"나는 여기에서 묘사되고 있는 이방인은 고상한 이교도나 혹은 하나님을 경외하는 자들(God-fearer)이 아니라, 성령으로 인도함을 받는 그들의 행동을 통해 율법을 진실하게 행하는 그리스도인 이방인이라고 생각한다"―은 말 그대로 많은 학자들의 지지를 받고 있지만, (아직!) 나를 확신시키지는 못했다. 내가 보기에는, 그 본문을 액면 그대로 받아들이는 것이 정당하고, 또한 로마서 서두에서 바울의 논리가 가정하는 상황에 충실한 것이다.

논평
로마 가톨릭

제럴드 오콜린스

버드의 기고문과 관련하여 그가 채택한 방식과 설명하는 관점에 대해 내가 진심으로 동의하는 일곱 가지 주제를 먼저 밝히려 한다.

1. 버드는 "신앙생활에서 성서의 최고 권위" 및 신학자가 "성서와 맥락을 같이할" 필요성을 지지하면서 시작한다. 서론적 진술뿐만 아니라 기고문 내 그는 "분리된" 프로테스탄트 형제자매 안에서 제2차 바티칸 공의회가 칭송했던 "성서에 대한 사랑과 존경"을 보여준다.[1] 나는 이 성서의 권위를 향한 "고견"을 버드와 공유한다. 우리는 반드시 "하나님의 말씀 아래서" 신학적 사고를 수행해야 한다. 물론 "성서와 맥락을 같이한다"거나 우리의 현재 상황(들)에서 성서의 의미(들)를 해석한다는 것이 무엇을 뜻하는가에 대한 거대한 질문이 아직 남아 있다. 그러나 만약 우리가 출발부터 버드와 함께 그것들의 정당한 권위를 인정하지 않는다면, 우리의 주해적·신학적 해석은 분명히 길을 잃을 것이다.[2]

2. 적어도 두 가지 이유로, 다음과 같은 버드의 첫 번째 언급이(끝에서

1_ "Decree on Ecumenism" (*Unitatis Redintegratio*), #21.

2_ G. O'Collins and D. Kendall, *The Bible for Theology: Ten Principles for the Theological Use of Scripture* (Mahwah, N.J.: Paulist Press, 1997), pp. 7-19.

이것을 되돌리긴 하지만) 내게 와 닿는다. "새 시대를 여는 첫 관문으로서의 칭의는, 하나님이 새 언약을 통해 새로운 지위를 획득한 새로운 백성을 창조하는 행위다." 첫째, 카르카넨이 올바로 강조하듯이, 개인주의는 우리가 의화를 연구할 때 길을 잃게 만든다. 둘째, 버드가 말하는 "새 시대를 여는 첫 관문" 혹은 뒤에 나오는 "하나님의 구원하는 의의 묵시적 계시"라는 언어는 바울의 묵시적 사고 체계를 환기시켜준다. 사실 나는 내 글에서, 오래전에 나에게 바울의 묵시적 세계관을 환기시켜준 에른스트 케제만(Ernst Käsemann)에게 진 빚을 반드시 언급했어야만 했다.

3. 버드가 카르카넨과 마찬가지로 의화를 죽음과 부활 안에서 드러나는 예수의 순종과 옳음에 결합되는 것으로 설명할 때, 나는 그가 기독론적이면서도 성령론적(그리고 삼위일체론적) 핵심을 통해 확고하게 의화를 제시하는 것에 갈채를 보낸다. 버드는 로마서 1:4, 디모데전서 3:16, 로마서 8:11과 같은 본문에 기초하여, 의화를 "예수의 죽음과 부활 안에 있는 그의 순종과 의로움에 **참여**(participation)하고 **결합**(incorporation)됨"이라고 기꺼이 묘사한다.

4. 내 기고문과 고든 피(Gordon Fee)와 조세프 피츠마이어(Joseph Fitzmyer)에 기대어, 나는 버드가 "다른 이미지들보다" 의화에 특권을 부여하는 것을 경고하면서, 구속, 화해, 양자 삼음 같은 다른 이미지들도 동등하게 하나님의 구원 행위를 표현하는 중요한 방식이라고 인정하는 것에 감사한다. "구원이라는 총체적 선물"은 "칭의, 구속, 희생, 죄 용서, 언약의 구성원 됨, 화해, 성령의 선물, 새로운 순종의 능력, 그리스도와의 연합, 죄로부터의 자유, 종말론적 옳음"을 포함한다. 이 지점에서 버드의 견해는, 의화는 바울에게 있어서 그리스도 안에서 하나님이 우리를 위해 행하신 것을 표현하는 한 가지 방법일 뿐 사도의 핵심적 주장이 아니라고 말하는 카르카넨의 주장과 다시 한 번 일치한다.

5. 비전문적인 사람들로부터 바울이 기독교의 "진짜" 창시자라고 주장하는 시도가 제기될 때에는 다음과 같은 버드의 확고한 진술을 읽는 것이 유효하다. "율법의 행위가 아니라 믿음이 칭의의 방편이라는 개념은 바울이 고안한 것이 아니라 처음부터 유대 그리스도인 전통의 일부였다." 여러 텍스트를 통해 바울은 그리스도인들이 이미 믿고 실천한 내용을 분명히 표현했을 뿐, 새롭고 낯선 교리를 창시하여 그것을 그리스도인들에게 강요하지 않았다.

6. 내가 "그리스도의 믿음"(*pistis Christou*)에 관해서 쓴 내용에서 독자들이 볼 수 있는 것처럼, 나는 버드의 "중재적"(mediating, 아마도 "포괄적"[inclusive]이라고 부르는 것이 더 나을 것이다) 입장을 지지한다. 소유격은 목적격 소유격이자 주격 소유격으로 해석될 수 있으며, 우리는 예수 그리스도를 믿고(목적격 소유격 해석─역자주) 그리스도가 행한 믿음/신실성을 공유할 수 있다(주격 소유격 해석─역자주). 아마도 버드는 "하나님의 의"를 다룰 때 비슷한 접근을 취했을 것이다. 의가 하나님께 속하거나 혹은 하나님으로부터 왔다는 두 가지 견해 중 하나만을 가정하기보다는, 오히려 하나님에게 속하고(정체성의 소유격에 속하는 것이 거의 확실한) 따라서 하나님으로부터 온(기원의 소유격) 의를 언급하는 바울로부터 그의 사고를 포착할 수 있다.

7. 버드는 칼뱅을 인용하면서 바울과 야고보 사이에 제기된 차이점에 대한 자신의 견해를 다음과 같이 적절하게 결론짓는다. "우리는 행위로 구원받지 않으나, 행위 없이 구원받을 수 있는 것도 아니다." 끝으로 버드는 의화, 심판, 행위에 관한 유용한 마지막 언급을 계속한다. 나는 내 기고문 안에서 아우구스티누스의 글을 인용한 후에, 똑같은 확신을 지지하는 다음과 같은 테트라폴리스 신앙고백서를 버드가 인용한 것을 발견하고 기뻤다. "아우구스티누스는 현명하게도 하나님께서 우리 안에 하나님 자

신의 일을 보답으로 주신다고 기록한다."

그의 견해에 반하는 한 가지 의견을 제시하면서 이 논평을 마치려 한다. 나는 "형벌 대속"(penal substitution)이 아니라 그리스도의 "속죄의 죽음"(atoning death)을 주장하는 버드에 동의한다. 당연히 그리스도인의 믿음은 인간의 죄를 보상하는 예수의 사랑을 통한 순종과 제사장적 희생을 절대 잊지 말아야 한다. 그러나 성서는(심지어 시 22편; 사 53장; 롬 8:3; 고후 5:21; 그리고 갈 3:13에서조차) 문자 그대로 자신을 취하여 타인의 죄를 짊어지고, 하나님의 "정죄"를 받아서 (다시 문자 그대로) "벌을 받는" 예수의 그림을 지지하지 **않는다**.[3] 예수를 정죄한 것은 로마와 유대인 권력자들이었다. 바로 그들이 예수에 반대하는 "판결"을 내렸지만, 십자가에서 죽은 예수를 하나님이 부활을 통해 의롭다 하시고 옳다 하셨을 때, (인간의) 그 판결은 "옳음"으로 변화되었다.

그렇다면 갈라디아서 3:13("그리스도께서 우리를 위하여 저주를 받은 바 되사 율법의 저주에서 우리를 속량하셨으니, [왜냐하면] 기록된 바, '나무에 달린 자마다 저주 아래에 있는 자'라 하였음이라")은 어떻게 되는가? 버드가 말하듯 이것은 하나님이 "십자가에서 예수에 반하는 판결"을 통과시켰다는 뜻인가? 로마 가톨릭과 다른 이들이 그러하듯이, 많은 그리스도인은 갈라디아서 3:13이 십자가에서 죽은 그리스도가 우리를 대신해서 신의 저주로부터 고난 받았음을 언급한 것이라고 이해했다. 그러나 바울이 이 발상을 지지하는가?

신명기 21:22-23의 저주는 처형을 당한 후 교수대에 매달린 범죄자를

3_ G. O'Collins, *Jesus Our Redeemer: A Christian Approach to Salvation* (Oxford: Oxford University Press, 2007), pp. 150-60. 이 대속 이론은 결코 프로테스탄트만의 전유물이 아니라, 로마 가톨릭 가운데도 번성했다. 이에 대해 ibid., pp. 133-40을 보라. 그리스도의 대속의 희생에 대해서 ibid., pp. 161-80을 보라.

향했다. "사람이 만일 죽을 죄를 범하므로 네가 그를 죽여 나무 위에 달거든 그 시체를 나무 위에 밤새도록 두지 말고 그날에 장사하여 네 **하나님 여호와께서** 네게 기업으로 주시는 땅을 더럽히지 말라. 나무에 달린 자는 하나님께 저주를 받았음이니라"(강조는 추가됨). 나무에 범죄자의 시체를 매달거나 그것을 찌르는 것은 최악의 불명예, 즉 하나님의 저주 아래 있는 범죄자를 위해 마련된 궁극적인 불명예로 여겨졌다. 이 본문은 예수의 때까지 십자가형을 통해 고통 받고 죽기 위해 산 채로 십자가에 달린 사람들에게 적용되었다.[4]

그럼에도 불구하고 나는 바울이 해당 신명기 본문을 갈라디아서에서 인용하면서 "하나님께"(by God)라는 단어를 생략하여 예수가 신적인 저주를 감당하고 죽었다는 개념은 피하고 있음을 떠올린다. 십자가에서 예수는 율법으로부터, 혹은 적어도 율법을 집행하는 사람들로부터 저주를 받았을 뿐, 하나님에 의해 저주받은 것이 아니다. 십자가 형틀에서의 죽음을 통해 법적으로는 정죄를 받은 범죄자와 같은 모습으로, 예수는 율법 체제 및 율법을 준수하여 의롭게 되려는 인간의 헛된 시도와 관련된 저주에서―역설적으로―우리를 구원했다.

이 부분에서 대속 이론을 지지하는 것처럼 흔히 인용되는 또 다른 본문인 고린도후서 5:21을 언급해야 한다. "하나님이 죄를 알지도 못하신 이[그리스도]를 우리를 대신하여 죄로 삼으신 것은 우리로 하여금 그 안에서 하나님의 의가 되게 하려 하심이라." 이 간결한 구절은 언급되지 않은 많은 것을 그대로 남겨두었다. 예를 들면 바울이 그리스도가 이제 "더 이상 죄가 아니시다"라고 언급하지 않는 것은 하나님이 그를 죽음에서 일으키셔서 "의롭게" 하셨기 때문이며, 따라서 우리는 그의 의를 공유함으로

4_ G. O'Collins, "Crucifixion," *ABD*, 1:1207-10, 1207.

의롭게 되었을 수도 있다. 그리스도를 "죄로 삼으셨다"는 언급과 우리로 "하나님의 의"가 되게 하셨다는 언급 간의 관련성은 설명되지 않은 채 남아있다. 그뿐만 아니라 하나님의 주도권이 강하게 주목을 받는다 할지라도, 로마서 5:8 및 갈라디아서 2:20과 같은 구절과 달리, 고린도후서 5:21은 하나님과 그리스도의 사랑에 관해 아무것도 언급하지 않는다. 논평의 맥락에서 보자면, "죄를 알지 못하는" 그리스도를 "죄로 삼으신" 것에 대한 바울의 난해하고 역설적이며 또는 얼핏 보기에 모순적인 진술의 첫 전반부에 대한 분석이 필요할 것 같다.

형벌 대속 견해를 지지하는 이들은 바울이 그리스도가 정말로 죄인이 되었다고 진술했다고 생각한다. 우리의 범죄가 그의 것으로 여겨졌고, 그는 우리를 대신해서 형벌을 받았다. 그런 주해는 추상적인 것("죄")을 구체적인 것("죄인")으로 읽는다. 그러나 바울의 저작 안에서 하나님은 능동적인 주인공으로 명명된 유일한 분이다. 이것은 전적으로 선하고 의로운 하나님이 죄 없는 이를 죄인으로 바꿀 수 있는가와 같은 반문을 불러일으킨다. 하나님이 모든 죄인과 예수를 관련시켜서 그에게 그들의 죄를 지게 했다는 말이―실제로는 그렇게 하지 않으면서―갖는 가능성은 도대체 무엇인가? 장-노엘 알레티(Jean-Noël Aletti)가 언급하듯이 "바울은 여기서 (고후 5:21을 가리킴―편집자주) 법정적 용어들을 사용하지 않는다. 하나님은 기소하거나, 고소하거나, 판결하거나, 처벌한다고 말하지 않거나."[5]

바울의 난해한 진술을 다음과 같이 더 잘 해석할 수 있다. 문자 그대로 죄인 됨 없이, 그리스도는 죄의 치명적인 결과를 인내했다. 그는 거절당했고 정죄당했으며 죽임당했다. 죄인들의 손에 의해서 끔찍하게 고난을

5_ Jean-Noël Aletti, "'God Made Christ to Be Sin' (2 Corinthians 5:21): Reflection on a Pauline Paradox," in *The Redemption*, ed. S. T. Davis, D. Kendall and G. O'Collins (Oxford: Oxford University Press, 2004), pp. 101-20, 특히 111-14.

받았고 두 죄인 사이에서 십자가에서 죽었다는 점에서, 그는 "죄가 되었다." 하나님이 이 잔혹한 분노를 죄인인 인간과 화해하는 수단으로 바꾸셨고 그들의 삶을 변화시키셨으므로, 그들은 의롭게 된다(고후 5:18-21).

5장
바울 신학의 새 관점

제임스 D. G. 던

바울의 이신칭의에 관한 "새 관점"(new perspective)은 사실 "새로운" 것이 아니다. 앞으로 살펴보겠지만, 새 관점이야말로 바울 자신이 변호한 관점이고, 칭의에 관한 바울의 핵심이다. 새 관점은 바울 자신이 칭의의 중심 개념이라고 생각했던 국면을 강조한다. 새 관점이 "새롭다"고 간주된 것은, 이 관점이 강조한 측면에 대한 관심이 이전에는 전혀 없었기 때문은 아니다. 오히려 그것이 "새로운" 이유는, 새 관점이 강조하는 것들이 바울 자신의 칭의 교리 형성에 매우 중요한 것이었음에도 불구하고, 바울의 가르침이 강조하는 양상이 현대적인 주해 안에서 거의 사라졌기 때문이다. 이 관점이 "새로운" 것은, 바울의 칭의 교리를 형성한 역사적 상황에 대해 새롭게 강조했기 때문이다. 새 관점이 제기하는 것들은 칭의 교리 형성의 필수 요소이며, 또한 그것들은 오늘날 우리가 바울의 복음을 이해하는 근본으로 남아 있어야 한다.

"새 관점"을 "옛 관점"(old perspective)의 대체자로 정의하거나 간주하지 않는 것 역시 중요하다. "새 관점"은 "옛 관점"의 모든 요소를 대체하는 척하지도 않을 뿐더러, 그럴 생각이나 의도도 없다. "새 관점"은 "옛 관점"

에 적대적이거나 대립적이라고 여기지도 않는다. 이러한 점에서 새 관점은 칭의 교리를 설명하는 전통적인 방식이 바울 신학을 온전히 고려했는지를 단순하게 묻는다. "새 관점"이 전통적으로 바울 교리의 핵심으로 강조된 것이 어떤 것들인지를 반드시 물을 필요는 없다. "새 관점"이 "바르거나" 혹은 정당하다고 말하기 위해서 "옛 관점"이 "잘못되었다"고 말할 필요도 없다. "새 관점"은 전통적으로 재형성된 칭의 교리가 바울 교리를 형성했던 **모든** 요소를 적절하게 이해하고 있으며 분명하게 언급하고 있는지를 단순하게 묻는다.

만약 칭의에 관한 바울의 가르침을 균형을 갖고 온전히 이해하려면, 새 관점이 갖는 다음의 네 가지 양상을 고려해야 한다.

1. 바울에 관한 새 관점은 유대교에 관한 새 관점에서 기인한다.
2. 바울의 선교는 칭의에 관한 그의 가르침을 형성했던 상황을 구성한다는 점에서 의의가 있다.
3. 율법의 행위가 아닌 그리스도 예수 안에서 믿음으로 의롭게 되는 이유는 무엇인가?
4. 반드시 바울의 모든 복음을 고려해야 한다.

유대교에 관한 새 관점

우선 새 관점은 유대교를 향한 기독교인의 전통적인 태도와 관점의 수정을 요구한다. 전통적인 견해는 오랜 역사와 타당한 뿌리를 지니고 있다. 그 뿌리는 바울 자신에게로까지 거슬러 올라갈 수 있다.

자신이 과거에 한때 따랐던 삶의 방식을 가리켜 "유대교 안에서"라고 언급한 사람이 바로 바울 자신이다(갈 1:13).[1] 그 뜻은 분명하다. 메시아 예수의 신자로서 바울은 개종으로 인해 더 이상 유대교적 삶을 실천하지 않았고, 널리 알려진 의미대로 그는 자신이 참으로 더 이상 "유대교 안에" 있지 않다고 여겼다.[2] 이것은 더 부정적인 언급으로 확인되는데, 바울은 이전에 자신이 이스라엘 백성의 구성원이자 바리새인으로서 그의 삶에서 중요하다고 여겼던 모든 것들을(빌 3:5-6) 그의 주인인 그리스도 예수를 아는 지식과 비교하면서 "배설물"로 여겼다(빌 3:7-8).[3] 바울에게는 그리스도가 그의 삶의 중심이자 동기를 부여하는 요소로서, 토라가 하던 역할을 대체했다고 간주하는 것이 일반적이다.[4] 이를 갈라디아서 2:19-20처럼 감동적으로 표현한 곳은 없다.

> 내가 율법으로 말미암아 율법에 대하여 죽었나니, 이는 하나님에 대하여 살려함이라. 내가 그리스도와 함께 십자가에 못 박혔나니, 그런즉 이제는 내가 사는 것이 아니요 오직 내 안에 그리스도께서 사시는 것이라. 이제 내가 육체 가운데 사는 것은 나를 사랑하사 나를 위하여 자기 자신을 버리신 하나님의 아들을 믿는 믿음 안에서 사는 것이라.[5]

또한 옛것과 새것의 필연적인 대조가 가장 날카롭게 드러나는 본문은 고린도후서 3장인데, 그곳에서 바울은 새 언약을 옛 언약의 반대편에

1_ 신약에서 갈 1:13-14만이 오직 두 번 "유대교"를 언급한다. 각주 7번도 참고하라.

2_ 추가로 나의 논문 "Who Did Paul Think He Was? A Study of Jewish Christian Identity," *NTS* 45 (1999): 174-93을 보라.

3_ 나는 "Philippians 3.2-14 and the New Perspective on Paul," in *The New Perspective on Paul*, rev. ed. (Grand Rapids: Eerdmans, 2005), 22장에서 빌 3장을 전면적으로 다루고 있다.

4_ 예. T. L. Donaldson, *Paul and the Gentiles: Remapping the Apostle's Convictional World* (Minneapolis: Fortress, 1997).

5_ 이 기고문 pp. 300-4을 보라.

두고, 전자를 성령과 삶, "의의 사역"으로 특징짓고, 후자를 (율법의) 의문
(letter), 죽음과 "저주의 사역"으로 특징지으면서, 후자의 시간은 지나갔
다(고후 3:6-11)고 말한다.

　옛것을 대체한 이 새로움에 대한 감각은 그리스도인의 자기 이해를
위한 중심이 되었다. "기독교"(Christianity)란 용어는 2세기 초 이그나티우
스(Ignatius)의 글에서 처음으로 나타난다. 그의 글을 보면, "유대교"와 구
별되는 다른 무언가로서 "기독교"는 "유대교"에 맞섰다.[6] 여기에 흥미로운
귀결이 있다. 유대교(Ioudaismos)라는 명칭은 헬레니즘(Hellēnismos)에 반대
되는 내용을 규정하려고 처음 도입되었다.[7] 역설적으로 그 상황에서 당연
히 "기독교"라는 이름도 비슷한 방식으로 처음 도입되었는데, 그것은 "유
대교"에 대항하고 반대하는 대상을 규정하기 위해서였다. 마카비들의 저
항을 통해 사실상 "유대교"가 "헬레니즘이 아닌 것"(not-Hellenism)으로 정
의되었듯이, 이그나티우스는 사실상 "유대교가 아닌 것"(not-Judaism)으
로 "기독교"를 정의한 것이다.[8]

6_ "예수 그리스도에 대해 말하면서 유대교인 됨(to judaize)을 언급하는 것은 맞지 않다. 기독교는
　유대교를 믿지 않았지만 유대교는 기독교를 믿었기 때문이다"(Ignatius, *To the Magnesians*
　10.3). "그러나 누군가가 너에게 유대교를 해석해주면, 그의 말을 듣지 말라. 할례받은
　사람으로부터 기독교에 대해 듣는 것이, 할례받지 않은 사람에게서 유대교를 듣는 것보다 낫기
　때문이다"(Ignatius, *To the Philadelphians* 6,1).

7_ 그리스어 유다이스모스(Ioudaismos)는 마카비2서의 세 구절에서 처음 등장하는데(마카비2서
　2:21; 8:1; 14:38), 각각 유대교를 마카비 반란군이 시리아 왕의 권위에 저항하기 위해 세운 종교적
　정체성과 삶의 방식으로 규정한다. 마카비2서에서 그 용어는 분명히 헬레니스모스(Hellēnismos)
　즉 "헬레니즘"(Hellenism)과, 알로퓔리스모스(allophulismos) 즉 "외래성"(foreignness)에
　대립하는 개념으로 받아들여졌다(마카비2서 4:13; 6:25). 다시 말하면, 마카비2서 저자에게
　"유대교"는 유대교의 독특한 관행을 폐지하여 그들을 완전히 동화시키려는 시리아에 대한
　마카비의 폭력적 거부를 규합하려는 국가적이고 종교적인 정체성을 형성한 제도를 요약하는
　용어였다(특별히 할례와 음식법은 마카비1서 1:60-63과 또한 마카비4서 4:26을 참고하라).

8_ 추가로 K.-W. Niebuhr, "'Judentum' und 'Christentum' bei Paulus und Ignatius von
　Antiochien," *ZNW* 85 (1994): 218-33, 특별히 224-33을 보라.

이것이 기독교의 반유대교주의(anti-Judaism)뿐만 아니라 이후에 기독교의 반유대주의(anti-Semitism) 현상의 시작이 되었고, 유럽의 기독교 역사를 상당히 훼손했다. 그것은 단순히 기독교가 유대교를 대체했다는 신념인 "대체주의"(supersessionism), 즉 "하나님 백성"으로서 기독교가 이스라엘의 지위를 접수했으며, 모든 실체를 빼내서 "유대교"에 빈껍데기만 남겨놓았다는 말이 아니다.[9] 계속되는 유대교의 존재가 사실상 기독교의 변칙이자 위협 그 이상으로 간주되었다.[10] 이것이 예수와 바울 시대의 유대교가 심지어 20세기 후반에도 종종 "후기 유대교"(Spätjudentum)로 언급된 이유였다. 이를 뒷받침하는 논리는, 기독교의 도래와 함께 더는 유대교가 필요 없으며 그 입지도 더는 존재하지 않는다는 것이었다. 1세기 유대교를 "후기 유대교"(Late Judaism)로 부른 이유는, 기독교적 관점에서 볼 때 유대교의 기능이 하나님의 목적 안에서 마무리되었고, 기독교가 도래했기 때문이었다. 마지막 유대교이므로 그것은 "후기 유대교"였다. 이런 이유로 역사적 예수 탐구의 더 큰 문제가 되는 특징 가운데 하나는, 예수와 유대교 사이에 거리를 두기 위해 유대교를 폄하하는 반복된 시도라고 할 수 있다. 수산나 헤셸(Susannah Heschel)이 관찰한 것처럼, 19세기 자유주의 신학자들은 "그를 둘러싼 유대교적 환경에 대항하여 일어선 독특한 종교적 인물로 예수를 높이기 위해 1세기 유대교를 할 수 있는 한 부정적으로" 그렸다.[11]

9_ 이미 2세기에 이러한 논의가 등장한다. *Barn.* 4:6-8; Justin Martyr, *Dialogue with Trypho* 11.5; 135.3, 6; Melito of Sardis, *Peri Pascha* 39-45.

10_ 예. A. L. Williams, *Adversus Judaeos* (Cambridge: Cambridge University Press, 1935); H. Maccoby, *Judas Iscariot and the Myth of Jewish Evil* (London: Halban, 1992).

11_ Susannah Heschel, *Abraham Geiger and the Jewish Jesus* (Chicago: University of Chicago Press, 1998), pp. 9, 21; "유대인다움으로서의 유대교는 기독교 신학자들이 거부하고 물리치고 싶은 모든 것, 즉 거짓 종교성, 비도덕성, 율법주의, 위선과 연관된 일종의 특성을 대표했다" (p. 75).

기독교의 반유대교적 전통 안에서, 그리스도인은 물론 유대인들까지
도 바울을 그가 과거에 신봉했던 유대교에 적대적인 반유대교적 인물의
원형으로 간주한 것은 전혀 놀라운 일이 아니다. 또한 유대교의 부정적이
고 반 기독교적(그래서 기독교가 아닌) 특성 때문에 바울이 유대교를 반대했
다는 가정이 어느 정도 받아들여졌다는 것도 놀랍지 않다. 이것이 유대교
에 대한 프로테스탄트의 기본적인 관점이 되었는데, 이는 주로 마르틴 루
터 자신이 유대교를 향한 바울의 행동을 중세 가톨릭교회에 맞서는 행동
과 같은 것으로 이해했기 때문이다. 루터에게는 면죄부(indulgences)를 사
는 이들에게 죄 용서를 제공한 중세 가톨릭의 타락이 행위 칭의를 가르
친 유대교의 타락처럼 보였다.[12] 바울이 복음과 율법을 구별한 것이 루터
파에게는 기독교와 유대교의 대립이 되었다.[13] "복음"이 은혜의 표현이라
면, "율법"은 "은혜"의 반의어였다. 유대교의 이해(사실상 오해)에서 "율법"
은 "성취해야 할 명령"이었다.[14] 그리고 "율법의 행위"는 인간이 단지 창조
된 존재라는 사실을 망각하고 그 자신의 존재를 강화하려는 인간의 자가
동력적 분투였다.[15]

　　바울 주해에 있어서 원초적인 기독교의 반응, 즉 바울 시대의 유대교
를 극도로 부정적인 반대 양상으로만 다루면 바울을 타당하게 이해할 수
있다는 것이야말로 새 관점이 의문을 제기하는 부분이다. 그렇게 묘사된
유대교는 유대인들이 이해했던 것과는 다르다는 유대인 학자들의 항의는

12_ E. Lohse, *Paulus* (Munich: C. H. Beck, 1996), p. 285의 인용을 보라, 그리고 Peter
　　Stuhlmacher, *Revisiting Paul's Doctrine of Justification: A Challenge to the New
　　Perspective* (Downers Grove, Ill.: InterVarsity Press, 2001), p. 35을 보라. 이는 *New
　　Perspective on Paul*, p. 22 n. 89에서 인용되었다.

13_ 추가로 *New Perspective on Paul*, p. 22 n. 88을 보라.

14_ Ernst Käsemann, *Commentary on Romans*, trans. and ed. Geoffrey W. Bromiley (Grand
　　Rapids: Eerdmans, 1980), p. 93.

15_ Rudolf Bultmann, *Theology of the New Testament*, vol. 1 (ET London: SCM, 1952), p. 139.

대체로 무시되었다. 이것을 C. G. 몬티피오리(C. G. Montefiore)는 "가상적인 랍비 유대교이며, 바울 서신에 어울리는 충격적인 배경을 형성하기 위해 기독교 학자들이 창조한 것"이라고 말했다.[16] E. P. 샌더스(E. P. Sanders)가 이 기독교적 전통에 직설적인 논쟁을 통해 도전을 제기한 이후에야 비로소 유대인들과 다른 이들의 항의가 주목받게 되었다.[17]

샌더스의 도전은 특히 기독교 신약학계에서 상당히 간과되었던 유대교와 구원의 근본적 국면을 지적하는 것이었다. 그 중심에는 유대교는 하나님이 원래 아브라함과 다른 족장들과 맺은 언약에 기반을 두었다는 인식이 있었다. 그 언약은 하나님이 부여하신 신적 주도(initiative)이자 약속이고 서약이었으며, 특별히 하나님의 선택받은 백성인 이스라엘의 정체성에 대한 모든 감각이 이에 달려 있었다.[18] 이집트의 노예 생활로부터 구속된 것은 신적 은혜가 발전된 행동이었고, 약속의 땅에 들어간 것은 족장들에게 주어진 약속의 성취였다. 시내산 언약은 이전의 신적 주도를 재가한 것인 동시에 이스라엘의 반응이 무엇이어야 하는가를 간략히 설명하는 것으로서, 이는 하나님의 백성으로 살아가야 함을 의미하는 것이었다. 샌더스는 이렇게 해서 시내산 언약에서 구체화된 균형 혹은 상호작용과 그 이후의 완성물을 "언약적 신율주의"(covenantal nomism)라는 문구로 요약했다.[19] 그 문구의 요점은 이스라엘 종교(그리고 유대교) 내에 암시된 신적인 주도와 인간 반응의 상호작용 혹은 공생관계에 대한 강조다.

16_ C. G. Montefiore, *Judaism and St. Paul* (New York: Arno, 1973 [1914]), p. 65. Heschel이 규정한(각주 11번) 자유주의의 역사적 예수 탐구와 Montefiore의 언급을 함께 고려하라.

17_ E. P. Sanders, *Paul and Palestinian Judaism* (Minneapolis: Fortress; London: SCM, 1977). 또한 예. G. F. Moore, *Judaism in the First Centuries of the Christian Era: The Age of the Tannaim*, 3 vols. (Cambridge, Mass.: Harvard University Press, 1927-1930), 2:94-95; *New Perspective on Paul*, p. 6 n. 22을 보라.

18_ 창 12:2-3에서 시작됨.

19_ Sanders, *Paul*, pp. 75, 236, 420, 544.

하나님과 이스라엘의 관계는 언약에 대한 하나님의 주도 및 성취된 약속으로 시작한다. 그렇게 시작된 언약 안에서 이스라엘의 역할은 율법에 순종함으로써 언약을 유지하는 것이었다. "언약적 신율주의"가 지닌 이중적 특성을 신명기보다 더 잘 표현한 문서는 없다. 신명기는 언약적 약속에 대한 하나님의 신실성과 시내산에서 주어진 계명을 이스라엘 백성이 준수해야 할 필요성 모두를 반복적으로 강조한다.[20]

샌더스는 이스라엘의 제의 체계 안에서 속죄제와 속죄에 관련된 조항을 적절하게 지적한다.[21] 유대인은 마치 선한 행위가 그들의 죄를 보상하는 방법인 것처럼 그것을 쌓으라고 요구받지 않았다. 시내산 언약은 죄를 완전히 씻어내기 위한 조항을 만들었다. 그리고 제의적 행동은 단순히 피상적인 일상이 아닌, 회개를 필요로 하는 것이었다.[22]

동시에 로마서에서 자세히 설명된 것처럼 바울 복음의 중심에서 핵심 유대 용어는 "의"였고(롬 1:16-17), 학자들은 바울 때문에 의가 독특하게 유대적으로 이해되었다는 것을 이전보다 더 심각하게 받아들이기 시작했다. 히브리적 사고에서 "의"는 관계적 용어로서, 각 개인이 소속된 곳에서 맺는 관계를 통해 개인에게 부과된 의무를 충족시키는 행동을 뜻한다.[23] 그러므로 이스라엘의 의는 그 자신의 노력으로 성취되는 어떤 것이 아니라 오히려 언약의 율법을 순종함으로, 언약에 대한 신실함의 측면에서 이해되고 측정되었다. 비슷하게 하나님의 의는 이스라엘과 언약을 맺으신 하나님이 스스로 취했던 의무를 성취하는 것이다. 하나님의 의는 하나님

20_ 신 4:32-40; 6:20-25; 7:6-11; 8:17-20 등등.

21_ Sanders, *Paul*, pp. 157-80, 그리고 추가로 p. 617의 주제 색인을 보라.

22_ 시 51편이 전형적인 예이다. 추가로 Sanders, *Paul*, 색인 p. 625을 보라. 이것이 유대인 학자들을 당황하게 한 바울의 가르침이 갖는 특징 가운데 하나다. 유대교 내에서 그 현저한 사용에도 불구하고, 바울은 왜 회개라는 말을 거의 사용하지 않았는가?

23_ 추가로 나의 책 *The Theology of Paul the Apostle* (Grand Rapids: Eerdmans, 1998), pp. 341-44과 참고 도서 목록을 보라.

의 언약으로 결정된 약속을 향한 하나님의 신실함이라는 개념을 포함하거나 혹은 그것과 같은 개념이다. 이스라엘이 신실하지 않음에도 불구하고,[24] 하나님의 의는 하나님이 자신이 세운 언약을 스스로 유지하셨을 때 성취되었다. 그러므로 특별히 시편과 이사야서에 등장하는 "의"라는 단어는 현대 영역본에서 보통 "구원"(deliverance)이나 "신원"(vindication)으로 번역된다.[25] 그것은 **구원하는** 의일 뿐 심판하는 의가 아니다.[26] 이것이 참으로 정확하게 루터 자신이 깨달았던 것이며, 바로 종교개혁을 일으킨 한 계시(또는 새 관점)였다.[27] 그러나 그것은 제2성전기 유대교에 대한 새로운 통찰력은 아니었다. 오히려 그것은 유대교 자체의 필수적인 공리였다.

쿰란 공동체 규칙(Community Rule of Qumran)의 마지막에 있는 송영을 포함하여, 20세기 중반에 이루어진 사해문서의 발견보다 더 의의 개념을 명확하게 드러낸 것은 없었다(1QS 11.11-15).

> 만약에 내가 걸려 넘어지면, 하나님의 자비가 내 영원한 구원이 될 것이다. 만약에 내가 육신의 죄 때문에 휘청거린다면, 내 칭의는 영원히 인내하시는 하나님의 의로움에 의해 존재할 것이다.…하나님이 그의 은혜로 나를 가까이 이끄실 것이고, 그의 자비로 내게 칭의가 있게 하실 것이다. 하나님은 그의 의로운 진리로 나를 심판하실 것이고 그의 위대한 선하심으로 내 모든 죄를 사하실 것이다. 하나님은 자신의 의로 말미암아 나를 인간의 더러움과 인간의 자손이 지닌 죄로부터 깨끗하게 하실 것이다.[28]

24_ 바울은 롬 3:3-7에서 이 역설을 간단히 반영한다.

25_ 예. 시 51:14; 65:5; 71:15; 사 46:13; 51:5-8; 62:1-2; 미 6:5; 7:9.

26_ 이것은 롬 1:16-17에서 거의 명시적이다. 복음 안에서 하나님의 **의**가 드러나기 때문에 복음은 **구원**을 위한 하나님의 능력이다.

27_ *LW* 34:336-37. 예. *New Perspective on Paul*, p. 193에서 인용했다.

28_ Geza Vermes, *The Complete Dead Sea Scrolls in English* (New York: Penguin Press, 1997), p. 116.

열정적 율법주의 유대교 분파에서 나온 또 다른 문헌은 소망과 죄의 용서를 확약하는 유일한 기반인 하나님의 은혜, 자비, 의를 격정적으로 언급했다. 그 문헌 역시 지극히 **바울적인**(Pauline) 특징과 강조점을 갖고 있다! 이것이 어떻게 바울 복음과 정반대라고 여겨지는 유대교를 보여준다고 할 수 있는가? 오히려 전통적으로 유대교에 반감을 가진 기독교가 바울이 맞대응한 유대교의 초상을 왜곡하고 일그러뜨렸다고 보는 것이 더 맞지 않을까?

샌더스가 자신의 저작을 통해 전통적인 기독교가 랍비 유대교를 묘사하는 것에 반론을 제기하면서 과민하게 반응했다는 것이 하나의 대안적인 주장일 수 있다. 언약과 율법의 역동적인 상호 반응("언약적 신율주의")을 주장하기 위해 언약적 국면에만 너무 집중한(언약적 신율주의) 나머지 율법적 국면을 도외시했을 수도 있다.[29] 제2성전기 문서들과 랍비 문헌들은 샌더스가 주장하는 것보다 더 일관성이 적을 수도 있다.[30] 그러나 핵심은 샌더스가 언약적 국면에 철저하게 집중하면서 이전에 무시되었던 것(**율법주의**[nomism])을 전면에 내세우거나 혹은 이전의 불균형을 수정(언약적 신율주의)했다는 점이다. 샌더스의 주장은 확실히 이전의 "유대교 = 율법" 묘사로 후퇴했다고 간주되지 않는다. 바울 자신도 이스라엘이 하나님의 의를 이해하는 방식에 의존했다는 것이 중요할 뿐만 아니라, 그가 주장하는 두 요인들(언약과 율법)도 반드시 그 중요성이 인정되어야 할 것이다. 언약과 율법이 갖는 역동성이 서로 다른 기독교 문서들 사이에서 그

29_ D. A. Carson et al., eds., *Justification and Variegated Nomism*, vol. 1: *The Complexities of Second Temple Judaism*, WUNT 2.140 (Tübingen: Mohr Siebeck, 2001): S. J. Gathercole, *Where Is Boasting? Early Jewish Soteriology and Paul's Response in Romans 1-5* (Grand Rapids: Eerdmans, 2002).

30_ Friedrich Avemarie, *Tora und Leben: Untersuchungen zur Heilsbedeutung der Tora in der frühen rabbinishen Literatur* (Tübingen: Mohr Siebeck, 1996)에 실린 비판을 보라.

런 것처럼 서로 다른 유대교 문서에서도 다르게 나타난다. 그러나 그런 역동성이 존재한다는 사실 자체에 대해서는 논쟁할 수도 없고 논쟁해서도 안 된다.[31]

바로 이것이 바울에 관한 새 관점의 첫 측면이다. 즉 새 관점은 바울의 복음이 유대교가 물려받은 우선성과 강조점 안에, 특히 "하나님의 의"라는 개념 안에 뿌리를 내리고 있으며, 바울의 칭의 가르침에 관한 이 차원이 지금까지 충분한 관심을 받지 못했다는 점에 대한 문제 제기다.

모든 믿는 자, 유대인과 헬라인을 위하여

반유대교라는 기독교 전통이 낳은 결과 가운데 하나는 초기 기독교의 특징과 바울이 강조한 것들의 중요성, 유대인은 물론 이방인을 위한 복음이 모호해졌다는 것이다. 자신을 유대교에 맞서는 가치로 계속 규정하려는 기독교에게는 예수가 유대인이었을 뿐만 아니라 그의 첫 제자들, 즉 최초의 그리스도인들이 모두 유대인이었다는 것은 당혹스런 일이었다. F. C. 바우어(F. C. Bauer)에 의해 현대 기독교의 역사는 처음으로 비평적 도전에 직면하게 되었을 뿐만 아니라 이 문제가 또 다시 수면 위로 떠오르게 되었다. 바우어의 관점에서 기독교는 보편적 종교라는 "개념"을 실현했다. 비록 민족적 유대교라는 경계 내에서였지만 그것은 "유대교의 모든 민족적 특이성"과는 본질적으로 달랐다.[32] 바우어에 따르면 바울이야말로 "유

31_ 예컨대 Sanders에 대한 Avemarie의 긍정적인 평가는 같은 해에 그의 *Tora und Leben*으로 출간되었고, 이는 *New Perspective on Paul*, pp. 63-64 n. 252에 인용되었다. 또한 D. A. Carson 등이 편집한 시리즈 *Justification and Variegated Nomism*에 대해서는 *New Perspective on Paul*, pp. 61-61 n. 242을 보라.

32_ F. C. Bauer, *Paul: the Apostle of Jesus Christ* (ET London: Williams & Norgate 1873), 1:3.

대적 배타주의(particularism)에 본질적으로 반대되는 개념인 기독교적 보편주의(universalism) 원리를 명확하고 독특하게 규정한 첫 사람이었다."[33] 따라서 초기 기독교를 이방 기독교(바울파)와 유대 기독교(베드로파) 사이에서 오랫동안 지속된 갈등으로 본 바우어의 초기 기독교 분석은 그 자체가 루터파의 복음/율법 간 대립을 반영하는 것이며(바울 → 복음 → 종교개혁; 유대교 → 율법 → 베드로 → 가톨릭교회), 유대교—그리고 가톨릭—를 불공정하게 폄하한다는 것과 같은 비판을 피할 수 없다.

유대교적 모체로부터 출현한 기독교에 대해 바우어가 집중한 것은 기독교의 기원에 관한 지속적인 연구의 중요성이었다. 또한 바우어는 유대교의 민족적 특징이[34] 복음을 제약했다는 주장이 바울에게서 제기된 것으로 간주하는데, 이는 앞으로 살펴보겠지만 올바른 방향이었다. 그러나 바우어는 보편주의와 배타주의라는 용어를 통해 유대교와 초기 기독교를 대조함으로써, 유대교의 보편적인 주장들과 호소뿐만 아니라 기독교 자체도 배타주의적인 측면이 있다는 것을 인식하는 데 실패했다.[35] 또한 그가 편향적으로 바울 서신 중 네 개의 진위를 의심한 것이나, 다른 신약 문서의 연대를 후대의 것으로 추정한 것은 이후 연구에 아무런 영향도 미치지 못했다.[36] 그러나 바우어가 지속적으로 끼친 대표적인 영향은 바울의 대적자들을 "유대주의자"(Judaizer)로 특징짓는 것이다. 이 "유대주의자"(즉 유대화하는 사람[one who judaizes])의 역사적 용례가 유대인처럼 살

33_ F. C. Bauer, *The Church History of the First Three Centuries*, 2 vols. (ET London: Williams & Norgate 1878-1879), 1:47.

34_ 각주 7번을 보라.

35_ 추가로 나의 "Was Judaism Particularist or Universalist?" in *Judaism in Late Antiquity*, part 3: *Where We Stand: Issues and Debates in Ancient Judaism*, vol. 2 ed. J. Neusner and A. J. Avery Peck, Handbuch der Orientalistik (Leiden: Brill, 1999), pp. 57-73을 보라.

36_ 예. Scott J. Hafemann, "Baur, F. C.," in *Dictionary of Major Biblical Interpreters*, ed. Donald K. McKim (Downers Grove, Ill.: InterVarsity Press, 2007), pp. 177-81.

려는 이방인을 가리키는 것임에도 불구하고(갈 2:14처럼), 그는 이 단어가 이방인 신자들은 반드시 할례를 받아야 한다고 주장했던 유대인 신자들을 가리키는 것으로 이해했다.[37]

바우어가 "보편주의"에 관련된 용어들로 바울 복음을 범주화한 것은 인종, 민족, 국가주의 논제가 한쪽으로 치우치도록 용인하는 행동이었다. 19세기 자유주의의 개인주의적 성향과 20세기 실존주의 안에서 바울의 "모든 것"은 양심의 가책 혹은 불안감(Angst) 때문에 곤란을 겪는 모든 개개인으로 읽혀질 수 있었는데, 그 가책과 불안감은 인종·민족을 막론하고 존재하는 것이었다. 그리고 복음이 죄인인 개인에게 하나님과의 평화를 제공한다고 너무나 쉽게 간주될 여지가 많았다.[38] 이 모든 것들 안에 비록 많은 진실이 존재한다 할지라도, 소홀히 다룬 내용—바울 복음의 사회적 혹은 인종적 차원이라 불리는 것—또한 중요했다.

오늘날 우리는 "이방인의 사도"(롬 11:13)라는 바울의 호칭을 어느 정도 당연한 것으로 인정한다. 우리가 잘 알듯이, 무엇보다 (인간적으로 말하자면) "기독교"라고 알려진 것이 이방인에게 개방된 것은 바울 덕분이다. 그러나 우리는 이것이 얼마나 중요하고 전례 없는 논쟁적인 행보였는지를 너무도 쉽게 잊는다. 유대교의 관점에서 "유대인/이방인"의 구별은 인간 사회의 가장 큰 구분 가운데 하나를 뜻했다. 헬라인의 관점에서 그것은 지중해 세계의 주요 구분방식이었던 "헬라인/야만인"과 비슷한 것이

37_ 전체적인 세부사항을 보려면 나의 *Beginning from Jerusalem* (Grand Rapids: Eerdmans, 2009), pp. 437-74을 보라.

38_ 신약학계에서는 특별히 Bultmann이 그랬고, 대중적 복음주의에서는 전형적으로 Billy Graham의 집회들이 그랬다. Nils Dahl이 날카롭게 언급한 것처럼 "특정한 편협함이 일어났다.… 교리의 초점이 하나님과의 개인적 관계가 되었다"("The Doctrine of Justification: Its Social Function and Implication" [1964], *Studies in Paul* [Minneapolis: Augsburg, 1977], pp. 95-120, p. 118을 보라).

었다.[39] 우리가 또한 잊지 않아야 할 것은, "이방인"이란 단어는 단순히 "열방"을 번역하는 또 하나의 방식이라는 점이다. 유대인 내부의 관점에서 보면 이스라엘이 있었고, 그 외의 나머지인 열방 혹은 이방인이 있었다. 물론 이스라엘 자체도 한 국가(혹은 민족[ethnos])였음에도 불구하고, 그들은 자신을 "열방"과 분명하게 구분했다. 그리고 "외국인"을 의미하는 용어인 에트네(ethnē)를 사용한 것은 이스라엘만이 아니었다.[40] 그러나 히브리어 용법에서 이스라엘은 그 자체를 한 "국가"(goy)보다는 오히려 "백성"('am)이라고 부르는 것을 선호했다. 그리고 자체적으로 부정적인 의미를 함축하는 것에 가까운 복수 명사 고임(goyim[열방들])은 영어의 "이교도들"(heathens)과 의미가 비슷하다. 고임은 하나님에서 멀리 떨어져 있다고 여겨졌으며, 그들은 언약 밖에 존재하고 하나님과 그의 백성에게 적대적인 존재로 간주되었다.[41]

"열방/이방인"을 향한 이 태도를 1세기까지 끌고 가서 그것이 1세기 첫 그리스도인들 사이에 널리 퍼져 있었다고 간주하는 태도는 부적절한 것이다. 본질적으로 유대교적인 이 관점은 에베소서에 가장 분명하게 반영되었다.

> 그러므로 생각하라. 너희는 그때에 육체로는 이방인(nations/Gentiles)이요 손으로 육체에 행한 "할례를 받은 무리"라 칭하는 자들로부터 "할례를 받지 않은 무리"라 칭함을 받는 자들이라. 그때에 너희는 그리스도 밖에 있었고 이스라엘 나라 밖의 사람이라. 약속의 언약들에 대하여는 외인이요 세상에서 소망이 없고 하나님도 없는 자이더니(엡 2:11-12).

39_ LSJ, p. 306을 보라.

40_ BDAG, p. 276.

41_ 예. 신 7:1-6; 왕상 17:8-15; 시 2:1-3; 겔 20:32. 추가로 R. E. Clements, "goy," TDOT 2:431-43; 또한 N. Walter, "ethnos," EDNT 1:382을 보라.

이 관점에서 이방인은 단지 불리한 조건에 놓였을 뿐만 아니라 율법의 파괴자이며 불순종하는 자와 같았다. 하나님의 언약 밖에 있었기 때문에 그들은 율법이 없는, 문자 그대로 "법이 없고" "법을 어긴" 존재였다. 그들은 단순히 "죄인"이라고 언급될 수 있었다.[42] 주어진 그대로 이 용법, 곧 "이방인 = 죄인" 도식이 여전히 신약성서에 나타나는 것은 다소 불편한 사실이다.[43] 심지어 갈라디아서 2:15에서 명시된 경멸적인 기록("이방 죄인")은 거의 놓칠 수 없다.

이 모든 것이 첫 그리스도인(유대인) 중에서 몇 명이 복음을 설교하기 위해 이방인(비유대인)에게 나아간 사건이 얼마나 놀라운 것인지를 분명하게 제시하는 데 도움이 된다. 이 요점으로 옮겨와 보면, 우리는 이스라엘이 그들 중에 있는 비이스라엘인들(거주 외국인)의 복지에 상당한 관심이 있었으며,[44] 혹은 제2성전기 유대교에 매력을 느낀 하나님을 경외하는 이방인("유대화된" 사람[who "judaized"])에게 상당히 개방적이어서 유대인이 되고자 한 이방인 개종자를 환영했고,[45] 열방 중에 흩어져 있는 종족들의 회복에 대한 폭넓은 소망과 기대가 있었으며, 마지막 날에 시온을 순례할 많은 이방인 개종자가 있을 것을[46] 기대했음을 잊거나 무시해서는 안 된다. 그러나 이 중에 어느 하나도 유대인들이 비유대인을 개종시키기 위해 복음 전도자가 되기를 열망하게 하거나 혹은 선교적 노력에 관여하게 하지 않았다.[47] 왜 그랬는가? 유대교는 주로 민족적 종교, 즉 유대 땅에

42_ 시 9:17; 토비트 13:6; 희년서 23:23-24; 솔로몬의 시편 1:1; 2:1-2.

43_ 마 5:47 = 눅 6:33; 막 14:41과 병행구들; 갈 2:15.

44_ 예. 출 12:48-49; 민 9:14; 신 31:12.

45_ *Beginning from Jerusalem*, pp. 560-63을 보라.

46_ 나의 *Jesus Remembered* (Grand Rapids: Eerdmans, 2003), p. 395 n. 71에 있는 참고 문헌을 보라.

47_ *Beginning from Jerusalem*, p. 299의 n. 247에 있는 참고 문헌을 보라.

거주하는 유대인을 위한 종교였다.[48] 그러므로 제2성전기 유대교는 오로지 유대인만을 위한 종교이며, 유대인이 된 비유대인만을 위한 종교였다고 생각하는 것이 자연스럽다.[49]

이것이 초기 유대교의 분파였던 기독교가 그 세워진 틀을 깬 지점이었다. 기독교는 복음 전도적 종파, 선교 운동, 그리고 유대교 안에서 전혀 들어보지 못한 중요한 무엇이 되었다. 우리는 이것이 필연적으로 초래했을 충격의 참된 의미를 쉽게 알 수 있다. 예를 들면 마태복음 안에서 예수의 사역은 오로지 "이스라엘 집의 잃어버린 양"을 위한 것이었다(마 10:5-6; 15:24). 이방인들이 개종자가 되지 않았음에도 불구하고 하나님이 그 이방인들에게 자신의 영을 수여하셨음을 보았을 때 유대인들이 체험한 충격이 다음과 같이 기록되었다. "베드로와 함께 온 할례받은 신자들이 이방인들에게도 성령 부어 주심으로 말미암아 놀랐다"(행 10:45). 바울 역시 이방인에게 그렇게 자유롭게 성령이 수여된 것을 이방 선교의 획기적인 진전 덕분이라고 말했고, 하나님의 은혜가 이방인을 향한 그의 선교 안에서 드러난 것을 예루살렘의 지도층이 완전히 인정했다고 기록할 수 있었다(갈 2:7-9; 3:2-5). 이 사건이 초기 기독교 내부에서 허용될 정도였다는 것은, 그것이 하나님의 뜻에 대한 유대인들의 인식이 거대한 변화를 겪었음을 승인하는 하나님의 계시로 받아들여졌음을 의미하는 것 같다.

그러나 이렇게 기존의 틀을 깨뜨린 것은 생각보다 널리 받아들여지지는 않았다. 예수를 메시아로 인정하지 않았던 유대인들은 도무지 이를 수용하지 않았으며, 심지어 믿는 유대인들조차 이를 잘 받아들이지 않았다.

48_ BDAG는 정말로 유다이오스(Ioudaios)를 "유대인"(Jew)이 아닌 주로 "유대"(Judean)로 번역하는 것을 택한다.

49_ 비록 Bauer가 논지를 벗어나긴 했지만, 이 부분에서 그가 유대교를 배타주의(particularism)로 부른 것은 옳았다.

하나님이 이스라엘을 특별히 선택하셨다는 수백 년에 걸친 그들의 확신을 고려할 때, 그런 반작용은 쉽게 이해될 수 있다. 그러므로 이제 하나님이 예기치 않은 새로운 일들을 행하시고, 성령의 전적인 주도가 이를 뒤따른다는 것을 변호하는 것이 바울의 운명이었다. 에베소서에는 바울이 의도했던 의미가 완벽하게 표현되어 있다.

> 확실히 너희를 위하여 내게 주신 하나님의 그 은혜의 경륜을 너희가 들었을 터이라. 곧 계시로 내게 비밀을 알게 하신 것은…이제 그의 거룩한 사도들과 선지자들에게 성령으로 나타내신 것같이 다른 세대에서는 사람의 아들들에게 알리지 아니하셨으니, 이는 이방인들이 복음으로 말미암아 그리스도 예수 안에서 함께 상속자가 되고 함께 지체가 되고 함께 약속에 참여하는 자가 됨이라(엡 3:2-6).

이것은 바울이 로마서 11:25에서 드러낸 것과 같은 비밀로서, 많은 이방인들이 복음을 받아들일 때 왜 이스라엘은 그 복음을 완고하게 거부하는 상태로 남아 있는가에 대해 씨름할 때 그에게 드러난 비밀이었다. 그 비밀은 이방인에게 구원을 가져온 하나님의 정확한 목적이었으며, 이스라엘에게 구원을 가져오는 수단이자 모든 이에게 구원을 가져다준 수단이었다(롬 11:11-14, 25-26, 32).

여기서 요점은 바울이 "모든" 사람을 지칭할 때 그것이 단순히 모든 사람을 지시하거나 혹은 어느 누구나를 가리키는 표현이 아니라는 점이다. "모든 이"는 구체적으로 유대인뿐만 아니라 이방인을 뜻하며, 또한 이방인뿐만 아니라 유대인을 뜻했다. 그러므로 바울은 로마서에서 복음과 복음이 파생한 결과가 정확하게 "유대인과 헬라인", "유대인과 이방인",[50] "할례인과 무(無) 할례인"을[51] 염두에 두고 있다고 반복해서 강조한다. 더 정확하게 말하면, 바울이 보기에 복음 안에서 드러난 비밀은 유대인과 이 방인이 함께 한 분 하나님을 예배하게 하려는 하나님의 목적이었다. 여기서 로마서의 절정이 너무 자주 무시된다. 로마서 15:8-12에서 바울은 자신의 이방인 선교 안에서 율법 수여자(lawgiver), 시편 저자(psalmist), 그리고 선지자(prophet)의 소망이 성취되었다는 것—이방인들이 이스라엘의 하나님을 찬송하는 예배 안으로 완전히 들어왔음—을 확증하기 위해 구약성서의 세 부분을 모두 인용함으로써[52] 로마서의 이전 장들에서 윤곽을 잡았던 자신의 복음 전체를 요약한다.

이 점을 다시 한 번 에베소서가 가장 분명하게 주장한다.

이제는 전에 멀리 있던 너희가 그리스도 예수 안에서 그리스도의 피로 가까워졌느니라. 그는 우리의 화평이신지라. 둘로 하나를 만드사 원수 된 것 곧 중간에 막힌 담을 자기 육체로 허시고 법조문으로 된 계명의 율법을 폐하셨으니, 이는 이 둘로 자기 안에서 한 새 사람을 지어 화평하게 하시고 또 십자가로 이 둘을 한 몸으로 하나님과 화목하게 하려 하심이라. 원수 된 것을 십자가로 소멸하시고(엡 2:13-16).

여기보다 결코 더 분명할 수는 없다. 로마서의 바울처럼 에베소서의 바울은 복음의 목적을 개인으로서의 인간이 하나님과 맺는 수직적인 관

50_ 롬 1:16; 2:9-10; 3:9, 29; 9:24; 10:12. 또한 고전 1:23-24; 10:32; 12:13; 갈 3:28; 골 3:11.

51_ 롬 2:25-27; 3:30; 4:10-12; 고전 7:18-19; 갈 2:7; 5:6; 6:15; 골 3:11.

52_ 롬 15:9에 인용된 시 18:49; 롬 15:10에 인용된 신 32:43; 롬 15:11에 인용된 시 117:1; 롬 15:12에 인용된 사 11:10.

계뿐만 아니라, 또한 열방과 민족들―여기서는 유대인과 이방인―사이의 수평적인 관계로 간주했다. 바울이 보기에는 이방인들이 하나님의 임재로 온전히 들어가는 것을 막는 "막힌 담"이 분명히 무너졌다.[53] 사실상 이스라엘을 택하신 사실 때문에 나타났던 유대인과 이방인 사이의 "원수된 것"이 완전히 끝났다. 이 역시 하나님의 목적이 지닌 비밀로서 오랫동안 감춰져 있었지만, 이제 바울의 사역을 통해 그것이 드러나고 수행되었다.

바로 이것이 그동안 너무나 많이 무시되었던 바울 교훈의 의미이자 가르침의 두 번째 특징이고, 새 관점이 더 분명하게 그 초점―칭의에 대한 바울의 가르침은 바로 바울의 사역과 그의 사명을 이해하는 상황으로부터 발전되었다는 것―을 강화하기 원하는 것이다.[54] 그러므로 바울의 이신칭의 교리가 그의 로마서와 갈라디아서에 심하게 편중되어 있다고 해도 놀랄 이유가 거의 없다. 무엇보다도 바울은 이 두 서신을 통해 분명하게 유대인뿐만 아니라 헬라인, 이스라엘뿐만 아니라 이방인, 즉 모든 믿는 이를 위한 자신의 복음을 자세히 설명하고 변호하기 때문이다. 바울의 복음이 마침내 이방인과 유대인이 한 몸이자 한 실재로서 예배의 자리에 있도록 했기 때문에, 그리고 분명히 그의 복음이 유대인과 이방인 사

53_ "막힌 담"은 물리적으로 예루살렘 성전에 있는 난간을 가리킬 수도 있는데, 이것은 성전 안뜰과 이방인의 뜰을 구분하는 역할을 했다. 그 벽을 넘어서려면 비유대인은 죽음의 고통을 겪어야만 한다고 여겨졌다. 엡 2:11-12에 드러나는 매우 강한 유대교적 관점은 이런 유대인들의 독특한 생각에 대해 독자들이 친숙하다는 것을 전제하는 것처럼 보임에도 불구하고, 어떤 이들은 그런 암시가 소아시아에서 인식될 수 있는 것인지에 대해 의심한다. 이후의 구절들에서 나타나듯, 물리적 해석에 대한 대안은 "막힌 담"을 이스라엘을 둘러싼 율법, 즉 토라로 간주하는 것이다. 이에 대한 토론은 A. T. Lincoln, *Ephesians*, WBC 42 (Dallas: Word, 1990), p. 141; E. Best, *Ephesians*, ICC (Edinburgh: T & T Clark, 1998), pp. 253-57을 참고하라.

54_ 20세기에 그 요점이 한 번 이상 제기되었는데, 바로 K. Stendahl이 몇십 년 뒤에 그 주장에 신선한 생명을 불어넣었다("The Apostle Paul and the Introspective Conscience of the West," *HTR* 56 [1963]: 199-215 = *Paul Among Jews and Gentiles* [London: SCM, 1977], pp. 78-96).

이의 옛 담을 무너뜨리는 것을 가능하게 했기 때문에 바울의 복음은 참된 복음이었고 좋은 소식이었다. 칭의 교리의 사회적 측면은 여느 다른 교리만큼이나 이 교리가 처음으로 형성되기 위한 필수요소였다. 바울 사상의 강조점들이 주로 그의 후기에 형성되었다는 것은 필연적인 귀결이 되지 못한다. 사도로서 그는 이방인을 위한 사도 그 이상은 결코 아니었다. 이 강조점이 바울 복음의 핵심이었고, 그가 이 복음에 정말로 헌신해야 한다고 느낀 이유였으며, 복음을 그렇게 단호하게 변호한 이유였다. 만약 유대인과 이방인을 하나로 묶으려는 바울의 관심사에 우선성을 부여하지 않는다면, 그러한 이신칭의 교리는 바울과는 상관없는 교리가 될 뿐이다.

율법의 행위가 아닌 믿음을 통한 칭의

새 관점은 바울의 칭의 가르침을 구성하는 배경 및 상황과 관련하여 다음과 같은 두 가지 측면을 인식하면서부터 출발한다고 볼 수 있다. (1) 바울 시대의 유대교를 철저하게 율법적으로 특징짓는 것은, 하나님의 의가 순전히 징벌적이라고 추정하는 것이자 하나님의 받아들이심이 오직 선한 행위로 성취될 수 있다고 생각하는 것이다. 이것은 역사적 실체를 심각하게 왜곡하는 것이며, 여전히 제2성전기 유대교의 근본적 사상이었던 하나님의 주도하심에 관련된 양상뿐만 아니라 하나님이 이스라엘과 값없이 맺으신 언약을 철저하게 무시하는 것이다. (2) 바울의 칭의 개념은 이방인의 사도로서 그의 삶과 사역을 지배했을 뿐만 아니라 그의 동족 유대인 신자들과의 차이점을 틀림없이 반영했거나 혹은 그 반영일 수도 있다. 메시아 예수의 복음은 모든 믿는 사람을 위한 것으로서, 유대인만이 아니라 이방인을 위한—그들이 반드시 유대인이 되지 않고서도—것이기도 했다.

나는 이런 관점을 통해 다음과 같은 단순한 질문을 지속적으로 강하게 제기하곤 한다. 그렇다면 바울은 왜 논쟁의 형식—"율법의 행위가 아닌 그리스도를 믿는 믿음으로"—을 빌려서 자기가 이해하는 칭의 개념의 핵심을 표현하는가? 만약 바울이 하나님의 **구원하는** 의에 관한 이스라엘의 관점을 반대했던 것이 아니라 도리어 그것을 자기 논지를 위해 끌어들인 것이라면, 그가 "율법의 행위"를 언급할 때 도대체 그가 반대한 것은 무엇인가? 나는 이 질문에 대답하려고 애쓰면서 전체 그림과 맞물려 있는 네 가지 측면을 선명하게 발견할 수 있었다. 다수의 기고문에서 어느 정도 상세하게 내 주장을 발전시켰으므로, 여기서는 그 요점만을 간단하게 다루려고 한다.

1. 율법—독자들만 괜찮다고 한다면 나는 이것을 또 하나의 사라진 국면이라고 칭할까 한다—을 향한 바울의 태도와 관련된 논쟁에서 대개 무시된 율법/토라의 기능이 존재했다. 그 역할은 율법—우리가 앞에서 살폈듯이, 이 율법의 기능은 정의상 이방인이 율법의 바깥에 있을 뿐 아니라 율법을 어긴 죄인의 상황에 있음을 알리는 것이다—을 소유한 백성인 **이스라엘을 다른 열방과 구별하는** 것이었다.[55] 이 역할 내에서 율법은 일종의 보호자였으며, 이스라엘이 다른 열방들과 너무 가까워진 결과로 타락하고 더럽혀지는 것을 방지하고 그들을 하나님께 따로 구분하는 역할, 즉 이스라엘의 거룩함을 보호하는 역할을 감당했다. 기원후 2세기에 기록된 것으로 추정되는 「아리스테아스의 편지」(Letter of Aristeas)는 이스라엘을 그 주변에서 보호하는 말뚝으로 비유된 율법의 이미지를 가장 잘 보

55_ 나는 Romans 1-8, WBC 38 (Dallas: Word, 1988), pp. lxiv-lxxii의 서론에서 처음으로 이 견해를 발전시켰는데, 이는 K. P. Donfried, ed., The Romans Debate (Peabody, Mass.: Hendrickson, 1991), pp. 299-308 및 New Perspective on Paul, 4장(특별히 pp. 146-49)으로 재출간되었다.

여준다. 사실상 이 편지는 유대인과 비유대인 사이의 관계를 설명하려고 시도했다.

> 법 제정자[즉 모세]는 그의 지혜를 통해…우리가 그 어떤 문제에서도 다른 민족들과 혼합되는 것을 막기 위해 무너지지 않는 말뚝 울타리와 철벽으로 우리를 둘렀으므로, 우리가 마음과 영혼의 깨끗함을 지켰다.…다른 사람들과 접촉하거나 혹은 나쁜 영향과 섞이는 것을 금지함으로써 우리가 타락하지 않도록 하기 위해서, 그는 율법의 방식을 따라 고기와 술 및 부정한 것과 접촉하거나 듣고 보는 것과 관련된 모든 엄격한 계율로 우리의 모든 반경에 울타리를 쳤다.[56]

"거룩"(holiness)은 이렇게 하나님께로 구별됨을 나타내는 핵심 용어다.[57] **하나님께** 구별되었다는 것은 또한 이스라엘을 더럽히고 불결하게 하는 **열방으로부터** 구별됨을 뜻했다.

2. 다양한 **경계표지**가 존재하지만 특별히 의식법(ritual practices)은 분명하게 이스라엘의 구별됨을 표현했다.[58] 그중 하나가 바로 **할례**(circumcision)였다. 비록 할례가 더 폭넓게 실행되었지만, 일반적으로 할례는 유대인 남자의 독특한 특징으로 받아들여졌다. 로마 역사가 타키투스(Tacitus)는 "그들은 할례를 채택함으로써 이를 통해 다른 사람과 자기

56_ James H. Charlesworth, ed., *The Old Testament Pseudepigrapha* 2 vols. (Garden City, N.Y.: Doubleday, 1983-1985), 2:22 안에 있는 *Letter of Aristeas* 139-42을 참조하라. 아리스테아스 자체는 율법을 향한 불타는 열심이 없었으므로, 그 이미지는 중요하다.

57_ 예. 출 19:6; 레 11:44-45; 19:2; 20:7, 26.

58_ 나는 "Works of the Law and the Curse of the Law (Gal 3:10-14)," *NTS* 31 (1985): 523-42을 통해 율법의 사회적 기능과 "경계표지들"에 주목했으며 이는 *Jesus, Paul and the Law: Studies in Mark and Galatians* (London: SPCK, 1990), pp. 215-41 및 *New Perspective on Paul*, 3장(여기서는 특별히 pp. 122-25)으로 재출간되었다.

자신을 구별했다"고 기록했다(*Historiae* 5.5.2). 그러므로 바울은 유대인/이 방인의 구별을 "할례받은 자/할례받지 않은 자"로 하지 않고 "할례/무할례"로 다시 표현할 수 있었다.[59]

두 번째 경계표지는 **정결법**(laws of clean and unclean)이었다. 레위기 20:23-26은 정결한 동물과 그렇지 않은 것들을 구별하는 것이 본질적으로 이스라엘과 열방 간의 분리를 반영하고 강화했다는 것을 가장 분명하게 보여주는 본문이다.

> 너희는 내가 너희 앞에서 쫓아내는 족속의 풍속을 따르지 말라. 그들이 이 모든 일을 행하므로 내가 그들을 가증히 여기노라.…**나는 너희를 만민 중에서 구별한 너희의 하나님 여호와이니라.** 그러므로 너희는 짐승이 정하고 부정함과 새가 정하고 부정함을 구별하고, 내가 너희를 위하여 부정한 것으로 구별한 짐승이나 새나 땅에 기는 것들로 너희의 몸을 더럽히지 말라. **너희는 나에게 거룩할지어다. 이는 나 여호와가 거룩하고 내가 또 너희를 나의 소유로 삼으려고 너희를 만민 중에서 구별하였음이니라**(강조는 원래의 것임).

세 번째 경계표지는 다양한 절기를 가진 다른 종교로부터 유대인을 구별하는 이스라엘의 **안식일** 준수—정기적인 안식과 예배—였다. 로마 풍자가인 유베날리스(Juvenal)는 유대화된 이방인들이 이 각각의 경계표지를 어떻게 극복하고 유대교에 접근했는가를 다음과 같이 잘 보여준다.

> 안식일을 존중하는 조상을 가졌던 사람들은 오직 구름과 하늘의 신을 숭배하

59_ 롬 2:26; 3:30; 갈 2:7; 골 3:11. 추가로 *Beginning from Jerusalem*, pp. 439-42을 보라. 여기에서 나는 또한 이방인 신자들에 닥친 할례와 관련된 위기가 왜 그 이전에는 일어나지 않았는가에 대해 응답한다(pp. 442-46).

며, 그들의 조상이 금지했던 돼지고기나 인육을 먹지 않는다는 점에서 차이가 없었다. 그리고 그들은 때에 맞춰 할례를 받는다. 그들은 로마법을 무시하는 버릇이 있을 뿐만 아니라, 유대 율법과 모세가 그의 비밀 문서를 통해 전해준 모든 것을 배우고 실천하며 숭배하였다(Satires 14.96-102).[60]

아마도 이런 경계표지들이 율법의 가장 중요한 명령으로 강조된 것은 아닐 것이다. 하지만 이것들은 매우 독특한 유대교의 특징이었기 때문에, 종종 유대교의 성패를 좌우하는 규범이자 유대교를 규정하기 위한 가장 중요한 논제로 작용했다. 바울 서신 상에 나타나는 민감함은 정확히 이 표지들과 관련된다.[61]

3. 사울/바울이 "하나님의 교회"를 박해한 이유는 무엇일까? 아마도 이와 관련된 몇 가지 요인들이 있겠으나, 바울 자신은 박해의 이유가 "열심"(Zeal)이라고 답한다. 바울이 교회를 박해한 것은 자기 열심의 표현이거나 증언이었다(빌 3:6). 바울이 "열심"을 자신의 이전 행동에 대한 유일한 이유로 제시했음에도 불구하고, 이 요인은 학자들에게 자주 무시되었다. 학자들은 이에 대한 대안으로서 예수가 메시아였음을 부정하거나 혹은 예수를 믿는 최초 신자들이 제기한 주장에 대한 증오와 같은 진짜 이유를 유발했던, 단순히 더 일반적인 "율법의 열심" 혹은 "[그의] 조상의 유전"이 바울의 열심의 근거였다고 추정한다(갈 1:14). 이 주장에서 학자들이 거의 매번 놓치는 것은 "열심"이라는 이스라엘의 전통과 이스라엘이 하

60_ GLAJJ 2.102-7을 보라.

61_ 할례는 갈라디아서와 로마서를 참조하라. 정결법은 롬 14:1-15:6; 갈 2:11-14; 골 2:16을 보라. 안식일은 롬 14:5-6; 갈 4:10; 골 2:16을 보라. 또한 D. A. Campbell, *The Deliverance of God: An Apocalyptic Rereading of Justification in Paul* (Grand Rapids: Eerdmans, 2009), pp. 449-50을 통해 D. A. Campbell은 갈 2장에서 바울이 율법을 경계표지의 역할을 하는 것으로 인식했다는 것이 과연 타당한지 질문하면서, 레 20:22-26 및 *Letter of Aristeas* 139-42과 같은 구절을 완전히 무시한다.

나님께 구별되었다는 사실 사이의 관련성이다. 그러나 여기서 바울이 말하는 예전의 열심에 대해 더 언급해야 할 것은, 박해자 사울이 자신의 열심을 하나님 자신의 "열심"을 반영하는 것과 동일한 것으로 이해했을 것이라는 점이다. 이스라엘이 다른 신을 예배하지 않고 오직 하나님을 향해 헌신해야 함을 요구했던 것은 바로 야웨 자신의 "열심" 혹은 "질투"(히브리어로 둘은 같은 단어다)였다. "나 주 네 하나님은 질투하는 하나님"이기 때문이다.[62]

이스라엘 역사에서 열심의 모범은 비느하스였다. 하나님의 질투/열심이 반영된 하나님에 대한 열심이 그에게 있었기 때문에, 비느하스는 이스라엘 사람 중 하나가 미디안 여인을 천막 안으로 데려왔을 때 그 둘을 죽였다(민 25:6-13). 이스라엘 역사에서 열심의 모습을 보여주는 다른 영웅들도 이스라엘이 다른 열방으로부터 구별됨을 지키기 위해 똑같은 열심을 보였다. 이를 위해 그들은 동족 이스라엘 사람/유대인을 향해 폭력을 사용하는 것조차 대개는 전혀 망설이지 않았다. 바울은 자신이 그리스도인인 동족 유대인들을 박해했던 이유를 열심이라고 칭한다. 바울이 그런 폭력을 기꺼이 사용했다는 사실은("내가 하나님의 교회를 심히 박해하여 멸하고"[갈 1:13]), 이스라엘을 다른 열방과 그들의 신들로부터 멀어지게 하려는 하나님의 강압적 열심에서 유발된 바울의 열심을 강하게 시사한다.[63]

4. 바울이 "율법의 행위"를 언급하는 것과 그가 "율법의 행위"와 그리스도 예수를 믿는 믿음(갈 2:16)을 강하게 대조하는 것은 이 모든 배경과 대조되어 새롭게 부각된다. 바울에게 "율법의 행위"라는 어구는 당연히

62_ 출 20:5; 신 4:23-24; 6:14-15; 32:21; 11QTemple 1.12-13.

63_ 나는 "Paul's Conversion: A Light to Twentieth Century Disputes," in *Evangelium-Schriftauslegung-Kirche*, ed. J. Ådna et al., P. Stuhlmacher FS (Göttingen: Vandenhoeck & Ruprecht, 1997), pp. 77-93에서 이 경우를 자세히 묘사했는데, 이는 *New Perspective on Paul*, 2장 및 *Beginning from Jerusalem*, pp. 341-46에서 더 간략한 형태로 재출간되었다.

율법이 요구하는 내용을 뜻한다.[64] 그러나 갈라디아서 2:1-16에서 바울이 이 어구들을 썼을 때(갈 2:16), 그는 본질적으로 복음 진리의 핵심적인 진술에 이르게 한 사건들을 마음에 두고 있었다. 그가 염두에 두었던 "율법의 행위"는 "거짓 형제들"이 이방 신자인 디도에게 강제로 시행하려 했던 할례―바울이 예루살렘 지도층의 지지를 힘입어(갈 2:3-6) 강하게 반대했던―를 분명히 포함했을 것이다. 또한 "율법의 행위"(갈 2:16)는 베드로가 안디옥의 이방 신자들에게 사실상 "강요한" 정결법에 틀림없이 집중했을 것이다(갈 2:14). 이방 그리스도인들이 믿음 외에도 특정한 "율법의 행위"를 반드시 준수해야 한다고 실질적으로 주장했던 사람이 바로 베드로였다.[65] 우리가 더 안전하게 추론할 수 있는 것은, 베드로가 레위기 20:23-26의 신학에서 그 동기를 부여받았다는 점일 것이다. 비록 이방인들이 그의 동료 신자였지만, 베드로는 이스라엘의 거룩함을 보존하려고 이방인에게서 "떠나서 물러갔다"(갈 2:12). 바울이 말하듯이, 베드로는 실제로 이방인이 "유대인처럼 살아야 한다"고 주장했으며, 이방인들을 "강제로 유대인화시키려고" 했다(갈 2:14). 바울이 반대했던 "율법의 행위"(그리스도를 믿는 믿음에 덧붙여진 요구)는 이 사례에서는 경계표지―즉 다른 열방으로부터 그들의 독특성/분리됨을 통해 유대인임을 표시하는 율법―를 가리킨

64_ 나는 이 점을 강조하는데, "The New Perspective on Paul," *BJRL* 65 (1983): 95-122 이래로 이 관점에 대한 내 초창기 견해를 제시해왔고, 이는 *Jesus, Paul and the Law*, pp. 183-214에서 재출간되었다. 또한 *New Perspective on Paul*, 2장을 통해 더 간략하게 이 점을 제시했다.

65_ 갈 2:15-16에서 바울이 베드로를 계속 질책했음에도 불구하고(갈 2:14), Campbell은 예루살렘과 안디옥에서의 문제들(갈 2:1-14)을 갈 2:16(*Deliverance of God*, pp. 449-50)과 관련지으려는 일단의 접근을 꺼릴 뿐만 아니라, 갈 2:16은 바울이 갈 2:5와 14에서 변호한 그의 "복음의 진리"에 대한 진술이라는 점을 인정하는 것도 꺼리는 것 같다. 롬 14-15장에서 바울이 이른바 "경계"(boundary) 문제에 관해 상당히 "유동적"이었던 이유는(*Deliverance of God*, p. 453) 아마도 로마서에서는 유대인의 자유를 위협하는 이방인이 다수였던 반면에, 갈 2:1-14에서는 이방인의 자유를 위협하는 유대인이 다수였기 때문이었을 것이다.

다. 이 경우 "율법의 행위"와 "유대인처럼 사는 것"은 겹칠 뿐만 아니라 거의 동의어다.

다시 말하면 "율법의 행위"는 더 일반적인 문구로서 율법의 모든 요구를 지키는 원리를 가리킨다. 그러나 이 문구가 이방인을 향한 바울의 선교라는 상황으로 들어오면, 즉 특별히 유대 신자들이 이방 신자들에게 유대인처럼 살라고 강요하는 배경으로 들어오면, "율법의 행위"는 거의 틀림없이 유대인과 이방인을 나누는 담의 역할을 하는 율법을 가리킨다(혹은 그렇게 간주되어야 한다). 이때의 율법은 누가 "안에" 있고 누가 "바깥에" 있는가를 정하는 경계표지, 즉 율법/언약 안에 있거나 혹은 율법/언약 바깥에 있는 사람들을 나누는 역할을 한다. 갈라디아서 2:16은 바울이 시편 143:2에서 인용한 근본적인 원리를 다시 진술한 것이다(롬 3:20에서 다시 같은 진술이 반복된다). 물론 이스라엘의 신학을 구성하는 기본적인 원리를 담은 재진술이 존재한다. 그것은 하나님에 의해 선택되었고 그분과 함께 언약을 맺은 백성으로서 이스라엘 자신의 지위는 오직 신적인 주도로 시작되었다는 사실을 담고 있었다. 따라서 그것은 이스라엘의 이전의 그 어떤 공로도 필수조건으로 전제하지 않았다. 여기서 재진술의 이유이자 동기를 부여한 것은 이방 신자들에게 특정한 율법의 행위를 강요하기 위해 예루살렘과 안디옥에서 행한 특별한 시도들이었다. 이방인들은 이를 통해 유대인처럼 살거나 혹은 유대인이 되도록 강요받았다. 바울이 거짓 형제들의 강요와 베드로의 외식이라는 두 가지 상황에서(갈 2:5, 14) 주장한 "복음의 진리"는 모든 신자에게 아무런 추가 의무—이방인이라는 신분 그대로는 복음에 값없이 들어올 수 없다는 것을 암시했던 "율법의 행위들"—도 부과하지 않는 값없는 것으로서, 복음의 필요조건이었다.

이러한 네 가지 요점이 새 관점 혹은 적어도 내가 생각하는 새 관점을 잘 드러낸다면, 새 관점 자체가 주장하는 것들은 분명하다고 할 수 있다. 바울이 이신칭의의 원리를 가르치고 변호한 것은 유대인 신자들에 의해서 복음의 본질적인 원리가 위협받았기 때문이었다. 유대인 신자들은 메시아 예수를 믿는 이방 신자들도 하나님께 성별되어야 할 지속적인 의무―다른 열방으로부터 분리됨에 의존하는 거룩함, 즉 비유대인으로부터 분리되라는 율법의 요구를 지키는 의무―를 갖고 있다고 주장했다. 새 관점은 이러한 사실을 확증한다. 이 "복음의 진리"는 이스라엘이 선택받은 것과 함께 같은 퍼즐을 형성한다. 구원의 목적은 처음부터 끝까지 은혜의 행위일 뿐, 하나님이 개인이나 한 백성을 받아들이는 것은 그들이 얼마나 선하거나 위대했는지를 전제하지 않는다. 그러나 이방 신자들이 이미 믿음을 통해 하나님의 은혜와 성령을 받았음에도 불구하고, 유대인 신자들이 그들에게 믿음보다 더 필수적인 것―이방 신자들도 유대인 개종자가 되거나 혹은 유대인처럼 살아야 한다는 요구(강요)―을 강요하면서부터 이 복음적 진리는 기독교 역사상 최초로 시험대에 오르게 되었다. 바울에게는 이방인으로부터 유대인을 나누는 경계표지들과 벽을 무너뜨림으로써 복음의 진리가 입증되는 것이었다. 그것은 또한 정확하게 복음의 본질적인 표현이자 복음을 시험하는 예가 되기 때문에, 바울은 여전히 이것을 그의 선교의 가장 중요한 부분이라고 확신했다. 이 부분이야말로 바울의 칭의 교리가 잃어버린 차원이며, 바울 자신이 무대의 중심에 두었던 것을 새 관점이 되찾은 것이었다.

바울의 전체 복음

새 관점은 바울의 신학과 복음이 갖고 있는 여러 특징에 새로운 강조를 부여했다. 만약 바울 복음의 다른 차원들도 그의 구원론의 일부로 적절하게 간주되어야 한다면, 새 관점은 그에 대한 많은 연구가 필요하다고 기꺼이 제안한다.

1. 예수 그리스도를 믿음으로 얻는 칭의

바울은 아브라함을 의롭다 여김 받게 한 믿음이(창 15:6) 이제는 예수 그리스도를 믿는 믿음으로 표현되는 것을 당연하게 여긴다. 아브라함이 아들에 관한 하나님의 약속을 신뢰한 것, 즉 "죽은 자에게 생명을 주시고 존재하지 않는 만물을 존재하게 하시는"(롬 4:17 NRSV) 분으로 하나님을 신뢰한 아브라함의 믿음은 "죽은 자 가운데서 예수 우리 주를 살리신 이를" 믿는 그리스도인의 믿음의 원형이었다(롬 4:24). 같은 방식으로, "네 안에서 모든 이방인들이 복을 받을 것이라"(창 12:3; 18:18)라는 아브라함을 향한 하나님의 약속은 이미 복음이었으며(갈 3:18), 복음은 믿음을 통해 받은 성령의 선물이기 때문에 아브라함의 복이 이방인에게도 미쳤다(갈 3:14). 예수 그리스도를 믿음으로 온전히 복음을 체험할 수 있었기 때문에 바울은 그리스도를 믿는 믿음을 통해 복음을 받은 이방인들도 하나님의 교회를 구성하는 온전한 일부라고 주장할 수 있었고 또한 그렇게 했던 것이다. 바울에게는 하나님의 수용을 위한 전제 조건으로 율법의 행위를 강요하는 모든 행동이 복음의 진리에 대한 적대적인 태도였다.

바울 복음의 이러한 기본적 측면이 최근 수년 동안 일정 부분 모호해졌는데, 그것은 앞에서 인용된 "그리스도의 믿음"(pistis Christou)이라는 문구가 새롭게 부상하면서부터였다. 이 해석의 지지자들은 바울이 실제로 "그리스도의 믿음"(신실함)을 의도했다(Christou를 주격 소유격으로 해석함—역자주)고 주장한다. 논점은 이 문구가 예수에 대한 이야기, 즉 십자가에서 죽기까지 순종하신 그의 신실함을 특별히 요약하는 언급이라는 것이다. 이 해석은 바울이 "율법의 행위"와 대조한 것은 한 인간의 행동이나 태도

(믿음)가 아니라 **그리스도의** 믿음 혹은 신실함이라고 주장한다.[66] 이 문제
는 새 관점의 필수적 사항이 아니라 부수적인 요소라고 할 수 있지만, "그
리스도의 믿음"이라는 문구에 대한 해석이 핵심 문구인 "이신칭의"와 관
련이 있고, 또한 그것이 "율법의 행위"에 대한 반립 명제로 제기되었으므
로 간단하게라도 이에 대해 다루어야 할 것 같다.

내가 보기에, 피스티스 크리스투(*pistis Christou*)를 "그리스도의 믿음"
이라고 해석하는 것의 가치는 이 문구가 바울의 사고—갈라디아서 2:20;
4:4 및 로마서 15:3, 8과 같은 구절에서 더 분명히 암시된 예수의 삶과 죽
음—를 뒷받침하는 근원적인 내러티브를 전면에 등장시켰다는 점인 것
같다. 바울은 그리스도의 죽음을 "순종"으로 언급할 준비가 되어 있었기
때문에(롬 5:19; 빌 2:8), 비록 바울이 결코 예수를 믿는 것과 신뢰하는 것을
언급하지 않았을지라도, 바울이 예수의 "믿음"을 언급하는 것이 자연스러
울 것이라고 생각했을 법하다. 짧게 언급하겠지만, 피스티스 크리스투의
초점을 예수가 행한 일에 대한 신자의 의존에 맞추는 것 또한 어느 정도
도외시된 바울 구원론의 또 다른 국면을 강조하는 것이다.

피스티스 크리스투를 "그리스도의 믿음"으로 해석하는 것이 지닌 주
요 문제는 그 해석이 의심스럽고 심지어 형편없는 주해를 수반할 뿐만 아
니라, 바울이 "그리스도를 믿음으로 의롭다 칭함 받음"을 강조한 사실의
중요성을 약화하고 바울의 본래 의도에서 벗어나는 것이다. 내가 보기에,
바울이 피스티스 크리스투에서 언급하는 내용의 단서는 그가 더 규칙적

66_ Richard Hays, *The Faith of Jesus Christ: The Narrative Substructure of Galatians 3:1-
    4:11*, 2nd ed. (Grand Rapids: Eerdmans, 2002), Hays의 해석이 가장 영향력을 미쳤다. 그의
    해석은 강한 지지를 얻었다. 예. Morna D. Hooker, "*PISTIS CHRISTOU*," *NTS* 35 (1989); J. G.
    Martyn, *Galatians*, AB 33A (New York: Doubleday, 1997), 예. p. 276; L. E. Keck, *Romans*,
    ANTC (Nashville: Abingdon, 2005), pp. 104-5. 최근에는 M. F. Bird and P. M. Sprinkle, eds.,
    The Faith of Jesus: Exegetical, Biblical and Theological Studies (Milton Keynes, U.K.:
    Paternoster, 2009)를 보라.

으로 사용하는 문구인 에크 피스테오스(ek pisteōs)에 있다.[67] 바울은 이 문구를 초기에 갈라디아서 3:7-12, 22, 24에서 가장 많이 사용했는데(일곱 번), 이 단락들은 바울이 마음에 두고 있는 내용을 가장 분명하게 보여준다. 핵심은 갈라디아서 3:7-9이 창세기 15:6을 기반으로 바울이 제시하는 논증에 대한 설명이거나 혹은 그 논증의 일부라는 것인데, 이 문맥에서 바울은 갈라디아 사람들이 복음을 수용한 것과 성령을 받은 것이 얼마나 중요한지 분명하게 설명한다(갈 3:2-5). "'아브라함이 하나님을 믿으매, 그것을 그에게 의로 정하셨다' 함과 같다[창 15:6]. 그렇다면 믿음으로 말미암은(ek pisteōs) 자들은 아브라함의 자손(갈 3:6-7)이다." 바울에 의해 제기된 주장은 분명 아브라함처럼 믿은 사람들이 아브라함의 자손이라는 것이다. 갈라디아서 3:7의 피스티스(pistis)는 아브라함이 믿었던 것과 같은 신앙/믿음 이외의 다른 것을 의도한다고 보기 힘들다. 이제부터는 그리스도의 믿음을 언급하고 더 이상 아브라함의 신앙과 같은 개인의 믿음을 언급하지 않겠다는 어떤 분명한 암시도 없이, 바울이 갈라디아서의 나머지 부분에서(그곳에서 피스티스가 13번 나타난다) 피스티스를 다른 뜻으로 언급했을 가능성은 거의 없다. 같은 논리로, 바울이 피스티스를 갈라디아서의 다른 부분에서(뚜렷이 나타나는 곳은 갈 2:16이다) 다른 지시 대상으로 사용했을 가능성도 아주 적다. 똑같은 사항이 로마서에도 적용되는데, 로마서에서 바울은 아브라함의 신앙(창 15:6)이 그리스도인 믿음의 원형이라는 같은 논증에 도달한다(특별히 롬 4:16).[68]

또 다른 문제는 언급된 그 많은 피스티스를, 비록 일관성이 있다고 하

67_ 바울은 그 어구를 21번 사용하는데, 오직 로마서와 갈라디아서에만 등장한다. 피스티스 크리스투(형태의 변형은 있지만)는 7번 나타나는데, 로마서와 갈라디아서 및 빌 3:9에 등장한다.

68_ 나는 "EK PISTEŌS: A Key to the Meaning of PISTIS CHRISTOU," in The Word Leaps the Gap: Essays on Scripture and Theology in Honor of Richard B. Hays, ed. J. R. Wagner et al. (Grand Rapids: Eerdmans, 2008), pp. 351-66에서 그 사례를 상세하게 논증한다.

더라도, 그리스도의 믿음을 언급하는 것으로 받아들이는 것은 일반적으로 알려진 것보다 이신칭의의 뿌리를 더 심각하게 잘라내는 것이다. 바울의 복음이 낳는 믿음은 아브라함이 전적으로 그 예를 보여준 것처럼 하나님에 대한 완전한 의존이었다(롬 4:17-22).[69] 하나님을 신뢰하는 의존성의 부재를 가리켜 바울은 인간의 근본적인 실패로 묘사한다(롬 1:21). 또한 그는 신뢰하는 믿음을 따라서 행동하지 못하는 것을 죄로 간주하면서(롬 14:23), 사랑으로써 역사하는 믿음만을 유일하게 중요한 것으로 여긴다(갈 5:6). 대조적으로, 바울이 그리스도인으로서 그의 삶을 "하나님의 아들의 신실함으로"(갈 2:20) 사는 삶으로 특정지었다면 그가 뜻한 내용이 무엇인지가 훨씬 더 모호했을 것이다. 물론 그리스도를 신앙함(동사)으로써 의롭게 된다고 해석하는 것은 여전히 바울 서신에 충분히 뿌리를 두고 있으나,[70] 믿음(명사)으로만 의롭게 된다는 해석은 바울 서신에서 근거가 미약하다.

2. 율법에 대한 바울의 태도

새 관점이 가져온 중대한 귀결은 바울을 전용하여 율법/복음을 강하게 대조하는 루터파의 견해를 약화시킨다는 점이다. 물론 바울이 여러가지 이유를 들어 율법을 매우 부정적으로 언급한 것은 사실이다. 나는 앞에서 가장 부정적인 몇 구절을 언급했다.[71] 또한 바울이 이스라엘을 보호하는 율법의 기능이 끝났다고 믿은 것은 분명하다(갈 3:19-4:7). 그리고 이미 언급했듯이, 바울에게는 신자의 일상생활의 기준이신 그리스도가 율법을

69_ 인간의 믿음을 율법 행위의 대안으로 설정하는 것은 사실상 믿음을 인간이 성취하거나 성사시킨 어떤 것으로 만든다고 주장하는 것이야말로 통탄할 만할 실수고 심지어 중상모략이다.

70_ 비록 바울이 그리스도를 믿는다라는 동사적 표현을 가끔 언급하긴 했지만 말이다(롬 9:33; 10:11, 14; 갈 2:16).

71_ 갈 2:19; 고후 3; 그리고 롬 7:5.

대체했다고 분명히 말할 수 있다. 그러나 복음과 율법을 첨예하게 대립시키는 것은 율법을 향한 바울의 태도가 갖는 뉘앙스를 인식하지 못하게 할 뿐 아니라, 바울이 어느 정도로 율법을 하나님이 피조물인 인간에게 요구하는 기준으로 여겼는지 파악하지 못하게 한다.

예컨대 바울은 갈라디아서 3장에서 율법이 주어진 이유를 언급하면서(갈 3:19), 로마서 7장에서는 "율법이 죄인가?"(롬 7:7)라는 언급을 통해 몹시 경멸조로 율법을 언급함으로써 이에 대한 도전을 제기한다. 이어지는 내용은 율법을 변호하면서 실제로 책임을 죄와 인간이 가진 육신의 연약함에 돌린다. 그러므로 바울이 그리스도가 오신 목적은 "육신을 따르지 않고 그 영을 따라 행하는 우리에게 율법의 요구가 이루어지게 하려 하심이라"(롬 8:3-4)라는 주장으로 다음 장을 시작한 것은 전혀 놀라운 일이 아니다. 또한 바울이 "할례받는 것도 아무것도 아니요 할례받지 아니하는 것도 아무것도 아니로되 오직 하나님의 계명을 지킬 따름이니라"(고전 7:19)라고 말할 수 있었다는 것 역시 거의 언급되지 않는다. 물론 바울은 할례가 계명 중 하나라는 것을 잘 알고 있었을 것이다(창 17:9-14). 요점은 계명들(율법의 행위들) 사이에 차등을 두었던 누군가만이 그런 주장을 할 수 있었을 것이라는 점이다. 이것은 명백하게 바울이 어떻게 할례와 정결법 같은 계명을 제쳐두거나 혹은 평가절하하면서 우상숭배와 성적 방종에 대해 반대하는 계명을 강하게 주장할 수 있었는지를 설명해준다. 더군다나 바울이 율법을 거부하지 않고 그것을 사랑의 계명으로 요약함으로써(롬 13:8-10; 갈 5:14) 예수를 따랐다는 사실은, 표면적인 율법(의문)의 준거에서부터 행동을 판결하시는 하나님과의 관계(믿음)라는 근원적인 원리까지를 관통하는 바울 신학의 유사한 의도를 보여준다(비교. 롬 2:28-29; 빌 3:3).

3. 행위에 따른 심판

많은 사람에게 새 관점의 가장 성가신 특징 가운데 하나는 새 관점이 최후 심판에 대한 바울의 가르침에 대해 신선한 관심을 제기했다는 점이다.[72] **행위가 아닌** 믿음으로 의롭게 됨에 대한 바울의 가르침과 **행위에 따른** 심판이 있을 것이라는 그의 가르침—그리스도인을 포함해서 모든 인간이 행한 행위에 대한 심판—을 조화시키는 것이 항상 문제였다. "이는 우리가 다 반드시 그리스도의 심판대 앞에 나타나게 되어 각각 선악 간에 그 몸으로 행한 것을 따라 받으려 함이라"(고후 5:10).[73] 여기서 우리는 바울의 관점에서 율법의 가장 중요한 지속적인 기능 가운데 하나를 보게 되는데, 그것은 율법이 하나님의 판결 기준으로 작용할 것이라는 점이다. 다시 말하면 이 문제는 바울에게 단순히 그의 복음과 일치하는 율법의 표면적인 준거 및 판결의 문제가 아니었을 것인데, 왜냐하면 바울은 하나님이 예수 그리스도를 통해 인류(유대인과 이방인)의 비밀을 판단하실 때를 상정하면서 하나님의 뜻을 더 깊이 뿌리내려 행하는 것을 머릿속에 그리고 있기 때문이다(롬 2:9-16).

칭의에 관한 옛 관점과 새 관점 사이의 긴장은 기독교를 유대교의 반대 개념으로 정의하는 것을 선호하는 사람들에게 이 주제에 관한 바울의 사고가 지극히 유대교적인 사고처럼 보인다는 것에서 발생한다. 왜냐하면 바울이 사실상 율법주의의 변형을 제기하는 것처럼 보이기 때문이다![74] 하나님 앞에서 이스라엘의 지위가 언약에 대한 하나님의 주도성에

72_ 이 부분은 나의 *New Perspective on Paul*, 특별히 pp. 80-89에서 가져왔다.

73_ 또한 롬 2:5-11; 14:10; 고전 3:10-15; 고후 11:15; 골 3:25을 보라.

74_ Morna D. Hooker, "Paul and 'Covenantal Nomism'" (1982)—이는 *From Adam to Christ: Essays on Paul* (Cambridge: Cambridge University Press, 1990), pp. 155-64으로 재발간되었다—에서 Hooker는 Sanders의 *Paul and Palestinian Judaism*에 대해 논평하면서 다음과 같이 언급한다. "여러 면에서, Sanders가 주장한 것은 그리스도인의 체험에 대한 바울적 경향, 즉 하나님의 구원의 은혜가 인간의 응답하는 순종을 일으킨다는 것에 정확히 들어맞는

뿌리를 두고 있는 것처럼, 바울에게도 하나님 앞에서 그리스도인의 지위는 그리스도 안에서, 그리스도를 통해 드러난 은혜에 그 뿌리를 두고 있다. 그 언약의 관계성 안에서 이스라엘의 지속성에 대한 실제적인 평가가 언약의 율법에 대한 이스라엘의 순종에 의존했던 것처럼, 바울에게도 그리스도인의 지속성은 마지막 날까지 그들의 지속적인 믿음과 사랑을 통하여 믿음의 삶에 의존한다. 위에서 사용된 용어 및 제안된 연관성은 분명히 수정을 필요로 할 수 있지만, 기본적인 요점은 논쟁의 여지가 없다. 바울은 자신의 개종자들이 "선한 행위"를 하기 원했고(고후 9:8; 골 1:10), 그런 선한 행위에 대한 보상이 있음을 이미지를 통해 나타냈다.[75] 그가 보기에 온전한/마지막 구원은 신실함을 어느 정도 조건으로 하기 때문에,[76] 바울은 자신의 개종자들에게 반복해서 도덕적 실패를 경고해야만 했던 것이다.[77]

새 관점은 이 역설과 긴장에 대한 산뜻한 해결책을 제공하지 않는다. 단지 새 관점이 요구하는 것은 바울의 가르침을 해석하려면 과거에도 그랬듯이 "설령 그것이 적합해 보이지 않더라도" 바울의 **전체** 가르침에 충실해야 한다는 점이다. 이 주제들에 관한 바울의 **전체** 가르침이 일관적이지 않거나 혹은 일반적인 신앙고백에 산뜻하게 들어맞지 않을 수도 있다는 것을 단순하게 받아들여야 한다. 아마도 결코 해결할 수 없는 긴장이 있을 것이며, 따라서 바울 신학에서 중요한 무엇인가를 불가피하게 잃어버리게 될 수 있다는 것도 단순하게 받아들여야 한다. 그러나 우리는 칭의와 최후 심판에 관한 바울의 가르침이 갖고 있는 불편한 부분들을 깊은

팔레스타인 유대교의 기반이다"(p. 157).

75_ 고전 3:14; 9:24-25; 빌 3:14; 골 3:24.

76_ 롬 8:13; 고전 15:2; 갈 6:8; 골 1:23.

77_ 고전 3:17; 10:12; 11:27-29; 고후 12:21; 13:5; 갈 5:4; 6:7-8; 골 1:22-23.

숲으로 밀어 넣어 시야에서 사라지도록 하지 말아야 할 것이다. 과거에도 그랬던 것처럼, 그런 일이 일어나지 않도록 하기 위해 새 관점에 기반을 두는 학자들은 계속해서 바울의 모든 것과 씨름을 계속할 것이다.

4. 그리스도에 참여함

바울 신학에 대한 예전의 논의들이 갖는 골치 아프면서도 성가신 특징 중 하나는 그의 신학의 서로 다른 국면들이 너무 쉽게 일관성 없이 다뤄졌다는 것이다. 방금 언급한 대로 그 긴장들은 바울 신학의 분리를 쉽게 허용한다. 그 주요한 긴장 가운데 하나는 칭의의 법정적 이미지와 그리스도에 참여함("그리스도 안에서", "주 안에서" 참여함)이라는 관계 지향적 이미지 사이의 긴장이었다. 전통적인 종교개혁의 초점이었던 칭의에 과도하게 대응하는 몇몇 사람들은 칭의에 대한 초점을 참여로 대체하고자 했다.[78]

칭의에 대한 이미지보다 개개인의 신자들이 그리스도 안에 있다는 바울의 이해가 그의 서신에 걸쳐 전반적으로 퍼져 있다는 것은 이제는 거의 정설로 받아들여지고 있다.[79] 그리스도의 몸인 교회라는 집합적 표현도 같은 요점을 나타낸다(롬 12:4-8; 고전 12장). 그리고 구원은 개별적인 신자가 그리스도와 같이 됨, 그의 부활에 참여한다는 희망으로 그의 죽음에 일치됨,[80] "온전한 사람을 이루어 그리스도의 장성한 분량이 충만한 데까지" 이르는 한 몸인 신자들(엡 4:13) 같은 용어들로 쉽게 이해될 수 있다. 그러나 대부분의 경우에 너무 쉽게 간과했던 것은 바울이 구원의 과정을

78_ 특별히 Albert Schweitzer, *The Mysticism of Paul the Apostle* (London: Black, 1931); Sanders, *Paul*, pp. 502-8. Campbell은 롬 1-4장과 5-8장 사이에 "두 개의 서로 다른 구원론"이 있다고 주장하면서, 자신이 "칭의 이론"이라고 부르는 것을 "제거하는데" 집중한다(*Deliverance of God*, pp. 94, 217).

79_ 이에 관련된 모든 문헌을 찾아보려면 *Theology of Paul the Apostle*, 15을 보라. 또한 바울이 성령의 선물을 동등하게 강조하는 것에 주목하라.

80_ 롬 6:5; 8:29; 13:14; 고전 15:49; 고후 3:18; 빌 3:21; 골 3:10.

개념화하는 이 두 가지 방법을 **함께** 붙들었다는 사실이다. "그러므로 이제 그리스도 예수 안에 있는 자에게는 결코 정죄함이 없나니"(롬 8:1). "하나님이 죄를 알지도 못하신 이를 우리를 대신하여 죄로 삼으신 것은 우리로 하여금 그 안에서 하나님의 의가 되게 하려 하심이라"(고후 5:21). "그리스도를 얻고 그 안에서 발견되려 함이니, 내가 가진 의는 율법에서 난 것이 아니요 오직 그리스도를 믿음으로 말미암은 것이니 곧 믿음으로 하나님께로부터 난 의라"(빌 3:9)라는 고백이 곧 바울의 소망이었다.

다시 한 번 우리에게 필요한 것은 바울에 관한 모든 것을 하나로 결합하는 것이다. 바울이 어떻게 그렇게 했는지 아마도 이해할 수 없을지도 모르지만, 그의 신학에 분명히 필수적이었던 바울 사상의 양상들을 격하시키거나 제거함으로써 우리가 더 나은 연구를 할 수 있다고 생각해서는 안 된다. 새 관점이 바울의 모든 것을 새롭게 정의하려는 새로운 시도의 도화선이 된다면, 그것은 바울 복음이 오늘날의 우리를 위해 여전히 말해야 하는 것들을 받아들이는 과정에서 일어나는 가치 있는 변화가 될 것이다.

전통적 개혁파

마이클 S. 호튼

비록 새 관점이 자주 종교개혁에 맞서서 스스로의 관점을 규정하지만, 던은 (각주 38번에서) 더 구체적인(그리고 상당히 다른!) 대상—복음을 "하나님과의 개인적 평화"로 축소하는 것들, "신약학계에서는 특별히 불트만, 대중적 복음주의에서는 전형적으로 빌리 그레이엄의 집회들"—에 대한 자신의 유용한 견해를 피력한다.

수년 전에 내가 샌더스의 『바울과 팔레스타인 유대교』(*Paul and Palestinian Judaism*)를 읽을 때만 해도, 나는 필요한 교훈이라면 받아들일 마음의 준비를 하고 있었다. 하지만 나는 팔레스타인 유대교가 놀랄 만큼 중세 신학과 유사할 뿐만 아니라, 샌더스 자신도 "언약적 신율주의"로 요약되는 두 진영의 핵심 요점들에 암묵적으로 동의한다고 확신하게 되었다.[1] 샌더스의 신학적 확신은 관용이라는 요소나 혹은 신적인 도움이 "행위-의"의 어떤 속성도 금지한다고 그가 가정하는 모든 곳에서 분명히 드러난다. 그의 책 끝부분을 읽으면서, 나는 적어도 그가 묘사한 유대교의

1_ E. P. Sanders, *Paul and Palestinian Judaism* (Minneapolis: Fortress, 1977); "은혜에 들어감과 순종으로 머무름"은, pp. 93, 178, 371을 보라. 그리고 그의 "언약적 신율주의"의 정의를 보려면 pp. 75, 543-56을 참고하라.

흐름(예견된 순종에 기반을 둔 선택, "조상의 공로", "공로의 평가", 심지어 죄를 보상하는 회개—고해[penance]의 요소와 유사한—등등)은 중세 후기(특별히 율법주의적인) 신학의 "언약적 신율주의"와 충격적일 정도로 유사함을 확신하게 되었다. 그러나 샌더스가 바울 안에서 서로 다른 "종교 패턴"(참여주의자 대 언약적 신율주의)을 본 지점에서, 던과 라이트는 이것을 바울 신학 안에서 통합된 긴장으로 보았다.

희화화는 말할 것도 없거니와, 우리는 시대착오를 반드시 피해야 한다. 그럼에도 불구하고 그것을 무엇으로—혼합주의, 언약적 신율주의, 인생의 모든 삶을 기반으로 하는 미래의 칭의, 혹은 조화되는 공로—부르든지, 고전적 개혁파의 관점에서 본 기본적인 문제는 율법과 복음의 혼동이다.

은혜 언약에서 아브라함의 탁월성을 고려하면, 개혁 신학은 구약과 신약뿐만 아니라 이스라엘과 교회를 결코 날카롭게 구분하지 않았다. 이 점에서 개혁 신학이 강조하는 것은 **약속과 성취**(promise and fulfillment)다. 동시에 개혁 신학은 두 가지 다른 종류의 언약적 방식—즉 율법과 약속—의 구분을 인식했다. 그러나 새 관점은 고대와 그 이후의 기독교에서 유대교를 희화화한 것을 넘어서겠다는 열심 때문에 **히브리어 성서 그 자체**가 서로 다른 양식을 가진 언약들을 구분한다는 중요한 사실을 무시했다. 모쉐 바인펠트(Moshe Weinfeld)에서 존 레벤슨(Jon Levenson)에 이르기까지, 유대인 학자들은 성서의 언약과 고대 근동 조약 간의 유사성을 인식했다.[2] 새 관점은 제2성전기 유대교에서 풍부한 양의 자료를 발견했으나

2_ 이에 대한 보다 최근 및 확장된 논의를 보려면 Moshe Weinfeld, "The Covenant of Grant in the Old Testament and the Ancient Near East," *Journal of the American Oriental Society* 90 (1970): 185-86; 비교. Suzanne Booer, *The Promise of the Land as an Oath* (Berlin: W. de Gruyter, 1992)를 참조하라. 또한 G. E. Mendenhall, *Law and Covenant in Israel and the Ancient Near East* (Pittsburgh: The Biblical Colloquium, 1955); Delbert Hillers, *Covenant:*

놀랍게도 그 출처에는 거의 주목하지 않았는데, 다른 책에서 나는 새 관점과 관련하여 이를 다루었다.[3]

제2성전기 유대교에서 이 구별된 언약들은 샌더스가 언약적 신율주의라고 적절하게 인식한 일반적인 경향으로 동화된 것처럼 보인다. 나는 "신명기보다 '언약적 신율주의'의 이중적 특성을 잘 표현한 문서는 없다"는 샌더스의 평가에 전적으로 동의한다. "이스라엘의 제의(cultic) 체계 안에는 죄와 속죄를 위한 조항"이 존재한다는 것 또한 분명한 사실이다. 율법 언약(시내산 언약)의 일관된 목적은 이스라엘을 오실 구원자에게 인도하는 것이다. 그런 의미에서 율법은 은혜 언약**에 기여**하였다. 그러나 신명기가 제시하는 용어들은 시내산 언약 **자체가** 아브라함 언약이나 예레미야가 예언한 새 언약과 형식이나 내용 면에서 똑같지 않다는 것을 분명하게 드러낸다. 이 언약들은 시내산에서 세운 "언약과 같지 않다"(렘 31:32). 바울은 특별히 시내산과 시온, 지상의 예루살렘과 하늘의 예루살렘, 율법과 약속의 차이를 끌어내기 위해 고군분투하면서, 심지어 그 언약들을 명

The History of a Biblical Idea (Baltimore: Johns Hopkins University Press, 1969); Dennis J. McCarthy, S.J., *Treaty and Covenant: A Study in the Ancient Oriental Documents and in the Old Testament* (Rome: Biblical Institute Press, 1963); Steven L. McKenzie, *Covenant* (St Louis: Chalice Press, 2000), 특별히 p. 66; Jon D. Levenson, *Sinai and Zion: An Entry into the Jewish Bible* (San Francisco: HarperSanFrancisco, 1985), pp. 24-45, 75-100, 165-83. 또한 David Noel Freedman, "Divine commitment and Human Obligation," *Interpretations* 18 (1964): 419-31을 보라. 종교개혁자들과 그 후예들은 최근 학자들이 히타이트 조약과 성서의 조약을 비교하기 기래오전부터 율법 언약과 은혜 언약의 차이를 인식했다. 이것은 우리에게 은혜 언약과 율법 언약의 구별 자체가 현대 학자들이 끌어들일 수 있는 성서와 기타 세속 조약 간의 직접적 상호 관계에 의존하지 않았다는 것을 상기시켜준다. Weinfeld의 체계(즉 종주조약[suzerainty treaties] 대 왕실하사 조약[royal grants])는 많은 도전을 받았다(특별히 Gary N. Knoppers, "ANE Royal Grants and the Davidic Covenant," *Journal of the American Oriental Society* 116 no. 4 [October-December 1996]: 670-97). 그러나 아브라함/다윗/새 언약과 시내산 언약 간의 내용상 분명한 구별은 현재 학계에 제대로 확립되어 있다.

3_ Michael Horton, *Covenant and Salvation* (Louisville: Westminster John Knox), 1-5장.

백하게 "두 언약"(갈 4:24)이라 명명한다. 이전(아브라함) 언약은 나중(시내산) 언약에 의해 무효화될 수 없다(갈 3:15-18). 아담처럼 이스라엘에게도 지상에서 성취해야 할 임무가 주어졌다. "그러나 아담처럼 그들은 언약을 어겼다"(호 6:7). "아담 안에서" 이스라엘은 이방인과 함께 정죄를 받는 위치에 있으나(롬 3:9-20; 5:12-14), "그리스도 안에서" 유대인과 이방인은 믿음으로 말미암아 함께 의롭다 여김을 받는다(롬 3:21-26; 5:15-21).

언약적 신율주의가 시내산 언약의 역동성을 취하는 좋은 방법이긴 하지만, 아브라함-다윗-새 언약(즉 은혜 언약)은 그것과는 질적으로 다르다. 율법과 약속을 단일 언약으로 취급하는 것은 시내산 언약의 명백한 조건성을 새 언약과 조화시키려는 (내가 보기에는 부자연스러운) 시도를 이끈다. 예를 들면 던은 "그러므로 이스라엘의 의는 그 자신의 노력으로 성취되는 어떤 것이 아니라, 오히려 언약의 율법을 순종함으로, 언약에 대한 신실함의 측면에서 이해되고 측정되었다"고 쓰고 있다. 던이 말하는 "그 자신의 노력 때문에 성취됨"은 의를 이루는 잘못된 방법을 의미하는 것 같은데, "언약의 율법을 순종함으로 측정된다"는 말은 이를 거의 완화시키지 못하고 있다! 던과 나는 둘 다 영원한 삶이 결코 "자기 노력으로 성취될 수" 없다는 것을 인정할 수 있다. 모세와 다른 유대 지도자들이 그랬듯이, 아브라함도 같은 복음을 믿었다(히 11:1-40). 그러나 민족적 언약(시내산 언약)의 용어들은 이러한 아브라함 언약과 예리하게 대조된다.

던은 샌더스가 "언약적 국면에만" 너무 집중하고 "율법적 국면을 도외시 했으며(언약적 신율주의), 제2성전기 문서들과 랍비 문헌들은 샌더스가 주장하는 것보다 더 일관성이 적을 수도 있다"고 인정한다. 그럼에도 나는 "언약적 신율주의"의 정의를 단순하게 땜질하는 것 이상의 무언가가 우리에게 필요하다고 생각한다. 간단히 말하면 새 관점이 "언약적"이라는 말을 "율법주의"의 품위 있는 수식어로 간주하는 지점에서(율법과 은혜의 역동적 긴장과 더불어), 고전적인 개혁 신학은 **독특한 두 언약 양식**에 집중한다. 타락 이후에 맺어진 신과 인간 사이의 모든 관계는 어떤 의미에서 은혜에 근거하기 때문에 심지어 시내산 언약도 "펠라기우스적"이 아니라고 할 수 있다. 토지 수여는 아브라함과 맺은 약속에 근거한 선물이지만(신 7:6; 8:17-18; 9:4-12), 간직하거나 잃을 수도 있는 선물이다. "은혜로 들어가고, 순종으로 머무는 것"은 시내산 조약을 요약하는 좋은 방법이지만, 은혜 언약은 그렇지 않다. 새 언약 안에도 정말로 "율법"이 존재한다. 그러나 율법은 언약적 축복을 위한 기반이 아니라 하나님의 은혜의 관점에서 "합리적인 임무"로 기능한다. 오직 그리스도 안에서 우리는 "하늘에 속한 모든 신령한 복"을 소유한다(엡 1:3). 나는 바울이 언약적 신율주의와 다른 강조점을 가졌을 뿐만 아니라, 신율주의로부터 완전히 다른 지평으로 나아간다고 보는 점에서 샌더스에게 더 가깝다고 할 수 있다.

던이 할례와 같은 경계표지의 의의를 강조하는 것은 유용하지만, 내가 보기에 새 관점은 더 심각한 문제를 제대로 설명하지 못한다.[4] 아브라함 언약에서 할례는 은혜 언약의 표시고 인장이다. G. E. 멘덴홀(G. E. Mendenhall)의 관찰을 살펴보자.

아브라함에게 의무를 하나도 부과하지 않았다고 보는 것은 종종 불충분하다. 할례는 본래 의무가 아니라 창세기 9장의 무지개처럼 언약의 표시다. 할례는 언약이 존재한다는 것을 구체적으로 나타낼 뿐만 아니라 언약의 수신자(들)를 인식하는 데 기여한다. 그것은 아마도 창세기 4장에서 하나님이 가인에게 인친 표시처럼 언약 대상의 보호를 위한 것 같다. 다른 한편으로 모세 언약은

4_ 다른 한편으로는, 관련 구절들을 언급하면서 칼뱅이 "율법의 행위"가 전적으로 경계표지만을 의미한다는 그의 대적자들의 견해를 논박하는 데 열심을 다했다는 점을 생각하면, 이 역시 새 관점이 과연 참으로 새로운 것인가에 대한 의문을 야기한다.

거의 정확히 반대되는 개념이다. 언약 관계 자체가 이스라엘에 대한 야웨의 보호와 지원을 전제하고 있다는 것은 언급할 필요도 없지만, 할례는 야웨를 구체적 의무에 묶어두지 않고 부족과 씨족에만 구체적인 의무를 부과한다.[5]

그러나 할례가 **시내산** 언약의 표시와 인증으로 해석됨에 따라, 할례는 약속의 상속자를 인식하기보다는 개인이 율법의 구속에 대한 책임을 지도록 만들었다. 약속의 합법적인 상속자가 되기 위해 할례를 요구하는(혹은 시행하는) 것이 아니라면, 할례 자체만으로는 이제 효력이 없다(갈 5:6). 그런 사람은 그리스도에게서 "단절된다"(갈 5:2-4). 왜 그런가? "할례를 받은 모든 사람이 율법 전체를 행할 의무를 지기" 때문이다(갈 5:3). "할례당"은 인종을 배제한 것만 잘못한 것이 아니라 **할례를 받은 그들조차도 스스로 율법은 지키지 않는**(갈 6:13, 강조는 추가됨) 잘못을 저질렀다. 아브라함과 마찬가지로(롬 4:11) 그들에게 할례는 은혜 언약의 표시와 인증이 되지 않았지만, 영원한 유업에 참여함을 전혀 의도하지 않았던 언약(시내산 언약) 안에서 그들이 "이 모든 것을 행할 것"이라는 표시와 인증이 되었다. 바울의 대적자들은 시온을 붕괴시켜 시내산으로, 즉 약속 언약을 붕괴시켜 율법 언약으로 나아가려 했다. "바리새인 중의 바리새인"으로서 바울은 자신이 "스스로의 의"를 신뢰했다고 말하며(빌 3:9), 또한 갈라디아 교회에서 바울이 고심한 문제는 단순히 자민족중심주의(ethnocentricity)가 아니라 공로주의(legalism)였다(갈 2:21 등등). 그것은 율법과 약속의 언약을 대조하는 것일 뿐, 어떤 이의 행위와 다른 사람의 그것을 대조하는 것이 아니다(갈 3:10-29; 4:21-31). 따라서 나는 바울이 "하나님 앞에서 이스라엘의 지위"와 "하나님 앞에서 그리스도인의 지위"가 동등한 것으로 보았

5_ G. E. Mendenhall, *Law and Covenant*, p. 36.

다는 던의 결론에 동의하지 않는다. 구약성서에서는 하나님 앞에서 유대인 개개인의 지위조차도 예표적인 땅에서 열방의 지위와 전혀 동등하지 않았다.

나는 특히 논란이 많은 피스티스 크리스투에 관련된 칭의와 참여에 관해서 "바울을 하나로 결합"하려는 던의 관심뿐만 아니라, "보편주의와 특별주의"라는 용어를 사용하여 유대교와 기독교를 대조하는 바우어를 비판하는 것에 대해 어떤 면에서는 상당히 동의한다. 마치 율법 자체가 본질적으로 약속에 반하는 것처럼 간주되어 율법과 복음 사이의 구별이 추상적인 대조로 변할 수 있다는 그의 염려에도 동의한다. 결국 단순히 석판 위에 새겨진 것이 아니라 마음에 새겨진 법과 함께, 칭의는 새 창조의 동을 틔우는 법적인 근거를 제공한다.[6] 그러므로 바울은 "의를 따르지 아니한 이방인들이 의를 얻었으니 곧 믿음에서 난 의요 의의 법을 따라간 이스라엘은 율법에 이르지 못하였다"(롬 9:30-31)는 역설을 관찰할 수 있었다. 바울의 직설화법(indicative)은 그의 명령화법(imperative)의 배경이 된다(롬 6장; 12:1-2; 13:8-14; 갈 5:16-26). 또한 나는 던이 수직적 관계뿐만 아니라 수평적 관계에도 답하는 바울 복음의 양상을 강조하는 것에도 동의한다. 그러나 한 가족을 창조하는 그 유업의 **내용**이 무엇인가에 대해서는 여전히 의문이 남는다. 만약 그리스도 안에서 유대인과 이방인의 연합의 출처(즉 선택, 구속, 유효한 부르심, 칭의, 성화와 영화)가 중요하다면, 유대인과 이방인이 한 몸으로 그리스도 안에서 화해했다는 것만으로는 충분하지 않다.

6_ Bauer와 Bultmann 학파가 이에 대해 어떻게 언급했든지 간에, 루터파 신앙고백서는 율법의 제3용법—즉 그리스도인의 삶을 위한 하나님의 원리로서의 용법—을 또한 확인한다.

진보적 개혁파

마이클 F. 버드

나는 던의 기고문을 읽는 것이 매우 즐거웠지만, 그것을 읽는 내내 얼굴에 씁쓸한 미소를 지을 수밖에 없었다. 던이 그의 유명한 "바울에 관한 새 관점"(The New Perspective on Paul)[1]을 게재했던 1983년에 이 기고문을 썼다면, 그 이후 바울의 칭의에 대한 우리의 소모적 다툼이 절반으로 줄지 않았을까?

어쨌거나 옛 관점과 새 관점이 대립되지 않는다는 것을 던과 함께 확인하는 것에서부터 시작하고자 한다. 정말로 새 관점은 옛 주석가들 중에서도 많이 나타났다. 헬라 교부 크리소스토무스(John Chrysostom) 역시 그의 로마서 설교에서 바울이 행위에 의한 것이 아닌 믿음으로 구원받음을 변호했지만, 또한 그는 이방인이 이스라엘과 함께 상속자가 되었다는 주제도 언급했다. 크리소스토무스는 "이 두 가지 문제를 유대인들이 혼란스러워 하는데, 하나는 행위로 구원받지 못한 인간이 행위 없이 구원받는 것이 가능한가이고, 다른 하나는 무할례자가 그렇게 오랜 기간 동안 율법으로 양육을 받은 유대인과 같은 축복을 향유하는 것이 가능한가에 대한

1_ J. D. G. Dunn, "The New Perspective on Paul," *BJRL* 65 (1983): 95-122.

것"이라고 언급했다.[2]

아우구스티누스는 로마서를 가리켜 "율법 조문은 죽이는 것이요 영은 살리는 것"이라고 언급한 고린도후서 3:6의 주석으로 여겼다. 로마서는 펠라기우스의 행위-구원 도식에서 나오는 절대적인 적을 물리치는 아우구스티누스의 주된 무기였다. 그러나 동시에 아우구스티누스는 이방인에게 임할 복음에 관한 로마서의 큰 그림과 구속사적 상황을 알고 있었다.

> 그 문자적인 의미를 이해할 수 있는 한, 바울의 로마서는 다음과 같은 질문을 제기한다. 우리 주 예수 그리스도의 복음이 율법의 행위를 통해 얻은 유대인들의 공로 때문에 오직 그들에게만 임했는지, 혹은 그리스도 예수 안에 있는 이신칭의가 이전의 그 어떤 행위의 공로 없이 모든 민족에게 임했는지에 관한 질문이다. 이 마지막 예에서 알 수 있듯이 사람은 그들이 의로워서가 아니라 신앙을 통해 의롭게 되었기 때문에 믿으며, 그 이후에야 그들은 의롭게 살기 시작한다. 그렇다면 사도가 가르치려고 했던 것은 우리 주 예수 그리스도의 복음의 은혜가 모든 사람에게 임했다는 것이었다. 그는 이것을 "은혜"라고 부르는 이유를 제시하는데, 이는 그것이 값없이 주어졌을 뿐, 의의 빛을 상환하는 것으로 주어지지 않았기 때문이다.[3]

영국의 철학자 존 로크(John Locke)는 바울 서신에 관한 주해와 메모를 통해 로마서 3:26을 다음과 같이 언급했다. "하나님은 그들[유대인]이 그의 백성이 되는 것을 거부하셨다. 그는 이방인들을 교회 안으로 이끌어

2_ John Chrysostom, *Homiliae in epistulum ad Romanos* 7.

3_ Paula Fredriksen Landes, *Unfinished Commentary on the Epistle to the Romans* 1.1, Text and Translation 23, Early Christian Literature, series 6, ed. Robert L. Wilken and William R. Schoedel (Chico, Calif.: Scholars Press, 1982), p. 53에서 인용했다.

오셔서 적은 수의 믿는 유대인과 함께 공동으로 또한 동등하게 자기 백성으로 삼으셨다. 이것이 문자 그대로 바울의 의도인데, 여기서 바울은 이방인과 유대인을 비교하면서 유대 민족과 그들의 상태를 좌절시킨다. 따라서 본문은 인간의 개인적인 상태에 관한 것이 아니다. 누구든지 선입견 없이 그 문맥을 주의 깊게 읽게 하라. 그러면 본문이 그렇게 말한다는 것을 발견하게 된다."[4] (단순한 예로서) 크리소스토무스, 아우구스티누스, 로크는 인간의 죄와 신적인 구원이라는 인간학적인 주제가 어떻게 이스라엘에게 주어진 약속이 이방인의 구원을 낳았는지를 다루는 더 넓은 구속사라는 주제로부터 분리되지 않은 채 로마서 같은 서신에 나타날 수 있는지를 보여준다.

제2성전기 유대교의 모든 양상을 오직 단 하나의 체계로 환원시키면서 그 단일 체계는 필수적으로 율법적인 것이었다고 간주하는 것은 단순히 불가능하므로, 나 역시 새 관점의 유대교 이해가 적절하다고 생각한다. 하나님의 축복을 행위를 통해 얻는지 혹은 그 축복이 값없이 주어지는지에 대한 당대의 논쟁을 언급한 알렉산드리아의 유대인 철학자 필론(Philo)의 글을 읽으면 이것이 분명해진다.

비록 그들이 최고 통치자가 자신들에게 발생한 선의 원인이라고 고백했다고 해도, 그들이 신중하고, 용기 있으며, 절제하고, 정의롭기 때문에, 그들은 그것을 받을 자격이 있다고, 그래서 그런 것들 때문에 하나님께 인정을 받고 그분의 호의를 얻기에 합당하다고 여전히 말한다.…그리고 모세는 이런 식으로 그에게 임한 선한 것들의 원인으로 자기 자신을 지목하는 사람들을 책망한다. 그는 말하기를 "내 자신의 권력 혹은 내 오른손의 힘으로 이 모든 권세

4_ John Locke, *A Paraphrase and Notes on the Epistles of St Paul to the Galatians, First and Second Corinthians, Romans, and Ephesians* (Cambridge: Brown, Shattuck, 1832), p. 277.

를 얻었다고 말하지 말고, 다만 항상 주 너의 하나님을 기억하라. 그는 권세를 얻을 힘을 너에게 주신다"[신 8:17]. 또한 좋은 것들을 소유하고 그것들을 즐길 자격이 있다고 마음속으로 생각하는 사람들은 다음과 같이 말하는 신탁을 통해 자신의 마음을 바꾸어야 할 것이다. "너의 의로움이, 혹은 네 마음의 거룩함 때문에 네가 그 땅에 들어가 그것을 소유하는 것이 아니다. 다만 첫째로 그 민족들의 악함으로 인해, 하나님이 그들의 사악함으로 인해 그들을 파멸시키셨기 때문이고, 둘째로 하나님이 우리 조상들과 맺은 언약을 굳게 하실 것이기 때문이다"[신 9:5].[5]

유대교의 저자들은 신학적으로 가지각색이었다. 그들은 하나님이 이스라엘 백성에게 요구하신 것이 무엇인지, 그리고 하나님에 의해 구원받았다는 것이나 혹은 복을 받았다는 것이 무엇을 의미했는지에 대해 저마다의 의견을 제시했다. 즉 유대교의 모든 체계가 율법적인 것은 아니었다. 던은 언약과 율법 간의 역동성이 유대교에 일반적이었으며 바울도 그것을 물려받았음을 기억해야 한다고 강력하게 촉구한다. 나는 그가 옳다고 생각하지만, 강조점을 언약에서 율법주의(nomism)로 옮긴 일부 유대교 신학에 바울이 직면했다는 것을 덧붙이고 싶다. 안디옥과 갈라디아에서의 논쟁에서 바울이 직면한 것은 종말론적 구원이 유대교의 율법을 실행하는 것과 묶여 있다고 주장하는 자들이었는데, 이는 내가 "자민족중심적 율법주의"라고 부르는 어떤 것이었다.[6] 나는 "공로주의"(legalism)와 "신인협력설"(synergism)이라는 용어가 특정 어조를 담지하며 일종의 시대착

5_ *The Works of Philo*, trans. C. D. Yonge (Peabody, Mass.: Hendrickson, 1993) 안에 있는 필론의 *Sacrifices* 54-57을 보라.

6_ 비교. Michael F. Bird, *The Saving Righteousness of God*, Paternoster Biblical Monographs (Carlisle, U.K.: Paternoster, 2007), pp. 116-18.

오적 표현이기 때문에 그 용어들을 별로 좋아하지 않는다. 그러나 바울이 갈라디아서에서 명백하게, 그리고 로마서에서 암시적으로 비판하는 내용 안에 분명히 율법적 요소가 존재했던 것은 사실이다. 바울은 이스라엘과 율법 바깥에는 구원이 없다는 견해를 반박한다.

고대 유대교의 구원 개념에 관한 인식이 다양함에도 불구하고, 율법의 실천은 특정 사회적 조건 아래 혹은 특정한 신학적 강조들과 결합하여 구원의 결정적 요소라고 여겨질 수 있었다. (1) 몇몇 종말론적 신앙 체계에서 앞으로 올 시대로 들어가는 근거들을 고려할 때, 즉 다가올 세상을 누가 무슨 근거로 상속하느냐에 대해 생각할 때, 행위의 역할은 더욱 예리해진다. (2) 율법에 대한 누구의 어떤 해석이 유효한가에 대한 유대 내부 종파들의 논쟁 사이에서 특정화된 율법 준수의 필요성이 고조되었다. (3) 새 구성원의 가입 의식에 관한 공동체 내 논쟁에서, 그 공동체가 하나님의 구원의 배타적인 장소로 간주되었기 때문에 행위가 그 집단에 들어온 사람의 지위에 결정적인 역할을 한다. 나는 이 세 가지 조건 모두에 논의의 여지가 있긴 하지만, 이것이 갈라디아서에서 나타날 뿐 아니라 더 완곡하게 로마서에도 나타난다고 생각한다! 이 경우 언약 백성을 상징하고 이스라엘의 정체성을 규정했던 율법이 그리스도 안에서 믿음으로 이방인이 구원받는다는 바울의 주장에 반대되는 규범적(nomistic) 실체를 여전히 갖고 있었다.[7]

따라서 샌더스가 팔레스타인 유대교의 구원 개념에서 언약의 우위성을 언급할 때 중요한 무언가를 눈치챘다는 던의 지적은 옳다. 내 요점은—던도 이 점에 동의할 것이라고 생각한다—바울이 그가 직면한 상황

7_ Michael F. Bird, "What if Martin Luther Had Read the Dead Sea Scrolls? Historical Particularity and Theological Interpretation in Pauline Theology: Galatians as a Test Case," *JTI* 3 (2009): 118.

에서 이방인의 구원과 그들이 교회 안으로 들어오는 일에 대한 율법적 근거를 주장했던 유대 그리스도인들에게 부정적으로 대응했다는 것이다.

바울 복음의 본질과 관련하여, 나는 여러 영역에서 던의 언급을 약간 비틀고 싶다. 첫째, 피스티스 크리스투 구문은 일반적으로 목적격 소유격, 즉 그리스도를 믿는 믿음(faith in Christ)으로 받아들여야 한다. 그러나 나는 "그리스도를 믿는 믿음"과 "그리스도의 신실함"(faithfulness of Christ)을 철저하게 구분해야 한다고 생각하지 않는다. 그리스도를 믿을 때 우리는 그리스도 안에서 하나님이 하신 일에 우리 자신을 위탁하며, 이는 그리스도의 삶과 죽음 안에 있는 그의 신실함과 순종을 아우른다. 그러므로 그리스도의 신실함은 명사 피스티스가 아니라, 그리스도 안에 있는 하나님의 구원 계시라는 언급 안에 암시되어 있다.

둘째, 나는 율법에 대한 바울의 비판을 폭력적인 율법 대 복음의 대립으로 역설하지 않아야 한다는 점에서 던에게 동의한다. 율법은 사라진 나쁜 것이 아니라, 오히려 성취된 좋은 것이다. 그러나 던은 율법이 지닌 인간학적 문제를 훨씬 더 많이 언급할 수 있었음에도 그렇게 하지 않았다. 바울이 율법에서 발견한 오류는 3가지다. (1) 죄로 말미암아 율법을 온전히 행할 사람은 하나도 없으며(롬 3:20; 갈 3:11-14), (2) 율법은 일시적이며 아브라함의 약속이 성취될 종착점도, 방편도 아니고(갈 3장; 롬 4장), (3) 율법은 의와 생명을 가져오는 새 언약의 사역으로 대체될 죄의 옛 시대, 정죄, 죽음과 끊을 수 없이 연결되어 있다.

셋째, 던은 바울의 사상에서 이신칭의와 행위에 따른 심판 사이의 긴장을 인정한다. 나는 바울이 구원은 신실함에 달려 있다는 것을 믿었고, 또한 자신의 회중들이 선한 행위를 낳기를 기대했다는 던의 주장에 동의한다. 던이 누락했던 것과 또 그중에서 필수적인 요소가 될 수도 있는 것은 신자들의 행위와 삶의 방식에서 율법의 성취를 가능하게 하는 성령의 역할과 새 창조의 힘이다. 사실 나는 바울이 로마서 8:4, 갈라디아서 5:5-6, 빌립보서 2:12-13에서 정확하게 그것을 말하고 있다고 생각한다.

넷째, 던은 바울 안에 있는 법정적/참여적 이미지와 씨름하면서 그 둘을 통합하는 방법을 찾기에 골몰한다. 바울이 둘 사이의 어떠한 모순도 염려하지 않고 이 둘을 조화롭게 주장한다는 점을 지적하는 던의 견해는 전적으로 옳다. 다만 이를 좀 더 보완하자면, 우리가 그리스도에 참여하는 것을 의로운 분이자 높임을 받으신 메시아와 연합하는 것으로 간주한다면, 그리스도와의 연합은 어떤 의미에서 항상 법정적일 것이라는 점을 제안하고 싶다.

논평

신성화

벨리-마티 카르카넨

성서신학계에서 국제적 권위를 갖고 있으며 신약성서 연구 분야의 대가인 던의 깊이 있는 기고문에 대해 논평할 수 있도록 초대받은 것은, 조직신학자인 나에게는 겸손을 배우는 경험이었을 뿐만 아니라 던의 글로부터 칭의라는 주제에 관해 전반적이면서도 특별한 것들을 많이 배울 수 있는 기회였음을 공개적으로 언급하고 싶다. 내가 헬싱키 대학교에서 박사과정을 밟던 시절 초기에, 즉 루터파였던 내 지도교수와 그의 학파가 루터의 신학에 관한 "새 해석"을 발전시키고 있었던 때에, 나는 "새 관점"과 방금 언급한 "새 해석"의 주제들 사이에 많은 유사성이 있음을 알고 적잖이 놀랐다. 불행히도 이 두 노선의 탐구과제를 조화시키는 작업이 아직도 거의 이루어지지 않았다. 풍성한 수확을 얻기 위해서는 훨씬 더 많은 관심이 필요하다.

이 기고문을 시작하는 던의 첫 문장인 "바울의 이신칭의에 관한 '새 관점'(new perspective)은 사실 '새로운' 것이 아니다"라는 언급은 내게는 다음 두 가지를 뜻한다. 무엇보다 먼저 그것은 바울 자신이 말하는 것을 뜻한다. 지금 "새 관점"이라고 불리는 것은 정말로 바울 자신의 견해만큼이나 오래되었다! 그 문장의 다른 의미는 바울에 관한 "새 관점"과 신약신학의 연구는 새로운 "새 관점들"(new "new perspectives")을 만들어내기에 충분할 정도로 이미 오랫동안 회자되었다는 것을 뜻한다. 사실 던이 언젠가 내가 가르치는 학교인 캘리포니아 패서디나에 위치한 풀러 신학교(Fuller Theological Seminary)의 초청을 받아 강의할 때, 던은 그 강의를 적절하게 "'새 관점'에 관한 새 관점"이라고 이름 붙였다.

던의 글에 대해 내가 대단히 감사하는 것들 가운데 하나는, 바울과 신약성서 신학에 대한 그의 접근 방식에 있어서—몇몇 다른 새 관점 옹호자들과는 다르게—그가 옛 지평의 대체를 원하지 않고 오히려 그것을 위해 보완적인 견해를 제공한다는 점이다. 칭의 교리를 해석하는 이 새로운 방식이 더 일관된 방식으로 칭의 교리를 해석할 뿐만 아니라 바울 신학과 노선을 같이하면서 이를 위해 "옛 관점"을 지지하는 사람들에게도 도움을 줄 수 있기를 희망한다.

또한 그의 기고문에서 내가 매우 긍정적으로 생각하는 것은, 던이 계속해서 더욱 균형 잡힌 견해를 추구할 뿐만 아니라 이 논쟁에서 훨씬 자기비판적인 모습을 추구한다는 점이다. 새 관점의 초기 단계에서 일부 옹호자들은 옛 관점, 특히 종교개혁에 기반을 둔 전통적인 교리가 틀렸음을 밝히는 것이 일종의 관례였고, 논증이라는 명목하에 두 지평의 급진적인 차이만을 일방적으로 강조했다. 던의 글에는 그렇게 간주할 만한 것이 하나도 없다. 이것이 칭의에 관한 성서, 역사, 조직, 에큐메니즘 연구에서 그의 글이 가치를 갖는 또 다른 이유다.

우리가 칭의 교리를 적절하게 이해하기 위해서는 던이 이름 붙인 네 가지 "측면"을 다시 고려해야 한다. 내가 그중 하나를 특별히 강조하자면 그것은 바울 신학의 선교 지향성이다. 로마서의(그리고 나머지 바울 신학 대부분의) 탄탄한 선교적 배경과 의도는 새 관점이 재발견한 중요한 측면이다. 비록 현대 신약학계에서 바울 서신을 "우발적"(occasional)이고, 따라서 공식적인 교리문집이라기보다는 오히려 "상황적"(contextual) 대응이라고 여기는 것이 다반사지만, 종종 그들은 칭의와 관련해서 이 기초적인 해석학적 통찰이 가진 의의를 제공하지 않았다. 바울 서신을 선교 지향적으로 읽는 것은 또한 세계적이면서도 문화 간 다양성(intercultural diversity)이라는 관점을 통해 구원론을 더 잘 이해하고 발전시키는 데 도움을 준다. 바울은 선교 사역을 세상의 다른 쪽까지 확장하려는 의도를 품고 있었다. 따라서 그가 로마서, 즉 프로테스탄트 칭의 이해의 대헌장 안에서까지 시도하려고 했던 것은 사도로서 그의 사역을 변호하는 것이었다. 바울은 부분적으로는 자신의 사도권을 변호하는 동시에 선교 여행에 필요한 지원을 확보하기 위해 자신의 구원의 복음에 대한 개요—그가 가진 구약성서를 기반으로—를 제시한다. "모든 믿는 자, 유대인과 헬라인을 위하여"(For All Who Believe, Jew and Greek)라고 이름 붙은 단락의 끝에 요약된 것처럼, 바울의 주요 서신을 이렇게 "상황적"으로 읽는 방식은 화해와 해방(liberation)이라는 주제를 칭의에 관한 토론으로 들어오게 하는 데 도움을 준다. 다른 프로테스탄트는 물론 많은 루터파들, 그리고 가장 중요하게 언급되어야 할 개혁파인 위르겐 몰트만(Jürgen Moltmann)은 칭의와 정의 사이의 필수적 관련성을 발견하는 것의 중요성, 혹은 하나님과 관련된 인류의 칭의와 화해뿐만 아니라(바울 신학 안에 있듯이) 사람들 사이의 화해도 중요함을 수년 동안 계속 언급했다.

내가 헬싱키에서 학문적 경력이 아직 일천하던 시절에, 성서신학적 접근으로서의 "새 관점"과 루터 자신의 칭의 신학에 대한 "새 해석"이 상당부분에서 유사하다고 결론 내린 것과 관련하여, 나는 던의 발제에 기초해서 가장 눈에 띄는 주제 중 두 개를 강조하고 싶다. 첫째, 나는 제2성전기 유대교 안에 있는 "구원하는 의"(saving righteousness)라는 개념을 유대교의 중심 개념으로 받아들이게 한 획기적인 방향전환을 언급하려 한다. 던은 이러한 발상이 루터 자신에게도 매우 중심적이어서 종교개혁의 모든 결과물이 이 발견에서 나왔다고 적절하게 언급한다. 만약 후대를 위한 종교개혁의 칭의 교리의 지속적인 타당성에 대한 평가가 가장 중요한 논의가 아니라면, 던의 발상이야말로 참으로 중요한 논의의 하나일 것이다. 비록 신약에서 구원 은유의 다양성이 종교개혁 이후의 전통에서 중요한 역할을 담당한 칭의의 법적이며 법정적인 이미지를 부인하는 것을 금하지만, 칭의의 더 넓고 포괄적이며, 어쩌면 훨씬 더 적절한 체계를 인식하는 것은 가장 중요하다고 할 것이다. 루터파의 신앙고백적인 글뿐만 아니라 종교개혁 이후의 프로테스탄트 전통에서 법정적·전가적 해석학이 지배했다는 사실은 신실함, 사랑, 그리고 관계성을 언급하는 언약 체계의 일부인 "구원하는 의"가 지닌 의미를 전체적으로 희석시켰다. 루터파 조직신학자인 볼프하르트 판넨베르크(Wolfhart Pannenberg)는 중세 후기와 종교개혁 시대의 참회 정신, 율법의 법정적 이해, 유사한 문화적 측면의 영향을 제대로 언급했는데, 이것들이 구원하는 칭의에 대한 견해가 소외되는 데 일조하였다. 이 부분에서 "성서로 돌아가자"는 문구는 교의신학 및 조직신학에서 필요로 하는 자기비판에 기여했다.

둘째, 폭넓게 논의되고 때로는 오해되는 "믿음"과 "행위" 사이의 조화가 존재한다. "율법의 행위"의 의미에 관한 던의 사려 깊고 꼼꼼한 글은 전통에 대한 많은 오해를 해결하는 데 도움을 줄 뿐 아니라 더 섬세한 견해를 제안한다. 이 논제들에 대한 세부사항을 여기서 구체적으로 발전시킬 수는 없으므로, 해당 주제들을 간단히 언급하는 것만으로 충분하다고 생각한다. 그러므로 추가적인 대화에 대해서는 내 동료들에게 맡기고 싶다. 바울의 문구인 "율법의 행위"가 지닌 주요 의미(이방인에게 유대인이 되도록, 즉 의롭다 여김을 받기 위해서 유대인의 관습과 "표지"를 따르라고 요구하려는 욕구)에 관해 던이 말한 내용을 인정하지만—나는 이것이 기본적으로 옳은 견해라고 믿는다—그것이 반드시 기독교 전통 안에서 후대에 일어난 재해석들이 모두 잘못되었다는 의미일 필요는 없다. 달리 말하면 자기-칭의(self-justification, 혹은 "행위-의"[works-righteousness])라는 측면에서 "율법의 행위"에 대한 해석은 종교개혁 시대에 가톨릭-프로테스탄트 간 논쟁에서 그 정점에 달했으며, 그 해석이야말로 바울이 본래 의도한 의미로서의 타당한 "상황화"(contextualization)일 수도 있다. 이 상황화가 지속되는 동안에 우리는 이것이 원래의 의미가 아닐 수도 있으며, 심지어 그것이 기본적으로 타당하다 할지라도 원래 의도와는 반대로 상대화되고 "시험"을 받아야 한다는 사실을 명심해야 한다. 대부분의 선교사들은 기독교가 유대교와 단절한 이후 수 세기 동안에 유대인과 접촉하기보다는 다른 이방인과 접촉했다. 이런 상황에서, 바울의 본래 의미보다는 믿음에 기반을 둔, 또는 하나님이 이끄시는 칭의를 설파하는 바울과 유사한 방식이 실질적으로 더 부각되었다. 내 논리가 받아들여진다면, 이는 또한 현존하는 다른 신앙 가운데 있는 사람들—죄책에 기반한 문화보다는 오히려 수치에 기반을 둔 문화권에서 살고 있는 불교도와 힌두교도들—과 관련하여 칭의 메시지를 더 창조적으로 상황화할 수 있도록 촉진할 수도 있을 것이다. 그런 상황에서 "율법의 행위"는 뭔가 다른 것을 의미할지도 모른다.

던은 현재 활발히 논의되고 있는 "그리스도를 믿음/그리스도의 믿음(신실함)"에 대한 재해석을 다시 끄집어내어 동정적이면서도 균형 잡힌 비판을 수행하고 있는데, 나는 내 책에서 그의 견해를 우호적으로 언급했었다. 믿음을 하나님에 대한 인간의 전적인 굴복(신뢰와 동의)의 문제보다는 오히려 그리스도의 행위의 문제로 만드는 해석에 대한 던의 다소간 세밀하지 못한 동의에 대해서는 나의 다른 책을 통해 우려를 표명했다. 또한 나는 그리스도인 존재의 "열광적"(ecstatic) 본질을 뜻하는, 신뢰로서의 믿음이라는 개념―루터파 신학자인 판넨베르크가 선호하는 용어―이 루터에게 중요했다는 것을 종종 상기한다. 그리스도인 개인의 신뢰를 온전히 그리스도에게 둠으로써, 그리스도인은 그리스도 안에서 자신의 바깥에 위치하게 된다.

던의 기고문에서 다루어진 논제 중에서 칭의 신학을 구성하는 데 있어 조직적이고 건설적인 연구에 중요한 것들을 제외한 다른 논의들은 종교개혁 시대의 복음과 율법의 관계성이 지닌 더 미묘하면서도 덜 적대적인 해석을 포함한다. 내 글에서 다루겠지만, 특별히 판넨베르크는―그 중에서도 새 관점 내 다수의 저자들과 능동적인 대화를 통해―이 형성의 (formative) 문제를 재정의하기 위해 선구자적인 연구를 수행했다.

논평

로마 가톨릭

제럴드 오콜린스

던은 믿음으로 의롭게 됨에 관한 "새 관점"을 설명하기 위해서, 바울에 관한 새 관점에 대해 자신이 이해한 모든 것을 우리가 더 명확하게 이해하도록 도와준다. 예를 들면 새 관점은 "'옛 관점'의 모든 요소를 대체한다"고 가장하지 않는다. 그러나 믿음으로 의화됨이나 혹은 여타 주요 주제를 다룰 때, 새 관점은 바울 신학의 전체 요소와 사도의 사상을 형성한 것과 관련된 모든 요인을 다루어야 할 필요성을 바르게 역설한다.

이것은 특별히 바울의 독특한 유대적 사고방식에 주의를 기울이면서, 자신이 과거에 지지하고 성취했던 유대교에 적대적이 되었다는 것을 지나치게 남발하는 주장을 거부해야 함을 수반한다. 이 부분에서 던의 경고는 참으로 시의적절하다고 할 수 있다. 유대적인 유산과 결별하고, 반유대주의자(anti-Semitic)가 되어 유대인 예수의 모습을 경시하는 역할을 담당한 바울의 모습을 제시한(로마서의 양상을 무시한 채) 책이 2008년 한 유명 출판사에서 출간되었음을 우리는 기억해야 한다.[1]

던이 주장하듯이, 바울은 구체적으로 유대인의 방식으로—아브라함과

1_ Barrie Wilson, *How Jesus Became Christian* (London: Weidenfeld & Nicholson, 2008); 이에 대해 *The Tablet*, May 3, 2008, p. 22에 있는 내 논평을 보라.

언약을 맺고 그 이후 "신적인 은혜의 행동을 더해서" 그의 백성을 이집트의 노예생활에서 구속하고 그들을 약속의 땅으로 인도한 하나님의 은혜로운 주도하심을 기반으로—의를 이해했다. 바울은 원래 아브라함과 사라와 맺은 언약과 "신적 주도성과 인간의 반응 사이에서 이스라엘 종교(그리고 유대교) 안에 내포된 관계성"을 결코 망각하지 않았다. 신명기에 분명하게 잘 드러나는 "언약적 신율주의"가 지닌 이중적 특징은 "이스라엘과 맺은 언약"에 부과된 의무를 성취하시는 하나님의 의라는 바울의 독특한 유대적 해석의 배경을 형성했다(여기서 신적인 의가 **또한** 창조적이라는 버드의 언급을 덧붙일 수도 있다. 버드에 따르면 "그 안에서 하나님은 모든 만물을 다스리는 그의 의를 굳건히 세우기를 의도하고, 최후에는 자신을 위해서 세상을 다시 소유한다").

던이 쿰란 공동체 규칙에서 인용한 송영은 "하나님의 은혜, 자비와 의"가 "유일한 소망의 근거"가 될 것이라고 선언하면서, 바울의 복음과 특별히 하나님의 의에 대한 바울의 관념이 어떻게 그가 물려받은 유대교의 "우선 사항과 강조"에 뿌리를 두고 있는지 잘 보여준다.

던은 바울과 다른 첫 (유대인) 그리스도인들이 이방인에게 복음을 전할 때 그들이 내딛었던 발걸음이 얼마나 "놀라웠는지" 설명한다. 이 선교운동은 "유대교 내에서 들어보지 못한" 중요한 어떤 것이며, "선교사다운 정신이 아닌" 것이었다.

의심할 나위 없이, 하나님은 이방인에게 성령을 부어주심으로 **보편적인** 신의 자비를 드러냈다. 그러나 히브리 성서 자체에서 이 자비를 드러내는 놀라운 증언들이 이미 발견된다. 예를 들면 제1이사야서 같은 본문이다. 이 본문은 열방에 대한 신탁을 제시하는 본문 사이에 위치하여, 다수의 구절들이 야웨(YHWH)와 이집트, 그리고 야웨와 아시리아 사이에 앞으로 다가올 관계를 예언한다. 그 선지자는 "그날에 애굽 땅 중앙에는 여호와를 위하여 제단이 있겠고 그 변경에는 여호와를 위하여 기둥이 있을 것"이라고 선언한다(사 19:19). 애굽 사람들은 이스라엘이 체험했던 것과 같이 하나님의 능력으로 말미암아 압제에서 구원을 체험할 것이다. 그들은 예루살렘에 가지 않고도, "여호와께서 자기를 애굽에 알게 하시리니, 그날에 애굽이 여호와를 알고 제물과 예물을 그에게 드리고 경배할 것이요 여호와께 서원하고 그대로 행하리라"(사 19:21). 그때에 "애굽 사람이 앗수르 사람과 함께 경배하리라!" 그리고 이스라엘은 열방의 복이 될 것이다. "이스라엘이 애굽 및 앗수르와 더불어 셋이 세계 중에 복이 되리니, 이는 만군의 여호와께서 복을 주어 가라사대 '내 백성 애굽이여, 내 손으로 지은 앗수르여, 나의 기업 이스라엘이여 복이 있을 지어다' 하실 것임이라"(사 19:23-25).

이 마지막 세 구절은 신의 보편적인 자비라는 주목할 만한 진술을 형성한다. 이 구절들은 이집트와 아시리아를(두 나라는 이스라엘을 무자비하게 압제하기 때문에 이사야 및 다른 성서 본문에서 비난을 받는다) "나의 백성", "나의 손으로 지은 작품"이라고 부르면서 이스라엘과 동격으로 간주한다. 그런 표현은 다른 본문에서는 이스라엘에게만 지정된 것이었다(예. 사 60:21; 64:8). 그러나 이 본문에서 이집트와 아시리아가 이스라엘에 합류하거나 동화되는 것은 의심의 여지가 없다. 이사야 19장의 마지막 구절은 이집트와 아시리아에 대한 논쟁 안에서 수정되어 삽입된 절로 보인다. 이처럼 "다른 이들"의 미래에 대한 긍정적인 견해는 아브라함과 그의 백성 안에서 "땅의 모든 족속이 복을 얻을 것"(창 12:3)이라고 말씀하신 하나님의 약속이 갖는 보편성을 상기시킨다.[2]

던은 버드와 마찬가지로 "칭의 교리의 사회적 국면"을 강조한다. 그러

2_ 히브리 성서가 증언하는 보편적인 하나님의 자비에 관해서 G. O'Collins, *Salvation for All: God's Other Peoples* (Oxford: Oxford University Press, 2008), pp. 1-78을 보라.

나 던은 버드의 주장보다 훨씬 더 강한 어조로, 믿음으로 의화됨 교리가 "유대인과 이방인을 함께 두려는" 바울의 "관심"에서 비롯되었다고 주장한다. 이런 이유로 바울은 "경계표지" 혹은 이방인으로부터 유대인을 분리하는 담인 "율법의 행위…"(예수 그리스도를 믿음에 더해져야 할 요건으로서)를 거부했다. 그는 "내부에" 있는 사람과 "외부에" 있는 사람을 규정했던, "분리에 대한 율법의 요구"를 받아들이지 않는 것 같다.

"그리스도의 신앙"(혹은 그와 동등한 어구)이 주격 소유격으로 이해될 가능성과 관련해서, 던은 이 논제가 바울에 대한 "새 관점"의 접근방식과 칭의와 관련된 질문의 "필수적 요소"가 아니라고 주장한다. 그러나 그는 리처드 헤이스(Richard Hays)와 다른 이들이 변호하는 주격 소유격 해석에 반대하는 (주해적) 설명을 제시한다. 서로를 구분하는 미묘한 차이는 존재하지만, 다수의 주석가들은 그리스도의 신실함이라는 어구가 하나님에 대한 예수의 신실한 순종, 그리스도에 대한 우리의 참여, 하나님에 대한 예수의 신실함과 신적인 목적들을 지시하는 것(즉 주격 소유격 해석)으로 이해하는 추세다.

내 글의 앞부분에서 설명한 것처럼, 나도 처음에는 던에게 동의했지만 후에는 헤이스와 다른 이들의 입장으로 선회했다. 그러나 던이 헤이스와 다른 이들에 반대하면서 제시하는 두 개의 논점은 내 견해의 변화를 포기하게 할 정도로 나를 설득시키지 못했다. 첫째, 의심할 여지없이 바울은 아브라함이 믿었고, 따라서 신앙으로(ek pisteōs) 의롭게 된 것에 준하여 신앙을 언급한다. 그러나 내게는, 피스티스 크리스투를 "그리스도의 신앙"(혹은 그와 동등한 구문)으로 구체화할 때야말로 참으로 던이 요구하는 것―즉 바울이 몇몇 본문에서 그리스도 자신의 신앙/신실함을 언급하고 있다는 것이 "명백히 드러난다는 사실"―을 본문이 제시하는 것처럼 보인다. 그러한 구체화는 언급하는 대상이 그리스도의 신앙에 대한 것일 뿐,

아브라함의 신앙에 대한 것이 아님을 나타낸다. 둘째, 던은 "만약 바울이 그리스도인으로서의 그의 삶을 "하나님 아들의 신실함으로"(갈 2:20) 사는 삶으로 특징지었다면 그가 뜻한 내용이 무엇인지 훨씬 모호했을 것이다"라고 주장한다. 여기서 (빌 2:8을 언급할 필요도 없이) 로마서 5:12-21은 답을 제공할 수 없다. 그리스도의 신실함으로 사는 것은 그의 순종에 참여하는 것이다. 던은 예수가 행했던 것에 의존하는 신자들에 대해 쓰고 있다. 이런 상황에서 나는 신자들이 예수 자신의 순종하는 신앙/신실함 안에서, 그 신앙/신실함을 통해 그가 행한 일에 의존한다고 제안하고 싶다.

또한 나는 바울이 행위가 아닌 오직 신앙으로 의롭다 칭함 받는 것과, 행위에 따른 심판이 있을 것을 동시에 가르치는 것을 어떻게 조화시킬 수 있느냐는 문제를 던이 피하지 않고 대면하고 있다는 사실이 기뻤다. 버드는 이 점에 대해서, 바울은 신자들이 먼저 의롭게 되는 것에 대해 언급할 때에는 신앙을 "통해"(dia) 그리고 신앙 "으로/으로부터"(ek)를 사용하는 반면에, "마지막 심판에서 율법의 역할에 대해" 말하려 할 때에는 "따라서"(kata)를 사용한다는 것을 독자들에게 유용하게 상기시켜준다. 또한 던은, "자신을 통해서 개종한 자들이 선한 행위를 낳고 사랑을 통해 신앙의 삶을 살기 원하는 바울"의 모습을 보여주는 핵심 본문들을 인용한다. 던에게는 이 모든 것이 충만한/마지막 구원이 "어느 정도 신실함을 조건으로 한다"는 점을 의미한다.

마지막으로 던은 "그리스도 안에" 있다는 사실과 "칭의의 이미지"가 "구원의 과정을 개념화하는 두 가지 방식"이라고 기꺼이 언급한다. 그러나 버드와 내가 지적한 것처럼, 구원을 개념화하는 바울의 또 다른 방식은 화해의 언어를 통해서도 충분히 가능하다.

6장

▶ 신성화

벨리-마티 카르카넨

서론: 칭의의 새 해석을 향하여

최근까지도 루터파와 동방 정교회의 구원 교리가 매우 다르다는 견해가 지배적이었다. 그러나 칭의에 대한 양 진영의 대화를 통하여 구원의 중요한 두 가지 측면(즉 칭의와 신성화[deification, 혹은 *theosis*])이 신약성서의 강력한 기반을 갖고 있을 뿐만 아니라 상당한 일치를 보인다는 것이 명백해졌다.[1]

일찍이 1977년에 핀란드 루터파와 러시아 정교회는 대화를 통해 "칭의와 신성화로서의 구원"(Salvation as Justification and Deification)이라는 제목을 가진 고도의 영향력 있는 구원론 문서를 작성했다. 위의 인용문은 그 문서에 등장하는데, 이 문서는 두 서방 전통인 로마 가톨릭과 루터파의 갈등은 물론 오랜 세월 동안에 걸쳐 지속된 서방과 동방 기독교 간의 교착 상태를 극복하기 위한 시도로서, 루터 자신의 구원론과 루터파의

1_ Hannu Kamppuri, ed., *Dialogue Between Neighbors: The Theological Conversations Between the Evangelical-Lutheran Church of Finland and the Russian Orthodox Church, 1970-1986* (Helsinki: Luther-Agricola Society, 1986), p. 73에서 인용했다.

칭의 교리와 관련하여 새롭게 나타난 해석을 잘 보여준다. 교과서에 나올 법한 전형적인 말로 하면, 로마 가톨릭과 루터파를 구분 짓는 주요 문제는 이신칭의 교리를 서로 다르게 해석하는 것이었다. 서방과 동방 교회는 구원을 각각 칭의와 신성화(theosis)의 관점으로 이해한다는 측면에서 화해할 수 없는 관계의 단절이 지속되었다. 역사적으로 동방과 서방의 전통은 상대를 완전히 반대되는 것으로 간주하였다.[2] 첫 번째 갈등과 관련해서, 루터파에게 칭의는 법정적 행위로서 하나님이 죄인을 의롭다고 선언하는 것이었지만, 가톨릭은 칭의가 사람을 의롭게 만드는 것이라고 주장했다. 후자의 갈등에 대해 말하자면, 루터파 전통에서 동방 정교회의 신성화라는 개념은 여러 가지 이유로 인해 거의 신성모독적인 것으로 받아들여졌는데, 그 이유는 첫째, 신성화는 하나님의 영광을 후려치는 것이었고, 둘째, 이는 신인협력(human-divine synergy)이라는 매우 문제가 되는 관점을 강요하며, 셋째, 그것은 자유의지라는 발상을 옹호하는 것으로 간주되기 때문이었다. 만약 이 저주받을 만한 것들이 사실이라면, 이것들은 구원에 대한 루터파와 동방 정교회의 이해 사이에 극복할 수 없는 장애물을 세우는 것처럼 보인다. 전통적으로 로마 가톨릭은 신성화 개념을 쉽게 받아들였는데, 그것은 구원에 대한 로마 가톨릭의 개념이 단순히 하나님

2_ 예. Georg Kretschmar, "Die Rezeption der orthodoxen Vergöttlichungslehre in der protestantischen Theologie," In *Luther und Theosis: Vergöttlichung als Thema der abendländischen Theologie*, ed. Simo Peura and Antti Raunio, Schriften der Luther-Agricola-Gesellschaft 25 (Helsinki and Erlangen: Martin-Luther Verlag, 1990), pp. 61-80을 보라. 동방 정교회와 루터파 전통이 서로를 더 잘 이해하려고 한 것은 최근의 일이지만, 두 교회 간 역사적으로 매우 이른 시기에 접촉이 있었음을 잊지 말아야 한다. 양자 간 관계는 16세기인 1573과 1581년, 콘스탄티노플의 총대주교인 예레미야스 II세(Jeremiah II)와 튀빙겐의 신학자들 사이에 오고 간 서신에까지 거슬러 올라간다. 이에 대한 표준 저서로는 D. Wendebourg, *Reformation und Oikonomia: Der ökumenische Briefwechsel zwischen der Leitung der Württembergischen Kirche und Patriarch Jeremias II. Von Konstantinopel in den Jahren 1573-1581* (Göttingen: Vandenhoeck & Ruprecht, 1986)을 보라.

이 보시기에 의롭다고 선언받는 것이 아니라 실제로 의롭게 만든다는 관념을 포함했기 때문이었다. 더욱이 로마 가톨릭 전통은 선한 행위가 구원의 필수 부분이라는 언급을 전혀 피하지 않았다. 그러나 신성화는 이러한 로마 가톨릭에서조차 제한적으로 사용되었다.[3]

최근 새로운 지평이 에큐메니컬 루터 연구에 등장했다. 헬싱키 대학교의 소위 만네르마(Mannermaa) 학파에 의해 발전된 루터 신학의 새 해석(The New Interpretation)은, 이를테면 지배적인 독일 구학파(German Old School)의 접근방식에 도전했다.[4] 1970년대 초에 헬싱키 대학교 에큐메니즘 분과의 명예 교수인 투오모 만네르마(Tuomo Mannermaa)의 지도 아래, 만네르마 학파는 루터의 신학에 대한 대안적 읽기를 제공했다.[5] 루터 신

3_ 그렇지만 나는 가톨릭 신학자의 논평, "로마 가톨릭 교회가 하나님의 은혜를 통해 인간이 신성화된다고 가르쳤다"는 주장은 과도한 진술이라고 생각한다. Miguel Garijo-Guembe, "Schwesterkirchen im Dialog," *Catholica* (1994): 285. 로마 가톨릭이 신성화 개념을 전용하는 중요한 예로는 Hans Urs von Balthasar, *Theologik*, vol. 3: *Der Geist der Wahrheit* (Basel: Johannes Verlag, 1987), 특별히 pp. 169-71을 보라.

4_ 국제적으로 보자면, 독일 루터파 신학계는 핀란드 학파의 해석에 대해 적대적이거나 기껏해야 무시하는 태도로 일관했다. 이런 태도는 독일의 주요 신학자인 Bernhard Lohsé(*Martin Luther's Theology: Its Historical and Systematic Development* [Minneapolis: Fortress, 1999], p. 221)의 최근 주요 저작에서 제대로 드러나는데, 그는 사실상 만네르마 학파의 통찰을 모두 부정한다. 독일과 대조적으로, 일반적으로 미국의 루터파 학계는 새 해석의 진가를 인정하는데, 특히 Ted Peters, Robert W. Jenson, Carl Braaten 같은 다수의 미국 루터파 학자는 능동적으로 이 대화에 참여한다. 미국의 보수 루터파 중 하나인 미주리 대회(Missouri Synod)만이 (가톨릭-루터파의 "공동 선언"뿐만 아니라) 만네르마 학파에 관해 유보적이다. Robert Kolb와 Charles P. Arand는 그들의 저서 *The Genius of Luther's Theology: A Wittenberg Way of Thinking for the Contemporary Church* (Grand Rapids: Baker Academic, 2008), p. 48에서, 신성화 견해에 반대하면서 "오지안더주의"(Osianderism)라는 턱없는 비난의 화살을 날린다. 오지안더에 대한 주의 깊은 연구로는 Simo Peura, "Gott und Mensch in der Unio: Die Unterschiede im Rechtfertigungsverständnis bei Osiander und Luther," in *Unio: Gott und Mensch in der nachreformatorischen Theologie*, ed. Matti Repo and Rainer Vinke [Helsinki: Luther-Agricola-Gesellschaft 35, 1996], pp. 33-61을 보라.

5_ 만네르마 학파의 책은 주로 독일어로 되어 있다(스칸디나비아 언어로도 출간되었다). 1998년에 비로소 첫 영문 논문이 출간되었는데, 이는 두 명의 주도적인 미국 루터파 전문가들이 편집한

학을 새롭게 읽는 이 학풍은 루터파와 동방 정교회,[6] 더 정확히 말하면 러시아 정교회와 핀란드 루터 교회 간의 대화라는 결과를 낳았다는 점이 중요하다. 이 새로운 지평은 칭의에 대해 장구하게 이어진 로마 가톨릭과 루터파 간 대화에도 영향을 미쳤다.

새 해석의 기본적인 논지와 주장들을 다음과 같이 요약할 수 있다.

1. 루터가 구원을 이해한 방식은 칭의 교리의 용어들뿐만 아니라 (때때로) 신성화에 관한 용어들로도 표현될 수 있다. 따라서 동방 정교회와 루터파가 구원론을 접근하는 방식에 차이가 존재하지만, 자유의지와 타락의 영향에 관한 이해와 같은 질문을 다루는 루터 자신의 신학이 신성화라는 고대 동방 정교회의 개념과 다르다고 간주할 수는 없다.

2. 루터에게 칭의의 주된 개념은 믿음 안에서 그리스도의 현존(in ipsa fide Christus adest)이다. 루터에게 칭의는 성령을 통해 신자의 마음에 그리스도가 내주하심을 통해서 신자가 하나님에게 "실재적·본체적"(real-ontic, 다소 논쟁의 여지가 있는 용어로, 나중에 논의될 것이다)으로 참여함을 의미한다.

핀란드 루터파의 논문 모음집으로서 처음 영어권에 제공된 것이었다. 그 제목은 *Union with Christ: The New Finnish Interpretation of Luther*, ed. Carl E. Braaten and Robert W. Jenson (Grand Rapids: Eerdmans, 1998). *Christ Present in Faith: Luther's View of Justification*, ed. Kirsi Stjerna (Minneapolis: Augsburg Fortress, 2005; 원판은 1979년에 출간됨)와 같이, 단지 최근에 이르러서야 만네르마의 독창적인 연구가 영어로 번역 출판되었다. 만네르마 학파의 방법론적 성향과 주요 결과에 대한 간략한 소개는 만네르마의 기고문인 "Why Is Luther So Fascinating? Modern Finnish Luther Research," in Braaten and Jenson, *Union with Christ*, pp. 1-20에서 볼 수 있다.

6_ 루터파와 동방 정교회의 에큐메니컬 대화에 관한 세심한 연구는 Risto Saarinen, *Faith and Holiness: Lutheran-Orthodox Dialogue 1959-1994* (Göttingen: Vanderhoeck & Ruprecht, 1997)에 소개되어 있다.

3. 루터파의 신앙고백 신학과는 대조적으로, 루터는 법정적(forensic)이고 유효한(effective) 칭의를 구분하지 않고 오히려 칭의가 이 둘을 포함한다고 주장한다.[7] 다른 말로 하면, 가톨릭 신학과의 연장선상에서 칭의는 의롭다 선언함(declaring)과 의롭게 만듦(making)을 포함한다.

4. 따라서 칭의는 성화(sanctification)뿐만 아니라 선한 행위를 포함하는데, 이는 믿음 안에서 그리스도의 현존이 그리스도인을 그 이웃에게 한 명의 "그리스도"(christ)로 만들기 때문이다.

이 기고문의 목적은 칭의로서의 구원이라는 프로테스탄트적 개념과 신성화로서의 구원이라는 동방 정교회의 개념 사이에서 나타나는 수렴이 갖는 에큐메니컬·조직신학적 가능성을 고려하고, 프로테스탄트와 로마 가톨릭의 견해 사이의 관계 회복을 추구하는 것이다. 내 글의 목적은 새 해석이 지닌 우월성을 확신시키는 것이 아니다. 서방과 동방 기독교가(심지어는 서방 교회들인 프로테스탄트와 가톨릭 사이도) 구원에 대한 그들의 이해 안에 존재하는 장구한 기간 동안의 교리적·문화적 차이를 쉽게 넘을 수 있다는 순진한 믿음을 갖고 있는 것도 아니다. 도리어 묻고 배우고자 하는 정신으로, 나는 내 동료들에게 고려 중인 논제의 복잡성은 물론 고대의 질문들을 새롭게 보는 방식에 대한 열린 마음을 유지할 필요성을 상기시켜주고 싶다.

7_ 만네르마 학파에서 "루터의 신학"(루터 자신의 신학을 의미함)과 "루터파의 신학"(필립 멜란히톤의 지도력에 의해 초안이 작성된 그 이후의 루터파 교회의 신앙고백 신학)을 구별하는 것은 필수적이다. 핀란드 학자들은 주로 독일 학계에서 주도적으로 행해진 옛 루터 연구의 약점 가운데 하나가 이 중대한 구별을 무시한 것이라고 주장한다. 사실 루터에 관한 새 해석의 주요 주제 가운데 하나는 마르틴 루터 자신의 핵심 주제들을 파헤치는 것이지, 그의 후기 해석자들의 영향 아래 루터를 성급하게 읽거나 혹은 그 반대를 행하는 것이 아니다.

첫째, 나는 신성화라는 용어로 칭의를 이해하려는 몇몇 루터파 신학자들의 시도에 대해 토론하고자 한다. 둘째, 나는 이 새로운 이해를 칭의에 관한 가톨릭-루터파의 합의와 관련지음으로써 새 해석이 지닌 함의를 강조하고자 한다. 셋째, 이를 통해 칭의에 관한 이해의 근거와 자료들을 살핌으로써 이 에큐메니컬적 수렴을 폭넓은 신학적 관점 안에 확고히 두는 것을 추구한다. 이 글의 마지막 부분은 지속적인 대화를 모색하고 개념들을 교환하는 수단이 되는 몇 가지 질문과 도전을 제기함으로써 루터에 관한 새 해석을 통해 칭의 토론에 참여하는 것이다.[8]

하나님께 참여함 및 신성화로서의 칭의

만네르마 학파는 루터의 칭의 견해가 복음주의 루터교회의 신앙고백서 (the Confessional Books of the Evangelical Lutheran Churches)에 자세히 설

8_ 이 토론의 다양한 측면은 Veli-Matti Kärkkäinen, *One with God: Salvation as Deification and Justification*, Unitas Books (Collegeville, Minn.: Liturgical Press, 2004)을 보라. 이 책은 만네르마 학파의 새 해석이 지닌 다양한 측면에 대한 상세한 토론과 관련문헌을 포함하고 있다. 그 주제들의 다양한 측면을 다룬 나의 다른 기고문은 "Justification as Forgiveness of Sins and Making Righteous: The Ecumenical Promise of a New Interpretation of Luther," *One in Christ* 37, no. 2 (April 2002): 32-45; "The Ecumenical Potential of Theosis: Emerging Convergences Between Eastern Orthodox, Protestant, and Pentecostal Soteriology," *Sobornost/Eastern Churches Review* 23, no. 2 (2002): 45-77; "The Holy Spirit and Justification: The Ecumenical Significance of Luther's Doctrine of Justification," *Pneuma: The Journal of the Society for Pentecostal Studies* 24, no. 1 (2002): 26-39; "Salvation as Justification and Deification: The Ecumenical Potential of a New Perspective on Luther," in *Theology Between West and East: Honoring the Radical Legacy of Professor Dr. Jan M. Lochman*, ed. Frank Macchia and Paul Chung (Lanham, Md.: University Press of America, 2002), pp. 59-76을 보라.

명된 루터파의 공식 교리와 상당히 다르다고 주장했다.[9] 그 신앙고백문의 내용과는 대조적으로,[10] 루터에게서 칭의의 주된 개념은 믿음으로 그리스도가 현존함(in ipsa fide Christus adest)이다. 결국 만네르마 학파는 칭의와 성화의 구분이 루터의 사상과는 이질적인 것이라고 간주하여 이러한 구분을 거부한다.

칭의는 적어도 상호 연관된 세 가지 방식인 하나님에게 참여함, 성령을 통해 신자 안에 그리스도가 현존함, 혹은 신성화로 묘사될 수 있다. 루터 역시 종종 "하나님과의 연합", 즉 페리코레시스(perichoresis) ─ 유명한 동방 교회 용어 ─ 라는 이미지 및 다른 용어들을 사용한다. 신자 안에 그리스도가 실제로 현존한다는 사상은 루터 구원론의 중심 주제다. 다른 말로 하면, 루터는 믿음을 통해 그리스도가 성령으로 신자 안에 내주하는 것과 같이 칭의를 그리스도와 신자의 연합으로 간주했다. 사실 그리스도는 "우리와 함께하는 자"이며,[11] "그리스도는 믿음을 통해 우리 안에 살고 있다"고 루터는 말한다.[12] 예를 들면 우리는 루터의 전형적인 진술을 1535년에 출간된 『갈라디아서』(Letters on Galatians)에서 발견할 수 있다. 루터는 "참된 믿음"을 언급하면서, "그것은 그리스도가 신앙의 목적이라는 방식으로, 혹은 목적이 아니라면 믿음 자체에 현존하는 자(One)라는 방식으로 그리스도를 붙잡는 것이다.…따라서 믿음이 현존하는 그리스도라는

9_ 앞에서 언급했듯이, "루터파"(Lutheran)라는 용어에는 두 가지 의미가 있다. 그것은 (1) 루터 자신의 저작으로부터 표현된 마르틴 루터의 신학이나, (2) 루터파의 신앙고백적인 신학/신학들 및 그 이후 루터파의 교리문구들을 의미한다. 이 글을 통해서 나는 이 둘을 반드시 서로 구별해야 한다는 것을 보일 것이다.

10_ 물론 나는 심지어 루터파의 신앙고백문에서도 칭의가 때때로 삶의 변화로─혹은 적어도 그런 의미가 거기에 존재한다는 것으로─언급된다는 것을 알고 있다. 그러나 대부분의 경우, 그들은 로마 가톨릭의 견해와 대조적으로 구별되는 법정적 해석을 주장한다.

11_ HDT 26; LW 31:56

12_ HDT 27; LW 31:56

이 보물을 붙잡기 때문에 믿음이 의롭게 한다"라고 말한다.[13] 다른 말로
하면, 그리스도가 그의 인격(person)과 사역(work)을 통해 믿음 안에 현존
하고, 이 현존을 통해 그리스도는 믿음의 의와 동일하다. 루터에 대한 새
해석을 옹호하는 사람들은 루터의 칭의 교리는 법정적 용어가 아니라 주
로 "실재적·본체적"(real-ontic) 방식으로 신자의 마음에 내주하는 그리스
도에 관한 것이라고 주장한다.[14]

루터의 칭의 개념은 루터가 동의했던 고대 교부들의 교리를 따라서
신성화라고도 부를 수 있다. 그렇다면 칭의와 신성화는 그리스도 안에서
신자의 "참여"를 뜻하는데, 그리스도가 하나님이기 때문에 그것은 또한
하나님 자신에게 참여하는 것이다. 이 참여는 하나님에 대한 사랑의 결과
로서,[15] 인간은 스스로의 사랑을 기초로 하나님에게 참여할 수 없고, 그 대

13_ WA 40, 228-29; LW 26:129-30. Ted Peters("The Heart of the Reformation Faith," *Dialog: A
Journal of Theology* 44, no. 1 [Spring 2005]: 6-14)는 믿음의 세 모형, 즉 신앙으로서의 믿음,
신뢰로서의 믿음, 그리스도의 실제 현존으로서의 믿음에 관한 유용한 비교를 제공한다. 특히
세 번째 모형에 대해 토론하면서(pp. 10-12), 그는 루터가 그리스도의 현존을 칭의의 핵심으로
이해했다고 강조하는 핀란드 학파의 새 해석을 논의의 대상으로 삼는다(Peters 또한 LW 26:120-
30을 인용한다).

14_ 다소 모호하고 논쟁의 소지가 있는 "실재적·본체적"(real-ontic)이라는 용어는 만네르마 학파가
신 프로테스탄트(neo-Protestant), 신 칸트주의(neo-Kantian)와 논쟁을 위해 사용하는 용어다.
하나님의 "본질"(essence)과 "효력"(effects)을 구별하는 신 칸트주의에 따르면 우리는 하나님에
관해 알 수 있는 어떠한 수단도 없다. 단지 삶에서 하나님의 효력만을 알 수 있을 따름이다. 이 옛
지평은 루터가 "정수"(essence)라는 용어를 통해 구 스콜라주의의 형이상학을 넘어서서 지식에
대해 보다 관계적 관점으로 나아갔다고 주장했다. 비슷하게, 만네르마 학파는 "실재" 현존을
선호해서 신자 안에 하나님의 현존을 실존적으로(existentially) 편향하는 개념을 거부한다. Risto
Saarinen, *Gottes Wirken auf uns: Die Transzendentale Deutung des Gegenwart-Christi-
Motivs in der Lutherforschung* (Stuttgart: Franz Steiner, 1989)이 이에 대한 방법론적 기반을
제공한다.

15_ 만네르마 학파에게 루터 신학의 구조적 원리는 으레 가정하듯 칭의가 아니라 오히려 십자가
신학과 사랑의 신학 사이의 창조적인 병치(juxtaposition)였다. 이는 1518년 하이델베르크
논쟁(Heidelberg Disputation)에서 그 절정에 이르렀는데, 이 논쟁의 마지막 논문은(#28)
하나님의 사랑과 인간의 사랑을 대조한다. 추가로 V.-M. Kärkkäinen, "Evil, Love and Left

---

신 하나님의 사랑이 인간의 신성화에 작용한다. 그러므로 그리스도인이 그리스도에게 참여하는 것은 하나님이 사랑으로 신자 안에 현존하시는 결과다. 아타나시우스(Athanasius)를 비롯한 다른 이들이 주장하는 이 참여는 바로 하나님 자신의 본체(ousia)에 참여하는 것이다. 동방 정교회의 전통과 달리 루터는 하나님의 에너지(energies)와 하나님의 본질(essence)이 구별된다는 것을 몰랐으나, 하나님과 인간의 구별을 부인하지는 않았다. 하나님은 여전히 하나님이고, 인류는 여전히 인간으로 존재한다.

그렇다면 그리스도와 신자의 연합에는 만네르마 학파가 "실재적·본체적"(real-ontic) 연합이라고 부르는 것이 존재하는데, 그 본체들(substances) 자체는 다른 것으로 변하지 않는다. 이 새로운 지평의 주장을 독특하게 하는 것은—굳건한 표준인 독일의 루터 해석과 관련해서 논쟁적으로—그리스도의 현존을 "실재적·본체적"으로 존재하는 개념으로 이해하는 것으로서, 신 프로테스탄트 학자들이 배타적으로 주장하듯이 그것은 단지 주관적인 체험이나 신자를 향한 하나님의 "영향"이 아니다.

핀란드 학자 시모 페우라(Simo Peura)는 신성화에 관한 본격적인 책을 통해 루터의 신학 안에서 신성화 개념이 필수 주제였다는 것을 보여준다. 가장 명백한 구절은 1595년 루터의 「성 베드로와 바울의 날에 행한 설교」(Sermon on the Day of St. Peter and Paul)에 나온다. 루터는 "은혜의 도움을 받은 한 인간이 한 인간 이상이라는 것은 참이기 때문에, 실제로 하나님의 은혜가 그에게 하나님의 형상을 주었고 그를 신성화했으며, 따라서 성서는 심지어 그를 '하나님' 혹은 '하나님의 아들'이라고 부른다"고 했다.[16] 또 다른 예가 1514년 루터의 성탄절 설교에 등장한다.

Hand of God': The Contribution of Luther's Theology of the Cross to Evangelical Theology of Evil," *Evangelical Quarterly* 79, no. 4 (2002): 215-34을 보라.

16_ *WA* 2, 247-48; *LW* 51:58.

하나님의 말씀이 육신이 된 것과 같이 육신도 말씀이 되어야 한다. 말씀이 육신이 되었기 때문에 분명히 육신도 말씀이 될 수 있다. 달리 말하면, 하나님이 인간이 되므로 인간이 하나님이 될 수도 있다. 그리하여 능력은 능력 없음이 되고 약함은 강함이 될 수도 있다. 로고스가 우리의 형체와 방식을 입는다.[17]

루터의 칭의 교리와 동방 정교회의 신성화 교리 간의 유사성을 살펴보는 또 다른 방식은 루터의 하나님 교리(doctrine of God)에 집중하는 것이다. 여기서 가장 중요한 것은 루터에게 삼위일체 하나님의 신성은 "하나님이" 자신을 "주신다"는 사실에 있다. 그렇다면 하나님의 본질(essence)은 하나님이 당신 자신으로부터 주시는 하나님의 필수적 특질과 동일한데, 그 필수적 특질—말씀, 정의, 진리, 지혜, 사랑, 선함, 영원한 삶 등등—은 하나님의 "이름"으로 불린다. "그리스도인의 신성화는 하나님이 자신의 필수적 특질을 그에게 부여하실 때 시작되며, 말하자면 하나님이 인간에게 주신 것은 하나님 자신과 분리될 수 없는 것이다."[18] 그리스도인은 "영적 선물" 혹은 "하나님의 이름"이 주어졌을 때 구원받는다. 루터가 말한 대로 하나님은 성도들의 모든 지복이시며, 하나님의 이름은 그리스도인에게 하나님의 선하심뿐 아니라 하나님 자신을 값없이 수여한다. 그러므로 영적 선함은 신자에게 주어진 하나님의 선물이다. 인류는 하나님이 그리스도인에게 자신을 내어주실 때 구원받는다. 한편 하나님은 그 자신의 존재를 인간에게 내어주신 바로 그 행위를 통해 스스로 참된 하나님이심을 증명한다. "그러므로 하나님은 자신의 지혜, 선함, 덕, 지복, 그의 모든 풍성함을 그리스도인에게 주실 때 하나님 자신 및 자신의 본질을 실현

17_ *WA* 1, 28, 25-32, Tuomo Mannermaa, "Theosis as a Subject of Finnish Luther Research," *Pro Ecclesia* 4, no. 1 (1995): 43.

18_ Mannermaa, "Why Is Luther So Fascinating?" p. 10.

한다."[19] 하나님에게 참여하는 것은 하나님의 의와 반대되는 인간의 특성을 내려놓고, 다른 한편으로 그의 선함, 지혜, 신실함과 그의 다른 특성에 참여하는 것을 뜻한다. 루터는 하나님이 한 인간을 신실하고 선하며 의롭게 하실 때, 사실은 하나님 자신이 그 인간 안에서 신실하고 선하며 의롭게 된다는 말로 이 진리를 표현한다. 더욱이 그리스도의 현존과 그에 따르는 결과는 항상 신자 안에 숨겨져 있기 때문에 결코 자랑할 수 없다.

앞서 언급했듯이, 만네르마 학파는 루터 자신의 신학과 그 이후의 루터파 신학의 근본적 차이를 상정한다. 만네르마 학파는 루터 자신의 신학이 가톨릭과 동방 정교회 양쪽과 관련된 공통 기반을 창조할 잠재성을 갖고 있다고 주장한다. 루터의 신학과 루터파의 신앙고백, 그리고 이어지는 루터주의 신학의 차이에 대한 만네르마 학파의 결론은 그것이 지닌 심오한 에큐메니컬적인 의의 때문에 새겨들을 만한 가치가 있다. 페우라에 따르면, 루터에게 "칭의는 자기 이해의 변화가 아니라 하나님과의 새로운 관계 혹은 사랑의 새로운 정신(ethos)이다. 하나님에게 참여한다는 의미에서 하나님은 죄인을 존재론적으로 변화시킨다. 변화된 죄인은 하나님의 신적 본질 안에서 의로울 뿐만 아니라 '한 명의 신'(a god)이 된다."[20]

유효적(effective) 칭의와 법정적 칭의의 관계는 루터의 신학 안에서 그가 사용하는 고전적인 두 개념인 "은혜"(gratia, 호의)와 "선물"(donum)을 통해 드러난다. 전자는 죄인을 의롭다고 선언하는 것(법정적 측면)을 의미하며, 후자는 그를 의롭게 만드는 것(효력적 측면)을 의미한다. 일찍이 그의 경력 초기에 했던 "로마서 강의"(1515/16)에서 루터는 가톨릭의 주류 전통과 완전히 똑같은 노선을 표명했음에도 불구하고, 후대의 루터주의는 이를 망각했다. 루터는 "그러나 '하나님의 은혜'와 '선물'은 같은 것이며, 그

19_ Simo Peura, "Christ as Favor and Gift," in Braaten and Jenson, *Union with Christ*, p. 50.
20_ Ibid., p. 48.

리스도를 통해 우리에게 값없이 주신 바로 그 의다"라고 말한다.[21] 바꿔 말하면 루터는 은혜와 선물이 서로 밀접한 관련이 있고, 그것들이 그리스도를 통해 신자들에게 주어졌다는 것이 중요하다는 것을 초기에 이미 발견했다. 따라서 그리스도인에게 주어진 의를 은혜와 선물이 함께 구성한다는 것을 알 수 있다.

유효한 의와 법정적 의를 구분하는 것이 이후 루터파 교리의 논쟁점이었지만, 루터 자신은 그렇지 않았다. 루터 자신의 칭의 교리에서 핵심이 되는 것은 두 종류의 의, 즉 그리스도의 의와 인간의 의를 구분하는 것이다. 루터가 외부에서 비롯된 의로 규정한 첫 번째 의는 밖에서 우리에게 주입된 것으로, 그리스도 자신 안에 존재하는 의로움이자 믿음의 의다. 바로 이 그리스도의 의가 인간을 의롭게 만든다.[22] 그뿐 아니라 루터는 이 첫 번째 종류의 의는 우리 자신의 행위가 아닌 오직 은혜의 토대 위에서만 주어진다고 언급한다.[23] 이것이 그 유명한 **오직 은혜**(sola gratia)라는 개념이다. 이 과정에서 인간의 행위는 완전히 배제된다. 이 첫 번째 의의 주입은 단순한 법정적 전가 그 이상이다. 그것은 또한 신자 안에서 그리스도의 의를 실현하는 것을 의미한다.

다른 종류의 의는 우리에게 주어진 의로움이며, 그런 의미에서 인간의 의다. 루터는 그것을 "우리의" 의라고 부른다.[24] 그것은 첫 번째 의의 결과로서, 첫 번째 의를 효력 있게 하고 그것을 "완벽하게 한다."[25] 비록 그것이 "우리의" 의라고 불리지만 그 기원과 원천은 인간 외부에 있고, 그리스도의 의 안에 있다. 그리스도의 의는 인간의 의의 기반이자 원인이며 기원

21_ WA 56, 318, 28-29; LW 25:36.

22_ WA 2, 145, 9-14; LW 31:297 ("Two Kinds of Righteousness").

23_ WA 2, 146, 29-30; LW 31:299.

24_ WA 2, 146, 36; LW 31:299.

25_ WA 2, 147, 12-13; LW 31:300.

이다.[26] 인간의 마음에 주입된 그리스도의 의가 "무한대"이기 때문에 믿음 안에서 현존하는 그리스도는 "한순간에 모든 죄를 흡수한다." 동시에 죄와 죽음의 능력이 하루하루 약해지지만 죽을 때까지 완전히 말살되지는 않는다.[27] 신자의 마음속에 그리스도의 의를 주입하는 것은 죄의 능력을 무효로 만들고 타락한 본성을 변화시키는 과정의 시작을 나타낸다. 신자는 이미 의롭게 되었고, 이제 선한 행위의 유일한 목적은 다른 동료 인간을 위한 선행이므로 앞으로 나타나는 선한 행위는 구원과 상관이 없다.[28]

루터가 볼 때 만약 조금이라도 선한 행위가 갖는 역할이 있다면 그것은 무엇인가? 이 또한 루터파와 가톨릭뿐만 아니라 루터파와 동방 정교회의 주요 논쟁점이었다. "오직 은혜"의 교리를 따라서 루터는 우리의 구원을 위해서 할 수 있는 것이 아무것도 없다고 주장한다. 반대로 하나님은 죄인을 무존재(nihil)―"아무것"도 그/그녀를 하나님의 의에 이르도록 도울 수 없는 상태―로 만드신다. 선한 행위는 그리스도와 신자의 연합과―만약에 신성화된다면―신자 안에서 그리스도의 실제 현존으로부터 비롯된다. 그리스도인은 "그리스도의 행위"가 되고, 심지어 그의 이웃에게 한 명의 "그리스도"(Christ)가 된다. 그리스도인은 그리스도가 행하신 것을 행한다.[29] 그리스도인들은 이웃의 고난을 자기의 것과 동일시한다. 그리스도는 선한 행위의 주체다. 이것이 믿음 안에서 현존하는 그리스도가 신자 안에서 효력을 미치는 방식이다.

다른 말로 하면 루터에게 그리스도의 현존은 "영적"(spiritual)이거나 우리 밖에(extra nos) 있을 뿐만 아니라 우리 안에(in nobis) 있으며, 만네르

26_ WA 2, 146, 16-17; LW 31:298.

27_ WA 2, 146, 12-16, 32-35; LW 31: 298-99.

28_ WA 2, 146, 36-147; LW 31: 299-300.

29_ 추가로 V.-M. Kärkkäinen, "Christian as Christ to the Neighbor," International Journal of Systematic Theology 6, no. 2 (April 2004): 101-17을 보라.

마 학파의 언어로 하자면 "실재적·본체적" 방식으로 존재한다. 루터에 따르면 "믿음을 통해 그리스도가 우리 안에 살고 있기 때문에…그리스도의 행위를 믿는 살아 있는 믿음을 통해 그가 우리를 자극하여 선한 행위를 하도록 하는 것은, 그리스도가 행한 행위가 믿음을 통해 우리에게 주어진 하나님 계명의 성취이기 때문이다."[30] 그리스도는 신자를 신적 본질에 참여시키기 위해 자신을 신자에게 선물(donum)로 실제로 내어준다.

의롭다 선언하는 것이자 의롭게 만드는 칭의

루터파와 동방 정교회가 에큐메니컬적·조직신학적으로 수렴한다는 사실이 갖는 중요성을 강조하는 적절한 방법은 가톨릭과 루터파가 공유하는 구원 교리 중에서 몇 가지 핵심사항에 일어난 역사적인 급진전을 간단히 살펴보는 것이다. 1999년 10월 31일, 로마 가톨릭교회와 세계 루터교회 연맹은[31] 에큐메니컬적으로 획기적인 "칭의 교리에 관한 공동 선언"(Joint Declaration on the Doctrine of Justification)에 함께 서명했다. 이 합의는 제2차 바티칸 공의회의 폐회까지 거슬러 올라가는 수십 년간 계속된 상호 대화의 결과물이다.[32] 종교개혁 시대의 상호 비난이 오늘날 여전히 유효하지만[33]—이 대화는 서로를 구분하는 수많은 다른 논제들을 차치한 채

30_ *HDT* 27; *LW* 31:57.
31_ 물론 미국의 미주리 대회(synod)같이, 그 합의와 함께하지 않은 몇몇 루터파 교회가 있었다.
32_ 로마 가톨릭교회는 종교개혁운동에 대한 대응으로, 1547년 1월 13일 트리엔트 공의회 제6차 회기에—이 회기에 칭의 교리에 대한 주요 개요가 작성되었다—의화교령을 공포한 이후, 공식적으로 칭의 교리에 관한 규정을 제공하지 않고 있다는 점이 중요하다. 트리엔트의 공식 문서에 대한 분석은 Kärkkäinen, *One with God*, pp. 100-103을 보라.
33_ 이것은 "Joint Declaration on the Doctrine of Justification: Lutheran World Federation and the Catholic Church," #1 (*Joint Declaration on the Doctrine of Justification* [Grand

칭의 교리의 몇몇 측면만을 다루었다―이 합의가 갖는 에큐메니컬적 의미를 간과해서는 안 된다. 이 문서는 일종의 수렴 문서로서 먼저 공동 합의 목록을 작성하고, 그 다음으로 가톨릭과 루터파의 특별한 강조점들을 제시한다. 따라서 그 문서는 완전한 합의를 목표로 하지 않았을 뿐만 아니라, 오히려 서로의 차이를 지속하고 정당화하는 가운데―그러나 교회를 분리하는 것은 아닌―공통 기반을 공유한다.

가톨릭과 루터파 공동 선언의 출발점은 성서의 공통적 해석(common reading)이다. 양측은 신약성서가 성서 연구의 발전과 같은 선상에서 의와 칭의라는 용어에 부여된 다양한 의미를 증언한다는 것을 인정한다. 예를 들면 다양한 복음주의자들은 자신의 구체적 상황을 다루기 위해 이 용어들에 접근한다(#9).[34] 칭의에 관한 성서의 여러 증언은 다음의 요약을 통해 간결하게 압축되었다. "칭의는 죄 용서이며(참조. 롬 3:23-25; 행 13:39; 눅 18:14), 죄와 사망의 지배하는 능력(롬 5:12-21)과 율법의 저주로부터 해방되는 것이다(갈 3:10-14). 칭의는 하나님과의 교제(communion)에 받아들여지는 것이며, 이미 지금 그러나 장차 임할 하나님의 나라에 온전히 받아들여지는 것이다(롬 5:1-2). 칭의는 그리스도, 그의 죽음, 부활과 연합하게 한다(롬 6:5)."

여기서 주목할 만한 것은 칭의가 죄 용서일 뿐만 아니라 "하나님과의 친교" 및 그리스도와의 연합을 뜻한다는 사실을 인정하고 있다는 점이다. 최근의 에큐메니컬적인 발전으로부터 성서적 묘사와 통찰력에 기반을 둔 놀라운 공동 진술이 가톨릭과 루터파에게서 제기되었다. 즉 "그러므로 칭의는 그리스도 자신이 우리의 의라는 뜻이며, 이를 통해 아버지의 뜻을 따라 성령을 통해 의를 공유한다"(#15). 그리스도가 우리의 칭의라는 확언

Rapids: Eerdmans, 2000])의 서두에서 언급되었다.

34_ 괄호 안 번호(#)는 "공동 선언"(Joint Declaration)의 문단 번호를 나타낸다.

은 두 개의 상반된 해석, 즉 루터파의 신앙고백적인 법정적 칭의와 가톨릭의 유효한 칭의를 위한 공동 토대를 형성한다. 사실 이것은 공동 선언문 4.2에서 "죄의 용서이며 의롭게 만드는 칭의"(Justification as Forgiveness of Sins and Making Righteous)라는 제목하에 언급된 것으로, 역사적으로 핵심 쟁점이었다. 선언문에 따르면 "하나님의 은혜로운 행위가 지닌 이 두 가지 측면이 분리되지 않는 것은 사람이 믿음으로 그리스도―그의 인격(person)으로 우리의 의가 되시는 분(고전 1:30)―와 연합하기 때문이다. 그 두 가지 측면은 죄의 용서 및 하나님 자신의 구원하시는 현존이다"(#22).

명백하게 루터파는 칭의가 죄 용서일 뿐만 아니라 심지어 성령으로 사랑을 유효하게 하는 내적 변화라고 동의함으로써 중요한 에큐메니컬적인 발걸음을 내디뎠다. 초점은 그리스도와의 연합이다. 비록 루터파에게는 삶을 새롭게 하는 효과가 칭의의 필요조건은 아니지만, 이 구절에 대한 루터파의 허용은 오로지 "그리스도와의 연합"이 갖는 미덕이 사람의 삶을 갱신한다는 사실을 강조하는 것이다(#23). 공동 선언에는 연합과 관련된 언어가 상당히 분명하게 드러난다. 예를 들면 "우리는 성령이 세례를 통해 사람을 그리스도와 하나로 연합시키고 의롭게 하며 그 사람을 진실로 중생하게 한다는 것을 고백한다"(#28).

양 당사자는 공동 선언에 합의한 후에, 이 중대한 주제에 관한 설명을 추가하고자 했다. 루터파는 "'이신칭의'에서 칭의 그 자체와 인간 삶의 방식의 갱신―칭의에 뒤따르며 칭의 없이는 믿음이 존재할 수 없는―사이에 분리가 아닌 구별이 이루어졌다"고 언급한다(#26). 이것은 또한 용서와 중생에 대한 의문을 제기하는 루터파 신앙고백의 실제적 갈등을 보여주는 것으로, 상당히 주의 깊게 채택된 설명방식이다. 이 진술은 루터 자신이 갖고 있었던, 한편으로는 법정적이며 다른 한편으로는 유효한 칭의 사이에서 중간노선으로 나아가려는 시도다. 계속되는 루터파의 논평은 하나님 사랑의 "분여"(impartation)라는 가톨릭의 언어를 과감히 사용한다는 점에서 흥미롭다. 즉 "이로부터 생명의 중생이 진행된다는 근거가 나타나는데, 이는 칭의에서 인간에게 분여된 하나님의 사랑으로부터 삶의 갱신이 나타나기 때문이다"(#26). 이러한 루터파의 진술과 마주하여 가톨릭은 의롭게 하는 의는 항상 유효하고 효력이 있는 은혜이며, 만약 그렇지 않다면 그것은 절대로 칭의가 아니라는 가톨릭의 표준적 견해를 되풀이한다(#27).

로마 가톨릭은 심지어 의롭다 여김을 받았음에도 불구하고 그리스도인은 여전히 지속적인 갱신이 필요한 죄인이라는 것을 루터파와 함께 고백한다(#28). 이것은 "죄인인 동시에 의인"(simul iustus et peccator)이라는 문구에 나타나는 루터파 주장의 핵심이다. 루터파는 비록 의롭게 된 인간 안에서 죄는 "실제적인 죄"라 하더라도 그리스도의 "지배를 받는" 죄이므로, 하나님으로부터의 분리를 야기하지 않는다고 믿는다(#29). 가톨릭은 그들의 관점에서 "사욕편정"(concupiscence)을 언급하는데, 이는 인간적 요소(이것은 가톨릭 신학에서 죄를 죄로 만드는 것이다)가 없는 것이기 때문에 "실제적인 죄"로 간주되지 않는, 일종의 죄의 경향이다. 인간이 자발적으로 자신을 하나님에게서 분리할 경우에 한해서 분리가 일어난다(#30). 이 사욕편정이 죄인가에 대한 논쟁은(루터파는 **죄**라고 보는 경향이 있고, 가톨릭은 **죄가 아니라고** 주장한다) 과거의 논점 중 하나였다.

공동 선언은 여러 곳에서 논쟁의 또 다른 주요 논점인 인간의 협력을 언급한다. 공동 선언은 "오직 은혜"를 통해서만 구원이 있다는 것에 동의한다(예를 들면 #19). "오직 은혜"는 인간이 죄 때문에 스스로를 구원할 수 없다는 것을 뜻한다(#19). 그러나 가톨릭에서는 칭의의 준비와 수용을 위한 인간의 "협력"(cooperation)이 갖는 역할을 강조하는 것이 중요하다. 심지어 루터파는 사람이 은혜가 제공되는 것을 거절할 수 있다는 것까지도 인정하려 한다(#20-21). 선한 행위의 역할을 설명하는 부분에 이르면, 다음과 같은 고백을 통해 어느 정도 중요한 에큐메니컬적 발걸음을 내딛는다. "우리는 선한 행위—믿음, 소망, 사랑으로 사는 그리스도인의 삶—에는 칭의와 그 열매들이 뒤따름을 함께 고백한다. 의롭다 여김을 받은 자들이 그리스도 안에서 살면서 그들이 받은 은혜 안에서 행동할 때, 성서 용어로 말하자면 그들은 선한 열매를 맺는다. 그리스도인은 그의 전 생애 동안 죄에 맞서 고투하기 때문에, 칭의의 결과 또한 그들이 반드시 성취해야 할 의무다"(#37). 신앙고백적인 차이는 선한 행위와 칭의의 관계를 결정하는 것에 있다. 가톨릭 전통에서 선한 행위는 은혜 안에서의 성장에 기여하는(#38) 반면에, 루터파는 구원의 비 공로적인 본질과 칭의의 완전성을 강조하는 것이 중요하다(#39).

요약하면, 루터파와 동방 정교회의 수렴에 관련된 연관성을 형성할 뿐만 아니라 내 기고문의 나머지 부분이 다루는 주제들을 예견하게 하는 이 공동 선언문을 통해 독자들은 여러 가지 중요한 확증과 통찰을 발견할 수 있을 것이다. 나는 다음과 같은 요약을 통해 이러한 확증과 통찰을 제시하고 이 글의 남은 부분에서 다룰 방향을 언급하려 한다.

1. 칭의는 구원에 관한 많은 은유 가운데 하나이며, 이는 충분한 공간을 확보하고서 다른 은유의 유입을 요청한다. 다른 말로 하면, 성서는 수많은 적법한 은유를 사용한다.
2. 칭의는 연합과 참여, 심지어 신성화라는 용어로도 표현할 수 있다.[35]

35_ 에큐메니컬적으로 최근에 연합, 참여 그리고 심지어 신성화라는 개념이 성공회뿐만 아니라 장 칼뱅, 존 웨슬리와 감리교, 재세례파와 심지어 오순절운동 같은 여러 프로테스탄트 전통에서도 발견된다는 것이 매우 중요하다(Edmund J. Rybarczyk, *Beyond Salvation: Eastern Orthodoxy and Classical Pentecostalism on Becoming Like Christ*, Paternoster Theological Monographs [Waynesboro, Ga.: Paternoster, 2004]). 추가로 Veli-Matti

3. 칭의는 법정적 선언 이상으로서, 사람을 의롭게 만드는 행위이며 과정이다.

4. 그러므로 선한 행위는 의롭게 만들어짐의 자연스러운 "열매"다.

5. 칭의는 기독론에 그 기반을 둔 교리지만 또한 삼위일체론적·성령론적 언어로 가장 잘 설명된다.

6. 그러므로 루터의 경우처럼 칭의 교리에 관한 특정 문구들이 반드시 교회의 분리를 야기하는 것은 아니며, 또한 다른 문구들을 배제하지도 않는다. 수렴적인 방법(convergence-method)은 각각의 전통 사이에서 드러나는 일치를 확증하고 각 교회만의 특별한 초점을 유지하는 데 도움을 준다.

개정된 칭의 이해를 위한 근거와 자료들

지금까지 나는 부상하고 있는 에큐메니컬적 합의가 지닌 의미에 최대한 주의를 기울였다. 이 합의는 칭의와 신성화라는 용어를 통해 구원에 관한 공통 이해를 이끌어내는 것일 뿐만 아니라 프로테스탄트, 동방 정교회, 그리고 가톨릭 사이의 관계개선을 위해 구원의 의미를 논의하는 것이기도 했다. 하지만 "왜 그런 개정된 해석이 필요한가?"라는 질문은 아직 제기되지 않았다. 이러한 노력에 가장 도움이 될 수 있는 일종의 자료와 통찰을 제시하면서 이 질문에 답하는 것이 이 장의 핵심내용이다. 다시 말하자면, 이 장에서 내 목표는 에큐메니컬적인 루터파 학계에 의해 수행된

Kärkkäinen, "Theosis: Western Theology and Ecumenical Development," in *The Encyclopedia of Christianity*, vol. 5, ed. Erwin Fahlbusch et al., trans, and English-language ed., David B. Barrett, statistical ed. (Grand Rapids: Eerdmans, 2008)를 보라.

중요하고 획기적인 작업을 더 큰 신학적 관점 안에 위치시킬 뿐만 아니라, 루터파와 가톨릭, 그리고 루터파와 동방 정교회 사이에 일어난 에큐메니컬적 대화들 역시 그 안에 놓는 것이다.

내가 보기에는 다음과 같은 작금의 여러 신학적 발전의 양상들이 칭의에 관한 이해를 개정하고자 하는 자극을 고무시켰다. 이러한 자극은 그러한 신학적 발전─내가 알기로는 서로 꽤 독립적인 양상이다─중에서 많은 부분을 반영하는 것으로 보인다.

1. "율법", "복음", "칭의", "의"와 같은 핵심 용어들에 관한 변화된/변화 중인 견해와 함께 등장한 바울에 관한 새 관점과 성서신학적 연구들.
2. 몇몇 주도적인 루터파 학자들, 특별히 볼프하르트 판넨베르크 (Wolfhart Pannenberg)에 의해 제기된 루터파 구원 교리에 대한 비판과 개정.
3. 칭의 교리를 더욱 확실하게 성령론적·삼위일체론적으로 개정하여 현저하게 기독론적인 지향성을 보완하기 위한 건설적인 신학적 노력. 이 새로운 방향성은 또한 구원론의 공적·참여적 양상을 이끌어 내는 데 도움을 준다.
4. "칭의"(교리)를 "정의"(의 실천)와 연결하기 위해 나타나는 시도들. 다시 말해서 변화된 지위라는 전통적인 견해를 변화된 삶 및 행동과 연결하는 것.

이 주제들을 더 상세하게 토론하기 전에, 내가 아는 한, 루터파와 동방 정교회 혹은 루터파와 가톨릭의 에큐메니컬 학자들과 그들의 대화 안에 위에서 언급된 통찰을 광범위하게 사용한 경우는 거의 없다는 사실이 중요하다. 따라서 먼저 에큐메니컬적인 수렴을 살핀 후에 이 통찰에 대해 논하는 것이 타당하다고 생각한다. 바꿔 말하면, 나는 이 세 전통—루터파, 동방 정교회, 가톨릭—사이에서 나타나는 수렴이 성서신학과 조직신학의 새 관점들을 출현하게 하는 기능을 했다고 주장하려는 것이 아니다. 오히려 그 수렴은 각각 거의 독립적으로 일어나는 병행 발전의 문제라 믿는다.

신약학자인 제임스 던(James D. G. Dunn)은 바울 신학의 새 관점을 통해 칭의 교리를 형성하는 전통적인 방식에 대한 비판을 제기하면서, 자기 동료들을 위해 아래와 같이 언급한다.

> 루터의 개종 체험과 그 체험이 가져다준 통찰이 전통적인 성서 해석을 시작하게 했다. 이것 때문에 많은 사람이 신적인 정의와 같은 다른 중대한 성서의 통찰들을 잃어버리거나 소홀히 하게 되었다. 특히 바울의 경우에, 루터가 "이신칭의"를 발견한 것과 특별히 그것이 루터의 신학에 부여한 신학적 자극은 바울에 대한 상당한 오해를 수반했는데, 이는 "이신칭의" 자체와 관련해서도 같은 결과를 낳았다.[36]

물론 던은 전통적인 칭의 교리가 틀렸다고 단순하게 비판하진 않는다. 오히려 그의 갈망은 성서신학적 연구를 통해 전통적인 칭의 이해 안에 있는 잠재적인 오역 및 핵심이 위치하는 곳—혹은 그 안에 있는 부족함—에 관한 대화를 지속하는 것이다. 그렇다면 전통적인 견해에 대한 전형적인

36_ James D. G. Dunn, "The Justice of God: A Renewed Perspective on Justification by Faith," *Journal of Theological Studies* NS 43 (1992): 2. 나는 "새 관점"이라는 용어를 비교적 느슨하게 비전문적인 의미로 사용하는데, 이는 E. P. Sanders, Tom Wright, Dunn이 주장한 바울에 관한 새(원래의) 관점뿐만 아니라(물론 이들 모두가 한 목소리를 내는 것은 아니다), 오히려 구원, 믿음, 칭의, 율법, 언약 기타 등등에 관한 모든 성서의 가르침을 재고하는 다양한 시도를 나타내는 더 포괄적인 의미를 담고 있다. 이 새 관점이 빠르게 변하고 있음을 보여주는 예는 Dunn이 최근 Fuller Theological Seminary에서 가졌던 대화에 그가 부여한 제목—즉 "'새 관점'에 관한 새 관점"(New Perspective on the 'New Perspective')—같은 것들이다.

불평은 무엇인가? 첫째, 성서학자들은 전통적인 견해가 성서적 관점에서 하나님을 "의롭다 할" 필요성을 깨닫지 못한 채, 칭의 교리를 종종 개인적이고 심지어 실존적인 경험의 한 기능으로 만들어버렸다고 주장한다.[37] 둘째, 루터파의 칭의 교리는 너무나 개인주의적이기 때문에 칭의가 지닌 사회적 추이(ramification)를 놓친다. 셋째, 전통적인 교리는 바울과 유대교를 서로 대립하는 것으로 설정하고, 이스라엘 종교를 사실상 타락한 종교로 만들었다. 더욱이 전통적인 견해는 믿음과 선한 행위, 혹은 (프로테스탄트의 칭의와 성화의 분리처럼) 선언적이고 유효한 의를 분리할 뿐만 아니라 서로 대립하는 것으로 간주한다(이신칭의가 값없이 주어진다는 사상을 보존하기 위해). 이외에도 다른 불평이 존재한다.

　성서학자들의 연구를 통해 점점 많은 수의 조직신학자들이 칭의에 관한 은유는 단지 **은유**이므로 그것을 구원의 규범적인 상징으로 간주할 수 없다는 것을 확신하게 되었다. 신약성서 해석의 다양성은 차치하더라도, 바울의 구원론에서 칭의나 여타 하나의 은유를 규정적인 것으로 간주해야 한다는 주장은 단도직입적으로 말하면 사실이 아니다. 판넨베르크가 적절하게 언급했듯이, "칭의 교리는 단지 [그리스도 안에서 하나님의 구원이라는] 주제를 자세히 설명하는 여러 방식 가운데 하나다." 예를 들어 판넨베르크는 사도 요한의 전통은 구원을 매우 다른 방식으로 언급함을 상기시켜준다. 그는 "심지어 바울 자신에게조차" 칭의는 "다른 모든 것들을 제어하는, 바울 신학의 유일한 중심이 아니다"라고 덧붙인다.[38] 그러므로 아래의 결론이 불가피하다.

37_ 이렇게 된 이유는 한 인간의 개종 이전과 관련된 영적인 내적 갈등이라는 렌즈를 통해서 롬 7장을 읽고자 하는(아우구스티누스에까지 거슬러 올라감) 전통적 시도를 따르기 때문인 것으로 추정된다.

38_ Wolfhart Pannenberg, *Systematic Theology*, vol. 3 (Grand Rapids: Eerdmans, 1977), p. 213.

"예수 그리스도의 신실함" 혹은 "예수 그리스도를 믿는 믿음"이라는 용어들을 통해 접근할 수 있는 구원의 신학적 설명에 관한 많은 이전 그리스도인들의 접근방식은, 기독교 역사 안에서 바로 오늘날 우리의 에큐메니컬 상황에 이르기까지, 구원을 이해하는 다양한 방식들을 이해하는 데 도움이 된다. 또한 이것은 구원을 이해하는 여러 방식 중에서 어느 하나만을—심지어 칭의 교리도—유일하게 적법한 것처럼 취하지 말라고 경고하는데, 이러한 부족함으로 인해 현존하는 진정한 기독교의 믿음은 하나도 없는 것처럼 보일 수 있다 해도 그렇게 해야만 한다는 것이다. 대신에 구원을 다양한 방식으로 이해하는 것은 여러 방식 가운데 하나만을 취함으로써 일어날 수 있는 일방성(one-sidedness)을 교정하도록 의도된 것이다.[39]

동시에 성서학계는 "칭의"와 "의"라는 단어의 뜻과 그 상황을 재고하도록 요청한다. 이것은 지배적인 법정적 이해에서 벗어나서 모든 창조세계를 위할 뿐만 아니라 창조세계와 하나님 사이에서 만물을 바르게 설정하기 위해 "구원하는 의"(saving righteousness)라는 이해로 향하게 한다.[40] 이 구속적 정의(justice)—법정적 측면이 전적으로 부족하지 않은—는 하나님의 신실함, 거룩함, 진실성을 유지하는 방식을 통해 세상과 함께 "의롭게 하는" 하나님의 구원 행위 그 이상을 의미한다.[41] 따라서 의는 관계적 개념이다. 의는 예수 그리스도의 아버지이신 야웨가 그리스도 안에서

39_ Ibid., 3:214.

40_ 도움이 되는 간략한 논의로는 Frank Macchia, "Justification Through New Creation: The Holy Spirit and the Doctrine by which the Church Stands or Falls," *ThTo* 58, no. 2 (July 2001): 207-11을 보라. Macchia의 제목, "그리스도 안에 있는 구속의 정의이자 새 창조로서의 칭의"(Justification as Redemptive Justice in Christ and New Creation)는 이 장의 주제들과 잘 어울린다.

41_ 예. Karl Barth, *Church Dogmatics* 4/2, ed. Geoffrey Bromiley and Thomas F. Torrance (Edinburgh: T & T Clark, 1958), p. 562.

구속된 창조세계 및 인간과 관계를 맺는 방식을 보여줄 뿐만 아니라, 또한 어떻게 인류가 하나님과 다른 인간과 관계를 맺어야 하는가를 제시한다. 결과적으로 이 용어는 개인적이라기보다는 공동체적이다. 정의와 의에 관한 대화는 관계적·공동체적일 때 언약과 언약적 신실함에 집중될수 있다. 종교개혁 시대의 법정적(forensic)·법정지향적(court-driven) 정신은 하나님의 자비롭고 거룩한 언약적 신실함이라는 렌즈를 통해서 하나님의 정의를 이해하기 어려운 시대 상황 안에서 존재했다. 그러나 언약및 하나님 자신의 신실하심과 정의에 초점을 맞추는 것은 칭의가 정의와필수적인 관계라는 성서의 핵심적 통찰을 발견하는 데 도움을 준다. 캐스린 태너(Kathryn Tanner)에 따르면 "성서신학은 자비와 정의가 칭의 개념안에서 함께 얽혀 있는 방식을 변경시켰다. 자비와 정의는 더 이상 단지나란히 놓이는 가치가 아니라, 급격히 바뀐 자비와 정의의—특별히 정의를 위한—의미를 생성하기 위해 서로 만나게 될 것이다."[42]

방대한 양의 학문적 견해와 통찰을 요약하기 위해 내가 이전에 썼던글을 다음과 같이 인용하려 한다.

첫째, 칭의는 성서에 나타나는 구원에 관한 많은 이미지 가운데 하나일 뿐, 그것이 해석상의 유일한 핵심이 될 수 없다. 둘째, 디카이오쉬네(dikaiosyne)는구약성서 용례와 같은 맥락에서 주로 하나님의 정의를 뜻한다. 심지어 바울이 "전가"라는 용어를 사용할 때에조차, 그는 칭의 교리의 정수가 "법적 전가"라고 주장하지 않는다. 바울은 이 법정 이미지를 그의 교리가 갖는 한 측면을 보여주는 방법 가운데 하나로 사용한다. 셋째, 칭의와 성화는 종교개혁 신학 방법에서 했던 방식—로마 가톨릭과 동방 정교회의 신학과는 대조되는 방

42_ Kathryn Tanner, "Justification and Justice in a Theology of Grace," ThTo 55, no. 4 (1999): 513.

식―대로 서로를 구별할 수 없다. 칭의는 주로 의롭게 만드는 것을 의미하며, 인간이 하나님 및 타인과 바른 관계를 맺도록 하는 것이다. 넷째, 유대교와 율법에 대한 기독교의 표준적 해석은 예수와 바울의 가르침에 의거하여 재평가되어야 한다. 비록 하나님이 어떤 의미에서 율법이 구원의 수단이 되도록 의도했는가에 관련된 질문은 앞으로 더 연구해야 할 대상이겠지만, 예수는 그자신의 인격(person)을 통한 하나님 나라의 침입을 강조한다. 언약의 요구가그리스도의 십자가로 충족되었고 믿음으로 반응할 가능성을 열었다는 점에서, 바울에게 그리스도는 율법의 끝이고 목적을 뜻한다. 그리스도의 십자가와무관하다면 비록 유대 언약 공동체의 구성원이라 해도 구원을 얻을 수 없다. 다섯째, 칭의는 새로운 지위이며 성령을 통해 그리스도 안에서 믿음으로써하나님과 맺는 새로운 관계다. 이것은 인간과 그의 창조자 사이의 연합을 뜻한다. 여섯째, 심지어 칭의가 개인적인 반응을 요구할 때조차 이것은 단지 개인주의적인 것이 아니다. 그것은 언약 공동체를 위한 하나님의 구원 목적 및하나님 나라의 도래와 필연적으로 관련된다. 의는 이렇게 해서 또한 관계적개념이고, 하나님 및 타인과 함께 의롭게 되는 것이다.[43]

내가 인용한 부분은 율법과 복음의 관계에 대한 전통적인 루터파의이해를 재해석해야 할 필요를 우리에게 상기시켜준다. 판넨베르크가 설득력 있게 보여준 것처럼, 종교개혁자들은 율법을 오해하여 "죄 용서의약속과 선포인 복음과 반대되는, 하나님의 요구를 표현하는 수단으로 간주했다." 반면에 바울은 "우리는 한편으로는 율법을, 그리고 다른 한편으로는 그리스도를 믿는 믿음을 갖고 있다. 그리스도를 믿는 믿음과 율법은하나님이 역사 안에서 행하신 일들 안에서 서로 다른 두 시대에 속하는

43_ Kärkkäinen, *One with God*, p. 16.

것으로서, 구원사 안에 존재하는 두 실재(realities)다. 그리스도의 도래는 율법의 시대를 끝냈다(갈 3:24-25; 롬 10:4)"고 말한다.[44] 자기 시대의 속죄이론과 맞서서, 루터가 하나님의 요구로서의 율법(해야 할 것과 하지 않아야 할 것을 말해주는)과 죄 용서로서의 복음을 서로 잘못 대조한 것은 이해할 만하지만, 그 구별이 더 이상 유지될 수는 없다. 무엇보다도 율법과 복음을 이렇게 구분하는 것은 "하나님 나라의 통치가 다가왔다는 사실에 근거하는" 죄의 용서라는 성서적 개념을 희미하게 만들고, 따라서 죄의 용서와 하나님의 의의 요구 사이의 관련성을 약화시킨다.[45] 다른 말로 하면, 우리는 하나님의 통치가 요구하는 방식에 자기의 삶을 복종시키려 하는 죄 용서받은 사람의 열망과 죄 용서 사이의 필수적 관계를 이해해야 한다. 또한 이를 통해 종말론적 지향이 존재한다. 율법에서 은혜로의 전환이 그리스도 안에서 결정적으로 일어났기 때문에, 이 전환은 "미래를 향한 하나님의 신적인 통치에 의해 움직이는 세계 역사 안에 존재하는 폭넓은 문맥과 연결되어야 한다."[46]

바르고 의롭게 사는 것뿐만 아니라 관계성과 공동체라는 측면에서 성서적 칭의 개념을 이해하는 방식이 변함에 따라, 최근 학계는 개인 생활과 공동체 안에서의 구원을 적절하게 삼위일체론적으로 서술하는 것을 그 목표로 한다. 이는 성령론적인 자료들을 더욱 포괄적인 방식으로 강조하는 데 도움이 될 것이다. 잘 알려진 것처럼, 동방신학과 서방신학의 주요한 차이 가운데 하나는 동방신학이 성령론적/삼위일체론적 조망에 관한 탁월성을 보여준다는 것이다. 다소간 역설적으로, 프로테스탄트의 구

44_ Pannenberg, *Systematic Theology*, 3:61; 성서학계와 역사발전에 관한 주의 깊은 관여를 포함하는 전체 토론은 pp. 58-96을 보라.

45_ Ibid., 3:82-83 (82).

46_ Ibid., 3:87.

원 서정(ordo salutis)은—대개 성령론 아래에 있음에도 불구하고—사람이 그리스도의 "객관적" 행위를 단지 "주관적으로" 받아들일 때만 성령이 관련된다는 의미에서 일방적으로 기독론적 범주 위에 세워지는 경향이 있다. 하지만 이것은 "구원론적 종속론"(soteriological subordinationism)이다. 성자의 사역을 축소시키려는 것은 아니지만, 성령의 사역은 구원의 성취에 있어서 단지 주관적인 것으로만 간주될 수 없다. 다시 말해 부차적일 수 없다는 것이다. 아버지가 죽은 자 가운데서 아들을 일으키신 것은 바로 성령을 통해서였으며(롬 1:4), 아들을 일으키신 것이 우리로 하여금 칭의에 이르게 한 바로 그 행위다(롬 4:25). 그리스도의 십자가는 성령의 부활사역을 필요로 하며, 그 역도 마찬가지다.

오순절 진영 신학자인 프랭크 마키아(Frank Macchia)는 직설적으로 다음과 같이 언급한다. "점점 더 은혜가 사라지는 세계에서 칭의가 해방의 언어를 제공한다면, 그 교리가 정확하게 소홀히 한 지점, 즉 칭의와 새 생명의 수여자인 성령의 사역과의 관계와 관련된 재작업이 반드시 이뤄져야 한다." 따라서 마키아는 "모든 만물을 새롭게 하기 위해서 그리스도 안에서, 또한 그리스도를 통해 성령 사역의 전 영역에 걸쳐서 칭의 교리를 개방하려는 시도가 이루어져야 한다"고 주장한다.[47] 마키아가 바르게 목표한 것은 의롭다 여김을 받고 새롭게 갱신된 사람들이 궁극적 완전함(final consummation)을 향한 전망과 더불어, 삶의 전 영역에서 하나님 나라의 요구를 성취하기 위해 일할 수 있도록 권능을 부여하고 활기를 북돋는 칭의가 가진 이상—적절한 삼위일체 체계 안에서—이다.[48] 나는 그런

47_ Macchia, "Justification Through New Creation," pp. 202-3.

48_ Robert Jenson은 "바울의" 칭의 이해가 하나님 아버지와 구속의 행위에서 신적 의의 유지에 초점을 맞춘 반면에, "프로테스탄트"의 견해는 그리스도의 은혜에 초점이 있고, "가톨릭"의 이해는 성령의 변화시키는 사역을 중심으로 한다는 흥미로운 관찰을 제기한다. Robert Jenson, "Justification as a Triune Event," *Modern Theology* 11 (1995): 422-23.

건설적인 작업에 중요한 과제를 하나 더 추가하고 싶다. 칭의는 신자들의 교제와 그리스도와의 개인적 연합을 연결하는 데 도움이 되는 방식으로 형성되어야 하며, 또한 그것은 공동체적 측면을 포함해야 한다.

이처럼 구원 교리는 기독론적 관점에서만 표현될 수 없으며 성령론적 근거도 필요하다. 이것이 바로 판넨베르크의 작업이다. 그의 조직신학 책 안에 있는 성령론과 구원론에 관한 논의에서, 판넨베르크는 구원론에 관한 논의를 "그리스도인 개인 안에 있는 성령의 기초적인 구원의 사역"(The Basic Saving Works of the Spirit in Individual Christians)이라는 적절한 머리말 아래 위치시킨다.[49] 몰트만(Moltmann)도 비슷하게 구원에서 성령의 역할에 주목하지 않은 전통적인 개혁파/루터파의 견해를 비판했다. "중생의 씻음과 성령의 갱신으로, 그가 우리에게 풍성하게 부어주셨다"고 강조하는 디도서 3:5-7과 같은 구절을 언급하면서, 몰트만은 "성령이 '부어질'" 때, "'갱신'(renewal)으로서의 '중생'(regeneration)은 성령을 통해 나온다"고 강조한다.[50] 인간 안에 흐르기 시작한 신적인 "생명의 샘"에 대한 비유인 요한복음 4:14을 추가로 언급하면서, 몰트만은 "아들을 통해 아버지로부터 우리에게 오는 이 성령의 체험을 통해, 우리는 '은혜를 통해 의롭게' 된다"고 주장한다.[51] 이것이 바로 새 생명의 수여자인 성령이 주는 선물과 칭의 사이를 연결하는 방식을 통해 칭의를 형성하려는 마키아의 시각이라고 할 수 있다.

칭의에 관한 전통적인 프로테스탄트 견해의 대헌장으로 곧잘 해석되는

49_ 그 제목은 Pannenberg, *Systematic Theology*, vol. 3 p. 135에 있다.

50_ Jürgen Moltmann, *The Spirit of Life: A Universal Affirmation*, trans. Margaret Kohl (Minneapolis: Fortress, 1992), p. 146.

51_ Moltmann, *Spirit of Life*, p. 146. 또한 Kenneth L. Bakken, "Holy Spirit and Theosis: Toward a Lutheran Theology of Healing," *St. Vladimir's Theological Quarterly* 38, no. 4 (1994): 410-11을 보라.

로마서에 나타나는 바울의 구원론적 논증은 삼위일체론적·성령론적·공동체적·우주적 관점에서 볼 때 다른 결과를 낳는다. 예수 그리스도는 성령의 능력 안에서 그의 아버지에 의해 부활하여 "능력으로 하나님의 아들로 지명되었다"(롬 1:4).[52] 우리 구원의 관점에서 "우리의 죄 때문에 죽임을 당한" 그는 "우리의 칭의를 위해서 부활했다"(롬 4:25). 결과적으로 하나님은 "예수를 믿는 그를 의롭다 하실" 뿐만 아니라 "(그를 의롭다 하실) 그때에 그가 또한 자신을 의롭다고 입증하신다"(롬 3:26)는 점이 중요하다. 의롭고 정의로운 하나님의 구원 행위는 아브라함처럼 믿음으로 구원받은 개인에 관한 것뿐만 아니라(4장) 인류의 시작과 역사 전체 및 아담에까지 거슬러 올라간다(5장). 예수 안에는 실패한 첫 아담에 대한 새로운 상대자(New Counterpart)가 존재한다. 참으로 성령을 통해 그리스도 안에서 이루어질 하나님의 구원 행위는 전 우주의 희망이 될 것을 뜻하기 때문에 "모든 창조는 [그래서] 이제까지 함께 탄식하며 고통을 겪고 있다"(롬 8:22). 종말론적 평화(shalom)의 완성을 고대하면서, "성령의 첫 열매를 가진 우리 자신"(롬 8:23)도 이 "희망의 고통"에 합류한다.

비판적 평가와 앞으로의 연구를 위한 과제

신성화라는 동방 정교회 용어의 맥락에서 루터의 칭의 교리에 관한 새 해석 및 프로테스탄트와 가톨릭의 구원론 사이의 화해를 이끈 새 해석의 관련성을 앞에서 소개했으므로, 이 장에서 나는 새 해석이 갖고 있는 문제점에 대한 몇 가지 비판과 도전을 제기함으로써 추가적 연구와 대화를 촉

52_ 개역개정판에서 인용함.

진하길 원한다. 비판적 질문들을 나열하기 전에, 다른 이들과는 달리 나는 칭의와 신성화가 원칙적으로 "문제가 있는 통합(synthesis)"이 될 것이라고 생각하지 않는다는 점을 밝히고 싶다.[53] 다름 아니라 정경으로서의 성서 안에는 구원과 관련된 다양한 은유가 존재하고 이 은유들은 서로 보완적이기 때문에 그렇다.

루터의 새 해석과 관련해서 내가 제기하고자 하는 주요한 비판적 질문과 도전은 루터파, 동방 정교회, 가톨릭 전통 안에 있는 구원 교리의 신학적, 특별히 신학적-인간학적 추이와 관련된다.[54] 구원 교리의 몇 가지 핵심 측면에서 의견 일치를 보았음에도 불구하고, 고도로 복잡한 한 부분의 논제가 루터의 인간학, 죄와 타락의 교리, 은혜의 이해와 같은 주제들과 관련해서 여전히 모호한 채로 남아 있는데, 특히 하나님이 은혜로 주신 구원과 관련된 인간 의지의 역할을 다루는 루터의 교리가 그렇다. 물론 신학적 인간학은 자연과 은혜(nature-versus-grace[타락 이전과 이후 상태의 관계를 말한다—편집자주]) 사이의 관계성을 묻는 질문과 필연적으로 연결된다. 토마스주의(Thomism)에 기초한 가톨릭 신학은 연속성의 원리를 사용하는 반면에—여러 면에서 동방 정교회의 전통과 비슷하며(그러나 동방 정교회는 서방의 용어들을 그들의 신학적 기반으로 이용하지 않는다!)—프로테스탄트 전통은 일반적으로, 그리고 루터는 특별히, 불연속성이라는 개념으로 기울어지는 경향이 있다. 이 모든 내용과 밀접하게 관련된 필연적인 논제는 믿음이라는 개념과 이것이 구원론적인 범주들에 영향을 미치는 방식

53_ 다소 회의적인 견해는 George Vandervelde, "Justification and Deification-Problematic Synthesis: A Response to Lucian Turcescu," *Journal of Ecumenical Studies* 37, no. 2 (Winter 2001): 73-78을 보라.

54_ 도움이 되는 몇몇 통찰을 Paul R. Hinlicky, "Theological Anthropology: Toward Integrating Theosis and Justification by Faith," *Journal of Ecumenical Studies* 34, no. 1 (1997): 44-47이 제공한다.

에 관한 문제다. 루터에 관한 새 해석을 옹호하는 학자들은 그 어떤 확장된 방법으로도 이 주제에 관여하지 않았지만, 다행히도 로마 가톨릭과 루터파 사이의 대화 과정이 이 논제들에 상당한 시간을 할애하게 했다.

두 번째 의문은 루터의 구원 교리를 설명하는 헬싱키 학자들이 신성화와 연합이라는 개념을 상당히 자유주의적으로 사용하고 있다는 것과 관계된다. 신성화라는 용어 자체는 루터의 방대한 저작에서 기껏해야 30번 조금 넘게 나타난다.[55] 사실 별로 많지 않다. 물론 이것이 만네르마 학파의 주요한 논점이겠지만, 신성화 개념이 그 용어 자체의 사용 빈도보다 훨씬 더 광범위할 수 있다는 것을 공정하게 인정해야 한다. 그렇기 때문에 새 해석을 지지하는 학자들은 루터가 연합(unio)이라는 용어를 간헐적으로 사용하는 것을 신성화의 또 다른 핵심으로 언급한다. 기본적으로 그것은 정확한 관찰이다. 그러나 그들은 루터의 연합 개념이 동방 정교회의 그것과 얼마나 밀접한지를 밝혀야 함이 분명함에도 불구하고 이를 다루지 않았다. 사실 연합이라는 용어는 기독교 신학에서 상당히 광범위하게 사용된다. 예를 들면 장 칼뱅의 신학 혹은 재세례파(Anabaptism)나 감리교(Methodism)처럼, 루터파와 동방 정교회로부터 꽤 멀리 떨어진 신학에서도 사용된다.[56] 하지만 모든 전통이 공통 용어를 사용하는 것이 같은 뜻을 의도한다고 말하는 것은 오산이다.

또한 나는 몇 가지 방법론적 논제 중에서도 특별히 "실재적·본체적"(real-ontic) 연합을 언급하려 한다. 그리스도가 실재로서 현존한다는 것의 의미를 완전히 희미하게 만드는 신-칸트 학파의 견해를 비판하려

55_ Simo Peura, "Vergöttlichungsgedanke in Luthers Theologie 1518-1519," in *Thesaurus Lutheri*, ed. Tuomo Mannermaa et al. (Helsinki: Luther-Agricola-Society, 1987), pp. 171-72.

56_ 추가로 Kärkkäinen, *Union with Christ*, 5장을 보라.

는―비슷한 방식으로 그리스도의 현존을 단지 주관적 체험의 문제로 격하시키기 위해 실존적으로 치우친 지평을 비판하는―만네르마 학파의 열망을 확인하면서, 나는 루터로 하여금 중세 후기 및 프로테스탄트가 마주한 "실질적인"(realistic) 존재론의 상황 안에서 목소리를 낼 수 있도록 한 헬싱키 학자들의 시도에 갈채를 보낸다. 그렇지만 또한 나는 그들이 제안한 대안의 성공 여부가 궁금하다. 한편으로 "실재적·본체적"이라는 용어의 정확한 뜻은 아직 개방된 채 남아 있다. 몇몇 우호적인 비판을 제기한 학자들은[57] 이 규정하기 어려운 개념을 이해하는 수많은 방법이 존재할 수 있음을 분명하게 관찰했다. 다른 한편으로 "실재적·본체적"이라는 용어는 동방 기독교가 신성화라는 개념을 "물리주의적 관점"(physicalist)으로 이해한 것에 대한 오래된 비난―나는 이러한 비난이 오해라고 생각한다―과 거의 같은 것처럼 들린다. 내가 보기에는 만네르마 학파가 루터의 사상을 다루는 독일 학자들의 표준적 연구에 대한 비판을 제공하는 것에는 꽤 성공했지만, 건설적인 과제는 여전히 앞에 남아 있다.

에큐메니컬적인 루터 학계에 여전히 요구되는 또 하나의 주요한 과제는, 앞에서 간단히 논의된 바울에 관한 새 관점과 신약성서 연구를 통해 발전된 사항들과 비판적으로 대화하면서 관련된 사항들을 수집하는 것이다. 앞서 언급한 것처럼, 내가 알기로는 루터에 관한 새 해석을 옹호하는 사람들은 이 지점에서의 명백한 관련성뿐만 아니라 루터의 신학을 더 적절하게 이해하기 위해서 그 자료들이 잠재적으로 갖는 의미를 주의 깊게 고려하는 데 실패했다.

57_ Dennis Bielfeldt는 "실체/실체적"(ontic/ontological)이라는 용어에 관련된 다양한 모델을 언급하면서 만네르마 학파의 논지들을 설명한다("The Ontology of Deification," in *Caritas Dei: Beiträge zum Verständnis Luthers und der gegenwärtigen Ökumene*, Festschrift für Tuomo Mannermaa zum 60. Geburtstag, ed. Oswald Bayer, Robert W. Jenson and Simo Knuuttila [Helsinki: Luther-Agricola-Gesellschaft, 1997], pp. 90-113).

에큐메니컬적인 대응을 기다리는 다른 과업들은 루터파 안에 있는 믿음의 수동성 개념과 동방 정교회의 신인협력 개념과의 관계 같은 것들이다. 개인적으로는 루터 자신의 신학―특히 신자 안에 있는 그리스도의 "실제 현존"(real presence)으로 인해 그리스도인이 한 명의 "그리스도"(Christ)가 된다는 개념―안에 이 골치 아픈 논제와의 씨름을 가능하게 하는 자원을 가졌다고 믿지만, 나는 이 질문이 참으로 신기하게도 학자들을 사로잡지 못했음을 인정한다.

칭의라는 주제를 더 광범위한 에큐메니컬적인 상황에 위치시키기 위해서, 나는 여기서 다시 한 번 내 방법론을 분명하게 제시하려고 한다. 나는 가톨릭과 루터파, 그리고 동방 정교회의 구원론이 그들의 독특성을 포기했다고 말하거나 혹은 그래야만 한다고 주장하는 것이 아니다. 내가 말하려고 하는 것은 전통적 관점에 수반된 문제들로서, 그 대부분은 주로 종교개혁과 반종교개혁(Counter Reformation)으로 거슬러 올라가는 문제들이라고 할 수 있다. 그것들은 역사적으로 조건화된 것일 뿐, 더 이상 대화와 공통의 모험적 시도를 방해하여 화해를 가로막는 장애물을 형성하지 않는다. 그렇지만 나는 에큐메니즘에 관한 순진한 견해를 가진 것은 아니다. 에큐메니컬적인 사고는 여기저기서 조각들을 수집하여 그것들을 하나로 만들어 더 호소력 있는 혼합물을 만드는 것을 의미하지 않는다. 때때로 에큐메니컬적인 작업은 다양한 기독교 전통들이 서로 다르다는 사실을 더 정확하고 명백하게 인정하는 것이기도 하고, 정당하게 서로 다른 강조점들이 존재함에도 불구하고 하나로 수렴할 수 있음을 인정하는 것이기도 하다. 이러한 점에서 공동 선언이 취한 다음과 같은 접근방식을 추천할 수 있을 것이다. "공동 선언의 의도는 루터파 교회와 로마 가톨릭 교회가 대화를 기반으로 하여 공동으로 서명한 문서를 통해 그리스도를 믿음으로 하나님의 은혜로 의롭게 됨에 관련된 우리의 공통적인 이해를 분명하게 표현할 수 있음을 보여주려는 것이다." 그 다음으로 이 선언은 "공동 선언은 칭의에 관한 어느 한쪽 교회의 가르침을 전부 다루지는 않는다. 그것은 칭의 교리의 기본적인 진리들에 관한 의견의 일치를 잘 아우르면서도 칭의를 설명하는 나머지 부분에 여전히 남아 있는 차이점들은 더 이상 교리적 정죄의 이유가 될 수 없음을 보여준다"(#5)고 덧붙인다. 이 역시 동방 정교회와 루터파 신학 간의 에큐메니컬적인 토론이 나아가야 할 생산적인 방식이라고 말하고 싶다.

여담으로, 구원 교리를 에큐메니컬적인 방식으로 토론하는 것은 기독교 연합을 위해서뿐만 아니라 기독교 신앙과 다른 종교와의 관계를 감안할 때 긴급한 것임을 말하고 싶다. 종교신학(theology-of-religions)적인 질문들은 고대 기독교 교리의 재고를 위한 새로운 전망을 가능하게 할 수도 있고, 에큐메니컬적 교착 상태를 넘어설 수 있도록 도울 수도 있을 것이다. 힌두교와 불교, 그리고 아프리카 사람들의 영성과 같은 다른 종교와 관련하여 신성화 교리가 구원에 관한 모든 그리스도인의 대화를 위해 적절한 후보가 된다면 어떨까?[58] 다른 종교와의 관련성뿐만 아니라, 구원론적인 담화(discourse)의 적절성과 정확성은 "구원"과 관련된 질문들을 다른 각도에서 제기하는 다른 문화들과 관련해서 연구되어야 한다.[59] 우리 각자의 전통과 상관없이 모두에게 주어진 요구사항임에도 불구하고, 이 분야들을 다루는 작업은 구체적으로 거의 이루어지지 않았다.

58_ Kärkkäinen, *One with Christ*, pp. 1-4, 133-37을 보라.

59_ 추가로 Wolfgang Grieve, ed., *Justificaiton in the World's Context*, Documentation 45 (Geneva: LWF, 2000)을 보라. Veli-Matti Kärkkäinen, "The Lutheran Doctrine of Justification in the Global Context," *International Journal of Systematic Theology* (2010, 출간 예정)도 참조하라.

논평

전통적 개혁파

마이클 S. 호튼

나 역시 동방 정교회와 프로테스탄트 간 대화에 관한 카르카넨의 관심을 공유한다.[1] 그러나 나는 그가 열정적으로 지지하는 핀란드 학파의 루터에 관한 새 해석까지 공감하는 것은 아니다. 루터의 칭의 개념이 **신성화를 배제하지 않는다**는 말과 루터의 칭의 개념을 **신성화로 이해한다**는 말에는 차이가 있다. 내가 보기에 카르카넨은 만네르마 학파를 따라서 후자(그는 후자를 더 강하게 주장하며, 나는 이를 지지할 수 없다)의 주장을 지지한다.[2]

마치 오지안더(Osiander, 1498-1552년)가 그리스도 안에서 신자가 하나님의 신성에 참여한다고 주장할 때 자신은 단지 루터의 논리를 확장했다고 생각했을 정도로, 루터의 저작 안에는 흔히 인식되는 것보다 그리스도와의 연합에 관한 내용(클레르보의 베르나르두스[Bernard of Clairvaux]가 부분적으로 영향을 끼친)이 더 많이 포함되어 있다. 멜란히톤(Melanchthon), 폴

1_ 나는 *Covenant and Salvation: Union with Christ* (Louisville: Westminster John Knox, 2007)에서 신성화에 한 장 이상을 할애했는데, 첫째, 새 핀란드 학파(New Finnish)의 제안들을 pp. 174-80, 209, 214-15, 306에서 다루었고, 다음으로 14장에서는 동방 정교회의 신성화 교리에 대해 논했다.

2_ 이 점에 관해서는 Carl Trueman, "Is the Finnish Line a New Beginning?" *WTJ* 65, no. 2 (Fall 2003): 231-44을 참조하라. 같은 저널에 실린 Carl Trueman의 기고문에 대한 Robert W. Jenson의 논평도 참조하라.

라키우스(Flacius), 그리고 칼뱅은 오지안더의 견해를 비판한다.[3] 칼뱅은 오지안더를 "마니교(Manichaeism)에 아주 가까운 어떤 것"으로 간주하면서, 그가 "짐작"에 집착할 뿐만 아니라 "하나님의 본질을 인간에게 주입하려 한다"고 책망한다. 오지안더의 이론은 치명적인 혼합주의로서, 이에 대해 칼뱅은 인간이 하나님의 본질 안으로, 성령의 인격과 사역이 그리스도 안에 본질적으로 존재하는 신성으로, 그리고 칭의(전가)가 성화(주입)로 혼합되었다고 말한다.[4] 또한 칼뱅은 믿음을 그리스도를 받는 빈 그릇으로 이해하기보다는 오히려 "그리스도가 믿음이다"라고 주장하는 오지안더의 관념을 비난한다.[5] 칼뱅은 한편으로는 "신비적 연합에 최고의 중요성을 부여한다"고 관찰하면서도, 오지안더가 법정적 칭의와 그리스도에게 참여함 사이에서 잘못된 선택을 요구했고, 구원에서 성령의 인격과 사역의 필요성을 사실상 배제했다고 불평한다.[6] 나는 적어도 이 표현과 관련해서 칼뱅이 핀란드 학파의 새 해석과 상당히 유사한 관점을 논박하고 있다고 생각한다.[7] 어느 경우든, 헬싱키의 루터는 파문을 당했거나 혹은 트리엔트 공의회의 꼼꼼한 저주문서가 그 파문 대상을 찾았을 것이다(호튼은 개혁파와 가톨릭 양 진영으로부터 정죄된 오지안더의 사상을 핀란드 학파에 빗대고 있다—편집자주).

다음의 한 가지 이유 때문에 나는 핀란드 학파가 동방 정교회와의 대화를 위한 적격자인지 의심스럽다. 동방 정교회에서는 하나님의 본질

3_ 칼뱅은 그의 1559년판 『기독교 강요』(Institutes)에서 오지안더의 견해를 길게 비판했다.

4_ *Institutes*, 3.11.5-6

5_ Ibid., 3.11.7.

6_ Ibid., 3.11.11.

7_ Kärkkäinen은 Robert Kolb and Charles P. Arand, *The Genius of Luther's Theology: A Wittenberg Way of Thinking for the Contemporary Church* (Grand Rapids: Baker Academic, 2008), p. 48을 인용하면서 각주 4번을 통해 미국의 보수적인 루터파가 만네르마 학파를 "오지안더파"로 묘사했다고 언급한다.

(essence)과 에너지(energies) 사이의 구별이 필수적이다. 서방 교회는 전통적으로 오직 창조되지 않은 본질(하나님)과 창조된 본질(창조물)만을 인정했기 때문에, 하나님과의 연합은 하나님의 본질과 연합하는 것을 의미한다. 그러나 동방 정교회에서는 하나님의 에너지와의 연합—에너지도 하나님이지만, 하나님의 존재 자체 안에 있다기보다는 하나님의 활동 안에 존재한다—만이 존재한다.[8] 이것은 헬라 이교의 헤노시스(henōsis, 신성으로의 흡수)와 신성화(theōsis)의 중대한 차이를 표시한다.

카르카넨은 지나가는 말로 다음처럼 언급한다. "루터는 동방 정교회의 전통과는 달리, 하나님의 에너지와 하나님의 본질의 구분을 알지 못한다." 그러나 만약 핀란드 학파가 말하듯이 루터가 "실재적·본체적(real-ontic) 연합"을 가르치지 않았다면, 그러한 구분에 민감하지 않은 것이 그렇게 심각한 문제가 되는 것은 아니다. "물질 자체는 다른 어떤 것으로 변하지 않는다"는 부인에도 불구하고, 러시아 정교회의 대담자가 카르카넨에 의해 인용된 만네르마 학파의 요점—"하나님이 신자에게 하나님의 본질적인 속성(essential properties)을 부여할 때 신자의 **신성화**가 시작된다"—을 어떻게 이해했는지 의심스럽다. 아니면 그리스도인을 신성화하면서 "하나님은 그 자신 및 자신의 본성(nature)을 실현한다"는 시모 페우라의 언급을 정교회 측에서는 어떻게 이해했을까?

비록 신인협력주의(synergism)에 대해서는 비판적이지만(신성화보다 신인협력주의의 칭의가 신성화로 훨씬 덜 함몰된다), 칼뱅과 개혁파 전통은 신성화 주제를 포함하는 많은 주제들에 관해 동방 정교회로부터 받은 잘 문서화된 굳건한 영향력을 유지하고 있다. 첫째, 때때로 동방 정교회의 기독교 신학자들을 언급한 후에, 칼뱅은 기독교 강요 전체에 걸쳐 본질-에너

8_ Vladimir Lossky, *The Mystical Theology of the Eastern Church* (Crestwood, N.T.: St. Vladimir's Seminary Press, 1976), pp. 65-89.

지의 구분과 같은 어떤 것을 가정한다. 이는 다음과 같다. 우리는 그의 본질을 통해서가 아니라 그의 행위를 따라서 하나님을 알게 되며, 하나님의 존재는 불가해하나 그의 에너지는 창조물을 통해 유추적으로 계시된다.[9] 동방 정교회의 영향이 칼뱅의 삼위일체론과 기독론 논의 전체에 퍼져 있을 뿐만 아니라 특별히 그의 성만찬 이해에 퍼져 있다.[10] 칼뱅은 독특하지 않으며, 비슷한 진술을 베르밀리(Peter Martyr Vermigli)와 그의 계승자들과 같은 칼뱅의 개혁파 동료들로부터 발췌할 수 있다.

둘째, 삼위일체 신학 안에 수렴이 존재한다. 칼뱅은 아우구스티누스와 제롬이 특히 위격(hypostasis)의 의미와 중요성과 관련해서 동방 정교회의 관점을 오해했다고 비난하면서 중도적인 입장을 추구했다. 그는 위격들(persons, 각각 교환할 수 없는 개별성을 가진)의 독특성과 실재를 강조하면서 나지안주스의 그레고리우스(Gregory of Nazianzus)에게 명백하게 의존한다(예를 들면 『기독교 강요』 1.13.17을 보라). 또한 칼뱅은 바실리우스(Basil)를 따라서 "행하신 일의 효력 있는 원칙, 그리고 만물의 근원과 원천을 아버지에게 돌리고, 아들에게는 지혜, 충고 및 행한 일의 질서 있는 배열을 돌리며, 성령에게는 그 행동의 능력과 효력을 돌렸다"고 기록했다.[11] 하나님의 모든 에너지는 아버지로부터(from), 아들 안에서(in), 성령을 통해(through) 비롯된다.

셋째, 고전적인 개혁파 신학은 원칙적으로 신성화를 확언하면서, 이를 본질-에너지가 구비된 상태라고 이해했다. 칼뱅은 "복음의 마지막이 마침내 우리를 하나님과 닮게 하는 것이라면 '우리를 신성화시켜 주십시

9_ 예, *Commentary on Paul's Epistle to the Romans* (Edinburgh: Calvin Translation Society, 1844; repr., Grand Rapids: Baker, 1993)의 롬 1:19 주해나, 혹은 *Institutes* 1.2.2; 1.10.2을 보라.

10_ 나는 이것을 *People and Place: A Covenantal Ecclesiology* (Louisville: Westminster John Knox, 2008), pp. 124-52에서 상세하게 지적했다.

11_ Calvin, *Institutes*, 1.13.18.

오!'라고 말해도 좋을지 모른다는 것을 기억하자"라고 말하면서도, 곧바로 다음과 같이 첨언한다.

> 그러나 본성(nature)이라는 단어는[벧후 1:4, 개역개정 성서는 "성품"으로 번역함─역자주] 여기에서는 본질(essence)이 아니라 특질(quality)이다. 마니교도들은 전에 우리가 하나님의 일부라고 꿈꾸었으며, 인생의 경주를 마치고 난 후에 우리는 마침내 원래의 모습으로 돌아갈 것이라고 주장했다. 또한 그날에 우리가 그렇게 하나님의 본질에 들어가고, 따라서 하나님이 우리의 본성을 삼키신다고 상상하는 광적인 사람들이 있다.…그러나 그런 정신착란이 거룩한 사도들의 마음에 결코 들어오지 못했다. 사도들은 우리가 육신의 모든 악덕을 벗을 때 신적이고 축복받은 영혼불멸과 영광에 참여할 것이라고 말하는데, 이것은 **우리의 능력이 허락하는 한**에서 하나님과 하나가 되었던 것처럼 그렇게 될 것을 의도했을 뿐이다(강조는 추가됨).[12]

칼뱅은 "플라톤(Plato)은 인간의 최고 본성을 신과의 연합으로 인식했지만," 그는 "그리스도로부터 멀리 떨어져 있었으므로 '그 본질을 심지어 희미하게조차 인식할 수 없었다'"고 주장한다. 또한 그는 몸을 떠나서 우리의 마음을 무형의 보편에까지 들어 올리는 것이 아니라, "그들의 마음을 **부활에**까지 들어 올린 그리스도의 유익이라는 열매를 오로지 그들만이 받았다"(강조는 추가됨)고 말한다.[13] 필립 워커 부틴(Philip Walker Butin)은 "기독교 강요에서 칼뱅이 말하는 하나님의 형상(*imago Dei*)의 가장 완전한 정의는 '하나님의 형상의 참된 본성(nature)'은 성서가 그리스도를

12_ John Calvin, *Commentaries on the Catholic Epistles*, trans. and ed. John Owen (repr., Grand Rapids: Baker, 1996), p. 371.

13_ Calvin, *Institutes*, 3.25.2.

통해 그 형상의 갱신을 말하는 것으로부터 파생되었을 것'이라는 가정에 기반을 둔다"고 지적한다.[14]

부활과 신성화는 개혁파의 **영화**(glorification) 교리 안으로 수렴하는 데, 이는 최근보다 16, 17세기 신학에서 훨씬 더 많은 관심을 받았다. 윌리엄 에임스(William Ames)에 따르면, 영화는 "칭의 판결을 실제로 그저 실행하는 것이다.…우리는 법정적 선포를 통해 상급으로 우리에게 주어진 생명을 영화의 때에 실제로 소유한다."[15] 프랜시스 튜레틴(Francis Turretin)은 신자들의 몸을 영원토록 빛나게 하는, 하나님으로부터 "꽃피우는" 창조되지 않은 영광 그 이상의 것이 영화라고 말한다. 그는 영화의 결과로서 시작했던 사랑이 완성될 것이고, 믿음은 보이게 될 것이며, 희망은 완벽한 기쁨을 낳을 것이라고 덧붙인다.[16] 그러나 다마스쿠스의 요한(John of Damascus)을 인용하면서, 튜레틴은 이 신성화/영화는 결코 창조물이 신의 본질과 통합되는 것을 용인하지 않는다고 관찰한다.[17] 또한 "창조된 지성으로서의 인간이 그의 본질로 하나님을 볼…때, 신의 본질은 그 지성이 이해할 수 있는 형태가 된다"는 아퀴나스의 편지를 고려할 때, 튜레틴의 견해는 아퀴나스의 그것과 대조될 수도 있다.[18] 그는 칼뱅의 주해에 응답하면서 다음과 같이 말한다. 마지막 완성의 때에 "성도의 영혼에는 신성의 특정한 유출과 발산(aporroē) 외에 다른 것은 없으며, 그들이

14_ Philip Walker Butin, *Revelation, Redemption, and Response: Calvin's Understanding of the Divine-Human Relationship* (New York: Oxford University Press, 1995), p. 68.

15_ William Ames, *The Marrow of Theology*, trans. John D. Eusden (1968; repr., Durham, N.C.: Labyrinth, 1983), p. 172.

16_ Francis Turretin, *Institutes of Elenctic Theology*, ed. J. T. Dennison Jr., trans. G. M. Giger (Phillipsburg, N.J.: Presbyterian & Reformed, 1992), 3:209.

17_ Ibid., 3:611.

18_ Thomas Aquinas, *Summa Theologiae*, Blackfriars ed. (New York: McGraw Hill, 1964), 1.12.5.

여전히 창조물에 속할 수 있는 만큼 그의 모든 완벽한 형상을 성도들에게 전달하는 것이다"(강조는 추가됨).[19]

내가 말했듯이, 개혁파 접근에서 지복의(beatific) 비전(즉 영화)은 부활을 그 중심에 두고 있으며, 이는 마음의 고양(ascent)이 아니라 새 창조가 완성될 때 일어난 육체적·우주적·종말론적 사건이다. 영화는 "그의 나라에서 그리스도의 영광스러운 모습이며, 하나님의 영광을 투사하는 것과 같고, 그 투사로 말미암아 성도의 몸이 빛나게 될 것이다."[20] 토머스 왓슨(Thomas Watson)은 웨스트민스터 신앙고백서 해설에서 영혼이 육체와 다시 연합함에 관해 열정적으로 이야기하면서, "신자의 티끌은 그리스도의 신비적 몸의 일부다"라고 결론짓는다.[21]

카르카넨은 "공동 선언"에 관해서 "명백하게 루터파는 칭의가 죄 용서일 뿐만 아니라 심지어 성령으로 사랑을 유효하게 하는 내적 변화라고 동의함으로써 중요한 에큐메니컬적인 발걸음을 내디뎠다. 초점은 그리스도와의 연합이다"라고 말한다. 내가 보기에 이것은 단지 종교개혁의 입장을 포기하는 것에 불과하다. 카르카넨이 관찰하듯이, "이러한 루터파의 진술과 마주하여 가톨릭은 의롭게 하는 의는 항상 유효하고 효력이 있는 은혜이며, 만약 그렇지 않다면 그것은 절대로 칭의가 아니라는 가톨릭의 표준적 견해를 되풀이한다"(#27). 카르카넨은 그 자신의 관점에서 다음과 같은—(1) 칭의는 많은 은유 중 하나다. (2) 칭의는 "연합과 참여, 심지어 신성화"다. (3) 칭의는 "법정적 선언 그 이상"이지만, "의롭게 만드는 행위와 과정"이기도 하다—의견 일치를 축하한다. 그뿐만 아니라 카르카넨은 "판넨베르크가 설득력 있게 보여준 것처럼, 종교개혁자들은 율법을 오해하

19_ Turretin, *Institutes of Elenctic Theology*, 3:612.

20_ Ibid., 3:619.

21_ Thomas Watson, *A Body of Divinity* (repr., Edinburgh: Banner of Truth, 1986), p. 309.

여 그것을 '죄 용서의 약속과 선포인 복음과 반대되는 것이자 하나님의 요구를 표현하는 수단으로 간주했다'"고 주장한다. 분명히 판넨베르크의 비평의 결과처럼 "그 구별은 더 이상 유지될 수 없다."

마지막으로 카르카넨은 "힌두교와 불교, 그리고 아프리카 사람들의 영성과 같은 다른 종교와 관련하여 신성화 교리가 구원에 관한 모든 그리스도인의 대화를 위해 적절한 후보가 된다면 어떨까?"라고 묻는다. 나는 신성화가 칭의보다 다른 종교에 더 호의적이라는 것을 인정한다. 하지만 이것이 기독교의 고백과 선포의 적절한 시험대인지 의심스럽다.

법정적 칭의는 동방 정교회와 로마 가톨릭의 관점에서 볼 때에는 신성화나 성화에 용해된다. 하지만 개혁파는 칭의, 성화, 영화는 각각 구분되지만 그리스도와의 연합을 위해 분리될 수 없는 요소임을 주장한다. 만약 죽음이 율법을 어긴 대가로서의 저주를 의미한다면, 심지어 영혼불멸이라는 선물도 법정적 칭의에 의존한다고 할 수 있다(고전 15:56-57; 딤후 1:10). 또한 세상의 권세에 대한 그리스도의 승리는 "법적 요구를 갖고 우리를 거스르는 빚 증서를 무효화하는 것"이라고 확언된다(골 2:14-15). 분명하게 칭의를 보장하는 법정적 근거 때문에, 우리는 칭의를 포함하여 훨씬 더 많은 것—그리스도가 주는 모든 선물뿐만 아니라 그리스도 그분 자신—을 얻게 된다.

진보적 개혁파

마이클 F. 버드

카르카넨의 기고문은 내가 오랫동안 관심을 가졌으나 실제로 연구할 시간이 많지 않았던 영역 중 하나인 신성화를 숙고하게 하였다. 물론 신성화는 동방 정교회 구원론의 주된 요소다. 동방 정교회와 개혁파가 언제나 자연스런 대화 상대자였던 것은 아니었다. 사실 동방 정교회 북미지역의 수장인 조나(His Beatitude Jonah, Metropolitan of All America and Canada)가 2009년 6월에 북미 성공회 연합에서 행한 연설에서, 그는 성공회와 동방 정교회 간의 상호 연합을 위해서 성공회가 칼뱅주의와 같은 개혁주의 이단들을 거부해야 한다고 말했다. 당신이 칼뱅주의자라면 이는 듣기 좋은 말은 아닐 것이다.

그러나 개혁파와 동방 정교회는 서로 좋지 않은 감정만 가진 것은 아닐지도 모른다. 예를 들면 호튼은 성만찬에 관한 칼뱅의 사상에 대해 매우 그럴듯한 설명을 제시하면서, 칼뱅은 성령이 떡과 포도주 안에 있는 생명을 주는 그리스도 육체의 에너지들을 전달하므로 떡과 포도주 안에 그리스도가 실제로 현존한다고 설명하는 동방 정교회의 교부들로부터 영향을 받았다는 견해를 제시했다.[1] 또한 키릴루스 루카리스(Cyril Lucaris, 1572-1638)는 콘스탄틴노플의 총대주교가 되기 전에 폴란드에서 사역하면서 개혁 신학을 접했다. 그는 동방 정교회의 범위 내에서 칼뱅주의를 표현하기 위한 신앙고백서를 작성했다.[2] 신성화에 관한 학자들의 관심이 급증하는 것은 신성화가 구원에 관한 전통적인 프로테스탄트의 이해와 어떻게 관련되는지 알 때가 되었다는 뜻인 듯하다.[3]

나는 특별히 루터와 신약성서 저자들이 칭의와 성화를 구별하는 것과 칭의의 삼위일체론적 특성, 칭의에 관한 가톨릭과 루터파의 대화, 그리스도와의 연합이 갖는 존재론적 의미와 같은 영역에 관한 카르카넨의 관심을 공유한다. 그러나 지면 관계상, "칭의는 연합과 참여, 심지어 신성화라는 측면에서 표현될 수 있다"는 그의 주장과 신약성서와 칼뱅에 비춰볼 때 그것이 의미하는 바에 초점을 맞출 것이다.[4]

첫째, 카르카넨이 신성화가 실제로 무엇을 뜻하는지 자신의 기고문 어디에서도 규정하지 않은 것이 내게는 다소 이상하게 여겨진다. 신성화라

1_ Michael S. Horton, *People and Place: A Covenant Ecclesiology* (Louisville: Westminster John Knox, 2008), pp. 124-52.

2_ *The Confession of Cyril Lucaris*, ed. Dennis Bratcher (copyright 2006), CRI/Voice에 관해서, 연구소 웹사이트 [www.crivoice.org/creedcyril.html]를 보라.

3_ 최근에는 Michael J. Christensen and Jeffery A. Wittung, eds., *Partakers of the Divine Nature: The History and Development of Edification in the Christian Traditions* (Grand Rapids: Baker, 2007); Stephen Finlan and Vladimir Kharlamov, ed., *Theōsis: Deification in Christian Theology* (Eugene, Ore.: Pickwick, 2006); Michael J. Gorman, *Inhabiting the Cruciform God: Kenosis, Justification, and Theosis in Paul's Narrative Soteriology* (Grand Rapids: Eerdmans, 2009)를 참조하라.

4_ Kärkkäinen은 칭의와 의를 종교개혁의 법정이 이끄는 정신으로부터 멀리 떨어지게 하고 대신에 그것을 관계적·언약적 관념으로 대체하려 한다. 이에 대해 두 가지를 말하려 한다. (1) 우리가 신약성서 그리스어 본문에 관한 어휘 사전과 주석을 가지고 있는 한, 칭의/의가 지닌 법정적 요소를 제거할 수 없다. (2) 관계적·언약적 칭의/의는 칭의/의의 법정적 의미와 경쟁하기보다는 그것을 보강한다.

는 개념은 고대와 현대 신학자들 사이에서 다양하기로 악명 높다. 어떤 이들은 신성화를 신적 특성을 흡수하는 것으로 여기지만, 다른 이들은 그 것을 하나님의 형상을 본받는 것으로 여긴다. 그의 다른 글을 참고하면, 카르카넨은 신성화를 하나님과 연합하는 것과 하나님 닮음(Godlikeness) 을 얻는 것으로 인식하는 것 같다.[5] 신성화에 관한 더욱 충분한 설명은 정 교회 스터디 바이블(Orthodox Study Bible)에 나타난다.

이것은 우리가 본질적으로 신이 되었다는 뜻이 아니다. 만약에 우리가 하나 님의 본질(essence)에 참여하면, 하나님과 인간 사이의 구별이 폐지될 것이 다. 이것이 **정말로** 의미하는 것은 우리가 하나님의 에너지(energy)에 참여하 는 것이며, 하나님의 에너지는 성서에서 영광, 사랑, 덕, 능력과 같은 수많은 개념으로 묘사되었다. 우리는 하나님의 은혜로 하나님과 같이 될 수 있고 진 정으로 하나님의 양자도 될 수 있으나, 결코 본질적으로 하나님처럼 될 수는 없다.…만약 우리가 그리스도에게 합류되면, 그리스도의 영화 된 몸을 통해 우리 인간에게 하나님의 에너지가 완전히 스며든다. 우리는 그리스도의 살과 피로 양육되어 하나님의 은혜―그의 힘, 그의 의, 그의 사랑―에 참여하며, 하 나님을 섬기고 그분을 영화롭게 할 수 있다. 이렇게 해서 인간인 우리가 신성 화된다.[6]

신성화와 관련된 몇 가지 성서적 기반이 존재한다. 베드로후서에서 우 리는 "이로써 그 보배롭고 지극히 큰 약속을 우리에게 주사 이 약속으로

5_ Veli-Matti Kärkkäinen, *One with God: Salvation as Deification and Justification* (Collegeville, Minn.: Liturgical Press, 2004); idem, "Theosis," in *The Encyclopedia of Christianity*, 5 vols. (Grand Rapids: Eerdmans, 2008), 5:452-55.

6_ *The Orthodox Study Bible: Ancient Christianity Speaks to Today's World* (Nashville: Thomas Nelson, 2008), pp. 1691-92.

말미암아 너희가 정욕 때문에 세상에서 썩어질 것을 피하여 **신성한 성품에 참여하는 자**(*theias koinōnoi phuseōs*)가 되게 하려 하셨느니라"(벧후 1:4)라는 말씀을 읽는다. 로마서에서 바울은 하나님의 예정이 지닌 목적은 신자들로 하여금 "그의 아들의 형상을 본받게" 하려는 것이라고 진술한다(롬 8:29). 신자의 심원한 운명은 짐작건대 그들이 신적인 영광으로 "영화롭게" 되리라는 것이다(롬 8:30). 또한 바울은 "우리가 다 수건을 벗은 얼굴로 거울을 보는 것같이 주의 영광을 보매, 그와 같은 형상으로 변화하여 영광에서 영광에 이르니 곧 주의 영으로 말미암음이니라"(고후 3:18)라고 말한다. 이 텍스트들이 분명히 신성화 교리나 혹은 그와 같은 중요한 어떤 것을 구성하는 성서적 요소다.

위에서 인용된 성서 본문들은 의심의 여지없이 일종의 신비라는 의미에서 신자들에게 그들의 존재론적 일치를 가져오는 변화를 언급하고 있다. 그러나 나는 우리가 이것을 신성화라고 불러야 하는지 확신하지 못한다. 사실 신성화라는 개념은 그것을 숙고할 때 오히려 파악하기 힘들다. 아타나시우스(Athanasius)는 "우리가 하나님으로 만들어질 수 있도록" 그 말씀(the Word)이 "인간으로 만들어졌다"고 썼다.[7] 그러나 "하나님으로 만들어졌다"는 아타나시우스의 말이 의도한 바는 불분명하다. 야로슬라프 펠리칸(Jaroslav Pelikan)에 따르면, "그리스도가 항상 하나님이었다는 고백이 무엇을 뜻하는지 구체화될 때에야 비로소 교회는 인간이 하나님이 된다는 약속이 무엇을 의미하는 것이었는지 구체화할 수 있을 것이다." 또한 그는 "헬라 교부들의 신성화 개념은 창조자와 창조물의 구분을 모호하게 할 위험이 도사리고 있었다"고 덧붙인다.[8]

7_ Athanasius, *The Incarnation* 54.3.

8_ Jaroslav Pelikan, *The Christian Tradition* (Chicago: University of Chicago Press, 1977), 1:155, 345.

성령을 통하여 그리스도와 연합하는 것은 하나님과 연합하는 것이다. 이것은 너무나 명백한 듯하다. 나는 신자들이 구원이라는 메시아의 이야기에 어떻게 들어가는지를 묘사하기 위해서는 신성화라는 측면을 언급하는 것보다 참여와 변화의 범주를 언급하는 것이 더욱 적절하다고 생각한다. 신자들이 하나님과 연합하여 함께 십자가에서 죽고 부활하기 때문에, 그들은 신실한 자로서 그리스도의 생명에, 십자가에 못 박힌 자로서 그분의 죽음에, 영생으로 부활하여 죄 없다 입증된 자로서 그분의 부활에, 하늘에서 다스리는 존귀한 자로서 그의 승천이라는 이 모든 유익에 참여한다. 또한 참여는 신자들을 그리스도의 몸으로 변화시키는 예수의 인성에 참여하는 것을 의미하는데, 이는 신자들을 소외에서 화해로 이동시키는 예수의 죽음이 지닌 유익에 참여하는 것이며 예수의 신적인 삶에 참여하는 것으로서, 신자들의 상태를 죽음에서 영원한 불멸로 변화시키는 것이다. 요약하면, 메시아의 인격(person)과 사역에 참여하는 것이 신자의 지위를 심판에서 의로 변화시키고 그들의 상태를 죽음에서 신적인 삶으로 변화시킨다. 나는 신성화라는 용어를 사용하는 것에 호의적이지만, 이 용어는 그리스도의 중재(mediation)를 통해 신자가 **하나님의 신적인 삶을 공유하도록** 변화되는 방식과 **하나님 그 자신인 의로움을 닮기 위해** 그리스도의 본을 닮는 방식을 간략히 요약하는 경우에만 사용될 수 있다. 그것을 넘어선 어떤 것도 문제를 해결하기보다는 혼란을 야기할 뿐이다.

둘째, 신성화는 칭의를 어떻게 설명하는가?[9] 카르카넨에 따르면 칭의는 하나님이 신자 안에 현존한다는 개념이며, "이 현존으로 말미암아" 그리스도는 "믿음의 의와 동일하다." 그는 신자들이 아마도 신적인 의를 포함하여 하나님의 "본질적 속성들"을 받는다는 취지에서 만네르마를 인용

9_ 비교. Gorman, *Inhabiting the Cruciform God*, pp. 40-104.

하는 것 같다. 그러나 이것은 칭의와 신성화를 함께 취하는 것이므로 마치 오지안더의 망령이 되살아난 것 같아 염려스럽다. 오지안더의 실수를 잊지 말라! 오지안더가 보기에 칭의는 그리스도의 신성이 지닌 필수적인 의가 신자에게 분여된다는 것을 뜻했다. 오지안더가 칭의의 법정적 특징을 거부한 것은 죄 용서를 위한 십자가 사역의 필요성을 부정하는 것이기 때문에, 오지안더의 입장을 거부한 칼뱅이 옳았다고 할 수 있다. 칼뱅은 우리가 하나님과 결합한다는 말의 의미는 하나님의 본질이 주입되는 것이 아니라 그것이 성령을 통해 교통되는 것을 의미한다고 주장했다.[10] 따라서 연합은 우리를 하나님의 삶으로 이동시키는 영적 연합이다. 반드시 우리에게 주어져야 하는 예수의 구속 사역이 주는 유익의 소통(communication)을 희생시키면서까지 신성과의 연합을 강조하는 한, 카르카넨의 견해는 오지안더적이라고 생각한다.

나는 많은 동방 정교회 교부들과 노선을 같이하면서, 하나님의 계획은 항상 로고스를 통해 하나님 자신을 창조세계와 연합하는 것이라고 내 학생들에게 가르친다. 그러나 타락 때문에 그의 피조물이 하나님의 구원하는 사랑을 체험하지 못하면 하나님은 죄로 타락한 창조물과 연합할 수 없다. 로고스가 창조물의 지위와 상태를 바로잡는 구원자가 아니라면, 하나님과 인간 사이에는 교통이 전혀 있을 수 없다. 로고스가 그 자신의 아담적(Adamic) 과제가 지닌 의를 그들과 함께 공유함을 통해 인간의 불의를 바로잡을 때까지 인간과 하나님의 본질적 의 간에는 어떤 만남도 있을 수 없다.[11]

10_ Calvin, *Institutes* 3.9.5-12.

11_ Kärkkäinen이 그리스도의 사역을 부정한다는 것은 아니다. 그 대신, 그리스도의 신성에 관한 그의 견해가 인성을 입은 그리스도의 사역이 거의 불필요하다는 것을 의미하는 것 같아 두렵다. 만약 오지안더(그리고 내가 Kärkkäinen을 두려워하는 이유)가 옳다면, 구속 사역에 관여하는 것은 그리스도의 인성이 아닌 오직 신성뿐이라는 결론이 도출된다. 그 경우에, 안셀무스가 제기한

셋째, 칼뱅은 신성화를 어떻게 생각했는가?[12] 마치 신성화를 지지하는 언급처럼 보이는 다수의 텍스트가 칼뱅의 저작 안에 존재한다. 예를 들어 "그리스도의 육신은 풍성하고 마르지 않는 샘과 같아서 그 자체로 신격 (Godhead)으로부터 솟아나오는 생명을 우리에게 부어주신다. 이제 누가 그리스도의 살과 피와 연합하는 것이 하늘나라의 삶을 열망하는 모든 사람에게 필요하다는 것을 보지 못할까?"[13] 신자는 그리스도와 연합함으로 "그(그리스도)의 모든 유익뿐만 아니라 그 자신에 참여하는 자다."[14] 만일 신자가 삼위일체의 삶으로 편입되는 것을 그리고 있는 칼뱅의 텍스트를 근거로 "그리스도에의 참여"에 대한 칼뱅의 견해를 신성화의 합법적 형태로 간주할 수 있다면, 그가 신성화를 옹호한다고 말할 수도 있을 것이다. 그러나 칼뱅의 견해를 비잔틴의 신성화와 비슷한 것으로 간주한다면, 이는 칼뱅을 오해한 것이다.[15]

브루스 맥코맥(Bruce McCormack)은 하나님과의 연합이라는 칼뱅의 개념이 동방 정교회의 신성화 개념과 상당 부분 일치할 것이라는 견해를 거부한다. 맥코맥은 칼뱅의 기독론이 하나님의 본질적인 생명이 신자에게 전달된다는 것을 실제로 용인하지 않을 것이라고 언급한다.[16] 그는 칼

것처럼 왜 하나님은 인간이 되셨는가?(*Cur Deus Homo*)라는 질문이 우리에게 남게 된다. 오지안더의 제안에 따르면 성육신이 전혀 필요하지 않으며, 그것은 성령처럼 신성의 분여를 위한 통로가 될 뿐이다.

12_ 비교. J. Todd Billings, *Calvin, Participation, and the Gift* (Oxford: Oxford University Press, 2007), pp. 13-14, 51-61, 193; Mark A. Garcia, *Life in Christ: Union with Christ and Twofold Grace in Calvin's Theology* (Carlisle, U.K.: Paternoster, 2008), pp. 209, 257-58.

13_ Calvin, *Institutes* 4.17.9

14_ Ibid., 3.2.24.

15_ Billings, *Calvin*, p. 54.

16_ Bruce McCormack, "Participation in God, Yes, Deification, No: Two Modern Protestant Responses to an Ancient Question," in *Denkwürdiges Geheimnis: Beiträge zur Gotteslehre. Festschrift für Eberhard Jüngel zum 70. Geburtstag*, ed. Ingolf U. Dalferth, Johannes Fischer and Has-Peter Großhans (Tübingen: Mohr/Siebeck, 2004), pp. 347-74;

뱅이 신성화 이론, 즉 본질의 상호 관통(interpenetration)이라는 관념을 가능하게 하는 것을 배제했다고 주장한다. 칼뱅에게 있어서 신자는 오직 그리스도가 가진 인간으로서의 본질에 참여한다. 더욱이 그리스도 안에서 본질의 상호 관통이 전혀 있을 수 없기 때문에, 그리스도의 인간적 본질에 참여했다는 것이 신적 본질에의 참여를 야기할 수 없다. 결론적으로 칼뱅의 기독론에서 신성화 이론에 필요한 존재론적으로 통용되는 것을 쉽게 발견할 수는 없다. 내가 보기에 칼뱅은 참여라는 용어를 동방 정교회와 같은 의미로 사용하는 것이 아니라 기껏해야 신성화의 약한 형태를 의미하는 것으로 사용하는 것 같다.

idem, "Union with Christ in Calvin's Theology: Grounds for a Divinization Theory?" in *Tributes to John Calvin*, ed. David W. Hall (Phillipsburg, N.J.: Presbyterian & Reformed, 2010), pp. 504-29.

논평
바울 신학의 새 관점
제임스 D. G. 던

이 기고문은 칭의에 관한 최근의 논쟁을 위한 가장 흥미로운 기여 가운데 하나일 것이다. 핀란드 자체는 동방과 서방의 경계의 일부이고, 동방 정교회와 루터파 간의 대화는 결과적으로 칭의 논쟁에 전적으로 새롭고도 매우 중대한 국면을 열어놓았다. 신성화가 기독교의 구원론과 이에 대한 고대의 내력을 묘사하는 한 방법이라는 조언은 가톨릭과 루터파/개혁파 그리고 "새 관점" 사이의 생산적인 관계회복은 각자의 관점에 한정되어 있고, 어쩌면 심지어 그들의 긍정적인 결과물들에만 제한되어 있다는 것을 뼈저리게 느끼게 한다. 비록 내가 칭의 논쟁의 조직·역사신학적 국면에 대해서 부분적으로만 알고 있기 때문에 내 전문 영역인 신약성서와 성서신학의 영역 안에 머무르고 있지만, 이 글을 통해 칭의의 조직신학적 논쟁에 관한 만네르마 학파의 견해를 소개받은 것에 감사하고 있으며, 사실 이로 인해 흥분되었다.

그러나 나는 주의 깊은 첫 언급으로 시작하려고 한다. 신약성서의 관점에서 나는 신성화라는 주제에 대해 너무 많이 언급하기를 꺼린다. 또한 신약성서 정경의 거의 끝에 위치한 단 한 구절(벧후 1:4)을 기반으로 신성화에 대해 너무 많은 것들을 체계화하려는 것도 주저한다. 그 구절은 확실히 "신적 본질의 공유자[*koinōnoi*]"가 되는 신자의 조망을 드러내지만, 그것을 "신성화"라는 단어로 묘사할 수 있을까? 리처드 보컴(Richard Bauckham)은 이에 대해 다음과 같이 우리에게 적절한 주의를 제공한다.

하나님에게 **참여**함이 아니라 하늘의 본질, 즉 불멸의 존재에 참여함을 뜻한다. 헬라 유대주의의 관념에서 그런 존재들은 하나님과 **같으며**, 그들은 하나님의 은혜로 그의 영광스럽고 불멸하는 존재를 반영한다는 점에서 그러하다. 하지만 그들은 헬라 종교로부터 유래한 느슨한 의미에서 단지 "신적"(divine)이며 신처럼(godlike) 되고 "신들"의 영원한 세계에 속한다. 신적 본질의 공유는 불멸의 존재가 되는 것이며 타락하지 않는 것이다.[1]

다른 구절들이 신성화 개념을 지지한다고 말할 수도 있으나(특별히 엡 3:19; 고후 8:9; 요 1:16; 17:23), 심지어 이 본문들도 "신성화" 개념을 억지로 끄집어내야만 이와 관련된 무언가가 발견될 뿐이다. 그리고 만약 "신성화"가 이미 구원론의 주요한 범주로 확립되어 있다면, 카르카넨이 언급하듯이 존재론적 변화를 나타내는 하나님과의 연합, 그리스도의 내주하심과 "하나님의 아들"로서의 그리스도인이라는 더 친숙한 모티프를 이용할 수 있겠지만 실상은 거의 그렇지 못하다. 내가 불편하게 생각하는 것은 창조자와 피조물 사이의 무한한 차이가 위험에 처하는 것이다. 신학자로서 나 역시 서방에 속하지만—코이노니아(*koinōnia*, 연합)는 코이노노스(*koinōnos*, 참여)보다 더 중요한 주제다—나는 다른 신학 논제처럼 동방과 서방 사이의 지속적인 대화를 환영하고 또한 그 대화에서 더 배우기를 소망한다.

1_ Richard Bauckham, *Jude, 2 Peter*, WBC 50 (Waco, Tex.: Word, 1983), p. 181.

또한 나는 너무나 협소한 칭의 개념을 넘어서려는 카르카넨의 시도를 매우 환영한다. 그러나 그가 나아가는 방향이 "효력 있는 칭의"—"죄용서뿐만 아니라 '하나님과의 교제', 그리고 '그리스도와의 연합'을 뜻하는(mean) 칭의"는 또한 "인간의 인격과 그의 창조자 간의 연합을 뜻한다(mean)"—라는 개념 자체를 확장하는지에 대해서는 결코 확신하지 못한다. 문제는 그 단어 "뜻하다"(mean) 때문일 수도 있다. 만약 우리가 "뜻하다"라는 단어를 "포함하다"(involve) 혹은 "~에 밀접하게 관련된다"(is closely allied to~) 등으로 쓸 수도 있다면 이 모든 것의 의미가 통할 것이다. 그러나 칭의는 이것들을 "뜻하지" 않는다. "의롭다 칭하다"(justify)는 "죄가 없거나 옳다고 선언하는 것"(declare innocent or guiltless)이다. 종교개혁자들이 칭의라는 용어가 환기하고 그 용어의 기본적 의미를 제공하는 법정적 상황을 강조한 것은 옳았다. 따라서 칭의는 상태나 사람의 변화보다는 주로 지위의 변화에 관한 것이다.

나는 카르카넨이 판넨베르크를 지지하면서 그의 요점을 제기한 방식을 더 선호한다. 예를 들면 "칭의는 구원에 관한 많은 은유 가운데 하나이며, 이는 충분한 공간을 확보하고서 다른 은유의 유입을 요청한다.", "'칭의 교리는 단지 [그리스도 안에서 하나님의 구원이라는] 그 주제를 자세히 설명하는 여러 방식 가운데 하나다.'…'심지어 바울 자신에게조차'…칭의는 '다른 모든 것들을 제어하는 바울 신학의 유일한 중심이 아니다'"(판넨베르크를 인용). "칭의는 성서에 나타나는 구원에 관한 많은 이미지 가운데 하나이며, 그것이 해석상의 유일한 핵심이 될 수 없다.…바울은 이 법정적 이미지를 그의 교리가 지닌 한 가지 측면을 보여주는 방법 가운데 하나로 사용한다." 그것은 확실한 요점이고, 마치 복음 안에서 또한 복음으로 말미암은 하나님의 은혜를 묘사하는 유일하고 타당한 수단인 것처럼 칭의에 모든 짐을 지우거나 집착하는 사람들에게 대응하는 좋은 방법이다. 칭의는 용서를 "뜻하지" 않으나, 복음은 용서를 정말로 제공한다. 칭의는 "그리스도와의 연합"을 "뜻하지" 않으나, 복음은 그리스도를 신뢰하는 자들에게 그리스도와의 연합을 정말로 약속한다.

바울에게 하나님의 의는 "구원하는 의"와 "의"의 관계적 양상(카르카넨도 이를 인식한다)을 뜻한다는 것을 이해하는 것은 정말로 법정적 이미지 그 너머를 가리키는 것에서부터 시작한다. 편협하게 법정적 용어들에만 초점을 맞추는 것에 올바르게 대응하는 방식은, 바울의 구원론이 갖는 여러 다른 이미지들과 은유들과 그 국면들을 강조하는 것일 뿐, 비법정적인 이미지들을 법정적 이미지 위에 수북이 쌓아 올려서 법정적 은유를 확장하는(사실상 넘치게 하는) 것이 아니다. 칭의는 "성화"를 뜻하거나 심지어 성화를 포함하지도 않는다. 그러나 바울은 법정 이미지를 사용하여 신자들을 "그리스도 안"에 있다고 간주하면서, 구원을 신뢰와 순종의 삶 내내 이루어지는 하나의 과정으로 묘사하거나, 혹은 그리스도의 형상으로 변화되는 과정이자 성숙해지고 완벽해지는 과정으로 언급한다. 스콜라주의적 루터파를 비판하는 것은 그것이 칭의 교리를 강조하기 때문이 아니라, 칭의를 강조하기 위해 다른 이미지와 은유들을 소홀히 하거나, 혹은 인류를 향한 은혜의 작용을 오직 특권적 방식(이신칭의)이 언급하는 바를 따르도록 다른 이미지들을 강제하기 때문이다. 그리고 여기서 카르카넨이 그러한 것처럼, 칭의와 관련되든지 혹은 그 자체의 권한으로든지, 나는 바울이 종종 그렇게 했던 것처럼 성령의 은사를 훨씬 더 많이 언급하는 것이 좋다고 생각한다.[2]

최근에 루터파와 동방 정교회 및 루터파와 가톨릭 사이에서 일어난 화해의 규모는 "바울에 관한 새 관점"이 발전한 정도와 비슷하다는 카르

2_ 나는 내 저서인 *The Theology of Paul the Apostle* (Grand Rapids: Eerdmans, 1998), 16장을 다시 언급한다.

카넨의 제안 역시 상당히 고무적이다. 바울 서신을 극도의 개인주의적 문헌으로 읽으려는 편협한 시도—이스라엘 종교를 부당하게 폄하할 뿐만 아니라 믿음과 선한 행위를 서로 과도하게 대조적인 것으로 설정하는(선언적인 의와 효과적인 의로 구분하는) 시도—에 대한 저항으로 "새 관점"을 특징지은 것은, "새 관점"에 관한 내 핵심적인 강조 사항들을 상당히 잘 요약한 것이다. 그러나 그가 이 주제들의 상호 관련성을 조금 더 살폈으면 하는 아쉬운 마음이 있다.

첫째, "칭의의 공동체적 추이"가 반드시 "신자의 교제"(fellowship)와 관련된 것은 아니다. 그것은 이방인에게서 유대인을 분리하고 사실상 이방인이 하나님의 언약적 은혜에 참여하는 것을 배제시키는 장벽(율법)을 무너뜨리는 것과 훨씬 더 관련 있다. 개별 죄인에게 하나님의 화평을 전할 뿐만 아니라, 하나님의 은혜 안에서 인종적 혹은 민족적 우선권이나 특권이 부정된다는 사실은 여전히 유효하다는 것을 기억할 필요가 있다. 이 주제에 관한 에베소서 2-3장의 강해가 너무 자주 에베소서 2:9에서 중지될 뿐만 아니라, (이 서신의 핵심인) 에베소서 2:11-3:13의 강력한 강해가 무시되곤 한다.

둘째, 서방 기독교와 동방 정교회의 대화에서, 전자는 반유대교(anti-Judaism) 및 반유대주의(anti-Semitism)를 이미 인정했다. 그것은 홀로코스트(holocaust)의 공포에 대한 맞대응일 뿐만 아니라 (단지 신약성서가 아닌) 성서신학 전 분야의 회복이 가져온 산물이다.[3] 그러나 동방 정교회는 기독교가 랍비적 유대교와 거리를 둠으로써 그 정체성을 규정하려 했을 때 교부들의 태도에 의해 너무 많이 결정된 반유대교적 감정이 여전히 존재함을 솔직히 인정해야 한다. 동방 정교회는 이 문제에 대한 그 자신만

3_ 루터파에서 제기한 율법과 복음의 대립이 너무나 쉽게 유대교와 기독교의 대립으로 바뀌었다.

의 제2바티칸 시기가 필요하다. 루터의 논쟁적 소책자인『유대인과 그들의 거짓말에 대하여』(*On the Jews and Their Lies*) 때문에 루터파는 이미 오래 전에 유대인에 대한 루터의 생각을 포기했으나, 내가 알고 있는 한, 동방 정교회는 크리소스토무스(Chrysostom)의 비판집(diatribes)인『유대인에 반대하여』(*Against the Jews*) 때문에 여전히 유대인에 대한 크리소스토무스의 생각과 결별해야 한다.

셋째, 카르카넨이 "효력 있는 칭의"와 "의의 주입"을 강조하는 것은 이해할 만하고, 바울이 역사적 상황 안에서 신자들에게 기대한 "선한 행위"로서의 복음의 성과가 지닌 "성화"라는 측면을 이끌어내는 방식도 수용할 만하다. 그러나 신자가 육신을 따라 살면 타락과 죽음을 거둘 것이라는 바울의 경고와 행위에 따른 심판에 관한 바울의 가르침을 그가 좀 더 반영하고 다루었다면 더 좋았을 것이다. 신자의 죄는 "진짜 죄"일 수 있고, 가령 그렇다 할지라도 그 죄가 "하나님과의 분리를 가져오지 않을 것"을 인식하는 것은 매우 좋다. 그러나 그것이 바울이 말한 것인가? 로마서 8:17; 11:22; 고린도전서 10:12; 15:2; 골로새서 1:22-23과 같은 구절에서 "~라면"(provided that's)에 해당되는 것들을 너무 쉽게 조건문으로 설정해서 바울의 경고가 약화되는가? 나는 그렇게 생각하지 않는다.

결론적으로 동방과 서방, 가톨릭과 개혁파는 공개적 대화의 발전을 통해 이미 많은 것을 얻었지만, 그 얻은 것만큼 모든 당사자가 어쩌면 자신의 전통으로 여전히 굳건한 울타리를 치고 있다고 할 수 있다. 그러므로 대화가 질식되지 않고 다른 이들에게 하나님이 주신 통찰력에—하나님이 바울에게 주셨을 뿐만 아니라 바울을 통해 주신 모든 범위의 **통찰력**은 언급할 필요도 없이—충분히 귀를 기울이는 데 실패하지 않기 위해서 자신들의 전통적인 성서 해석의 통제를 완화할 필요가 있다.

로마 가톨릭

올리버 P. 래퍼티

카르카넨은 너무 자주, 그리고 오랫동안 프로테스탄트와 로마 가톨릭이 의화를 다뤄온 방식인 논쟁적 특성을 초월하려고 한다. 그는 서방 기독교의 논의가 동방 정교회의 신성화 개념의 배경과 대립한다는 설정을 통해 이를 시도한다. 오직 그 기반만으로도 그의 기고문은 중요한 가치가 있다. 그는 확신에 찬 에큐메니컬적 관점에서 글을 쓰면서, 종교개혁과 반종교개혁 논쟁의 배경사가 여전히 에큐메니컬적 대화의 장애가 되는 것을 용인하지 않는 것을 강조하는 데 관심을 둔다. 이 상황에서 "의화에 관한 공동선언"은 16세기 이래 종파 간의 관계를 혹독하게 찢어놓은 상처를 치유하는 약과 같다. 이 모든 것은 환영받고 칭찬받을 만한 가치가 있다. 그러나 다음과 같은 질문이 제기된다. 의화가 물리적으로(materially) 신성화와 동등하다는 카르카넨의 중심 논지는 무엇인가? 그의 견해는 중대한 "종교개혁의 발견"에 기반을 둔 루터의 견해에 관해 얼마나 많은 것을 시사하는가?

카르카넨의 분석이 갖는 핵심요소는 핀란드 만네르마 학파가 제시하는 견해가 구 독일 학파를 중심으로 기존에 우세했던 견해보다 루터의 사상을 해석하는 데 보다 정확한 지평을 제공한다는 확신이다. 핀란드 학파의 견해는 러시아 정교회와의 접촉을 통해 엄청난 자극을 받았고, 이 사이에서 열린 대화는 그 다음에 열린 로마 가톨릭과 루터파 사이의 대화에 영향을 미쳤다. 핀란드 학파의 기반이 되는 방법론의 중심에는 법정적 의화와 유효한 의화 사이의 구별이 루터의 사상에 존재하지 않았으며, 또한 루터에게 개인 삶에서의 의화라는 과정은 "의의 선언"일 뿐만 아니라 "의롭게 만듦"을 포함한다는 확신이 있다. 또한 이 성화의 과정은 로마 가톨릭과 루터파의 의화 토론이 지닌 중요한 함의를 담고 있다.

의심의 여지없이, 카르카넨은 의화 논쟁을 새로운 상황으로 전환하여 진정한 수렴이 가능하다는 것을 보여주려 한다. 그것이 영국 성공회의 39개조 신조(39 Articles)의 신학이 참으로 트리엔트 공의회의 신학과 양립할 수 있음을 보여주려 애썼던 존 헨리 뉴먼(John Henry Newman)의 소책자 90(Tract 90)의 시도와 같은 것은 아닌지 궁금하다. 카르카넨은 루터가 주장하는 의화가 주로 법정적 선언이 아니라 그리스도로 인한 신자의 내면에 일어나는 변화임을 주장하고자 애쓴다. 그의 주장에 따르면 루터의 중심사상은 하나님 자신의 삶 안에 신자가 참여하는 것이다. 이렇게 해서 태어난 "본체적 연합"(ontic unity)이라는 용어는 동방 정교회의 신성화와 놀랍도록 비슷할 뿐만 아니라, 우리로 하여금 루터 자신의 신학이 역사적 루터파 안에 보존된 이해보다 가톨릭의 이해에 잠재적으로 더 가깝다는 것을 보게 해준다. 비단 우리의 주목을 끄는 것은 카르카넨만이 아니다. 심지어 알리스터 맥그래스는 『그리스도인의 자유』(The Freedom of a Christian, 1520)를 통해 알려진 루터의 "칭의 신학"과 "동방 정교회의 신성화 개념" 사이에 어느 정도 유사성이 있다고 생각한다.[1] 맥그래스는 칭의에 관한 루터의 요점을 설명하면서 카르카넨의 관점을 지지하기 위한 근

1_ Alister E. McGrath, *Iustitia Dei: A History of the Christian Doctrine of Justification*, 3rd ed. (Cambridge: Cambridge University Press, 2005), p. 226.

거를 다음과 같이 제공한다.

> (루터의 칭의는) 모든 내용을 포함하는 과정으로서, 그리스도인의 시작, 발전, 그 이후의 완전함을 포괄한다. 이것이 루터와 이후 프로테스탄트주의의 가장 분명한 차이점이며, 루터를 일반적인 인식보다 트리엔트 공의회의 입장에 더 가깝게 위치시킨다.[2]

이 모든 내용은 너무나 매력적이지만, 반드시 물어야 할 사항이 있다. 맥그래스의 언급이 실제 역사적 루터에 대한 사실인가? 그 안에는 증명해야 할 너무나 많은 의미가 숨어 있기 때문이다. 특정 주제에 관해서 루터와 루터파의 차이를 지적할 수 있다는 사실을 논의할 수 있는 사람은 하나도 없다. 심지어 멜란히톤도 자신의 신학을 형성할 때 전적으로 루터가 선호하는 개념들을 사용한 것은 아니었다. 더욱이 루터의 견해가 16세기 가톨릭 신학과 양립할 수 있다고 여겨졌다면, 트리엔트 공의회가 왜 그토록 격렬하게 루터의 칭의 교리에 저항하고 이를 논박하는 데 그렇게 많은 시간을 할애했겠는가? "공동 선언"을 향한 가톨릭의 공식적 반응은 특히 의화와 관련하여 "의롭다 선언받은 죄인"(The Justified Sinner) 개념에 대한 두 진영의 신학적 관점의 차이가 참으로 여전히 남아 있다는 사실을 강조한다.[3]

카르카넨은 지난 반세기 이상의 풍부한 성서 주해로부터 나온 새로운 통찰과 그 중요성을 강조하고, 이를 통해 바울의 원저작에서 의화가 의미

2_ Ibid., p. 233.

3_ *Response of the Catholic Church to the Joint Declaration of the Catholic Church and the Lutheran World Federation on the Doctrine of Justification*, "Clarifications," 1988, p. 1. www.vatican.va/roman_curia/pontifical_councils/chrstuni/documents/rc_pc_chrstuni_doc_01081998_off-answer-catholic_en.htmil을 참조하라.

했던 것이 무엇인가를 규명하는 데 관심을 가진다. 사실 마크 A. 사이프리드(Mark A. Seifrid) 같은 몇몇 학자들은 루터가 몇 가지 중대하고 근본적인 측면에서 로마서에서 바울이 추론한 요점을 놓쳤다고 논증한다. 그에 따르면 "바울의 사상은…루터의 사상과는 달리…개인보다는 구속사(Heilsgeschichte)에, 그리고 특별히 그리스도의 죽음과 부활 안에 있는 시대의 전환점에 기반한다."[4] 이것이 에큐메니컬 신학에서 타당하고 중요한 접근방식이긴 하지만, 이러한 접근방식 자체만으로는 루터와 그의 계승자들이 바울의 관심사를 온전히 이해하지 못했다고 말하는 것을 제외하고는 루터의 견해나 역사적 루터파의 견해를 결정하는 데 아무런 도움이 되지 못한다.

동일하게, 루터의 이해를 다루는 우리의 탐구는 역사적 연구 자체로서는 흥미가 있겠지만, 그것이 저절로 현재의 우리에게 도움을 줄 수는 없다. 우리의 상황은 16세기의 그것들과 같지 않다. 마르쿠스 브리트(Markus Wriedt)가 논평했듯이, "루터는 단지 그의 시대를 통해, 그의 시대 안에서만 이해될 수 있다. 하나님께 감사하게도, 시대가 변했다."[5] 이것이 정확하게 "공동 선언"이 우리가 살고 있는 상황에서 결정적으로 중요한 이유다. 그러므로 카르카넨은 "공동 선언"이 의화 사상에 제기한 주요한 진전을 정확하게 짚어낸 것이다. 특별히 "공동 선언"에 서명한 루터파는 성화와 관련된 질문을 상당히 양보한 듯 보인다. 의화는 신자의 내면에 변화를 낳는다. 루터가 그의 신학 중 몇몇 부분에서 의화와 성화가 같은 과정의 한 부분이라고 논증한 것은 물론 사실이다. 그렇다면 루터가 말하는 성화

4_ Mark A. Seifrid, *Justification by Faith: The Origin and Development of a Central Pauline Theme* (Leiden: Brill, 1992), p. 9.

5_ Markus Wriedt, "Luther's Theology," in *The Cambridge Companion to Martin Luther*, ed. Donald K. McKim (Cambridge: Cambridge University Press, 2003), pp. 86-119을 참조하라. 위의 언급은 p. 114에 나온다.

에서는 정확하게 무엇이 일어나는가라는 질문이 제기될 수 있다. 이 문제에 있어서 카르카넨은 "공동 선언"이 루터 자신의 견해이자 정신으로서 참되다고 주장하는 것처럼 보이는데, 내게는 이 부분이 조금은 불편하며 내가 그를 오해하지 않았기를 바랄 뿐이다. 분명히 루터에게 있어서 하나님은 신앙에 의존하는 과정을 통해 "외부에서 비롯된 의"로 개개인을 감싸신다. 이 경우, 물론 인간의 행위는 그 어떤 의미로도 들어설 여지가 없고, 그 안에서 인간은 전적으로 수동적일 뿐이다. 루터 신학의 세밀하고 주의 깊은 옹호자로서 맥그래스는 다음과 같이 논평한다. 개인의 지위와 관련하여 칭의가 야기한 변화는 그의 본질에 대한 것이 아니므로, 의롭다 함을 얻은 자들은 죄인인 동시에 의인(simul iustus et peccator)의 지위를 소유한다.[6] 또한 앞에서 살핀 것처럼, 이 문제는 가톨릭교회가 루터 자신과 루터파 전통과의 차이를 여전히 심각하게 느끼는 주제 가운데 하나다.

우리 모두는 루터의 신학 전반과 삶에서 칭의의 중심성을 잘 알고 있다. 루터 자신이 "이 조항이 없는 세상은 단지 죽음과 어둠뿐이다"라고 말했기 때문이다.[7] 더욱이 피터 툰(Peter Toon)이 언급한 것처럼, 루터의 견해는 칭의에 관한 신학적 사고의 주요한 발전을 대표할 뿐만 아니라, 이를 기반으로 그는 역사적으로 가톨릭주의와 결별했다. 또한 툰은 1537년 슈말칼덴 조항(Schmalkaldic Articles)을 통해 루터가 제기한 칭의 교리에 관련된 유명한 선언에 대해 다음과 같이 주목한다.

(칭의 교리는) 교황과 악마와 세상에 맞서서 우리가 가르치고 실천하는 모든 것에 달려 있다. 따라서 우리는 칭의를 반드시 확신하고 이에 대해 의심의 여지가 없어야 한다. 그렇지 않으면 우리는 모든 것을 잃고, 교황과 악마, 그리

6_ Alister E. McGrath, *Justification by Faith* (Grand Rapids: Academies Books, 1990), p. 52.
7_ *WA* 39/1, 205, 5.

고 우리의 모든 적이 승리를 얻을 것이다.[8]

　카르카넨이 말한 대로 칭의가 성서에 등장하는 구원에 관한 은유 가운데 단지 하나일 뿐이라는 것이 사실이지만, 그럼에도 불구하고 루터에게 그것은 핵심 은유다. 에버하르트 융엘(Eberhard Jüngel)이 지적한 것처럼, 루터는 칭의 조항에서 포기하거나 타협 가능한 내용이 하나도 없다고 주장했다.[9] 왜냐하면 루터는 바로 이 기반을 통해 참된 복음에서 결별한 중세 가톨릭의 왜곡과 자신이 결별했다고 믿었기 때문이다. 융엘의 책에 대한 존 브루어(John Brewer)의 서문에서 그가 지적한 것처럼, 융엘에게 칭의는 구원에 관한 다른 신학적 사고들이 그것을 중심으로 배열되어 있는 핵심이다.[10] 루터에 대해서도 같은 식으로 말할 수 있을 것이다. 아마도 융엘은 "공동 선언"이 아닌, 적어도 그 선언의 전체가 아닌 방식으로 루터에게 충실한 듯하다.

　비록 신학적 인간학의 논의에 대해서는 민감하지만, 카르카넨은 의지의 자유에 관한 논의에는 깊이 관여하지 않는 것 같다. 타락의 결과로서 사욕편정(concupiscence)에도 불구하고, 우리에게 하나님을 받아들이거나 거부할 수 있는 자유가 있다는 것은 로마 가톨릭이 쉽게 결별할 수 없는 확신이다. 역사적으로 가톨릭 신학에서 의지의 자유는 하나님이 부여하시는 의화의 은총을 개개인이 포용 가능하게 하고, 의지의 움직임은 또한 일정 부분에서 의롭게 되는 과정의 일부로 작용한다. 루터에게 있어서 인간의 의지는 우리의 피조물 됨에서 기인하는 본성 때문에 노예 상태다.

8_ Peter Toon, *Justification and Sanctification* (Westchester, Ill.: Marshall, Morgan & Scott, 1983), p. 57.

9_ Eberhard Jüngel, *Justificaiton: The Heart of the Christian Faith*, ET (New York: T & T Clark, 2001), p. 17.

10_ Ibid., p. xv.

덧붙여서, 이중 예정(double predestination)에 관한 루터의 주장은 아우구스티누스의 신학을 넘어설 뿐만 아니라 로마 가톨릭과 양립할 수 없는 주장이며, 의화 과정에 관한 가톨릭과 루터파의 견해가 수월하게 맞물리는 것을 어렵게 한다.

16세기 루터주의 안에서의 발전의 측면에서 볼 때 중요한 부분이 여전히 남아 있다. 예를 들면 루터를 따르는 사람들과 "법정적 칭의"를 주장하는 사람들은 루터 자신의 신학적 사고체계로부터 너무 멀리 벗어나서 다소간 그를 왜곡했는가? 이 부분에서 다시 한 번 맥그래스는 비록 루터파 안에서 일어난 역사적 발전의 양상에 민감할 뿐만 아니라 가장 소중히 간직된 루터의 개념 중 일부에 대한 급진적 수정이 있었음을 인정할 준비가 되었음에도 불구하고 "전가된 의"라는 개념의 기원이 "루터에게 있다고 간주하는 것이 타당하다"고 말함으로써 이 문제의 핵심이 무엇인지 그가 간파하고 있음을 보여주었다.[11]

수년 전에 작고한 영국의 개혁파 신학자 프랜시스 클라크(Francis Clark)는 그의 강의를 통해 가톨릭과 루터파의 차이를 특징짓는 의화를 다음과 같은 방식으로 접근한다. 그는 고양이와 원숭이가 위험한 순간에 자기 새끼들을 구출하는 방식에 관한 비유를 사용했다. 고양이는 입으로 새끼의 목덜미를 물고 홱 낚아채 들어 올려서 새끼를 위험에서 구한다. 원숭이는 대조적으로 나무를 붙잡고 손을 쭉 뻗은 채 자기 새끼에 도달해서 새끼를 위험에서 낚아챈다. 어떤 의미에서 이 비유는 정말로 가톨릭과 루터파가 의화에 접근하는 방식의 차이를 역사적으로 잘 표시한다. 물론 가톨릭 신자로서 우리는 도달하는 능력을 하나님이 주시기 때문에 은총에 의존하며, 따라서 모든 것이 은총 때문이라고 고백하기를 원한다. 그

11_ Ibid., p. 229.

럼에도 하나님의 섭리 안에서 우리는 단순히 수동적이지 않고 우리의 역할이 있다.

내가 보기에는 종교 간 논제에 있어서 카르카넨의 글 말미에 등장하는 신성화의 함의에 대한 관찰이 가장 논쟁을 불러일으킬 만한 고찰인 것으로 보인다. 확실히 그의 견해는 로마 가톨릭의 관점에서 볼 때 기원후 2000년 바티칸 문서에 수록된 당시 추기경 요제프 라칭어(Joseph Ratzinger)의 주 예수(Dominus Iesus)라는 선언문과 양립할 수 없다.

그러나 부정적인 언급으로 끝맺는 것은 적절하지 않은 것 같다. 카르카넨의 글은 루터파와 동방 정교회 신학자들 간의 중요한 대화를 확고히 했고, 루터 신학과 관련된 만네르마 학파의 해석학적 발전을 따라서 "공동 선언"이 의화의 현대적 이해를 위해 얼마나 중요한지를 우리에게 잘 보여주었다. 그는 신성화라는 틀을 통해 이 "공동 선언"이 구원에 관한 포괄적 이해의 틀을 우리에게 제공하는 방식을 또한 잘 제시하였다. 특별히 카르카넨은 신성화가 신학적 지평으로서 어떻게 루터 자신의 칭의 이해와 제대로 양립할 수 있는가를 잘 드러냈다. 그것은 마땅히 그랬어야 했다. 칭의가 루터와 역사적 루터주의를 규정하는 핵심 개념임에도 불구하고 그것으로부터 벗어나지 않으면서, 카르카넨은 우리가 믿는 하나님에 관한 접근방식과 관련하여 우리의 궁극적인 목적은 하나님 그 자체인 형언할 수 없는 신비와의 연합임을 상기시켜준다. 그러나 우리는 그리스도 안에 있는 그의 자기 계시에 의해 그리스도에 관한 유의미한 진술을 할 수 있고, 그를 사랑할 수 있다. 그러나 하나님은 여전히 신비에 머무르시며, 우리는 그 신비를 온전히 파악할 수 없다.

▶ 7장
▶ 로마 가톨릭
제럴드 오콜린스 & 올리버 P. 래퍼티

가톨릭의 칭의 견해 (올리버 P. 래퍼티)

서론

1547년 1월 13일에 승인된 제6차 트리엔트 공의회 문서는 아마도 가톨릭
의 의화 신학에 관해 가장 분명하면서도 체계적인 내용을 담고 있는 자료
일 것이다.[1] 하지만 교회가 의화 개념이 갖는 의미에 도달하기 위해 해당
논쟁을 종료하고 심의담당관들에게 다양한 초안을 제출하여 이를 통과시
키는 데만 해도 거의 7개월이 걸릴 정도로 이 논의는 복잡한 과정을 포함
하는 것이었다. 야로슬라프 펠리칸(Jaroslav Pelikan)은 트리엔트 공의회뿐
만 아니라 "전후의 다른 어떤 공의회 신조들도 그토록 세심한 관심을 받
지는 못했다"고 언급했다.[2] 트리엔트가 의화를 다루는 신조를 형성하는

1_ 이 기고문의 첫 부분에서 Oliver P. Rafferty는 트리엔트 공의회의 1547년 교령에서 규범적으로
　표현된 로마 가톨릭 의화 교리의 역사적 발전 양상을 보여준다. 두 번째 부분에서 Gerald
　O'Collins는 1999년 "공동 선언"으로부터 시작하여 21세기까지 제기된 의화 사상에 대해 한
　사람의 가톨릭 신학자로서 어떻게 생각하고 있는지를 제시한다.
2_ Jaroslav Pelikan, *The Christian Tradition: A History of the Development of Doctrine*,
　vol. 4: *Reformation Church and Dogma* (1330-1700) (Chicago: Chicago University Press,
　1984), p. 281. 그 공의회 자체는 의화교령의 중요성을 잘 알고 있었다. 공의회 의장은 1546년 6월

데 제한적 의도를 갖고 있었다는 것 또한 분명하다. 트리엔트는 의화에 관해 로마 가톨릭과 프로테스탄트를 분명하게 구별 짓기 원했으나, 중세 가톨릭의 다양한 학파 사이에서 제기된 논쟁적인 질문의 기반을 형성했던 하나님의 은총과 인간 의지의 자유를 다루는 견해들과 관련된 논쟁을 불러일으킬 만한 판결을 피하기로 했다.[3] 더욱이 몇몇 주석가들은 트리엔트 공의회가 의화에 관해 단일한 관점만 제공하거나 "트리엔트 공의회에서 결정된 의화 교리"만을 한목소리로 주창할 것으로 생각하는 것은 실수라고 경고한다.[4]

역사적으로 트리엔트의 의화 교리가 모든 프로테스탄트 학자를 만족시킨 것은 아니었다. 칼 바르트(Karl Barth)는 이와 관련하여, 그 가르침은 "위에서 말미암은 빛이 하나도 없다"는 유명한 말을 남겼다.[5] 한편 아돌프 폰 하르낙(Adolf von Harnack)은 만일 그 신조가 라테란 5차 공의회(Lateran V, 1512-1517)에서 통과되었다면 종교개혁의 역사가 달라졌을 것이라고 추측한다.[6] 가톨릭 측에서 한스 큉(Hans Küng)은 사실상 가톨릭과 루터파의 의화 이해는 실질적으로 동등하다는 것을 보여주려 했다.[7] 표면적으로 볼 때, 큉의 접근방식은 1999년 아우크스부르크(Augsburg)에서 작

21일 트리엔트에서 로마에 이렇게 썼다. "신학 영역에서 그 공의회의 의미는 주로 의화에 관한 조항에 있다. 사실 이것이 그 공의회가 반드시 다루어야 할 가장 중요한 항목이다." Hubert Jedin, *A History of the Council of Trent*, trans. Ernest Graff (Edinburgh: Nelson, 1961), 2:171에서 인용됨.

3_ Jedin, *Council of Trent*, p. 304.

4_ Alister McGrath, *Iustitia Dei: A History of the Christian Doctrine of Justification*, 3rd ed. (Cambridge: Cambridge University Press, 2005), p. 195.

5_ Karl Barth, *Church Dogmatics* 4/1, trans. G. W. Bromiley (Edinburgh: T & T Clark, 1956), p. 626.

6_ Adolf von Harnack, *History of Dogma*, vol. 7, trans. William McGilchrist (London: Williams & Norgate, 1899), p. 57.

7_ Hans Küng, *Justification: The Doctrine of Karl Barth and a Catholic Reflection*, trans. T. Collins, E. E. Tolk and D. Grandskou, 2nd ed. (London: Burns & Oates, 1981).

성된 루터파와 로마 가톨릭교회의 의화에 관한 공동 선언에서 승인을 받은듯 했다.[8] 그러나 문제는 여전히 남아 있었고, 에버하르트 융엘(Eberhard Jüngel) 같은 학자는 공동 선언에서 제기된 의화에 관련된 합의가 현실성이 결여되어 있다는 것을 장황하게 제시하는 쪽으로 나아갔다.[9]

트리엔트 공의회에 참석한 신부들은 히포의 성 아우구스티누스(St. Augustine of Hippo, 354-430년)에 의해 시작되었고 펠라기우스주의에 대한 혐오로 인해 교회 역사 안에 등장한 후기 아우구스티누스주의자들이 특별히 제기했던, 의화에 관한 풍부하고 다양하면서도 특별한 신학적 추론들을 자료로 사용하였다. 이윽고 마르틴 루터가 나타나서 복음의 참된 핵심의 "재발견", 즉 오직 믿음으로 의롭다 칭함 받음을 주장하면서, 중세 가톨릭주의가 펠라기우스파의 오류를 되풀이하고 있다고 비난했다. 비록 루터가 클레르보의 성 베르나르두스(St. Bernard of Clairvaux, 1090-1153)의 의화에 관한 일반적 접근을 동정적으로 다루었지만, 그의 비난을 완전히 피한 유일한 신학자는 리미니의 그레고리오(Gregory of Rimini, 1358년경에 죽음)뿐이었다. 루터와는 대조적으로 헤이코 오버만(Heiko Oberman)은 전반적으로 중세 신학자 중에서 펠라기우스주의자로 정죄될 사람은 아무도 없다고 주장한다.[10]

8_ Walter Kasper는 의화와 관련된 근본적인 주제들에 대한 충분한 의견 일치가 존재한다는 기본적인 요점을 확인하면서도, 동시에 그는 "우리가 온전한 합의를 다루기보다는 오히려 서로 다르다는 점에서 의견 일치를 다룬다"고 주의를 제기한다. 그는 또한 가톨릭 교리 교육이 의화보다는 오히려 구원, 용서, 화해를 언급하는 경향이 있다는 것을 지적한다. Walter Kasper, "The Joint Declaration on the Doctrine of Justification: A Roman Catholic Perspective," in *Justification and the Future of the Ecumenical Movement: The Joint Declaration on the Doctrine of Justification*, ed. William G. Rusch (Collegeville, Minn.: Liturgical Press, 2003), pp. 18, 20.

9_ Eberhard Jüngel, *Justificaiton: The Heart of the Catholic Faith*, trans. Jeffrey F. Cayzer (New York: T & T Clark, 2001).

10_ Heiko Oberman, *Forerunners of the Reformation: The Shape of Late Medieval Thought*

우리가 역사적으로 알고 있듯이 의화 교리에 관한 논쟁은 거의 전적으로 라틴과 서방 교회의 관심사였다고 할 만한데,[11] 심지어 여기서 의화의 의미는 시간이 흐르면서 변할 수도 있고 또한 실제로도 그랬다는 점을 언급할 필요가 있다. 논쟁의 핵심은 하나님 자신의 정의 개념과 하나님이 죄인을 의롭다 하시는 정의 개념 사이의 구별이다. 대다수의 서구 가톨릭 전통에는 두 가지 구분이 존재한다. 하나님이 스스로 의롭다 하시는 의는 하나님이 죄인들을 의롭다 하시는 의와 구별된다. 만약에 우리가 명제 "아우구스티누스는 의롭다"와 "하나님은 의로우시다"를 가정한다면, 비록 그 명제가 유사성을 띤다 하더라도 분명히 그 둘은 서로 다른 두 개의 이론적인 정의 개념을 수반한다. 적어도 아우구스티누스와 후기 아우구스티누스 시대의 몇몇 문제는 정의를 정의(definition)하는 기능과 관련된 것이었는데, 이는 정의라는 단어가 키케로(Cicero)에게서 비롯된 방식으로 폭넓게 사용되고 있었기 때문이었다. 고대에는 정의라는 용어가 어떤 사람에게 그가 갖춘 자격을 공적으로 선포한다는 뜻으로 사용되었으며, 사실상 이것은 인간의 정의와 신적인 정의를 구분하지 않고 무차별적으로 사용되었다.

물론 가톨릭 전통은 지적인(intellectual) 수준에서 그 어떤 정죄도 없이 하나님 앞에 설 수 있는 사람은 아무도 없다는 것을 심각하게 받아들였을 뿐만 아니라 이를 실제로 주장했다. "모든 사람이 죄를 범하였으매 하나님의 영광에 이르지 못하더라"(롬 3:23).[12] 우리는 우리 자신을 무죄로 만

Illustrated by Key Documents, new ed. (Philadelphia: Fortress, 1981), p. 125.

11_ 동방 정교회는 신성화(divinization) 과정에 더 관심을 가졌다. 동등하게 Finbarr Clancy는 비록 아우구스티누스가 거의 언급하지는 않았지만 신성화 역시 그의 구원론의 한 측면이었음을 보여주었다. Clancy, "Redemption" in *Augustine Through the Ages: An Encyclopedia*, ed. Allan D. Fitzgerald (Grand Rapids: Eerdmans, 1999), p. 703.

12_ 개역개정에서 인용함.

들 수 없다. 오직 하나님만이 예수 그리스도의 공로를 통해 죄인을 의롭게 한다. 동시에 가톨릭 전통은 일반적으로 아담과 하와의 죄 때문에 모든 사람을 잃지는 않았다는 확신을 수용한다. 인간의 전적 타락은 없으며, 비록 하나님의 형상이 심각하게 가려졌지만, 어쩌면 루터가 격정적으로 주장한 대로 하나님의 형상이 없어지지도 않았고 "악마의 형상"으로 분명히 대체되지도 않았다.[13] 사욕편정(concupiscence)에도 불구하고 인류는 필수적인 의지의 자유를 유지하고 있으며, 이 의지의 자유는 올바른 상태와 자극을 통해 하나님을 향해 움직일 수 있다는 점이 가장 중요하다.[14]

가톨릭의 의화 교리는 오직 하나님만이 죄인을 의롭게 한다는 기본적인 확신과 함께 다음 두 가지의 본질적 특징을 보존하고 있다. (1) 그리스도가 각자의 행위에 따라 모든 이를 심판하기 위해 다시 오실 것을 알기 때문에, 신자는 올바르게 살라는 도덕 명령을 성취할 수 있다는 사실을 설명하는 것과, (2) 하나님의 은혜에 자유롭게 협력할 수 있는 인간의 능력이 그것이다. 알브레히트 리츨(Albrecht Ritschl)이 오래전에 관찰했듯이, 가톨릭의 의화 사상은 하나님이 "하늘나라의 과업을 이루는 도덕적 직무를 수행할 수 있는 능력"을 인간에게 수여했다고 간주한다.[15] 그렇다면 이것은 곧바로 우리에게 본질적 질문을 안겨준다. 우리는 어떤 면

13_ Luther, *WA* 24, 50, 8-9. 루터의 승인하에 멜란히톤은 하나님이 선과 악의 기원이라고 언급할 수 있었다. 이는 트리엔트 공의회가 부인한 견해다. 이에 대해 *Decretum de iustificatione*, can. 6., D 798을 보라.

14_ 루터가 무시했으나 가톨릭 전통의 표현을 통해 발견되는 이 문제의 한 양상은 그리스도가 지닌 인간으로서의 본성에 대한 하나님의 평가다. 인간적 관점에서 그리스도의 독특성은 그의 죄 없음이다. 적어도 인간의 본성이 아담의 상태를 공유하지 않은 한 예가 여기 있고, 이는 루터파의 용어를 따르는 전적 타락일 수 없다. 그러므로 비록 죄에서 자유롭지만 우리와 같은 한 사람 때문에 속죄가 발생했다. 만약에 의화가 인류를 향한 하나님의 운동이라면, 인간적 본성을 가진 그리스도는 하나님을 향한 인류의 운동이다.

15_ Albrecht Ritschl, *The Christian Doctrine of Justification and Reconciliation*, trans. H. R. MacKintosh and A. B. Macaulay, 3rd ed. (Edinburgh: T & T Clark, 1900), p. 35.

에서 우리 자신의 의화에 기여할 수 있는가? 우리는 실제로 올바른 행동을 보여줌으로써 하나님을 향하는 선한 성향을 가지고 있는가? 만약 그렇다면, 인간과 그의 의지의 자유에 대하여 하나님의 전적 주권이라는 개념은 무엇을 이루는가? 우리가 이 질문에 대해 긍정적인 신인동형론적(anthropomorphic) 설명에 너무 가까운 쪽으로 치우친다면, 이는 성육신과 구속을 불필요하게 만드는 위험을 무릅쓰는 것인가? 동시에 우리가 하나님의 은혜에 기초하여 도움을 받아야 하기 때문에 인간의 능력에 대해 전적으로 부정적인 평가를 내린다면, 이는 "자유의지를 제거하면 구원받아야 할 필요가 있는 존재는 전혀 없다"고 혹평한 성 베르나르두스의 꾸짖음과 충돌하지 않겠는가?[16] 이제 우리는 로마 가톨릭 전통의 역사 안에서 이 질문들을 다루면서 관련 주제들로 관심을 돌리고자 한다.

아우구스티누스의 기여

아우구스티누스 시대 이전의 교부들은 의화라는 주제에 관심이 거의 없었던 것으로 보인다. 심지어 아우구스티누스조차도 의화 사상과 관련하여 현저한 태도의 변화를 보여준다. 에클라눔의 율리아누스(Julian of Eclanum, 386-454년경)와 논쟁하기 이전의 아우구스티누스는 하나님의 정의에 관해 그 당시의 이해를 따라서 하나님이 각자의 몫을 주시고 개인이 그것을 받는 개념으로 이해했던 것 같다.[17] 더군다나 우리가 의롭게 만들어지는 과정에 첫걸음을 내딛는 것이 가능하고 하나님이 인간의 주도성

16_ 베르나르두스는 "은혜를 제거하면 그것을(즉 의지를) 구할 수 있는 것은 아무것도 없다"라고 곧바로 덧붙인다. 이는 Pelikan, *Christian Tradition*, 4:414에서 인용되었다. 이것은 아우구스티누스 자신의 다음과 같은 관찰을 반영한다. "하나님의 은혜가 존재하지 않으면, 하나님이 어떻게 세상을 구할 수 있을까? 그리고 자유의지가 없다면, 하나님이 어떻게 세상을 심판할까?"(Epistle 214)

17_ Henry Chadwick, "Justification by Faith: A Perspective," *One in Christ* 20 (1984): 209.

(initiative)을 보상한다는 확신을 견지했을 수도 있다. 아우구스티누스는 펠라기우스파에 맞서 격렬한 논쟁을 전개할 때에야 비로소 은총, 즉 각 개인에게 주어지는 하나님의 특정한 선물이 없는 한,[18] 의지는 악을 행하는 데는 자유로우나 선을 행하는 데는 전혀 자유롭지 않다고 주장했다.[19] 그런 의미에서 보면, 칭찬할 만한 행위를 위한 공로와 보상이 인간의 의지에서 기원한다고 간주하는 것은 불가능하다.

인간이 죄에 뿌리 박혀 있는 것은 악의 경향을 뛰어넘을 수 없는 인간의 무능함, 즉 사람이 원죄를 물려받았을 뿐만 아니라 사실은 죄책을 지고 있기 때문이다. 아담 안에서 모두가 죄를 지었기 때문에 모든 사람이 아담의 죄책을 지고 있다. 아우구스티누스는 그의 후기 신학에서 타락에 근거하여 인간은 단순히 선을 택하거나 선한 행동에 관여할 자유가 없다고 결론짓는다.[20] 따라서 우리는 하나님으로부터 의화라는 보상을 받을 만한 선한 행동을 의도하거나 그것을 수행하는 것이 불가능하다. 인간은 죄에 저항할 능력이 없고 죄의 상태를 넘어설 수 없다. 이는 인간에게 하나님과 독립적으로 선을 자유롭게 선택할 능력이 있다는 그 어떤 개념도 거부하는 아우구스티누스의 『은총과 자유의지에 관하여』(De gratia et libero arbitrio)라는 논문집에서 다시금 분명하게 나타난다. 만약 정말로 타락 상태 이후에도 우리에게 선을 행할 어떤 능력이 여전히 남아 있다면, 그리스도의 죽음이 헛된 일이었을 것이다.

그럼에도 불구하고 의화가 참으로 공로의 보상이라는 생각이 존재하지만, 공로 자체는 그리스도의 구원 행위를 통해 주어진 순전한 선물이다. 더 중요한 점은 엄밀한 의미에서 이 공로는 인간이 아닌 그리스도에

18_ 이것은 *De gratia et libero arbitrio* 4.7-9에서도 분명하게 표현되었다.

19_ *Contra duas epistulas Pelagianorum ad Bonifatium* 1.7.

20_ McGrath, *Iustitia Dei*, p. 42.

게 속한다는 점이라고 할 수 있다.[21] 그러나 공로가 은총을 통해 우리에게 주어졌다. 우리 안에 칭찬받을 만한 것이 있다면 그것은 하나님이 스스로 행한 어떤 것이다. "그러므로 하나님은 자기 자신의 행위로 왕위에 앉으셨을 뿐, 인간의 공로 때문에 그렇게 되신 것이 아니다."[22] 우리에게 참으로 남은 것은 의화될 자격도, 혹은 의화를 이룰 만한 능력도 없다는 사실뿐이다. 그러나 우리가 의롭다 여김을 받으면 당연히 계명을 준수해야 하므로 하나님의 교훈을 지키는 것이 불가능하다고 주장할 수는 없다.[23]

하나님의 선물에 기초하여 시작된 이 은총과 선을 행할 수 있는 능력에도 불구하고, 은총과 관련하여 어떤 의미에서 우리에게 자유가 있다고 말할 수 있는가? 우리 안에서 하나님의 은총은 불가항력적인 것인가? 아우구스티누스는 은총이 자유의지로부터 분리될 수 없다거나 혹은 그 반대 사실을 주장하는 것 같다. 어떤 의미에서는 의지의 자유를 촉진하고 그것을 야기하는 것은 은총이라고 할 수 있다. 그러나 하나님이 은총의 선물로서 인간의 의지를 예비하시는 것 또한 사실이다. 하나님의 자비와 그의 부르심은 사람이 이를 받아들이거나 거절할 수 있는 방식으로 헛되이 주어지지 않는다. 하나님은 "하나님이 아는 그들에게 적절한 방식으로…하나님이 불쌍히 여기는 사람들을" 의화로 부르신다.[24] 비록 하나님이 "그들에게 적합한" 것을 이미 주셨고 또 확실히 미리 알았지만, 이것은 인간의 반응이 참으로 자유롭다는 것을 반드시 분명하게 암시해야 한다. 그럼에도 불구하고 의화의 은총을 향한 그의 부르심에 반응하도록 하나님이 의지를 예비하셨다는 개념은 아우구스티누스가 수많은 곳에서 반복

21_ Ibid., p. 44.

22_ *De gratia et libero arbitrio* 6.15.

23_ *De natura et gratia* 43.50.

24_ *De diversis quaestionibus ad Simplicianum* 2.13.

한 중요한 주제이며,[25] 중세의 신학적 사색을 위한 고정된 원리가 되었다.

이는 이 주제와 관련된 다음과 같은 성가신 질문으로 인도한다. 하나님의 부르심은 차별이 없는가? 모든 인간이 구원받고 진리의 지식에 이르는 것이 하나님의 뜻인가? 아우구스티누스는 하나님이 야곱은 받아들였으나 에서는 거부했다는 로마서 9:10-29의 언급에 압도된 것이 분명하다. 하나님은 에서를 정의로 대하지 않으셨다. 왜 그렇게 하지 않으셨는가? 하나님의 정의는 인간의 정의와 똑같지 않기 때문이다. 아우구스티누스는 포도원에서 일하는 일꾼들의 비유를 통해 이를 확증한다. 하나님의 정의는 인간의 정의와 다를 뿐만 아니라, 또한 하나님의 선택—야곱을 택하고 그의 형을 거절한 것—은 불가해하고 신비한 하나님의 의지에 그 근거를 둔다. 아우구스티누스는 선택받은 자의 수 역시 정해졌으며 그것을 더하거나 뺄 수 없다고 주장한다. 하나님은 자신의 영원한 지혜를 통해 의화를 선물로 받을 사람의 수를 제한할 당신의 의지를 예비하기로 결정하셨다.[26]

의화로의 부르심은 신앙(faith)을 선물로 수여함으로써 개개인에게 드러난다. 신앙은 오직 선택된 자들에게만 선물로 주어진다. J. 파투 번스(J. Patout Burns)가 관찰하듯이, 택한 자들에 관해서 "하나님은 그들의 과거나 현재, 혹은 미래의 공로를 언급하시지 않고, 스스로의 죄로 죽을 다른 사람들로부터 신실한 그리스도인이 될 사람들을 분리하신다."[27] 동시에 헨리 채드윅(Henry Chadwick)은 예정에 관한 아우구스티누스의 견해를 너무나 엄격하게 해석하는 것을 경고했다.[28] 피터 브라운(Peter Brown)

25_ 예. *Contra Julianum* 4.3.14, 그리고 *Retractationes* 9.2.

26_ *De praedestinatione sanctorum* 10.21, 10.16-18.

27_ J. Patout Burns, "Grace," in Fitzgerald, *Augustine Through the Ages*, p. 397.

28_ Chadwick, "Justification by Faith," p. 209.

도 자신의 권위 있는 작품에서, 아우구스티누스가 살았던 세상은 박해와 배교와 전쟁으로 얼룩진 격변의 상황으로 인해 불확실성이 만연하였으므로 이 위대한 신학자에게 예정 교리는 단 한 가지만을 의미했다고 말한다. "그것은 생존의 교리이고, 그 교리는 하나님만이 인간에게 돌이킬 수 없는 내적 핵심을 제공할 수 있다는 것을 철저하게 주장하는 것이다."[29]

그렇다면 우리는 아우구스티누스 사상의 주요 구성 요소를 다음과 같이 쉽게 분별할 수 있다. 즉 믿음으로 의화됨, 하나님의 선택, 모든 사람의 책임을 묻는 원죄에 의한 인간 본질의 타락, 인간 공로의 무능력 및 인간의 의지를 조절하고 그 의지에 자유를 부여할 은총의 필요성과 같은 것들이다. 이런 요소들이 16세기 루터의 신학적 항거를 역동적으로 형성했을 것이다. 그러나 루터를 불편하게 만든 한 가지는, 아우구스티누스에게 칭의는 우리에게 단순히 전가되는 어떤 중요한 것이 아니라 오히려 의 자체가 인간 안에서 본질적이고 내재적이라는 사실이었다.[30] 그러나 아우구스티누스와 루터 사이의 시기에 존재했던 일단의 신학자들의 의화에 관한 신학적 사색에 미친 아우구스티누스의 영향력은 과연 무엇이었는가?

초기 중세 시대

아우구스티누스는 의화에 관한 탁월한 이론적 서술과 이에 의존하는 신학적 동계어들(cognates)을 구성했다. 하지만 아우구스티누스 사후에야 비로소 칭의에 관한 그의 견해가 실제로 신학적 사유의 조건이 되었는가? 아우구스티누스는 살아 생전에도 많은 종교적인 인물들, 특히 수도사들 사이에서 자신의 의화 개념에 대한 저항이 있었다는 것을 알았다.[31]

29_ Peter Brown, *Augustine of Hippo: A Biography* (London: Faber & Faber, 1967), p. 407.

30_ McGrath, *Iustitia Dei*, pp. 47-51을 보라.

31_ *De dono perseverantiae ad Prosperum et Hilarium* 15.38.

5세기 후반에 이르러서는 아우구스티누스를 향한 반발의 폭이 더욱 확산되었는데, 이는 특히 갈리아(Gaul) 남부 지역과 리즈의 파우스투스(Faustus of Riez, 490년경에 죽음) 같은 사람들의 저작에서 드러났다. 파우스투스는 비록 우리가 죄로 인해 무능력하지만, "적어도 우리가 집요하게 하나님을 찾음으로 [하나님을] 누그러뜨릴 수 있을 것이다"라고 주장했다.[32] 다음으로 우리는 은총을 위한 인간의 준비라는 개념이 출현하게 된 실마리를 얻게 되는데, 그 은총은 내재적인 어떤 것이며 인간의 갈망이 열매 맺은 것이다. 그런 개념은 분명히 교부들에게 그 뿌리를 두고 있다. 중세 전성기(High Middle Age)까지 이것은 "자신이 할 수 있는 모든 일을 하는 사람에게, 하나님은 은총을 거부하지 않으신다"(*facienti quod in se est Deus non denegat gratiam*)는 원리로 발전했을 것이다.

제임스 J. 오도넬(James J. O'Donnell)은 아우구스티누스의 의화, 은총, 예정 사상의 더 "극단적"인 면이 프로테스탄트 종교개혁 때까지 가톨릭 신학의 역사에서 쉽사리 거부되었다고 생각한다.[33] 한편 아키텐의 프로스페르(Prosper of Aquitaine)와 아를르의 체사리오(Caesarius of Arles)의 영향 아래 있었던 제2차 오랑주 공의회(Council of Orange, 529년)는 인간이 의화 과정에 주도권을 행사할 수 있다는 개념을 거부했을 뿐만 아니라, 의지가 타락의 영향을 받지 않고 얼마간이라도 여전히 유지될 수 있다는 모든 견해를 부인했다.[34] 나아가 인간은 은총의 도움 없이 자유의지를 기반으로 스스로 하나님의 계명을 성취하는 일에 무능하다고 주장하는 것을 가리켜 이단적이라고 규탄했다. 이 오랑주 공의회의 견해는 교황 보니파키우

32_ *De gratia Dei et libero arbitrio* 2.10.

33_ James J. O'Donnell, *Augustine: A New Biography* (New York: HarperCollins, 2005), pp. 270-71.

34_ 제2차 오랑주 공의회의 교회법 5-7조. D 375-77.

스 2세(Pope Boniface II, 530-532년 재위)의 승인을 받았다.[35]

랭스의 힌크마르(Hincmar of Reims, 806년경-882)와 고트샬크(Gottschalk, 804년경-869년경)와 같은 카롤링 왕조 시대의 몇몇 신학자들의 사상에서 아우구스티누스의 흔적을 강하게 볼 수 있지만, 10세기 이후부터 16세기 이전까지 신학 풍조가 바뀌면서 오랑주 공의회의 가르침은 퇴조하기 시작했다. 게다가 후기 스콜라 신학자들 이전에는 중세 전통에서 "의화"에 정확한 신학적 정의를 부여하려는 어떤 시도도 존재하지 않았다. 그러나 중세의 몇몇 로마서 주석은—성 브루노(St. Bruno, 925년경-965)가 적합한 사례다—의화가 인간의 공로나 율법의 행위로 일어나지 않는다고 언급하고 있다.[36] 더군다나 16세기 전까지는 의화와 성화를 확고하게 구별하려는 실제적인 시도가 전혀 없었다.

의화의 의미보다 더 강력하게 대두된 것은 의화와 발전된 고해성사 (sacrament of penance) 사이의 관계성이었다. 적어도 세례와 공개석상에 서의 참회(penance)와 관련해서 심지어 위 암브로시우스(Ambrosiaster, 4세기 익명의 작가)의 작품 안에서조차 그 관계성이 간접적으로 암시된다.[37] 그러나 켈트(Celtic) 수도원에서 시행된 것과 같은 참회의 출현을 통해 참회와 의화의 관계는 보속(補贖, satisfaction)을 이룬다는 개념을 강하게 암시하면서 표면화되었다.[38] 앨퀸(Alcuin, 740년경-804)은 이 개념들을 수용하여 **의화**를 참회와 관련지었고 또 사제에게 죄를 고백하는 것과도 관련된 것으로 해석했지만, 그의 방법론은 조직신학이 의화를 다루는 방식은

35_ George Tavard, *Justification: An Ecumenical Study* (New York: Paulist Press, 1983), p. 24.

36_ Charles P. Carlson Jr., *Justification in Early Medieval Theology* (The Hague: Nijhoff, 1975), p. 46.

37_ Ibid., p. 9.

38_ McGrath, *Iustitia Dei*, p. 91.

아니었다.[39] 이렇게 해서 지금까지도 의화와 성례, 이 둘의 연결이 확립되어 있다. 그리고 이는 결국 이후의 중세 시대에 믿음과 성례의 사효론(ex opere operato)적인 특성과 관련된 의의를 갖게 되었다. 의화를 산출하기 위해 고해성사가 제정되었고, 의화 과정에서 성례적 참회가 공로의 자리를 차지할 정도에까지 이르렀다.[40]

그렇다면 일반적으로 의화는 또 하나의 죄 사함에 지나지 않게 된다. 의화와 죄 사함의 용어들을 마치 상호 교차적인 것처럼 사용하여 이러한 개념적 모호성을 자극한 것은 성 바울 자신이었다.[41] 하나님과 인간의 정의의 관계성뿐만 아니라 악에 대한 정의의 개념까지 추론함으로 인해 의화 개념은 점점 더 복잡해졌다. 성 안셀무스(Anselm)는 타락 때문에 악은 인간을 지배할 권리를 얻었다는[42] 견해를 철저히 거부하면서,[43] 『왜 하나님은 인간이 되셨는가?』(Cur Deus Homo)를 통해 하나님이 받아들일 수 있는 유일한 정의는 하나님 자신에게서 말미암는 정의뿐이라는 사실을 반영하였다. 정의의 개념과 그 과정은 하나님 자신이 제공하고 일으키시는 것이다.[44] 비록 안셀무스가 단순히 죄로부터의 의화가 중요하다는 것을 보여주기 위해 순전히 관례적인 방식대로 중세 시대의 기준을 따라 의화(justificatio)라는 용어를 사용했지만,[45] 그는 하나님의 의로 말미암은 구속에 대한 신학적 이해를 상당히 심화시켰다. 하나님은 항상 자신의 본질에 준거해서 행동하시며, 이것이 그리스도 안에서 구원의 "의"를 확약한다. 하나님의 사랑과 자비는 죄의 공격 이후에 하나님의 자비에 대한 정

39_ Alcuin, PL 101, col. 621.
40_ Carlson, *Justification in Early Medieval Theology*, p. 125.
41_ Ritschl, *The Christian Doctrine of Justification*, p. 38.
42_ Gregory the Great, *Moralium libri* 33.15.31.
43_ *Cur Deus Homo* 1.7.
44_ Ibid., pp. 1, 9.
45_ Carlson, *Justification in Early Medieval Theology*, p. 91.

의의 균형을 확고히 하는 데 작용한다.[46] 그리스도가 자신을 내어주셨으므로 하나님의 속성인 신적 정의가 하나님의 자비 안에서 온전히 작용하는 것을 보장한다. 하나님은 항상 충분히 의로운 동시에 충분히 자비로운 방식으로 행동하신다.[47] 그리스도의 희생을 통해 이루어진 죄의 보속이라는 안셀무스의 견해와 마찬가지로, 이 자비와 정의의 관계성에 관한 개념은 트리엔트 공의회의 의화교령에 상당한 영향을 끼쳤다.[48]

생빅토르의 위그(Hugh of St. Victor, 1142년에 죽음)는 성례가 하나님의 자비를 약속하는 암시이며, 바로 이 "치료요법"(remedy)으로 사람이 구원을 받는다고 말하기 위해 보속 개념을 이용한다. 위그는 하나님이 죄인을 벌하거나 의롭다 하는 문제에서 의롭게 행동하신다고 덧붙인다. 죄인의 의화는 인간의 공로가 아닌 은총을 통해서 이루어지고, 그 죄인을 의롭게 하는 의화는 신앙을 기반으로 한다.[49] 이와 달리, 페트루스 롬바르두스(Peter Lombard, 1100년경-1160)는 『신학명제집』(Sentences) 제4권을 통해 의화에서 참회 성례가 사실은 우리의 몫이었다고 주장한다. 12세기 후반에는 특히 푸아티에의 피에르(Peter of Poitiers, 1130년경-1215)와 관련된 의화 과정(processus justificationis)에 관심이 모아졌다. 그 과정 또한 참회와 관련이 있으며, 이후 스콜라 신학에 지대한 영향을 끼쳤다. 동시에 이 과정에 대한 관심은 신자 개개인이 의화라는 선물을 위해 자신을 준비할 수 있다는 개념과도 연결되었다. 이 개념은 초기 도미니크(Dominican) 학파와 프란체스코(Franciscan) 학파에 의해 수용되었다.

46_ 안셀무스는 하나님이 정의롭기 때문에 자비롭다는 것을 자신의 「프로슬로기온」(Proslogion) no. 7에서 이미 논증했다.

47_ *Cur Deus Homo*, 1, 19 및 2, 4-5. 나는 안셀무스 신학의 이 측면에 관한 고무적인 토론을 제공해준 동료 John McDade 신부에게 감사하고 싶다.

48_ *Decretum de iustificatione*, 7장.

49_ Hugh of St. Victor, *De Sacramentis Christianae fidei* 1.8.11.

중세를 다루는 연구에서 실망스러운 것 중 하나는 그것이 모순된 결과를 낳는다는 것이다. 예를 들면 상스 공의회(Council of Sens, 1142년)는 "자유의지 그 자체로 선한 것을 행하는 데 충분하다"는 아벨라르두스(Abelard)의 견해를 정죄했다. 정반대로, 랭스 공의회(Council of Reims, 1148년)는 "그리스도와 떨어진 채 가치 있는 인간의 행동은 존재하지 않는다"라는 진술을 정죄했다.[50]

여기서 중세 초기의 의화 교리와 관련하여 간략한 정보 이상을 제공하는 것은 불가능하다. 다만 우리는 일반적으로 의화가 세례 및 참회와 관련해서 다루어졌음을 볼 수 있을 따름이다. 비록 롬바르두스와 베르나르두스가 약간의 개선책을 제공하지만, 엄밀한 의미에서 우리가 의화 교리의 한 가지 방식을 언급할 수 없을 뿐더러 이 교리가 확실히 16세기에 나타났다고 말할 수도 없을 것이다.

중세 후기 시대

찰스 칼슨(Charles Carlson)은 관찰을 통해 중세 신학자들이 신앙이 우선한다는 바울의 개념을 거의 이해하지 못했고, 중세가 진행되면서 신앙이 은총 아래로 포함되었다고 말한다. 은총은 다른 모든 개념이 연결되는 주요한 신학적 범주가 되었다. 이것은 의화에서도 사실이었다.[51] 의화의 기초인 은총이라는 하나님의 주도적 선물은 순전히 자연적으로(ex puris naturalibus) 주어졌다는 견해가 폭넓게 수용되었다. 다른 말로 하면, 인간이라는 바로 그 조건으로부터 하나님에게 도달할 수 있다는 것이다. 이 개념은 가브리엘 빌(Gabriel Biel, 1420년경-1495) 신학의 중심으로서, 종교

50_ Oberman, *Forerunners of the Reformation*, p. 130.
51_ Carlson, *Justification in the Early Middle Ages*, pp. 137-39.

개혁 전야까지 기탄없이 전파되었다.[52]

이것은 의화 과정에서 하나님과 인간의 각자 역할에 상당히 집착한 결과였다. 아우구스티누스는 하나님이 인간의 노력에 부응하는 방법을 설명하는 방식으로서, 하나님이 자신의 선물로 관을 쓰신다는 개념을 중세 신학에 물려주었다. 14세기에 아우구스티누스의 사상이 부흥할 때까지—이 부흥은 리미니의 그레고리오와 토마스 브래드워딘(Thomas Bradwardine)과 같은 인물과 관련된다—하나님이 자신의 선물로 관을 쓰신다는 개념이 만연했는데, 이 사상은—둔스 스코투스(Duns Scotus, 1265년경-1308)가 주장했던 견해다—인간의 입장에서 이전의 공로 없이 오직 믿음으로 인간이 의화됨을 또한 강조하였다.[53]

11-12세기 초의 신학적 부흥은 재량 공로(meritum de congruo)라는 발상을 통해 보상과 공로 개념을 보호하려 했다. 인간의 행위는 그 자체로는 아무런 가치도 없지만, 인간을 향한 하나님의 사랑의 성향에 기반을 두고 하나님은 인간의 행위를 보상하신다. 바꿔 말하면, 하나님은 인간의 행위가 어떤 가치를 지닌 것처럼 그것을 다루신다. 이러한 목회적 접근은 프란체스코 학파와 특별히 관련이 있다. 반대로 그 발상은 적정 공로(meritum de condigno)를 부각시켰으며, 하나님이 인간과 언약(pactum)을 확립하시고 그 안에서 하나님은 은혜의 상태에서 행한 인간의 선한 행위를 받으시며 그 선한 행위에 영생으로 보상하실 수밖에 없도록 자신을 속박하셨다. 그러나 스코투스가 주장하고 빌(Biel)이 발전시켰듯이, 여기서 중요한 요소는 인간의 행위에 대한 하나님의 신적인 수용과 판단이고, 하

52_ Heiko Oberman, *The Harvest of Medieval Theology* (Cambridge, Mass.: Harvard University Press, 1963), p. 175.

53_ 예. Thomas Bradwardine, *De causa Dei* 1.43. 그레고리오의 견해는 유명론의 일반적인 취지에서 벗어나 있다.

나님의 의지가 어떤 행위의 옳고 그름을 판단하는 문제보다 우선한다는 점이었다.[54] 인간의 행동 그 자체는 무가치하나, 인간과 이 언약 관계에 들어가시는 하나님은 인간의 행위가 지닌 것보다 더 높은 가치를 그 행위에 부여한다. 라로셀의 요한(John of La Rochelle, 1200년경-1245)에서 빌까지 이르는 가톨릭 전통은 심지어 이러한 경우에조차 이 과정에 관여하는 어떠한 외부적 강요도 하나님에게 영향을 줄 수 없음을 강조했다.[55] 한편 토마스 아퀴나스(Thomas Aquinas, 1225년경-1274)는 하나님의 정의와 관련하여 우리 편에서 참이라고 내세울 만한 공로가 없음을 가르쳤다.[56] 따라서 스콜라주의 전통에서는 인간의 권리, 심지어 의롭다 선언받은 자와 관련해서 확실한 한정조건이 존재한다. 우리에게는 의의 독점적인 권리가 없지만, 하나님의 선물에 의해 우리는 어느 정도 우리 자신의 의를 진정으로 소유한다.[57]

이미 중세 초기에 의화 과정이 세 요소, 즉 은혜의 주입, 통회(contrition), 죄 사함을 수반한다는 소수 의견이 존재했다.[58] 아퀴나스는 명백히 아리스토텔레스(Aristotle)의 영향 아래,[59] 이 방식을 4중 과정으로 정교하게 다듬는다. 곧 은혜의 주입, 하나님을 향한 의지의 이동, 죄에서 멀어

54_ Duns Scotus, *Opus Oxoniense* 3 dist. 19 q. 1 n. 7.

55_ McGrath, *Iustitia Dei*, p. 88.

56_ *Summa Theologiae*, 1a 2ae, q. 114, a 1.

57_ Karl Rahner, "Gnade: IV Systematisch" in *Lexikon für Theologie und Kirche*, vol. 4 (Freiburg: Herder, 1960), p. 994.

58_ Philip S. More, *The Works of Peter of Poitiers: Master in Theology and Chancellor of Paris 1193-1205* (Notre Dame, Ind.: University of Notre Dame Press, 1936), pp. 41-43을 보라.

59_ A. E. McGrath, "The Influence of Aristotelian Physics upon St. Thomas Aquinas's Discussion of the '*Processus Iustificationis*,'" *Recherches de théologie ancienne et médiévale* 51 (1984): 223-29을 보라.

지는 의지의 이동, 그리고 죄 사함의 과정이다.[60] 또한 아퀴나스에게는 죄 용서 없이는 은혜를 주입받는 사람이 존재하지 않는다는 것을 명심하는 것이 중요하다. 그것은 적어도 하나님의 관점이며, 반면에 인간의 관점에서 이 둘은 연속적으로 일어나는 것처럼 보인다. 맥그래스가 관찰하듯이, 아퀴나스에게 의화는 인간이 "죄 사함과 더불어 타락한 본질에서 품성적 은혜로, 죄의 상태에서 정의의 상태로" 바뀌는 것을 포함한다.[61] 의화를 야기하는 성화의 은총은 영혼에 의화의 열매인 덕의 습성을 창조하는데, 이 개념은 결과적으로 트리엔트 공의회가 루터파에 맞서서 기필코 유지하려 했던 것이다.

성 보나벤투라(St. Bonaventure, 1217-1274년)와 프란체스코 학파는 신자가 의화될 때 일어나는 은총의 세 가지 활동을 영혼의 정화와 조명 및 완전함으로 설명한다. 하지만 보나벤투라는 하나님이 성화의 은총을 처음에 예비하지 않았다면 영혼이 그 은총을 받는 것은 불가능했다고 강조했다. 비록 도미니크 학파들이 이 성향은 모든 개개인의 본질적 속성이라고 주장하는 경향이 있었지만, 아퀴나스는 인간 스스로 자연적으로 은총을 받을 수 있는 것이 아니라, 하나님의 신적 의지의 행위로 그렇게 할 수 있도록 반드시 옮겨져야 한다고 가르쳤다. 그러므로 의화를 위한 인간의 준비가 "특수 은총"(created grace)이라는 어느 정도 혼란스러운 특성 때문에 야기되었다 할지라도, 이러한 인간의 준비조차 하나님의 일이라고 할 수 있다.[62]

의화를 죄인에게 전달하는 상징은 세례다. 세례는 죄를 제거할 뿐만 아니라 우리를 선하게 하고, 우리의 영혼이 하나님의 의지를 본받는 것을

60_ *Summa Theologiae* 1a 2ae, q. 113, a. 8.

61_ McGrath, *Iustitia Dei*, p. 65.

62_ *Summa contra Gentiles* 3, 149, 8.

가능하게 한다. 세례를 통해 의화는 중생을 수반하고, 중생은 각 개인에게 본질적으로 실제적인 변화를 낳게 한다.[63] 물론 죄는 여전히 남아 있으며, 원죄(original sin)의 흔적도 형식적으로는 아니지만 현실적으로는 남아 있다.[64] 자범죄(actual sin)는 성화의 은총을 희미하게 만들 수 있지만 의화의 전제인 신앙을 희미하게 할 수는 없다. 성화의 은총은 회개와 고해성사를 통해 회복될 수 있다. 현대 프란체스코 학파의 몇몇 사람들은 고해성사없이 단순히 하등참회(attrition)만으로도 의화를 얻을 수 있다고 한다.

또한 스콜라주의적인 전통은 하나님의 정의와 자비가 긴밀한 관계라는 안셀무스의 사상을 받아들인다.[65] 스코투스는 이를 거부했는데, 그에게는 죄인의 의화가 하나님의 정의가 아닌 단지 하나님의 자비의 결과일 수 있기 때문이었다. 이 문제는 신적 속성들의 차이가 지극히 단일한 하나님께 달린 것이 아니라 인간의 인식능력에 달린 것이라는 유명론(nominalism)의 논증을 통해 해결되었다.

우리가 살폈듯이, 신앙은 의화의 토대였고 교회에서 개인의 세례나 혹은 유아세례를 위한 본질적인 전제였다. 마찬가지로 아퀴나스는 하나님을 향한 사랑이 최고의 선이고 신앙의 본질적인 특징이라는 관점을 유지했다.[66] 그는 하나님을 위한 사랑이 타인을 위한 사랑과 불가분 연결되어 있다고 주장했다. 진실로 하나님을 사랑하는 것과 이웃을 사랑하는 것은 하나이고 똑같은 행동이지만, 두 개로 확장된다.[67] 신앙은 사랑을 암시하고 사랑과 분리될 수 없다. 종교개혁의 논쟁에서는 이것이 서방 교회의 파

63_ *Summa Theologiae* 3a, q. 69, art. 4.

64_ Pelikan, *Christian Tradition*, 4:278.

65_ *Summa Theologiae* 1a 2ae, q. 3, art. 2.

66_ Ibid., 2a, q. 4, art. 3.

67_ Ibid., q. 25, art. 1.

편화를 가져온 격렬한 논점 가운데 하나가 되었다.

트리엔트 공의회

트리엔트 공의회가 의화에 관한 교훈을 작성할 때 고려한 두 가지 목적은, 의화의 본질과 그 과정에 관한 가톨릭교회의 이해가 어떤 것인지를 제시하고 루터파가 오해한 것을 논박하는 것이었다. 무엇보다도 트리엔트는 의화가 죄 사함뿐만 아니라 개개인의 성화를 수반한다는 견해를 견지하기 원했다. 하나님이 우리 안에서 일하시는 것이 의화이지만, 우리역시 하나님이 인간에게 나누어 주는 은총을 기꺼이 수용해야 할 책임이 있다. 그러나 트리엔트에서 자세히 설명된 복잡하고 미묘한 신학을 쉽게 요약할 수 있다는 생각은 잘못된 것이다. 프로테스탄트의 몇몇 비평가들은 트리엔트 공의회 교령의 역사를 고려할 때 그 타협성과 모호성 때문에 그 내용이 일종의 수수께끼와 같다고 주장했다. 프리드리히 루프스(Friedrich Loofs)가 평가했던 것처럼, 의화교령(*Decretum de iustificatione*)은 "매우 영리하게 작성되었기 때문에"[68] 내용상 명확하지는 않다. 비록 법규의 해석이 트리엔트 공의회 이후 가톨릭 신학 안에서 심각한 논쟁을 야기했지만, 그럼에도 불구하고 우리는 공의회에 참여한 사제들이 의화에 관한 가톨릭의 견해를 공포한 것을 따라 간략한 개요를 기술할 수 있다. 그러나 이때 나타나는 문제 중 하나는 비록 자유의지와 은총의 필요성이 둘다 확인되지만, 그 둘의 연결이 정확하게 이해되지 않는다는 점이다.[69]

세례에 관한 교령으로부터 의화에 관한 토론이 파생되었다. 우리는 앞에서 중세 시대에 의화가 성례에 관한 질문과 어떤 관련이 있는가를 살펴

68_ Jüngel, *Justification*, p. 186에서 인용한 것과 같다.

69_ Jean Delumeau, *Catholicism Between Luther and Voltaire: A New View of The Counter-Reformation*, trans. Jeremy Moiser (London: Burns & Oates, 1977), p. 100.

보았다. 사실 트리엔트 공의회 이전까지 가톨릭교회에서 루터에게 내린 공식적인 유일한 선언문은 "주님 일어나소서!"(*Exsurge Domine*, 1520년)라고 불리는 교황 레오 10세의 교서였는데, 이 문서는 의화를 세례와 계속 관련시켰다.[70] 가톨릭교회는 루터로 인해 의화를 그 본질적 특성상 핵심적인 신학 논제로 다룰 수밖에 없었다. 루터의 견해가 지닌 진실성에 관한 가톨릭의 절대적인 의견 일치는 하나도 없었다. 예를 들면 레지널드 폴(Reginald Pole) 추기경은 루터가 말했다고 해서 그가 말한 모든 것들을 거부하지는 말아야 한다고 경고했다.

1546년 6월 22일과 28일 토론에서, 의화는 단순히 죄 사함이나 죄책이 전가되지 않음을 의미하는 것이 아니라 그 이상을 수반하는 과정이라는 합의가 도출되었다. 의화에는 이를 받은 사람이 하나님을 기쁘시게 하도록 만드는 어떤 긍정적인 요소가 있다는 견해가 확립되었다. 비록 소수의 신학자는 의화에서 의지가 순전히 수동적이라는 개념을 우호적으로 주장했지만, 어떤 방식으로나 혹은 어떤 단계에서 사람은 하나님의 은총과 협력해야 한다는 사상이 우세했다.[71] 루터 자신이 과거에 몸담았던 아우구스티누스 수도회의 수도원장 지롤라모 세리판도(Girolamo Seripando) 추기경은 이중 정의(*duplex justitia*)라는 개념에 호의적이었다. 이중 정의는 초기 프란체스코 학파인 헤일스의 알렉산더(Alexander of Hales, 1186-1245)의 저작 안에서 이미 발견되는데, 루터 자신은 이를 종교개혁 초기에 발전시켰다.[72] 이중 정의의 요점은, 의화가 구원을 촉진하기 위해 전가된 의와 내재된 의를 둘 다 수반한다는 것이었다. 이중 정의라

70_ *Exsurge Domine* 2 (1) in B. J. Kidd, *Documents Illustrative of the Continental Reformation* (Oxford: Clarendon, 1911), p. 76을 보라.

71_ Jedin, *Trent*, 2:177.

72_ *WA* 2,145-52.

는 문구는 루터파의 견해를 누그러뜨리려는 일종의 미봉책이었는데, 비록 트리엔트 공의회에 의해 정죄되지는 않았지만 그렇다고 해서 신조 텍스트 안에 포함된 것도 아니었다. 예수회의 제2대 수장이었던 디에고 라이네즈(Diego Lainez)를 포함한 예수회 신학자들은 전가된 의가 개개인의 성화에 걸맞은 하늘의 보상이라는 개념을 약화했다는 것을 근거로 특별히 이중 정의를 강하게 반대했다. 전가된 의라는 개념은 어떤 경우에도 연옥 교리와 부합하지 않았다.[73]

기본적인 교회법(canon)과 파문을 경고하는 저주문(anathema)이 덧붙여진 최종 형태의 트리엔트 교령은 루터파의 입장에 대한 강력한 반박이다. 비록 의화를 위한 하나님의 은총이 의지를 예비했지만,[74] 그럼에도 그 과정과 협력하는 인간 자유의지의 동의는 필수적이다.[75] 신앙이 필요하지만 의화에 충분하지 않은 것은, 그것이 반드시 사랑과 연합해야 하기 때문이다.[76] 트리엔트 교령 제8장은 가톨릭교회의 지속적인 가르침, 즉 신앙의 기반이 되는 본문인 "신앙이 없이는 하나님을 기쁘시게 할 수 없다"(히 11:6)를 따라서 의화가 하나님의 값없는 선물에서 기인한다는 주장을 반박한다.

트리엔트 교령 제16장은 공로(merit)라는 골치 아픈 논제를 다룬다. 그것은 본질적인 의에 기반을 둔 우리의 선한 행위를 기초로 우리가 "진실로 합당한 영생"을 소유하게 될 것을 언급한다. 그러나 아우구스티누스의 사상에 따르면, 그런 보상은 우리 안에서 하나님이 자신의 선물을 면

73_ 몇 가지 상세 사항이 Edward Yarnold, *"Duplex iustitia*: The Sixteenth Century and the Twentieth," in *Christian Authority: Essays in Honour of Henry Chadwick*, ed. G. R. Evans (Oxford: Oxford University Press, 1988), pp. 205-22에서 다루어졌다.

74_ *Decretum de iustificaitone*, 6장.

75_ Ibid., 교회법 4와 9.

76_ Ibid., 교회법 11과 12.

류관으로 쓰시는 것이므로, 그 어느 한 사람도 "하나님을 영화롭게" 할 수 없다.

비록 의화가 "본질적"(intrinsic)이지만, 제16장은 의화가 어떤 면에서 우리에게 "생경하다"(alien)는 루터의 견해에 어느 정도 다가간다. 우리 개인의 정의는 "우리로 말미암은 어떤 것으로 우리 안에서 확립되지 않는다." 그리스도의 공로 때문에 바로 하나님의 정의가 우리 안에 분여되었다. 제7장은 우리 안에 있는 하나님의 정의는 "하나님 자신이 정의롭다고 말할 때의 정의가 아니라, 그것으로 우리를 정의롭게 만든다"라고 할 때의 정의임을 분명히 밝힌다. 이렇게 분여된 정의가 우리 안에 있는 의화의 "공식적인 한 원인"이다. 의화의 다른 원인들은 조직적인 방식으로 시작된다. 이들은 최종적이고, 유효하며, 칭찬받을 만하고, 하나님 안에서 기원한다. 또한 그리스도로 말미암은 하나님의 선물인 세례는 도구적 원인으로서 "신앙의 성례이며, 이것 없이는 의롭다 여김을 받을 사람이 하나도 없다."

트리엔트 의화교령의 대부분은 은총과 의화에 관한 다양한 해석을 통해 중세 학파의 언어들을 피하는 대신 "의화에 관한 가톨릭의 가르침"을 해석하는 측면에서는 매우 성서적이다.[77] 그러나 트리엔트 의화교령에는 예정이나 선택과 관련된 지속적인 논의가 존재하지 않는다.[78] 그럼에도 트리엔트 의화교령은 이중 예정 교리를 확실하게 거부한다(교회법 17조). 동시에 트리엔트 의화교령은 구원을 받은 사실을 확실히 알 수 있는 사람은 없다는 것을 분명히 주장하고(9장), 추가로 특별 계시가 주어지지 않는한, 마지막 견인(perseverance)을 선물로 가졌다고 주장할 사람이 하나도 없음을 제시한다(교회법 16조). 의화 교리의 공포와 함께 획기적 이정표가

77_ *Decretum de iustificatione*, 16장.
78_ Chadwick, "Justification by Faith," p. 205.

가톨릭교회의 사상 위에 세워졌지만, 예딘(Jedin)이 관찰한 것처럼 이 신학적 역작에 관한 초기 반응은 사실 미약하고 단편적이었다.[79]

개인적 여정 (제럴드 오콜린스)

지난 40년간 신학 분야에서 발간된 기고문과 책을 돌아보면서, 내가 의화에 관해 산발적이고 간단한 글만을 썼다는 것을 깨닫고 약간 당황스러웠다. 돌이켜보면, 그것은 여러 가지 이유에서 다소 이상한 것 같다. 첫째, 오스트레일리아 헌법 작성을 도왔고 연방 의회 의원이었던 내 외조부는 거의 20년 동안 매우 헌신적인 루터파 신자인 유권자들을 대표했다. 둘째, 외조부는 우리의 가족 도서관에 존 헨리 뉴먼(John Henry Newman, 1801-1890년)의 장서를 많이 남겼는데, 그중에는 뉴먼의 『의화 강연』(Lectures on Justification, 1906-2001년) 초기 판본도 있었다. 나는 여러 해 동안 독일에서 공부하면서 게르하르트 에벨링(Gerhard Ebeling, 1912-2001년)과 에른스트 케제만(Ernst Käsemann, 1906-1988년) 같은 위대한 루터파 학자들과 만날 수 있었는데, 이는 내가 의화를 연구하게 된 좋은 자극이었던 것 같다.

"절대로 하지 않는 것보다는 늦게라도 하는 것이 낫다"는 정신으로, 나는 "의화"가 일으키는 많은 질문 가운데 몇 가지를 제기하고 싶다. 개인적으로 로마 가톨릭 신자로서 의화라는 주제와 나 자신의 온건한 관계를 언급하는 것이 독자들의 이해에 더 도움이 될 수도 있다. 따라서 이어지는 것은 의화에 관한 로마 가톨릭 **자체의** 견해라기보다는 오히려 **개인적인**

79_ Jedin, *Trent*, 2:312.

견해라고 할 수 있겠다.

논의의 출발점

내가 오스트레일리아의 시드니에서 신학교를 다니던 시절(1960-1964년)에, 조직신학 정교수 한 분과 성서신학 교수 두 분이 의화를 하나님의 신실한 구원의 행위, 혹은 신앙(faith)으로 전유된 예수 그리스도의 공로를 통해 회개하는 죄인을 의롭게 만드시는 하나님의 언약적 신실성과 해방의 현존이라고 설명했다. 그 설명에 따르면, 신앙으로 의롭다 여김을 받음은 하나님이 경건하지 않은 죄인들을 의롭게 만드신다는 것과(롬 4:5), 그들이 생명을 주시는 하나님의 "은혜로운" 지배 안으로 들어가는 것을 의미했다(롬 5:21). 의화는 십자가에서 피 흘려 고난을 받으신 예수 그리스도의 순종에서 왔다(롬 5:9-11, 19, 21).[80]

　그 교수들에 따르면, 은총을 통해 얻는 이 새로운 삶은 창조되어 우리의 영혼에 "주입된 어떤 것"이 아니었다. 오히려 그것은 성령의 인격적인 내주였고, 그리스도 안에서 통합되는 것이었으며, 따라서 지극히 복된 삼위일체의 내적인 삶을 가능한 최대로 공유하는 것이었다. 다른 말로 하면, 신적인 삶을 공유함으로써 신적 은총이 지닌 관념을 항상 소중히 여겼던 동방 정교회의 그리스도인을 따르도록 고무되었다는 것을 뜻한다(벧후 1:4을 보라).

80_ 7월 1일에 기념되었던 성혈 축일(The Feast of the Most Precious Blood)은 결국 "원래보다 두 배로 강화된" 축일로 격상되면서, 그리스도의 피로 말미암아 의롭게 되었다는 의미를 강화했다. 제2차 바티칸 공의회(1962-1965년) 이후에, 이 축제는 성체 축일(the Feast of Corpus Christi)과 함께 그리스도의 성체 성혈 대축일(the Solemnity of the Most Holy Body and Blood of Christ)로 결합되어 성령강림절(Pentecost)이 지나는 얼마 후에 치러지기 시작했다. 제2차 바티칸 공의회 이전과 그 이후에 로마 가톨릭의 또 하나의 전례(liturgical)로서 축제로 지정된 예수 성심 대축일(the feast of the Most Sacred Heart of Jesus)은 십자가에서 그리스도의 찔린 몸에서 나온 피(그리고 물)를 다시 상기하게 했으며, 오늘날도 상기하게 한다(요 19:34).

그 교수들은 의화가 의로운 삶을 살라는 요청을 수반하고, 신앙은 열매를 맺어야 한다고 생각했다. 이렇게 해서 바울의 가르침은 선한 행위를 강조하는 야고보의 가르침과 화해될 수 있었던 것 같다. 그럼에도 불구하고 의를 우리가 행한 어떤 일에 대한 "삯"으로 이해하지 말아야 했다(롬 6:23). 우리는 바울 시대에 안식일 준수, 음식법 및 다른 "율법의 행위"를 의에 이르는 경로로 만들었던 사람들을(현대에도 그와 같은 어떤 것들을 통해서) 따르지 않도록 경고를 받았다. 그렇다! 우리는 마태(예. 마 6:19-21; 24:45-51), 누가(예. 눅 14:12-14), 그 밖의 다른 성서의 증인들과 그들 뒤에 있는 예수를 따를 수도 있고 "공로"라는 언어를 주장할 수도 있다. 행동하라는 예수의 요구는 그의 언약에 신실한 사람들에게 하나님이 신실하게 보상한다는 약속—마태복음에서 특별히 팔복으로 표현되었다(마 5:3-12)—을 포함했다.[81] 그러나 하나님의 값없는 사랑으로 주어진 은총은 하나님 앞에서 의를 주장하는 것으로 해석될 수 있는 그 어떤 인간의 행동보다 "선행한다"(롬 3:27; 5:6). 나를 가르쳤던 조직신학 정교수는 "하나님이 우리의 공로를 완전하게 할 때, 하나님은 하나님 자신의 선물을 완성하는 것 외에는 아무것도 하지 않는다"고 언급하면서 아우구스티누스에 호소했다.[82]

우리를 지도했던 교수들이 바울 서신에서 발견되는 신앙으로 의화됨 교리의 모든 것에 주의를 기울인 것은 아니었다. 예를 들면 그들은 신앙의 원형으로서 아브라함(그리고 사라)을 거의 말하지 않거나 그에 대한 아무런 언급도 하지 않았다(롬 4:1-25). 여하튼, 전례(liturgy)가 바뀌기 전에 그 당시 예배에 사용되었던 한 감사 기도(Eucharistic Prayer)에서 우리는

81_ J. P. Meier, *A Marginal Jew: Rethinking the Historical Jesus*, vol. 2 (New York: Doubleday, 1994), pp. 334-36.

82_ 각주 22번을 보라.

아브라함이 우리의 "족장"(patriarch)으로 날마다 거명되는 것을 들었다 (1969년 로마 미사 경본[*Roman Missal*]은 "족장"을 "믿음 안에서 우리의 아버지"[our father in faith]로 번역했다). 교수들은 디카이오오(*dikaioō*)가 주로 내적으로 의롭게 **만든다**는 뜻임을 주장하면서, 단지 죄인에게 의를 외부에서 전가하기보다는 오히려 회개하는 죄인을 변화시킨다는 것을 강조하는 것을 제외하고는 마르틴 루터의 칭의 견해에 대해서는 거의 말하지 않았다. 하지만 그것은 그리스도의 공로를 통해 죄인이 "법정적" 혹은 법적 의미에서 용서받고 의롭다 "선언된다"는 견해를 부수적인 것으로 간주했다거나 혹은 외형적으로 거부한 것은 아니었다.

시드니 대학교(University of Sydney)에서 정기적으로 만났던 에큐메니컬 진영에 속했던 성서신학 교수 두 분은 내가 준회원으로 참석할 수 있도록 초대해주셨다. 그 집단의 다른 그리스도인들은 자신들이 "형벌 대속"(penal substitution)이라 부르는 교리, 즉 예수가 인간의 죄책을 짊어지고 십자가에서 죄인 취급을 받았고, 그의 고난과 죽음으로 말미암아 하나님의 분노를 달랬다는 구속에 관한 견해를 반복해서 지지했다. 우리가 의화와 같은 주제들을 토론했었는지는 잘 기억나지 않지만, 형벌 대속과의 첫 만남은 내게는 큰 골칫거리였다. 이 때문에 나는 구속의 본질과 특별히 바울 서신의 특정 구절(롬 8:3, 32; 고후 5:21; 갈 3:13)이 과연 형벌 대속을 지지하는지를 평생에 걸쳐 연구하게 되었다. 이 모든 연구가 마침내 나의 『예수 우리 구속자: 구원에 대한 그리스도인의 관점』(*Jesus Our Redeemer: A Christian Approach to Salvation*)이라는 책에서 한데 그려졌다.[83]

83_ Oxford: Oxford University Press, 2007.

케임브리지와 튀빙겐

케임브리지 대학교에서 석사를 마치고(1965-1968년), 튀빙겐 대학교에서 세 번의 여름 학기(1966-1968년)를 보내면서, 나는 의화를 더 깊이 연구하게 되었다. 나는 튀빙겐에서 에벨링이 이끄는 그리스도의 부활에 관한 최고의 세미나에 참석했으며, 사람들로 꽉 찬 강의실 안에서 케제만의 강렬한 로마서 강의를 듣기도 했다. 나는 그의 선생이었던 루돌프 불트만(Rudolf Bultmann)과 결별하기 위해 케제만이 10년 전에 했던 일을 알고 있었고 이를 환영했었다. 불트만은 역사적 예수에 대한 우리의 지식(특별히 공관복음에서 파생한 지식)이 그리스도인의 신앙과는 거의 관계없다고 주장하면서 실현된 종말론 혹은 "마지막 일들"에 관련된 교리 같은 자신만의 독특한 교리를 전개하였는데, 그의 종말론은 마지막 때에 최종적으로 올 것들에 관심을 두기보다는 마치 지금 여기에서 일어나는 것들이 "최종적으로" 중요한 것처럼 취급했다. 이에 반해 케제만은 우리가 예수에 관해 역사적으로 알고 있는 것이 신앙 안에서 나름의 역할을 한다는 주장을 이끌었다. 또한 그는 순수한 미래의 종말론 혹은 마침내 올 최종적 종말에 대한 소망이 기독교 신학, 특별히 바울 자신의 신학을 형성한다고 주장했다.

로마서를 주해하면서—예컨대 로마서 3:23—케제만은 우리가 죄인을 의롭게 하는 하나님의 창조적인 행동과 대면했음을 인식하면서, 또한 이것이 함의된 "법정적" 의미를 배제하지 않는다고 덧붙였다. 계속되는 주석에서 그는 "인류의 칭의는 그 자체로 구원하는 능력을 드러내는 것이며, 창조세계에 대한 하나님의 권리의 실현과 동등하다"고 진술했다.[84] 의화에 관한 케제만의 견해는 죄인을 용서하고 그들을 의롭게 만드는 하나

84_ Ernst Käsemann, *Commentary on Romans*, trans. G. W. Bromiley (London: SCM Press, 1980), p. 93.

님의 구원 행위가 칭의라고 가르친 시드니 대학교 교수들의 견해와 일맥상통했다. 그러나 의화가 바울의 메시지를 이해하는 **바로 그 열쇠**라는 케제만의 주장은 나를 난처하게 했다. 케제만은 로마서 주석에서 "칭의 교리가 그의[바울의] 신학적 중심을 형성한다"고 썼다.[85]

어떤 이들은 이 견해를 더 밀어붙여서 의화를 성서 전체의 메시지 이해를 위한 **유일한** 핵심으로 만들었다. 이는 성서에 등장하는 구원의 은유 가운데 한 은유에 너무 많은 강조를 두는 것이다. 이렇게 편중된 견해는 의화를 이해하기 위해 어떤 정확한 개요를 제시하는 것에는 무관심한 채 의화를 치유, 해방, 교제의 재확립 등과 일반적으로 동등한 것으로 간주하면서 의화(혹은 의로움) 언어를 폭넓게 이해해야 한다고 제안한다.[86]

튀빙겐에서 케제만과의 풍성한 교제가 이어진 수년 동안, 모든 은유가 각각 중요하다는 측면에서 빌립보서 3:2-11은 별개로 하고, 로마서와 갈라디아서만 한정하더라도 의화는 바울이 구원에 사용한 열 개 혹은 그 이상의 은유 중 단지 하나일 뿐이라는 것이 내게는 점점 더 명백해졌다. 이것은 내가 『앵커 바이블 사전』(*Anchor Bible Dictionary*)에 "구원"(Salvation)이라는 항목을 기고할 때 더 분명해졌다.[87] 그 후에 몇몇 신약학자는 케제만의 견해를 더 이상 지지해서는 안 된다는 점을 확실히 해주었다. 조세프 피츠마이어(Joseph Fitzmyer)는 다양한 저서를 통해 "그리스도 사건"(the Christ-event), 구원, 화해, 속죄, 구속, 자유(해방), 성화, 변화, 새 창조, 영화를 분명히 드러내기 위해 바울이 이용한 다른 은유들을 제시한

85_ Ibid., p. 92. 몇몇 (그러나 분명히 모두는 아닌) 루터파 조직신학자는 칭의 교리가 심지어 신학 진술의 **바로 그 기준**, 혹은 **하나이자 유일한** 기준이라고 제안하는 데까지 나아갔다.

86_ W. Klaiber, *Justified by God: A Contemporary Theology* (Nashville: Abingdon, 2006).

87_ "Salvation," in *Anchor Bible Dictionary*, ed. D. N. Freedman (New York: Doubleday, 1992), 5:907-14.

다.[88] 나는 2003년 뉴욕에서 열린 구속에 관한 심포지엄에서 공동 의장을 맡았는데, 이 기간에 고든 피(Gordon Fee) 역시 의화는 바울의 많은 은유 가운데 단지 하나이며 일방적으로 강조되어서는 안 된다는 점을 역설했다.[89]

내가 케임브리지 대학교에서 공부하던 때에, 제임스 던과 그의 부인 메타(Meta)와의 평생에 걸친 우정이 시작되었다. 일시적으로나마 이 위대한 바울 신학자의 저작이 사도의 바울 서신에서 8번 되풀이되는 "예수(그리스도)의 신앙"이라는 구절(예. 갈 2:16)에 대한 루터의 번역에서 벗어난 리처드 헤이스(Richard Hays), 모나 후커(Morna Hooker) 및 다른 이들에게 합류하지 않도록 나를 설득했다. 수 세기 동안 외견상으로 다수의 번역가와 주석가들을 비롯한 수많은 이들이 루터를 따랐다. 그들은 "그리스도의"의 소유격을 "목적격" 소유격으로 간주해서 "예수(그리스도)의 신앙"이라는 구문을 "그리스도를 믿는 (우리의) 신앙"으로 해석했다. 그러므로 "그리스도의 신앙으로" 의롭게 된다는 것은 그리스도를 신뢰함 혹은 신앙(believing or trusting in Christ), 그리고 십자가에서 그의 죽음으로 절정에 이르렀고 우리의 의를 가능하게 한 하나님을 향한 그의 순종이 지닌 "구원하는 영향력"을 의미한다.

공관복음과 히브리서 12:2을 근거로, 비록 수년 동안이나 나는 예수가 지상에서 사는 동안 보이는 것이 아닌 신앙으로 살았다고 주장했지만, 그럼에도 나는 "예수(그리스도)의 신앙"이라는 바울의 문구에 호소하는 것

88_ Joseph A. Fitzmyer, "Pauline Theology," in *New Jerome Biblical Commentary*, ed. Raymond E. Brown, Joseph A. Fitzmyer, Roland E. Murphy (London: Geoffrey Chapman, 1990), pp. 1382-1416, 1397-1402을 보라.

89_ Gordon D. Fee, "Paul and the Metaphors of Salvation: Some Reflections on Pauline Soteriology," in *The Redemption: An Interdisciplinary Symposium on Christ as Redeemer*, ed. Stephen T. Davis, Daniel Kendall and Gerald O'Collins (Oxford: Oxford University Press, 2004), pp. 43-67.

을 거절했다. 이러한 주장을 제기한 이들이 보여준 성서에 관련된 제한된 지식은 나를 설득하는 데 실패했다.[90] 그러나 그 이후에 나는 그리스도의 "순종"과 그 결과에 관한 바울의 반응이 무엇을 암시하는지를 계속 숙고했다(롬 5:12-21). 바울에게 "순종"과 "신앙"은 동시에 일어나는 것이다(롬 1:5; 16:19). 그리스도의 신앙은 "동심원적인 표현으로, 그것은 항상 그리스도 자신의 신앙에서 시작하지만 필연적으로 그의 신앙을 자신들의 신앙이라고 주장하는 신자들의 응답하는 신앙을 포함하는 것"이라는 후커의 서술을 나는 더 깊이 생각하게 되었다.[91] 마지막으로 토머스 스테그먼(Thomas Stegman)과 함께 (고후 4:13 같은) 고린도후서의 단락에 관해 토론한 덕분에,[92] 나는 바울의 그 문구가 더 정확하게는 "그리스도가 행한 신앙" 혹은 "그리스도의 신실함"을 의미하며, 하나님을 향한 그리스도의 신실함과 하나님의 목적에 우리가 참여함을 나타낸다는 것을 받아들일 준비가 되었다.[93] 이는 경건하지 않은 자의 칭의가 그들로 하여금 그리스도 자신의 신실함과 그의 신앙이 가져다준 모든 유익에 참여하게 만들어주었다는 것을 뜻한다.

나는 "그리스도의 신앙"의 서로 다른 번역이 루터와 이후 루터파의 칭의 신학에 어떤 영향을 미쳤는지는 전문가에게 맡겨두려고 한다. 그러나 나는 바울의 문구인 "예수(그리스도)의 신앙"을 주격 소유격으로 해석하는 새로운 방식은 경건하지 않은 자들이 의롭다 여김을 받을 때 수반되는 것

90_ Gerald O'Collins, *Christology: A Biblical, Historical, and Systematic Study of Jesus* (Oxford: Oxford University Press, 1995), pp. 257-58을 보라.

91_ Morna D. Hooker, "Pistis Christou," *New Testament Studies* 35 (1989): 321-42을 보라. 해당 어구는 341쪽에 있다.

92_ Thomas D. Stegman, *The Character of Jesus: The Linchpin of Paul's Argument in 2 Corinthians* (Rome: Pontificio Instituto Biblico, 2005).

93_ *Salvation for All: God's Other Peoples* (Oxford: Oxford University Press, 2008), p. 137에서 Hays, Stegman, Hooker의 견해에 대한 내 잠정적인 지지를 참조하라.

에 관해 훨씬 더 그리스도 중심적인 견해를 지지할 수 있고 또한 그래야 한다고 믿는다.

그리스도의 부활을 주제로 한 에벨링의 세미나(아퀴나스부터 판넨베르크까지 주요 저자들의 책을 읽는 것이 포함되었다)에 참석한 이후부터, 나는 바울을 따라 그리스도의 부활을 내 신학적 사고와 글쓰기의 중심에 두는 일에 계속해서 관심을 쏟았다. 나는 성금요일과 부활절이 서로 다르지만 그 공헌에 있어서 분리할 수 없다는 사실을 존중한다. "그[예수]는 우리가 범죄한 것 때문에 내줌이 되고 또한 우리를 의롭다 하시기 위하여 살아나셨느니라"(롬 4:25). 일반 신자들은 말할 것도 없고, 수많은 신학자들조차도 구속에서 뿐만 아니라 특별히 의화에서 부활이라는 항목을 오랫동안 소홀히 했다.

마지막으로 성령의 역할이라는 개념을 구원과 의화에 관한 나의 견해 안에 전용하는 데 수년의 기간이 걸렸음을 고백해야 할 것 같다. 나는 내가 힘들게 이룬 최선의 결과물을 최근 출간한 『모두를 위한 구원』(Salvation for All) 안에 있는 "그리스도와 성령의 보편적 임재"(The Universal Presence of Christ and the Spirit)라는 장을 통해서 다뤘다.[94] 바울이 로마서에서 가르친 대로, 죄는 보편적이며 인간으로 하여금 노예의 삶을 경험하게 한다. 그리스도와 그의 성령이 가져다준 새로운 삶이 없으면 우리는 여전히 노예로 남게 된다.

이 지점에서 나는 바울의 의화 사상을 요약하려고 한다. 나는 의화가 그리스도와 성령의 불가분적 사역을 통해 효력을 갖게 되는 행위이며, 인류와 우주를 회복시키는 하나님의 신실한 행위라고 생각한다. 여기서 회복은 복음의 선포와 성례의 시행을 통해 형성되고 성숙해지는 그리스도

94_ O'Collins, *Salvation for All*, pp. 207-29, 또한 pp. 242-47을 보라.

인 공동체의 예배 안에서 생생하게 드러난다

로마, 밀워키 및 런던

의화를 더 깊이 이해하려는 나의 여정은 로마의 그레고리오 대학교 (Gregorian University)에서 내가 신학을 가르치는 동안에도 계속되었다 (1973-2006년). 요한 바오로 2세(John Paul II, 1978-2005년)가 교황으로 재임한 시기가 그 여정의 중심이 되었다. 나는 그가 루터 탄생 500주년(1983년)에 즈음하여 로마에서 했던 것처럼 독일과 스칸디나비아 반도의 나라들을 방문하고 루터교회에서 설교한 첫 번째 교황이 되어 루터파와 가톨릭 사이에 다리를 놓았다는 사실이 매우 기뻤다. 신학적 관점에서 화해의 제스처는 1999년 10월 31일에 그 절정에 이르렀다. 이 날 루터교회 세계연맹과 로마 가톨릭교회의 대표들이 아우크스부르크에 모여서 의화에 관한 기본적인 진리를 다루는 44개의 공동 선언을 포함하는 "의화 교리에 관한 공동 선언"(Joint Declaration on the Doctrine of Justification)에 서명하는 역사적 사건이 일어났다.

기독교 일치 증진을 위한 교황청 위원회(Pontifical Council for the Promotion of Christian Unity)의 의장인 에드워드 캐시디(Edward Cassidy) 추기경은 요한 바오로 2세를 대리하여 아우크스부르크의 서명식에 참석하면서, 그 기념비적 업적을 매우 개인적인 방식으로 간단히 요약했다. 결정의 날에 대한 그의 입장을 설명해달라는 요청에 대해, 캐시디는 그 "공동 선언"에 서명했다고 단순하게 말할 것이라고 언급했다.

가톨릭과 프로테스탄트가 분리된 지 400여년이 지난 이래로, "공동 선언"은 참으로 놀라운 성과다. 구원은 전적으로 하나님으로부터 오며, 순전히 은혜로 된 것이고, 예수 그리스도의 삶과 죽음 그리고 부활을 통해 유효하며, 인간을 하나님께 받아들여지게 하는 구원하는 의의 선물은 예수 그리스도를 믿는 믿음을 통해서 온다는 점에 양측이 기본적으로 동의한다. 그들은 16세기의 상호 저주는 21세기 교회에는 더 이상 적용되지 않는다는 것 역시 동의한다. 루터파가 전통적으로 죄인을 의롭다 칭하는 하나님의 판결이 전달된다는 사실을 강조했다면, 가톨릭(그리고 동방 정교회)은 이 지점에서 신자에게 주어진 은혜가 성령을 통해 죄인을 실제로 변화시킨다는 것을 강조했다. 여러가지 차이는 서로 배타적인 입장이라기보다는 오히려 상호보완적인 접근으로 볼 수 있다. 양측은 바울에 관한 최근의 학문적 연구, 특별히 프로테스탄트와 성공회 학자들에게서(샌더스, 던, 라이트 등등) 촉발된 소위 바울에 관한 새 관점이 루터와 그 계승자들이 주장한 바울 해석의 몇몇 측면에 대해 제기한 의문점을 받아들였다.[95]

물론 문제가 되는 조항은 여전히 남아 있다. 가톨릭은 신자가 죄인인 동시에 의인(*simul justus et peccator*)이라는 루터의 교리를 받아들이기가 힘들다. 이 교리에 따르면 신자가 하나님에게 "의로운" 반면에, 그들이 여전히 죄인인 것은 세례 이후에도 계속 남아 있는 사욕편정(concupiscence)이 실제로 죄이기 때문이라는 것이다. 가톨릭은 인간 본연의 사욕편정이 죄로부터 나와서 죄를 짓도록 압박하는 일종의 경향성으로 세례받은 자들에게 남아 있는 것은 죄가 항상 개인적인 의사결정을 포함하기 때문이라고 주장한다. 사욕편정을 이해하지 못하면 죄가 무엇인지를 적절하게 이해할 수 없다. 반대로 루터파는 가톨릭이 "공로"—비록 이 행동이 전적으로 하나님의 은총에서 오고 신자가 이를 자랑할 수는 없다고 할지라도, 하나님은 신자들의 행동에 보상하신다는 개념—를 언급하는 것에 대해 거리낌이 있다.

나는 요제프 노이너(Josef Neuner)와 자크 뒤퓌(Jacques Dupuis)가 편

95_ David E. Aune, ed., *Rereading Paul Together: Protestant and Catholic Perspective on Justification* (Grand Rapids: Baker Academic, 2006)을 참조하라.

집한 로마 가톨릭 교리의 고전적인 모음집인 『기독교 신앙』(The Christian Faith) 제7판에서 의화에 관한 9개 부분(nos. 2000k-s)을 작성하면서 그중 많은 문단을 "공동 선언"에서 발췌할 수 있어서 기뻤다.[96] 나는 제7판을 작업할 당시에 뒤퓌(1923-2004년)와 공동 작업을 수행했다. 그는 인도에서 수년 동안 가르친 후에 그레고리오 대학교에서 내 동료 교수가 되었다. 『기독교 신앙』(1973년) 제1판의 출간에 매우 중요한 역할을 한 노이너는 출간 작업의 상임 공동 편집자를 그만둘 때까지 수년 동안 일했다. 뒤퓌는 말년까지도 세례 받지 않은 자들의 구원에 관한 내 사상이 발전하도록 도와주었다. 나는 감사의 마음으로 『모든 사람을 위한 구원: 하나님의 다른 사람들』(Salvation for All: God's Other Peoples)을 그에게 헌정했다. 그러나 의화 교리에 더 직접적으로 중요한 영향을 미친 그레고리오 대학교의 또 한 명의 동료를 언급해야 할 것 같다.

내가 로마에 머물렀던 25년 동안 나는 자레드 윅스(Jared Wicks, S.J.)와 지속적으로 즐거운 교제를 나누었으며, 이를 통해 나는 의화를 해석하고 이해하는 데 많은 유익을 얻었다. 그는 우리가 처음 만났던 1964년에 뮌스터(Münster)에서 청년 루터의 영성에 관한 박사 논문을 진행 중이었다. 후에 윅스는 미국에서뿐만 아니라 국제적인 차원에서 루터파와 로마 가톨릭 간에 열린 공식 대화에서 주요한 역할을 담당했다. 그는 1999년에 발표된 "공동 선언"의 주요 초안 작성자 가운데 한 명이었다. 윅스는 그레고리오 대학교에 6주 혹은 그 이상을 교환교수로 머물렀던 일단의 루터파 학자와 교수를 영접하는 핵심 인물이기도 했다. 나는 그레고리오 대학교를 방문한 루터파 교수들과 윅스가 서로 주고받는 대화를 들으면서 루터와 그의 가르침을 깊이 이해하고 평가하는 데 많은 도움을 받았다. 우

96_ Bangalore/New York: Theological Publications in India/Alba House, 2001.

리 둘 다 그레고리오 대학교에서 은퇴한 후에, 나는 2008년 3월 런던에서 열린 요한 바오로 2세의 신학적 유산에 관한 심포지엄에 윅스를 초대했다. 윅스의 발제문인 "요한 바오로 2세와 루터파: 작용과 반작용"(John Paul II and Lutherans: Actions and Reactions)은 그 모임을 통해 출간된 책의 중심 부분을 형성한다.[97] 윅스는 1999년에 발표된 "의화 교리에 관한 공동 선언"을 향한 운동과 이에 대한 루터파와 로마 가톨릭 학자들의 개별적인 후속 평가와 관련하여 많은 실마리를 제시했다.[98]

1990년대에 나는 밀워키의 마켓 대학교(Marquette University)에서 교환 교수로 3학기를 보낼 수 있었다. 거기서 나는 루터파와 칼뱅파 교수들과 신학생들과 함께 정기적으로 생산적인 관계를 즐겼다. 마켓 대학교에서의 경험은 바울에 대한 루터파와 칼뱅파의 차이를 이따금씩 내게 환기시켜주었다. 그들은 무엇보다도 율법의 지위, 인간 행동의 가치, 신학에서 이신칭의 교리의 위치에 관심을 둔다.

내가 두 권의 책을 발간하기 위해 다른 두 명의 학자와 공동작업을 진행하던 21세기 초에 하나님의 의화와 인간의 의에 관한 질문이 다시 등장했다. 『가톨릭 전통: 가톨릭 기독교 이야기』(Catholicism: The Story of Catholic Christianity)에서, 마리오 파루지아(Mario Farrugia)와 나는 은총과 의화라는 주제에 여러 쪽을 할애하여 종교개혁자들과 트리엔트 공의회의 견해를 공정하게 정리하기 위해 최선을 다했다.[99] 로마에서 보낸 마지막 시기

97_ In G. O'Collins and M. Hayes, eds., *The Legacy of John Paul II* (London: Continuum, 2008), pp. 139-202.

98_ 윅스가 언급한 항목들에 C. Stephen Evans, "Catholic-Protestant Views of Justification: How Should Christians View Theological Disagreements? In *The Redemption*, ed. Stephen T. Davis, Daniel Kendall and Gerald O'Collins (Oxford: Oxford University Press, 2006), pp. 255-73을 더해야 한다.

99_ (Oxford: Oxford University Press, 2003), pp. 200-15. 또한 내 책 *Catholicism: A Very Short Introduction* (Oxford: Oxford University Press, 2008), pp. 37-39, 64-66을 보라.

와 트위크넘(Twickenham, 런던)의 세인트메리 대학교(St. Mary's University College)에서 연구 교수로 보낸 3년의 기간 동안(2006-2009년), 나는 마이클 키넌 존스(Michael Keenan Jones)와 함께 그리스도의 제사장 직분을 연구하는 일에 참여했다. 그 연구 결과는 2010년 초에 『예수 우리의 제사장: 예수의 제사장 직분에 관한 그리스도인의 이해』(*Jesus Our Priest: Christian Approach to the Priesthood of Christ*)로 출판되었다.[100] 이 책은 그리스도의 제사장 직분에 관한 톰 토랜스(Tom Torrance)의 이해를 한 장에 걸쳐서 길게 다룰 뿐만 아니라, 그 앞부분에서는 그리스도의 제사장 직분에 관한 루터와 칼뱅의 해석에 한 장 전체를 할애한다. 제사장, 선지자, 왕이라는 그리스도의 3중 직분 중에서도 특별히 제사장으로서 그의 역할을 잘 파악하는 것은 불의한 자의 의화를 이해하는 데 큰 영향을 끼친다. 그 의화가 언제 일어나든지 간에, 이것은 하나님의 "오른편에서" 영원히 계속되는 그리스도의 제사장적 중재를 통해 일어난다(롬 8:34; 히 7:25; 9:24).

결론적으로 의화 교리에 관한 나의 길고도 온건한 여정을 돌이켜보면 두 차례의 획기적 전환기가 있었다. 케제만의 전성기에 그의 열정적인 로마서 강의를 들을 수 있었다는 것이 내게는 엄청난 축복이었다. 또한 그로부터 30년 이상 지난 후에 "의화 교리에 관한 공동 선언"이 승인되는 것을 경험한 것도 엄청난 축복이었다. 이 선언은 존 류만(John Reumann), 자레드 윅스 및 다른 탁월한 해석가와 신학자들이 수년 동안 참여한, 인내가 깃든 대화의 열매였다. 공동 선언 문서는 진정으로 에큐메니컬 운동의 위대한 성취 중 하나로서 이미 역사 속에 자리하고 있다.

100_ Oxford: Oxford University Press, 2010.

논평

전통적 개혁파

마이클 S. 호튼

나는 칭의 교리의 발전에 대한 깊고 정통한 요약을 제시하는 래퍼티의 기고문을 논평할 기회를 얻은 것에 감사한다. 그의 글은 트리엔트 공의회가 종교개혁에 대한 대응일 뿐만 아니라 일종의 "위원회 문서"로서 중세 학파들 사이에 새로운 논란을 일으키기보다는 오히려 논란을 완화하는 입장을 강화하는 문서임을 상기하는 데 도움을 준다.

래퍼티는 우리가 자신을 무죄로 만들 수 있다는 사상을 부정하면서도, 로마 가톨릭 신학의 주요 관심이 신자가 "의롭게 살라는 도덕 명령을 성취할 수 있고" 인간이 "하나님의 은총과 협력"할 수 있다고 강조하는 것이라고 언급한다. 이것은 타락으로 하나님의 형상(*imago Dei*)이 거의 소멸되었다는 루터의 견해와 대조된다.

개혁 신학은 이 점에 관해서 루터와 루터파가 항상 어느 정도 달랐음을 언급해야 한다. 예를 들면 칼뱅은 다양한 저작을 통해 문제가 되는 것은 본성이 아니라 그 본성이 타락했다는 사실이라고 지적한다. 또한 그는 죄는 인간 본성에 "필수적"인 것이 아니라 "우발적"인 것이며, 죄를 창조 시에 부여된 특성으로 인식하는 것은 "마니교의" 오류라고 말한다.[1] 그는 심지어 타락 이후에도 원래 인간에게 있었던 존엄함이 남아 있으므로 하나님 앞에서 의로움이 없는 불신자들조차도 인간들 사이에 공공정의를 성취할 수 있다고 지적한다. 칼뱅에게 있어서 전적 타락은 인간이 가능한 최대로 나쁘다는 뜻이 아니라, 원죄가 하나님의 모든 선한 선물을 타락시켰다는 것이다. 비록 우리의 전 존재가 타락했지만(단지 우리의 의지, 감각적인 욕구 혹은 신체뿐만 아니라), 그중에서 어떠한 능력도 완전히 파괴되지는 않았다. 전적 타락은 우리가 논리적으로 판단할 수 없다는 것이 아니라 "불의 안에서 진리를 억압하려고" 우리의 이성을 사용한다는 뜻이다(롬 1:18). 우리의 감각 중 어떤 것도 잃지 않았으나, 이 선한 선물들을 선한 창조주에게 반대하는 폭동에 이용한다. 의지의 능력을 하나도 잃지 않았으나, 우리의 마음이 사랑해야 할 것을 선택하는 도덕적 능력은 사랑하지 않는다. 하나님의 영광스런 창조의 빛이 우리 신체의 육체적인 아름다움·형태·강함을 통해 여전히 발산된다. 개혁파 스콜라 철학은 **본성적**(natural) 능력과 **도덕적**(moral) 능력을 구분한다. 우리는 하나님 형상의 담지자로서 본성적 능력은 아무것도 잃지 않았으나, 이 책임을 이루기에는 도덕적으로 무능하다.

사실 개혁 신학은 가톨릭 신학이 더 높은 영역에서 낮은 영역으로 내려가는 플라톤주의의 사다리를 이용하여, 죄와 은혜라는 난해한 문제를 본성과 은혜라는 이원론으로 대체했다고 종종 비판해왔다. 덧붙여진 은총(*donum superadditum*)이라는 개념은 하나님이 창조한 본질이 부족하기 때문에 은혜로 보충되어야 할 필요가 있음을 전제한다. 이것이 개혁파에서 비판하는 내용을 피상적으로 요약한 것인데, 로마 가톨릭 신학자가 다

1_ Calvin, *Institutes* 2.13.4

양한 요점에서 그 정확성을 논쟁할 수도 있겠으나, 적어도 이 요약은 하나님의 창조물인 인간 본성의 온전함을 지키려는 개혁파의 관심을 강조한다. 개혁파 교회들은 각주 14번에서 래퍼티가 반박하는 개혁주의의 견해, 즉 우리 주님의 죄 없으심이 죄와 인간의 본성 사이를 연결할 필요가 전혀 없음을 보여준다는 견해를 전심으로 지지할 것이다. 사실 우리 개혁파가 행위 언약을 성취(즉 "능동적으로 순종")한 그리스도를 강조하는 것은 "만약에 칭의[의화]가 인류를 향한 하나님의 운동이라면, 인간적 본성을 가진 그리스도는 하나님을 향한 인류의 운동이다"라는 래퍼티의 진술에 대한 동의를 전제한다. 실제로 그리스도는 자신에 대해 "아버지께서 내게 하라고 주신 일을 내가 이루어 아버지를 이 세상에서 영화롭게 하였사오니"(요 17:4)라고 언급할 수 있었다. 따라서 그는 "아버지여 창세전에 내가 아버지와 함께 가졌던 영화로써 지금도 아버지와 함께 나를 영화롭게 하옵소서"(요 17:5)라고 요청할 권리가 있었다. 예수는 승천 시에 언약의 주님으로서뿐만 아니라 신실한 언약의 종으로서 자신을 위해서 하늘의 문이 열리도록 명령할 권한이 있었다.

나는 중세 교회에서 용인된 다양한 입장과 강조점들을 설명하고 입증하는 중세 논의의 전체적인 조망(트리엔트 문서를 통해 내려진 파문에 이르기까지)을 발견했다. (수년 전, 한 복음주의 학교에서 일단의 학생들에게 출처를 밝히지 않고서 오랑주 공의회의 교회법을 읽어주고 그들에게 이것이 받아들일 만한 복음주의 신조가 될 수 있다고 생각하는지 물었다. 그들의 일치된 대답은 "아니오!"였다. 이유는 그것이 너무나 칼뱅주의적이라는 것이었다! 내가 그 출처를 밝혔을 때 그들은 대단히 놀랐다.) 특별히 깨달은 것은 참회가 칭의 신학에서 중요한 역할을 차지한 방식이었다.

중세 후기의 토론은 종교개혁자들이 "펠라기우스주의"에 대해 비판한 것이 전혀 그들만의 것이 아니었음을 우리에게 상기시켜준다. 브래드워딘과 리미니의 그레고리오 같은 14세기의 권위자들이 "새 펠라기우스자들"에 대해 경고했었다는 것은 의심의 여지가 없으며, 빌(Biel) 같은 다음 세기의 신학자들도 펠라기우스자들에 대한 우려를 정당한 것으로 간주한 것으로 보인다.

한편으로 프로테스탄트는 트리엔트 공의회가 펠라기우스파에게 하등의 자비도 베풀지 않았음을 때때로 상기할 필요가 있다. 빌과 같은 유명론자들은 트리엔트 공의회의 교회법으로 인해 루터만큼이나 행복할 수 없었을 것이다. 다른 한편으로 트리엔트는 종교개혁의 중심 논지를 제대로 포착하고 이를 단죄했다. 이에 대해 래퍼티는 "무엇보다도 트리엔트는 의화가 죄 사함뿐만 아니라 개개인의 성화를 수반한다는 견해를 견지하길 원했다"고 우리에게 잘 상기시켜준다. 이것이 여전히 논쟁의 중심으로 남아 있다. 내가 가톨릭 친구에게 이 문제에 관해 자주 질문했던 것은 다음과 같다. "왜 칭의가 이 둘(칭의와 성화)을 확증하기 위해서 반드시 성화 아래에 포함되어야 하는가?"

동방 정교회와 우리 개혁파가 다르듯이, 로마 가톨릭과 개혁파의 칭의에 관한 차이는 단순히 칭의 교리 자체에 집중하는 것만으로는 잘 설명될 수 없다. 예를 들면 이 교리 뒤에는 서로 다른 은혜의 교리가 자리하고 있다. 은혜가 영혼에 주입되는 신적인 물질이므로 은혜의 주입은 마지막 칭의라는 목적을 향한 하나님과의 협력을 가능하게 하는가? 아니면 은혜는 예수 그리스도—사실 하나님의 은혜로 (칭의의) 전가와 (성화와 영화의) 분여를 통해 그분의 풍성함을 우리에게 수여하신—안에 있는 죄인을 향한 하나님의 자비와 호의인가? 은혜는 본질을 초월성으로 고양하는 원리이므로 신자라는 존재를 더 고양된 영역으로 끌어올릴 수 있는가? 아니면 은혜는 성령을 통해 그리스도 안에 있는 아버지의 행동으로서 인간의 본성이 그 타당한 창조의 목적을 성취할 수 있도록 그것을 해방하는가?

마지막으로 칼 라너(Karl Rahner), 조세프 피츠마이어(Joseph A. Fitzmyer), 레이몬드 브라운(Raymond Brown)과 같은 로마 가톨릭 신학자를 통해 오콜린스가 주장한 것이 무엇인지 살펴보면 흥미로울 것 같다. 그들은 디카이오오(*dikaioō*)와 그 동계어(cognate)들이 그 특징상 법정적으로서 법정에 속하는 언어라는 것을 주장하는데, 이것은 신약 학계에서 합의된 견해인가? 과연 라틴어 불가타 성서가 디카이오오("의롭다고 선언하다")를 유스티피카레(iustificare, "의롭게 만들다")로 번역한 것이 실수인가, 만약 그렇다면 그것이 중세의 칭의 교리 발전에 어떤 영향을 미쳤는가?

　교황 베네딕토 16세도 내가 던의 주장에 대한 논평에서 언급했던—구체적으로 율법 언약과 약속의 성격을 띠는 언약의 구별—고대 근동 연구가 지닌 해석학적 함의를 인정한다.[2] 신약성서는 "아브라함과 맺은 언약을 실제적·근본적·영속적인 언약으로 본다. 바울에 따르면 모세와 맺은 언약은 아브라함과 맺은 언약 후 430년 만에 제기되었다(롬 5:20). 모세 언약은 아브라함과의 언약을 폐기하지 않고 하나님의 섭리적 계획에서 단지 중재자로 여겨질 뿐이다."[3] 베네딕토의 주해는 "바울은 우리가 구약에서 발견한 두 종류의 언약을 아주 날카롭게 구분한다"는 결론을 도출했다. 이 두 언약은 각각 "법적 규정을 구성하는 한 언약"과 "본질적으로 약속이며 우정의 선물로서 조건 없이 부여된 언약"이다. 사실 **"의무를 부과하는 그 언약은 봉신 조약**(vassal contract)**을 기반으로 정형화되었고, 약속 언약은 왕의 하사**(royal grant)**를 그 모델로 삼고 있다.** 그 정도로까지 바울은 아브라함 언약과 모세 언약의 대조를 통해 성서 텍스트를 바르게

2_ Joseph Cardinal Ratzinger, *Many Religions One Covenant: Israel, the Church and the World* (San Francisco: Ignatius Press, 1999), pp. 36-47.

3_ Ibid., p. 55.

해석했다"(강조는 추가됨).[4] "인간의 신실한 율법 준수에 의존하는 조건적 언약(conditional covenant)은 변경할 수 없도록 하나님이 스스로 자신을 결박한 무조건적 언약으로 대체되었다. 이 부분에서 우리는 두 언약의 대조와 그 이전에 고린도후서에서 발견한 똑같은 개념적 환경을 절대 놓칠 수 없다."[5] 사실 율법 언약의 조건성이 "인간의 유언(will)이 갖는 가변성을 언약 자체의 본질 안으로 끌어들여서 그 언약을 일시적인 언약으로 만들었다. 이와 달리 마지막 만찬에서 조인된 언약은 그 내적 본질상 예언적(prophetic) 언약이라는 의미에서 '새로운' 것처럼 보인다. 그것은 조건적 언약이 아니라 우정의 선물이고, 변경할 수 없게 부여된 것이다. 율법 대신에 우리는 은혜를 가지고 있다"고 베네딕토는 덧붙인다.[6]

심지어 베네딕토는 놀랍게도 다음과 같이 인정한다.

종교개혁은 바울의 신학을 재발견하여 행위가 아닌 신앙, 인간의 성취가 아닌 선하신 하나님의 값없이 부어주심을 특별히 강조했다. 따라서 종교개혁은 포함된 것이…"서약"(testament)이라는 것을 힘주어 강조하는데, 이 서약은 하나님 편에서 볼 때 순수한 결정이고 행동이다. 이것은 하나님이 모든 것을 행하셨다(모든 홀로 [solus]라는 용어는—하나님 홀로[solus Deus], 그리스도 홀로[solus Christus]—반드시 이런 맥락에서 이해되어야 한다)는 가르침을 우리가 반드시 이해해야 하는 상황이다.[7]

4_ Ibid., pp. 56-57.

5_ Ibid., p. 64.

6_ Ibid., p. 66.

7_ Ibid., p.67. 그러나 저자가 제시하듯, 종교개혁자들(확실히 개혁파 전통에서 일어난 언약 신학)은 언약(covenant)과 서약(testament)을 대조하지 않았다. 그들은 아브라함-다윗-새 언약이 상호 계약이라기보다는 오히려 약속된 유업이라는 특수한 언약(berith)이라고 인식했으므로, 이를 나타내기 위해 그리스어 쉰테케(synthēkē)보다는 디아테케(diathēkē)를 사용하였다. 이에 관해서는 Geerhardus Vos, "Hebrews: The Epistle of the Diatheke," *Princeton*

따라서 "우리는 시내산 언약을 반드시 다시 구분해야 한다."[8]

그럼에도 불구하고 교황 베네딕토는 최종적으로 자신이 도출했던 주해상의 결론으로부터 후퇴하여 "언약적 신율주의"(covenantal nomism)라는 중심 도그마로 되돌아간다. 다만 내가 그를 인용한 것은 율법과 복음의 구별을 포함하여 종교개혁을 이끈 주해적 경로가 지금도 충분히 살아있음을 보여주려는 것이다.

마지막으로 오콜린스는 칭의 및 이와 관련된 주제에서 자신의 발전상을 다루는 귀중한 개인적인 여정을 제공한다. 나는 "일반 신자들은 말할 것도 없고, 수많은 신학자들조차도 일반적으로 구속에서뿐만 아니라 특별히 의화에서 부활이라는 항목을 오랫동안 소홀히 했다"는 그의 말에 동의한다. 그리스도가 "우리의 칭의를 위해 부활했기"(롬 4:25) 때문에, 칭의의 종말론적 연결은 탁월한 가치가 있다. 헤르만 리델보스(Herman Ridderbos)와 마찬가지로, 리처드 개핀(Richard B. Gaffin Jr.)은 『부활과 구속』(Resurrection and Redemption)에서 이에 관한 논의를 충분히 제공한다.[9] 부활은 칭의와 성화라는 주제뿐만 아니라 그리스도와 함께하는 새 창조의 첫 열매인 영화라는 주제도 함께 가져온다.

오콜린스는 "나는 의화가 그리스도와 성령의 불가분적 사역을 통해 효력을 갖게 되는 행위이며, 인류와 우주를 회복시키는 하나님의 신실한 행위라고 생각한다. 여기서 회복은 복음의 선포와 성례의 시행을 통해 형성되고 성숙해지는 그리스도인 공동체의 예배 안에서 생생하게 드러난다"고 결론짓는다. 하지만 이런 식의 정의는 칭의에 너무 많은 짐을 부과

Theological Review 13 (1915): 587-632 그리고 14 (1916): 1-16, 이는 Richard B. Gaffin Jr., ed., *Redemptive History and Biblcial Interpretation: The Shorter Writings of Geerhardus Vos* (Phillipsburg, N.J.: Presbyterian & Reformed, 1980), pp. 161-233에도 포함되었다.

8_ Ratzinger, *Many Religions-One Covenant*, pp. 67-68.

9_ Phillipsburg, N.J.: Presbyterian & Reformed, 1987.

하는 것이다! 칭의가 우리의 구원을 위한 배타적인 법정적 근거라는 것이 분명하기 때문에, 나는 오콜린스가 앞에서 정의 내린 모든 것들을 가져다주는 것이 칭의라고 주장한다. 요약하자면, 나는 그가 언급하는 "칭의"가 사실은 폭넓은 의미에서 "구원"임을 언급하고 싶다.

오콜린스는 "공동 선언"을 "놀라운 성취"라고 여겼지만, 그 이후에도 난제들은 여전히 남아 있다. 그는 "신자를 의인이자 동시에 죄인으로 간주하는 루터의 교리에 대한 거리낌"과 "사욕편정"의 차이점들을 언급한다. 또한 그는 "루터파는 가톨릭이 '공로'를 언급하는 방식에 거리낌이 있다"고 덧붙인다. 비록 "공동 선언"은 이 논제들을 해결하지 못하고 여전히 암묵적으로 그 논제들의 중요성을 축소하지만, 나는 이 논제들이 여전히 "난제"로 남아 있음에 동의한다. 나의 진심 어린 기도는 우리가 성서로 함께 돌아가서 진리의 성령에 의지하여 성서 텍스트와 씨름하는 것이다.

논평
진보적 개혁파

마이클 F. 버드

내가 베네딕토 16세와 식사를 했다면, 나는 그에게 트리엔트 공의회 문서를 "개정"하라고 진심으로 간청했을 것이다. 프로테스탄트의 이신칭의 견해를 파문을 통해 정죄한 것이 바로 트리엔트 공의회였다. 그 사실에도 불구하고 프로테스탄트와 가톨릭교회 간의 화해라는 측면에서 볼 때, 이미 어느 정도의 진전이 이루어졌다. 한스 큉은 칼 바르트와 가톨릭교회의 칭의 개념을 같은 선상에 두기 위해 최선을 다했다. 1999년 루터파와 가톨릭의 "칭의에 관한 공동 선언"은 올바른 조치였지만, 양측 내부 의견의 불일치와 염려를 무마시키려면 가야 할 길이 아직도 멀다. 나는 많은 가톨릭 주석가들의 주해에서 프로테스탄트의 특징적 견해들이 발견된다는 사실에 고무되었다. 피츠마이어가 로마서 주석에서 지극히 프로테스탄트적인 내용을 말하는데도 불구하고 그의 로마서 주석을 출판하도록 허가해준 가톨릭 주교가 도대체 누구였는지 모르겠다. 이를테면 다음과 같다.

바울의 심판 메시지는 그리스도인이 첫 번째로 들어야 할 내용이다. 그 메시지를 고려하면 믿음을 통해 은혜로 의롭게 된다는 메시지는 새로운 뜻을 취한다. 오직 인간의 행위에 따른 신적 심판을 고려할 때, 믿음을 통해 은혜로 죄인이 의롭게 됨을 적절하게 이해할 수 있다. 이런 이유로 바울의 이신칭의와 행위에 따른 심판 사이에는 실질적인 불일치가 전혀 존재하지 않는다.[1]

나는 과연 칼뱅이 피츠마이어보다 이에 관해 더 잘 쓸 수 있었을지 의심스러울 정도다! 한 가지 소망ㅡ"트리엔트 공의회 문서를 재고하라!"(어쩌면 우리는 공식 페이스북 계정이 필요할지도 모르겠다)ㅡ에 기대어 나는 올리버 래퍼티와 제럴드 오콜린스의 기고문을 읽었다.

래퍼티는 교부와 중세 전통에서 칭의 관점의 다양성을 제시하는 훌륭한 작업을 했다. 그의 글은 종교개혁자들이 여러 면에서 칭의 교리 형성에 혁신적이었다 하더라도, 실제로는 중세 기독교 사상 가운데 특별히 아우구스티누스 같은 수많은 전례와 선구자들이 루터보다 먼저 존재했음을 보여준다. 나는 거기에 프로테스탄트의 칭의 가르침에도 엄청난 다양성이 존재했음을 덧붙이고 싶다. 루터와 멜란히톤은 아우구스티누스주의를 다르게 적용했다. 마르틴 부처(Martin Bucer)는 이중 칭의를 믿었고ㅡ먼저 믿음으로, 다음으로 행위로 의롭게 됨ㅡ또한 성령에 관한 여지를 남겨두었다. 리처드 후커(Richard Hooker)는 칭의를 중생과 더 밀접하게 연관시켰고, 츠빙글리(Ulrich Zwingli)는 원래 방식대로 칭의를 선택(election)과 연결했다. 아우크스부르크 신앙고백서와 리처드 박스터(Richard Baxter) 같은 청교도들은 믿음의 전가를 견지했다.[2] 적어도 나는 우리가 가톨릭과 프로테스탄트의 칭의 개념 사이에 다리를 놓을 수 있도록 시도하게끔 하는 충분한 관용이 중세와 종교개혁 전통에 존재한다고 생각한다.

1_ Joseph A. Fitzmyer, *Romans: A New Translation with Introduction and Commentary*, AB (New York: Doubleday, 1993), p. 307.

2_ 비교. James R. Payton, *Getting the Reformation Wrong: Correcting Some Misunderstandings* (Downers Grove, Ill.: InterVarsity Press, 2010), pp. 116-31.

나는 지롤라모 세리판도(Girolamo Seripando)의 이중 정의(*duplex iustitia*) 개념과 장 칼뱅의 이중 은혜(*duplex gratia*) 개념이 서로 결합될 수 있어서 성서에 나타나는 의가 법정적이고도 변화적이라고 말할 수 있는지가 정말로 궁금하다. 그렇다면 의롭다고 선언되기 위해 그리스도 안에서 은혜를 받고, 또한 실제로 의롭게 되기 위해 은혜를 받는다고 말할 수 있을 것이다. "의롭다"는 선언은 성령을 통해 우리 안에서 일어나는 변화시키는 의와 구별되지만 분리되지 않는다. 두 의로움이 하나님의 단 한 번의 구원 행위에 기인하고 그리스도와의 연합이라는 같은 통로를 공유하기 때문이다. 그리스도는 의롭다고 선언받은 우리의 지위뿐만 아니라 의로운 삶을 실제로 살게 하는 능력의 근원이다. 우리 모두가 이를 승인할 수 있을까? 적어도 나는 그렇다!

그러나 나는 이 모든 것이 이루어졌을 때, 여전히 둘 사이에 핵심적인 차이가 남아 있을 것 같아 두렵다. 래퍼티가 표현하듯이, 가톨릭의 칭의 개념은 신자가 도덕 명령을 성취하고 하나님의 은혜와 협력할 수 있으므로 신자 자신의 칭의에 기여할 수 있음을 확인한다. 그에 대해 종교개혁자들은 "아니오!"라고 말하는데, 나는 종교개혁자들이 옳다고 생각한다. 내 생각에는 신약성서에서 의지의 속박, 죄의 노예가 됨과 하나님의 은혜가 갖는 유효한 특성은 구원론적 조건으로서의 협력을 배제한다. 성서는 스스로 돕는 자를 돕기 원하시는 하나님이라는 개념을 우리에게 제공하지 않는다. 아브라함, 예수, 바울의 하나님은 죽음에 생명을, 죄책에 무죄 선고를, 경건하지 않은 자에게 칭의를 가져다주고, 마치 그들이 그렇지 않음에도 그런 사람들인 것처럼 부르신다(롬 4장을 보라). 칭의가 특별히 참회와 세례에 관한 성례신학과 관련된다고 언급하는 것은 칭의를 개혁파 교회가 수용할 수 없는 특정한 성례주의에 속박하기 때문에 양 진영의 간격을 넓히는 역할을 할 뿐이다. 개혁파 교회는 마지막 날의 칭의가 하나님이 사

람 안에서 행하신 행위에 근거하여 내려지는 분석적 판결(analytic verdict)
이라는 개념을 계속 거부할 것이고, 그 대신에 칭의를 그리스도와의 연
합으로 하나님이 신자에게 더하신 의를 기반으로 제시되는 종합적 판결
(synthetic verdict)이라고 여길 것이다.

칭의에 관한 오콜린스의 자서전적인 글을 읽는 것은 내게 또 다른 즐
거움을 선사했다. 그는 나와 같은 오스트레일리아 출신일 뿐만 아니라,
가톨릭교회의 탁월한 신학자이자 에큐메니스트(ecumenist)로서의 자신의
경력을 제시하면서 이 주제를 다뤘다.

오콜린스는 독일 신학자 에른스트 케제만을 여러 번 언급하는데, 케
제만은 칭의의 법정적 측면과 변화적 측면을 함께 주장한 학자였다. 그의
주장은 로마서 6:7과 같은 몇 구절에서 확실히 유효한데, 그 구절에서 바
울은 죄의 지배로부터 해방된다는 의미로 "죄로부터 의롭게 됨"을 언급한
다. 그러나 다른 상황에서는 의/칭의가 단도직입적으로 말해서 엄격하게
법정적이라고 생각한다(예. 롬 5:1; 8:34 등등). 만약 본문을 타당하게 분석한
다면, 칭의가 이 변화와 동일시되지만 않는다면 칭의의 변화적 측면이 유
효할 수 있다.[3]

그밖에도 오콜린스가 그의 교수들의 가르침과 관련하여 했던 말들과
그 자신이 칭의를 어떻게 정의하는지에 대해 했던 말들 중에 상당 부분을
나는 받아들일 수 있다.

하나님의 신실한 구원의 행위, 혹은 믿음으로 전유된 예수 그리스도의 공로
를 통해 회개하는 죄인을 의롭게 만드시는 하나님의 언약적 신실성과 해방의

3_ 신약성서의 "의"에 관해서 Michael F. Bird, *The Saving Righteousness of God: Studies on
Paul, Justification, and the New Perspective* (Milton Keynes, U.K.: Paternoster, 2007), pp.
6-39을 보라.

현존….

은총을 통해 얻는 이 새로운 삶은 본래 창조되어 우리의 영혼에 "주입된 어떤 것"이 아니었다. 오히려 그것은 성령이 신자 개인 안에 내주하는 것이었고, 그리스도 안에 통합되는 것이며, 따라서 지극히 복된 삼위일체의 내적인 삶을 가능한 최대로 공유하는 것이었다.

나는 의화가 그리스도와 성령의 불가분적 사역을 통해 효력을 갖게 되는 행위이며, 인류와 우주를 회복시키는 하나님의 신실한 행위라고 생각한다. 여기서 회복은 복음의 선포와 성례의 시행을 통해 형성되고 성숙해지는 그리스도인 공동체의 예배 안에서 생생하게 드러난다.

나는 그가 제시하는 도식이 대부분 정확하다고 생각하지만, 그것을 칭의라고 부르지는 않는다. 내가 보기에 이것은 우리가 더 폭넓게 구원이라고 부르는 것이며, 칭의는 단지 그 한 부분이다. 개혁파 신학자들은 칭의를 예수의 공로의 전가라는 틀에 한정시킴으로써 이에 대한 좁은 시각을 갖고 있지만, 반대로 오콜린스는 칭의의 정의를 영국 해협의 폭만큼이나 넓게 만드는 것 같다! 오콜린스가 적절히 언급했듯이 칭의가 많은 은유 가운데 하나라는 것을 고려하면, 그는 구원 교리 전체가 지닌 무게를 칭의에 싣지 말아야 한다.

안타깝지만 오콜린스의 기고문에서 다른 세 가지 요소들도 지적해야 할 것 같다. 첫째, 나는 형벌 대속(penal substitution)을 향한 그의 반감에 공감하지 않는다. 이 교리는 희화화되고 오해될 수는 있지만, 예수가 우리를 대신해서 죄의 형벌로 고난을 받은 한, 대속 교리는 분명히 성서적이다.[4] 둘째, 던의 글에 대한 논평에서 언급했던 "그리스도의 믿음"(신실함)을 다시 언급하려 한다. 나는 이 개념이 신학적으로 상당히 매력적일 뿐만 아니라 대표로서 예수의 신실함이라는 개념이 성서적으로 건전하고 이론적으로도 타당하다고 생각하지만, 그리스어 소유격의 해석이라는 비행기가 신학자들과 해석가들이 원하는 신학적 화물을 탑재하고 그것들을 운반할 수 있을 것이라고 생각하지 않는다. (아마도) 빌립보서 3:9과 에베소서 3:12을 제외하고, 나는 바울이 피스티스 크리스투 구문을 "그리스도의 믿음"이라는 주격 소유격으로 해석되기를 의도했다는 것이 사실인지 의심스럽다.[5] 셋째, 죄인인 동시에 의인(simul iustus et peccator)이라는 개혁파의 격언은 실제로 이 논쟁의 요점을 반영한다. 하나님이 어떻게 죄 많은 인간을 의롭다고 선언하실 수 있는가? 나 자신의 개혁파적 관점에서 바울을 읽자면, 그 답은 그리스도의 의로움, 메시아로서 그의 과업, 메시아로서 그의 죽음, 메시아로서 그의 정당함에 신자가 포함되기 때문이라는 것이다. 그것이 (로마서의 언어를 사용해서) 그리스도 안에서 그 자체로 유효한 구속을 통해 신자가 은혜로 값없이 의롭다 여김을 받은 이유이며, 하나님이 경건하지 않은 자를 의롭다 하신 이유이며, 이제 그리스도 안에 있는 자들에게 정죄가 없는 이유다. 칭의는 하나님이 나를 내가 아닌 무엇인가로 여긴다는 뜻인데, 그것은 그리스도가 나를 위해서 어느 날 내 안에서 행하신 일 때문이다.

결론적으로 로마 가톨릭교회가 상당히 격렬하게 반 루터주의를 표방

4_ 비교. Simon Gathercole, "The Cross and Substitutionary Atonement," *SBET* 21 (2003): 152-63; D. A. Carson, "Atonement in Romans 3:21-26," in *The Glory of the Atonement: Biblical, Theological, and Practical Perspectives*, ed. Charles E. Hill and Frank A. James (Downers Grove, Ill.: InterVarsity Press, 2004), pp. 119-139; N. T. Wright, *Justification: God's Plan and Paul's Vision* (Downers Grove, Ill.: InterVarsity Press, 2009), pp. 105-6.

5_ 비교. Michael F. Bird and Preston M. Sprinkle, eds., *The Faith of Jesus Christ: Exegetical, Biblical, and Theological Studies* (Milton Keynes, U.K.: Paternoster, 2009).

하는 트리엔트 공의회 문서를 재고할 준비가 되어 있지 않다면, 프로테스탄트 교회와의 화해를 위한 희망은 크지 않다. 세상을 향한 증언의 일부로서 우리가 가시적으로 하나 됨을 추구하라는 예수의 요청을 생각해보면 이는 참으로 슬픈 일이다. 나는 1999년의 "공동 선언"이 우리가 추구해야 할 종류의 대화로서 훌륭한 시작이었다고 생각한다. 우리는 가톨릭과 개혁파 전통의 다양성을 탐구하고 활용하여 그 안에서 우리가 찾을 수 있을 만큼의 충분한 공통 기반을 발견해야 한다. 케제만, 마르쿠스 바르트, 피츠마이어, 그리고 라이트와 같은 주석가들은 "의"가 무엇을 의미하고 하나님의 무죄 선포가 어떻게 하나님의 갱신 사역과 관련이 있는지에 관한 대화를 수월하게 하는 데 도움을 주는 훌륭한 대화 상대자다. 마지막으로 나는 독자들에게 다음과 같은 루터의 말을 남긴다.

만약 교황이 오직 하나님만이 그리스도를 통해 단지 그의 순전한 은혜로 죄인들을 의롭게 하신다는 것을 우리 앞에서 인정한다면, 우리는 우리 손으로 그를 높일 뿐만 아니라 그의 발에 입을 맞출 것이다. 그러나 우리가 이것을 얻을 수 없기 때문에, 우리는 하나님의 뜻 안에서 절대로, 한 가닥의 머리카락 조차도, 하늘에 있는 모든 천사에게도, 베드로에게도, 바울에게도, 백 명의 황제에게도, 역시 천 명의 교황에게도, 온 세상에게도 하등의 공간을 내어줄 수 없다. 그렇다면 이것이 그 결론이 되게 하라. 우리는 우리의 재화가 제거되는 고통을 겪을 것이고, 우리의 이름, 우리의 삶, 그리고 우리가 소유한 모든 것이 제거되겠지만, 적어도 우리는 복음, 우리의 믿음, 예수 그리스도가 우리 때문에 왜곡되는 고통을 겪지는 않을 것이다.[6]

6_ Martin Luther, *Commentary on Galatians* (Grand Rapids: Revell, 1988), p. 75.

논평
바울 신학의 새 관점
제임스 D. G. 던

래퍼티가 제시하는 칭의 교리에 관한 기독교 논쟁의 역사는 매우 유용할 뿐 아니라 루터가 그 교리를 재형성하게 된 배경을 명확하게 하는 데 도움을 준다. 마찬가지로 이 교리에 관한 오콜린스 자신의 자서전적인 서술은 매혹적이며 또한 유익하다(또한 개인적으로 좋은 추억들을 많이 떠올리게 한다). 두 사람에 대한 감사를 넘어서, 한 사람의 신약학자로서 사실 나는 두 사람의 글에서 논의할 많은 것들을 찾지 못했지만 몇 가지를 짚고 넘어가고자 한다.

신약성서 전문가로서, 논쟁중인 주제가 사도 바울의 선교 및 가르침과 너무나도 일치한다는 것을 고려할 때, 나는 자연스럽게 칭의 논쟁의 역사에서 바울로부터 격려의 암시를 찾고 그의 텍스트를 살피는 일에 참여하려 했다. 그런 격려와 참여가 오콜린스의 개인적 이야기 안에 확실히 존재하며, 칭의에 관한 오콜린스 자신의 통찰력을 발전시킨 핵심 요인이었다고 생각된다. 한편 래퍼티의 글이 바울 텍스트를 제대로 다루지 않고 있다는 사실을 불평하는 것은 의심의 여지 없이 불공평하다고 할 수 있다. 래퍼티의 글과 관련하여, 중세 신학자들 간의 논쟁이 성서 안에 있는 개념과 상당히 동떨어져 있을 뿐만 아니라 바울의 선교라는 상황 안에서 그의 텍스트를 신학화하는 일과도 거리가 멀어 보인다는 것이 특별히 내게는 충격적이었다. 따라서 관련 개념들이 성서 본문 자체의 해석보다 더 중요해졌고, 본문 자체보다 더 큰 영향력을 갖게 되었다. 특히 아우구스티누스의 원죄, 의지의 자유, 공로, 참회, 연옥 같은 개념들이 그랬다. 반대로 바울 서신의 핵심 동기였던 주제들—이방인들도 (하나님의 선택된 백성인) 유대인들이 그랬던 것처럼 동등하게 (이스라엘의) 하나님께 받아들여졌는지, 그들이 받아들여졌다는 사실이 어떻게 입증되며 어떤 용어들이 사용되었는지 등등—은 전혀 언급이 없었다. 바울 자신의 관심사는 "당신[하나님] 앞에서 의롭다 할 인생이 하나도 없나이다"(시 143:2)라는 시편 저자의 확신에 분명히 뿌리를 두고 있다. 그러나 바울이 이러한 확신을 형성하고 적용한 것은 이방인의 사도로서 그가 가진 소명과, 더 전통주의적인 유대인 신자들 가운데서 바울의 선교가 일으킨 적대감 때문이었음이 분명하다. 그러한 상황이 망각되거나 무시될 때, 바울 자신에게 가장 중요했던 것이 무엇이었는지도 잊힌다.

비슷한 요점이 래퍼티가 가톨릭 전통에서 "논쟁의 핵심"이라고 언급한 내용—즉 "논쟁의 핵심은 하나님 자신의 정의 개념과 하나님이 죄인을 의롭다 하시는 정의 개념 사이의 구별이다. 다수의 서구 가톨릭 전통에는 두 가지 구분이 존재한다. 하나님 자신이 스스로 의롭다 하시는 의는 하나님이 죄인들을 의롭다 하시는 의와 구별된다"—과 관련된다. 어떤 구별이 형성된 것이 자명한 이유는, "하나님은 정의롭다"와 "하나님이 의롭다고 칭하다"가 단순히 동의어가 아니기 때문이다. 그러나 로마서에서 바울의 핵심 어구가 "하나님의 의"(롬 1:17)라면, 신학적 구분이 이루어져야 한다고 주장하거나 혹은 그것이 정당하다고 하는 것은 훨씬 불분명하다. "믿음으로 믿음에 이르게 하는" "하나님의 의"의 계시가 "모든 믿는 자의 구원을 위한 하나님의 능력"이라고 한다면(롬 1:16-17), 바울에게 하나님의 정의/의는 인간을 위한 하나님의 구원 행위이기 때문이다. 루터가 관찰한 것처럼, 이것은 17절이 16절을 설명한다는 사실을 직접적으로 따르기 때문이다. 그러나 또한 이는 히브리인들이 이해한 의의 개념을 따른 것인데, 바울은 이를 당연하게 받아들일 수 있었다(바울은 "하나님의 의"가 무엇을 뜻하는지 굳이 설명할 필요가 없다고 생각했다). 성서의 배경이 바울의 개념화에 상당히 중심적이었다는 것을 이해하는 것이 우리의 관심사이며 이를 통해 바울을 더 잘 이해하게 되는데, 적어도 나는 래퍼티의 글에서 이것이 부족함을 발견한다. 히브리인이 이해했던 의라는 개념의 풍성함이 오히려 그리스어와 라틴어를 기반으로 의와 정의를 이해함으로써 희미해지고 말았다.

마찬가지로 나를 혼란케 하는 것은 "중세 신학자들이 신앙이 우선한다는 바울의 개념을 거의 이해하지 못했고, 중세가 진행되면서 신앙이 은총 아래로 포함되었다"는 래퍼티의 관찰이다. 여기서 나는 오콜린스가 바울의 문구 피스티스 크리스투(*pistis Christou*)를 "그리스도를 믿음"보다는 오히려 "그리스도의 믿음(혹은 신실함)"으로 읽는 시류에 편승한 것에 어느 정도 실망했음을 고백한다. 특별히 바울이 그리스도의 순종에 관한 언급에서 표현했던 것처럼(롬 5:19; 빌 2:8), 바울이 너무나 많은 것을 그리스도가 행한 것에 돌리고 있다는 것을 인식하는 것은 매우 타당하고 중요하며 이에 대해서는 어떤 의혹도 있을 수 없다. 내가 보기에 그 문구에서 단순히 "그리스도의 믿음"이라는 의미를 취하는 것은 이제 그 의미가 발견되는 대부분의 경우에서 형편없는 주해다. 갈라디아서 2:16-3:26에 퍼져 있는 빈번한 에크 피스테오스(*ek pisteōs*) 구문으로부터 갈라디아서 2:16 및 갈라디아서 3:22에서 피스티스 크리스투를 분리하는 것은 거의 불가능하다(갈 3:22이 그 하나다). 또한 바울이 에크 피스테오스 구문을 이해하는 초점은 갈라디아서 3:6-14인데, 그곳에서 언급하는 "믿음"이 아브라함의 신

앙과 같은 것임은 확실하다.[1]

이것이 피스티스 크리스투 구문을 "그리스도를 믿음"에서 "그리스도의 믿음"으로 바꾸어 해석하게 된 오콜린스의 입장 변화에 대한 내 두 번째 논평을 이끌어낸다. 이 문구를 "그리스도의 믿음"으로 받아들이는 것은 복음이 "믿음에서 믿음으로", 그리고 "믿음을 통해"로 작용하기 때문에 바울의 논증을 표현하고 강화하는 역할을 하는 이 구문의 취지를 사실상 약화시키고 또한 중심논지에서 벗어나게 하는 것이다. 아브라함이 단순히 하나님의 약속을 믿었고, 바랄 수 없는 중에 바랐으므로(롬 4:18), 바울에게 아브라함은 하나님이 누군가를 의롭다 여기는 모범이었다. 그래서 아브라함은 그가 믿었던 것처럼 믿는 모든 사람의 조상이고, 그들에게는 아브라함이 믿었던 믿음이 있었다. 신앙함이 무엇을 의미하는가(롬 4:16-22)에 관한 바울의 강력한 강해가 이 기고문에서 거의 주목을 받지 못하는 것처럼 보인다는 점이 또한 유감스럽다. 단순히 믿음으로 의롭게 된다는 것이 바울에게 너무나도 중요했기 때문에 그것은 개혁파 신학에서 중요한 것이다. 유감스럽게도 피스티스 크리스투를 "그리스도의 믿음"으로 해석하는 것은, 그 장점이 무엇이든 간에, 이신칭의라는 바울의 중심 주제를 모호하게 했다. 이 점에 관해서, 오콜린스가 "바울의 칭의 교리"를 요약하면서 신앙함이나 혹은 믿음에 관해 전혀 언급하지 않고 있다는 사실은 더욱 중요하며 일종의 경고로 간주해야 한다! 루터여, 이제 돌아오시오. 모든 것이 용서되었소!

가톨릭의 의화 교리를 주의 깊게 듣는 것의 가치는 다중적이다. 그 시도가 하나님이 신자에게 도덕적인 삶을 살 수 있는 능력을 주신다는 것이든 혹은 의의 주입이든 상관없이, 가톨릭은 성화를 칭의에 더 가깝게 연

1_ 추가로 내 기고문 각주 68번에 언급된 리처드 헤이스(Richard Hays)를 위한 기념논문집에 대한 내 평가를 보라.

결하려는 적잖은 시도를 제기한다. 성화를 칭의 안에 포함하는 것이("무엇보다도 트리엔트는 칭의가 죄 사함뿐만 아니라 개개인의 성화를 수반한다는 견해를 견지하길 원했다") 과연 최고의 방법인지 아닌지를 묻는 것은 공정한 질문이다. 그러나 바울이 그의 복음을 칭의의 측면과 동등하게 죄 용서의 측면으로도 표현할 수 있었던 것처럼(롬 4:6-9), 바울 자신은 이미 성화되고 의롭다 여김을 받은 존재로서 그리스도인 됨이라는 사건을 묘사할 더할나위 없는 준비가 되어 있었다(고전 6:11). 그리고 다른 곳에서 바울은 자신의 개종자에게 기대했던 도덕적이고 주의 깊은 행동—그들이 의의 열매를 거둠(고후 9:10-11)—이라는 측면에서 신자의 의를 언급하기를 주저하지 않았다. 아마도 가톨릭과 프로테스탄트 사이의 추가적인 대화가 잘 이루어진다 해도, 그것은 바울 안에 있지만 어느 한쪽을 얼버무리거나 혹은 어설프게 그들 자신의 신학이 갖는 강조점에 껴 맞춘, 각자의 전통이 강조하는 요소들을 따라서 세워지게 될 것이다.

　가톨릭 전통에 주목하는 것은 칭의가 바울의 구원에서 유일하거나 혹은 단 하나의 주된 특징이 아니라는 점을 적잖게 상기시킨다. "칭의"가 가톨릭에서는 특별한 교리가 아니라는 것을 처음 알았을 때, 나는 놀라긴 했지만 별로 불쾌하진 않았던 것으로 기억한다. 그것이 내게는 "가톨릭 교리문답에서 우리는 의화보다는 오히려 구원, 용서, 화해를 언급하는 경향이 있다"는 월터 캐스퍼(Walter Kasper)의 관찰과 비슷한 방식으로 이해되었다(각주 8번). 내 경험은 오콜린스가 케제만에 대해 내렸던 평가, 즉 "모든 은유가 각자 중요하다는 측면에서 빌립보서 3:2-11은 별개로 하고, 로마서와 갈라디아서만 한정하더라도 의화는 바울이 구원에 사용한 열 개 혹은 그 이상의 은유 중 단지 하나일 뿐이라는 것이 내게는 점점 더 명백해졌다"는 반응과 유사한 것이었다. 사실 케제만은 루터가 바울의 구원론을 "이신칭의"("교회의 존폐를 좌우하는 조항")로 협소화한 것의 위험성을 잘 보여주는데, 이는 그가 "이신칭의"를 그것을 통해 모든 신학이 판단을 받아야 하는 "정경 내의 정경"(canon within the canon)으로 여겼기 때문이었다. 그러나 바울이 다양한 은유─중생이나 칭의처럼 단일 은유에 들어맞지 않거나 혹은 통합되지 않는 은유들─를 통해 자신의 사도적이고 복음전도적인(evangelistic) 관심을 표현할 수 있었다면, 모든 은유가 서로 들어맞거나 통합되어야 한다고 주장하는 것은 바울 신학의 풍부함과 은유가 구체적으로 드러나는 복음전도 설교의 효력을 약화시키는 것이다.[2] 이것이 내가 예수의 부활과 (그가 책을 발행한 순서대로) 성령에 더 많은 우위를 두는 방향으로 초점을 선회한 오콜린스를 환영하는 주요 이유 가운데 하나다. 가톨릭과 프로테스탄트의 칭의 대화가 또한 성령의 선물에 관한 오순절운동의 초점을 포함할 때, 우리가 가능하다고 상상했던 것보다 훨씬 더 바울에게 근접한 스스로를 발견할 수 있을지도 모른다.

2_ 나는 다른 책에서 이를 설명하려는 시도를 했는데, 특별히 *The Unity and Diversity of the New Testament* (London: SCM, 1977, 2006³), 2장과 15장; *The Theology of Paul the Apostle* (Grand Rapids: Eerdmans, 1998), pp. 328-33을 참조하라.

논평

신성화

벨리-마티 카르카넨

논평자를 놀라게 하는 기고문을 논평하는 것은 논평자의 기쁨이다. 뛰어난 두 명의 로마 가톨릭 신학자가 쓴 이 기고문은 여러 면에서 확실히 나를 놀라게 했다. 조직신학 분야에서 지도자격이며 국제적 권위자인 오콜린스가 그의 기고문에서 **빡빡하게** 논리를 펼치지 않고 개인적 "증언"을 공유했다는 사실은, 과장하지 않고 말해서 참으로 기대하지 않았던 감동이었다. 수년 동안 나는 삼위일체에서 기독론을 거쳐 성례까지, 그리고 그것을 넘어선 핵심 도그마에 대해 그의 학문에서 너무나 많은 유익을 얻었다. 세 개의 대륙에 걸친 다양한 신학적 환경에 관한 그의 자서전적 신학 여정을 따라가는 기회를 가질 수 있었다는 것은 눈이 번쩍 뜨일 만한 경험이었다. 또 하나의 놀라움은 로마 가톨릭의 관점에서 트리엔트 공의회의 의화 교리 형성 및 이를 일종의 도그마로 제시했던 트리엔트 이전의 역사에 온전히 초점을 둔 래퍼티의 선택이었다. 기고문의 첫 문장은 즉시 그 선택을 다음처럼 지시한다. "제6차 트리엔트 공의회 문서는 아마도 가톨릭의 의화 신학에 관한 가장 분명하면서도 체계적인 내용을 담고 있는 자료일 것이다." 로마 가톨릭이 의화 교리를 이해하는 방식을 규정하기 위해 트리엔트 공의회를 선택한 것은 물론 타당한 결정이다. 그럼에도 불구하고 이후의 가톨릭 전통이 어떤 방식으로 칭의 교리와 관련을 맺고 그것을 해석했으며 이를 확장했거나 상대화했는지를 이 두 전문가에게서 들을 수 있어서 흥미로웠다. 가톨릭신도가 아닌 사람으로서, 나는 로마 가톨릭교회가 트리엔트 공의회에서 의화 교리를 재고한 이래로—심지어 제2차 바티칸 공의회에서도 하지 않은—왜 이를 필요한 것으로 간주하지 않았는지를 전혀 이해할 수 없었다.

비록 귀중하고 주의 깊게 논증되었으며 분명하게 제시된 통찰이 가득한 기고문에서 빠진 내용에 관해 "불평하는" 것이 공정하지는 않겠지만, 나는 가톨릭이 루터파와 1999년에 서명한 "공동 선언"의 의미에 약간(더 많은) 주의를 기울이기를 바랐다. 나는 물론 기고문의 마지막 문장을 읽고 기뻤다. "공동 선언 문서는 진정으로 에큐메니컬 운동의 위대한 성취 중 하나로서 이미 역사 속에 자리하고 있다." 그러나 현대 로마 가톨릭의 이해에서 무엇이 그 위대한 성취인지를 아는 것은 우리 모두에게 유용할 것이다! 제삼자가 볼 때, 이것은 두 진영이 칭의 교리의 많은 양상을 이해하는 방식에 어떤 중대한 변화와 전환을 취했다는 것을 의미하는 것 같다.

심지어 래퍼티는 "공식" 교리를 제시하면서도, 그 전통 내에서 다양한 해석을 반드시 염두에 두어야 한다고 우리에게 적절하게 경고한다. 그러나 그것은 다른 교단의 전통, 말하자면 루터파 같은 경우도 그렇다. 내 글에서 나는 루터파의 칭의 관점들(복수에 주의하라)을 구별하는 것, 즉 루터 자신의 신학과 이후 신앙고백문서들의 신학 사이에는 구별이 이루어져야 한다는 점을 주장했다. (논점을 다소 벗어나지만, 여기에 덧붙이고 싶은 것이 있다. 이 책에서 루터파의 칭의 관점을 규명하는 기고문이 없다는 것이 흥미롭지 않은가? 내 기고문은 루터파의 칭의 견해에 관한 하나의 해석을 제시하지만, 이후 신앙고백문서들의 관점은 덜 다루고 있으며 한편으로 에큐메니컬 관점은 더 제시한다. 그리고 나 자신은 루터파 신학자가 아니다.)

트리엔트 공의회를 통해 절정에 이른 은총과 의화 교리의 역사 및 발전에 대한 래퍼티의 주의 깊고 세심한 추적은 그 자체로 지식의 보고다. 캘리포니아 패서디나와 헬싱키에서 내 강의를 듣는 (대부분의) 프로테스탄트 학생들을 대상으로 이 글을 주의 깊게 읽도록 유도할 생각이다. 나는 프로테스탄트 신학자로서, 칭의에 관한 각 전통의 역사는 또한 나 자신의 신학에 관한 역사임이 자명하다는 사실을 덧붙이려 한다. 저자가 올바로 상기시킨 것처럼 오직 동방 정교회만이 칭의 논쟁에 전혀 관심이 없는 것은, 그들이 신성화라는 개념을 써서 구원론을 전개해왔기 때문이다. 모든 서방 교회는 래퍼티가 웅변적으로 서술한 역사에 그들의 구원론을 빚졌다. 또한 래퍼티는 아우구스티누스 이전에는 칭의 교리 논쟁이 드물었었다는 중요한 관찰을 제기한다. 아우구스티누스 이전에는 심지어 칭의라는 용어 자체가 거의 등장하지도 않았다! 이러한 친숙한 관찰은 프로테스탄트 진영이 칭의 교리를 구원에 관해 타당한 여러 은유 가운데 하나로 이해하는 데 도움을 줄 뿐만 아니라, 구원에 관한 서로 다른 이해를 한 지점으로 더 적절하게 수렴할 수 있도록 노력을 지속하는 서방과 동방 교회를 위한 에큐메니즘의 수단을 열어주지 않을까 하는 생각이 있다.

오콜린스의 개인적인 이야기를—글이 너무 쉬워서 속기 쉽지만, 그는 행간을 주의 깊고 통찰력 있는 논리로 뒷받침했다—논평하면서 나는 내 글에서 발전시키려고 했던 루터의 칭의에 관한 새 해석과 친숙한 수많은 주제가 나타나는 것에 감동하였다. 오스트레일리아에서의 학생 시절로 돌아가 보면, 가톨릭 신자인 오콜린스에게 의화는 다음과 같았다.

의화는 하나님의 신실한 구원의 행위, 혹은 신앙으로 전유된 예수 그리스도의 공로를 통해 회개하는 죄인을 의롭게 만드시는 하나님의 언약적 신실성과 해방의 현존이다. 신앙으로 의롭다 여김을 받음은 하나님이 경건하지 않은 죄인들을 의롭게 만드신다는 것과(롬 4:5), 그들이 생명을 주시는 하나님의 "은혜로운" 지배 안으로 들어가는 것을 의미했다(롬 5:21). 의화는 십자가에서 피 흘려 고난을 받으신 예수 그리스도의 순종에서 왔다(롬 5:9-11, 19, 21).

은총을 통해 얻는 이 새로운 삶은 창조되어 우리의 영혼에 "주입된 어떤 것" 이 아니었다. 오히려 그것은 성령의 인격적인 내주였고, 그리스도 안에서 통합되는 것이며, 따라서 지극히 복된 삼위일체의 내적인 삶을 가능한 최대로 공유하는 것이었다. 다른 말로 하면 신적인 삶을 공유함으로써 신적 은총이 지닌 관념을 항상 소중히 여겼던, 동방 정교회의 그리스도인을 따르도록 고무되었다는 것을 뜻한다(벧후 1:4을 보라).

이 정의에는 루터의 칭의 신학에 관한 새 해석의 옹호자들이 제거하길 원하는 것이 거의 없을 뿐 아니라 오히려 동의할 것들이 많다. 이와 관련하여 다시 오콜린스의 언어로 돌아가면, "의화는 의로운 삶을 살라는 요청을 수반하며, 신앙은 열매를 맺어야 한다. 이렇게 해서 바울의 가르침은 선한 행위를 강조하는 야고보의 가르침과 화해될 수 있을 것이다. 그럼에도 불구하고 의를 우리가 행한 어떤 일에 대한 '삯'으로 이해하지 말아야 한다"(롬 6:23). 심지어 이 심오한 예수회 신학자가 자신의 상황에서 "공로"에 관한 로마 가톨릭의 의화 교리를 수십 년에 걸쳐서 회상하는 방식—나의 전형적인 프로테스탄트적 민감함에 맞서는 방식—도 매력적으로 다가왔다.

오콜린스의 의화 관점이 발전해온 이야기를 좀 더 숙고하면서, 위대한 프로테스탄트 신약성서 학자인 에른스트 케제만과 관련하여 오콜린스가 칭의의 "구원하는" 본질과 "법정적인" 본질의 상호 역할을 절충하는 방식에 나는 전적으로 동의한다.

케제만은 우리가 죄인을 의롭게 하는 하나님의 창조적인 행동과 대면했음을 인식하면서, 또한 이것이 함의된 "법정적" 의미를 배제하지 않는다고 덧붙였다. 계속되는 주석에서 그는 "인류의 칭의는 그 자체로 구원하는 능력을 드러내는 것이며 창조세계에 대한 하나님 권리의 실현과 동등하다"고 진술했다. 칭의에 관한 케제만의 견해는, 죄인을 용서하고 그들을 의롭게 만드는 하나님의 구원 행위가 칭의라고 가르친 시드니 대학교 교수들의 견해와 일맥상통했다.

나는 칭의가 바울의 메시지를 이해하는 핵심이라는 케제만의 주장에 대한 오콜린스의 평가에 동의한다. 나는 내 글을 통해, 심지어 판넨베르크 같이 주도적인 루터파 신학자들도 바울 신학이나 구원의 조직신학적 이해에서 칭의가 배타적인 역할을 담당한다고 주장할 근거가—또한 그럴 필요성도—없다고 보았다는 점을 제시하였다.

이 예수회 신학자는 위대한 루터파 조직신학자인 게르하르트 에벨링으로부터 한 가지 중요한 교훈을 얻었는데, 그것은 좀 더 일반적인 용어로 말하면 부활이었다. 이는 칭의와 그리스도의 사역에 관한 내 사상을 발전시키는 데도 중요한 역할을 담당했다. 동방 정교회의 신자들과 달리 우리 서구인들, 특히 프로테스탄트는 십자가를 대단히 소중한 것으로 여긴다. 우리는 부활절보다는 오히려 성금요일—꽤 흥미로운 사실은, 성금요일은 내 모국어(핀란드어)로 하면 말 그대로 "긴 금요일"(Long Friday)을 뜻하는데, 이는 고난의 확장을 의미한다—에 초점을 맞춘다. 우리는 부활보다 십자가를 강조함으로써 칭의의 더 넓은 컨텍스트를 놓칠 위험이 있는데, 이는 우리에 관한 것이 아니라 하나님에 관한 것으로, 하나님은 자신을 자발적으로 넘겨준 아들의 영의 능력으로 "우리를 위해" 새로운 삶을 일으켜서 자신을 "의롭다" 칭하신다. 그렇게 해서 하나님은 자신의 창조세계에 대해 신실하실 뿐만 아니라 자신의 약속을 신실하게 지킨다는 것을 보여준다. 또한 부활은 적절하게 부활 이후의 사건들로 나아가는 길을 연다. 부활이 성령강림절 및 성령의 임재와 현존 안에서 그 절정을 이룬다는 것은 동방 정교회의 또 다른 강조점이기도 하다. 나는 내 기고문을 통해 칭의에서 부활의 중요성과 성령의 사역을 새롭고 신선한 방식으로, 물론 언제나 삼위일체와 관련된 언어의 틀 안에서 강조하려고 했다. 우리는 개혁파인 칼 바르트를 따라서 부활절과 성령강림절 사이에 있는 그리스도의 승천이 아버지의 우편에서 그리스도가 우주적으로 통치한다는 것을 증언하는 사건임을 확고하게 강조해야 할 것이다.

인명 색인

A

Abelard, Peter (아벨라르두스) 413

Achtemeier, Elizabeth R. 108n.96

Aghiorgoussis, Maximos 71n.142

Alcuin of York (앨퀸) 410, 411n.39

Aletti, Jean-Noël 263

Alexander of Hales (알렉산더, 헤일스의) 419

Allen, R. Michael 120n.127

Ambrosiaster (위 암브로시우스) 410

Ames, William (에임스, 윌리엄) 162, 373

Anderson, H. George 45n.67, 69n.135

Anselm of Canterbury (안셀무스, 캔터베리의) 33-34, 46-47, 381, 411-412, 417

Antola, Markku 73n.150

Aquinas, Thomas (아퀴나스, 토마스) 34, 373, 415-417, 430

Arand, Charles P. 335n.4, 369n.7

Aristotle (아리스토텔레스) 415

Athanasius (아타나시우스) 341, 379

Augustine (아우구스티누스) 25, 30n.27, 401

Aulén, Gustav 33n.35

Aune, David (오니, 데이비드) 87, 100n.71, 432n.95

Austin, John L. 191

Avemarie, Friedrich 276n.30, 277n.31

B

Babcock, W. S. 30n.25

Bakken, K. L. 67n.133, 360n.51

Balthasar, Hans Urs von 335n.3

Barth, Karl (바르트, 칼) 55-58, 68, 355n.41, 400, 463

Barth, Markus (바르트, 마르쿠스) 83n.13, 114n.116, 234, 235n.39

Basil of Caesarea (바실리우스) 371

Bauckham, Richard (보컴, 리처드) 385

Baur, F. C. (바우어, F. C.) 79, 277-279, 282n.49

Bavinck, Herman 148n.52

Baxter, Richard (박스터, 리처드) 152n.66, 445

Bayer, Oswald (베이어, 오스월드) 75, 162, 191, 364n.57

Beachy, Alvin J. 59nn.104,105, 61n.112

Beilby, James 21n.1, 34n.36

Beker, J. Christiaan 170n.4

Bender, Harold (벤더, 해럴드) 59

Benedict XVI (교황 베네딕토 16세) 440-442

Bernard of Clairvaux (베르나르두스, 클레

르보의) 127, 368, 401, 404, 413

Best, E. 285n.53

Biel, Gabriel (빌, 가브리엘) 35, 413-414, 439

Bieler , Andrea 24n.8

Bielfeldt , Dennis 364n.57

Billings, J. Todd 225n.29, 382nn.12,15

Bird, Michael F. (버드, 마이클 F.) 16, 94n.50, 103n.78, 105, 115n.119, 198n.3, 244n.1, 315n.6, 316n.7, 447n.3, 449n.5

Bird, Phyllis 159n.86

Blocher, Henri A. 76n.163

Boesak, Allan 62n.115

Boff, Leonardo (보프, 레오나르도) 62, 71n.144

Bonaventure (보나벤투라) 416

Boniface II (보니파키우스 2세) 409

Booer, Suzanne 305n.2

Borg, Marcus (보그, 마커스) 112

Bossuet, Jacques-Bénigne (보쉬에, 자크-베니뉴) 192

Bousset, Wilhelm (부세, 빌헬름) 80

Braaten, Carl (브라텐, 칼) 42n.57, 49, 52n.85, 55n.95, 56n.99, 72n.147, 73, 76nn.161,162, 335n.4, 336n.5

Bradwardine, Thomas (브래드워딘, 토머스) 414

Brewer, John (브루어, 존) 395

Brown, Peter (브라운, 피터) 407, 408n.29

Brown, Raymond (브라운, 레이몬드) 136n.34, 428n.88, 440

Bucer, Martin (부처, 마르틴) 445

Bultmann, Rudolf (불트만, 루돌프) 52, 53nn.87,88, 54nn.92,93, 80, 272n.15, 279n.38, 426

Burns, J. Patout (번스, J. 파투) 30n.27, 70n.141, 407

Butin, Philip Walker (부틴, 필립 워커) 372, 373n.14

Byrne, Brendan 94n.50

C

Caesarius of Arles (체사리오, 아를르의) 409

Calvin, John (칼뱅, 장) 40-41, 128-130, 138n.40, 139, 156-167, 192, 195, 198, 225n.29, 229, 233, 308n.4, 369-373, 376, 381-383, 436-437

Campbell, Douglas (캠벨, 더글러스) 93, 94n.48, 290n.61, 292n.65, 302n.78

Carino, Feliciano V. 62n.117

Carlson, Charles P. 410n.36, 411nn.40,45, 413

Carpenter, Craig B. 225n.29

Carson, D. A. (카슨, D. A.) 23n.4, 41n.57, 95n.56, 96, 109n.98, 153-154, 197n.2, 212n.12, 215n.15, 219, 226n.31, 276n.29, 449n.4

Cassidy, Cardinal Edward (캐시디 추기경, 에드워드) 431

Chadwick, Henry 404n.17, 407, 421n.78

Chalamet, Christophe 51n.82

Childs, Brevard S. 109n.100

Christensen, Michael J. 70n.140, 377n.3

Chrysostom, John (크리소스토무스) 312, 313n.2, 314, 389

Cicero (키케로) 402

Clancy, Finbarr 402n.11

Clark, David K. (클라크, 데이비드 K.) 17

Clark, Francis (클라크, 프랜시스) 396

Clark, R. Scott 39n.50

Clement of Rome (클레멘스 1세) 25, 27

Colijn, Brenda B. 93n.47

Collins, Kenneth J. 43n.62

Cranmer, Thomas (크랜머, 토머스) 42

Cremer, Hermann (크레머, 헤르만) 108

Crofford, J. Gregory 42n.61

Crossan, John Dominic (크로산, 존 도미닉) 112

D

Dabney, Lyle 65n.126

Dahl, Nils 279n.38

Daley, Brian 26n.14

Das, Andrew (다스, 앤드루) 98, 205n.8

Davids, Peter (데이비즈, 피터) 106

Davies, W. D. (데이비스, W. D.) 81

de Gruchy, John W. 62n.117

DeLashmutt, Gary 49n.76

Delumeau, Jean 418n.69

Denck, Hans (뎅크, 한스) 58

d'Étaples, Jacques Lefèvre (데타플, 자크 르페브르) 127

Donaldson, T. L. 269n.4

Donfried, K. P. 287n.55

Dratsellas, Constantine 71n.142

Dulles, Avery Cardinal, S.J. (딜레스 추기경, 애버리) 44, 45n.67, 46nn.69,70, 47n.71, 71n.144

Dumbrell, William 110n.101

Dunn, James D. G. (던, 제임스 D. G.) 16, 85, 88nn.24,25,26, 89n.31, 90nn.34,35,36, 92n.43, 99n.69, 104n.81, 117n.123, 118n.126, 147n.49, 211, 212n.11, 222n.25, 312n.1, 353

Dupuis, Jacques (뒤퓌, 자크) 432-33

E

Easter, Matthew C. 115n.119

Ebeling, Gerhard (에벨링, 게르하르트) 422

Eddy, Paul Rhodes 21n.1, 31n.30, 34n.36

Edwards, Jonathan (에드워즈, 조나단) 41n.57, 48

Ellingsen, Mark 32n.32

Enderlein, Steven E. (엔더레인, 스티븐 E.) 17

Eno, Robert B. 27nn.16,17

Episcopius, Simon 152n.66

Erasmus (에라스무스) 36, 45, 127, 136

Erikson, Erik H. 127n.7

Evans, C. Stephen 434n.98

Evans, G. R. 32n.32, 420n.73

Evans, James H., Jr. 62n.116

F

Farrugia, Edward G. 47n.72

Faustus of Riez (파우스투스, 리즈의) 409

Fee, Gordon D. (피, 고든 D.) 26n.14, 259, 428

Fesko, J. V. 41nn.56,57, 76n.163

Finger, Thomas N. (핑거, 토머스 N.) 59n.104, 60, 61n.112, 71n.144, 129n.14

Finlan, Stephen 377n.3

Fitzmyer, Joseph A. (피츠마이어, 조세프 A.) 136n.34, 259, 427, 428n.88, 440, 444,

445n.1,

Forde, Gerhard O. (포르데, 게르하르트 O.)
42n.57, 70n.138, 73n.152, 75

Fortunatus (포르투나투스) 31

Foster, Paul 223n.26

Fredriksen Landes, Paula 313n.3

Freedman, David Noel 306n.2, 427n.87

Frend, W. H. C. 31n.29

Friedmann, Robert 58n.103, 129n.14,

G

Gaffin, Richard B., Jr. (개핀, 리처드 B.)
41n.55, 223.n27, 442

Gager, John (개거, 존) 100

Garcia, Mark A. 225n.29, 382n.12

Garijo-Guembe, Miguel 335n.3

Garlington, Don (갈링튼, 돈) 89, 89n.32,
93n.47, 226n.30

Gaston, Lloyd (개스톤, 로이드) 99n.69,
100

Gathercole, Simon (개더콜, 사이먼) 23n.5,
97, 227, 449n.4

Gebhardt, Laine (겝하르트, 라이네) 17

Gill, John 30n.26

Gloege, Gerhard (글뢰게, 게르하르트) 74

Glomsrud, Ryan 41n.57

Goldingay, John 110n.100

Gorday, Peter 30n.26

Gorman, Michael J. 71n.144, 377n.3,
380n.9

Gottschalk of Orbais (고트샬크) 410

Graham, Billy (그레이엄, 빌리) 279n.38,
304

Grebel, Conrad (그레벨, 콘래드) 58

Grech, Prosper 29n.24

Green, Lowell C. 36n.46

Greer, Rowan A. 30n.26

Gregory of Nazianzus (그레고리우스, 나
지안주스의) 371

Gregory of Rimini (그레고리오, 리미니의)
36, 401, 414, 439,

Gregory the Great 411n.42

Grieb, A. Katherine 114n.114, 117n.123,
118n.125

Grieve, Wolfgang 366n.59

Gritsch, Eric (그리치, 에릭) 75

Grotuis, Hugo 152n.66

Gundry, Robert (건드리, 로버트) 102,
111n.107, 149, 151n.61, 157nn.82,83

Gutmann, Hans-Martin 24n.8

H

Hafemann, Scott, J. 278n.36

Hallonsten, Gösta 71n.144

Hansen, Collin 23n.5, 24n.6

Harnack, Adolf von (하르낙, 아돌프 폰)
39, 400

Harnack, Theodosius 39n.50

Harrison, Everett, F. 108n.97

Hays, Richard B. (헤이스, 리처드 B.)
54, 108n.96, 114, 115n.118, 116n.122,
118n.125, 141n.43, 199n.4, 296n.66, 329,
428, 455

Hegel, G. W. F. (헤겔, G. W. F.) 51

Heliso, Desta 116n.122

Hershberger, Guy (허쉬버거, 가이) 59,
60n.107

Heschel, Susannah (헤셸, 수산나) 271

Hillers, Delbert 305n.2

Hincmar of Reims (힌크마르, 랭스의) 410

Hinlicky, Paul, R. 72n.145, 362n.54

Hodge, Charles (하지, 찰스) 41n.57, 48

Hodges, Zane 108n.95

Hoffman, Melchior (호프만) 58

Hogg, James (호그, 제임스) 249, 250n.5

Holl, Karl (홀, 카를) 39

Holmes, Michael (홈스, 마이클) 17

Hooker, Morna D. (후커, 모나 D.) 224n.27, 296n.66, 300n.74, 428, 429n.91

Hooker, Richard (후커, 리처드) 42, 445

Horrel, David G. 94n.52

Horton, Michael S. (호튼, 마이클 S.) 16, 41n.57, 42, 76n.163, 108n.95, 173n.7, 227n.34, 306n.3, 377n.1

Howard, George 114n.116

Hubmaier, Balthasar, (후브마이어) 58, 60

Hugh of St. Victor (위그, 생빅토르의) 412

Hultgren, Arland (헐트그렌, 알랜드) 211

Hunn, Debbie 115n.119, 116n.121

Husbands, Mark 43n.62, 46n.69, 73n.152, 111n.107, 149n.54, 153n.67, 219n.18

I

Ignatius (이그나티우스) 270

Iwand, Joachim (이반트, 요아힘) 74

J

Jedin, Hubert (예딘, 허버트) 400nn.2,3, 419n.71, 422

Jensen, Robert (젠센, 로버트) 72n.147, 73, 75, 76n.162

Jeremiah II of Constantinople 334n.2

Jerome (제롬) 371

Jewett, Robert 220n.20

John of Damascus (요한, 다마스쿠스의) 373

John of La Rochelle (요한, 라로셸의) 415

John Paul II (요한 바오로 2세) 431, 434

Johnson, Gary L. W. 76n.163, 110n.104

Johnson, S. Lewis 108n.95

Jones, Michael Keenan (존스, 마이클 키넌) 435

Jones, Serene (존스, 시레인) 63

Julian of Eclanum (율리아누스, 에클라눔의) 404

Jüngel, Eberhard (융엘, 에버하르트) 74n.153, 382n.16, 395, 401

Justin Martyr 271n.9

K

Kähler, Martin (켈러, 마르틴) 49, 52, 74

Kamppuri, Hannu 333n.1

Kant, Immanuel (칸트, 임마누엘) 49

Kärkkäinen, Veli-Matti (카르카넨, 벨리-마티) 16, 34n.36, 67, 73, 182, 191-92, 252, 259, 320, 333, 338n.8, 350n.35, 368, 370, 374-78, 380, 385-87, 389-95, 397, 458

Karras, Valerie A. 71n.143

Käsemann, Ernst (케제만, 에른스트) 82, 83n.11, 259, 272n.14, 422, 426n.84, 447, 461

Kasper, Walter (캐스퍼, 월터) 401n.8, 456

Keck, L. E. 104n.81 296n.66

Keener, Craig 111n.106

Kendall, Daniel 26n.14, 47n.72, 428n.89, 434n.98

Kharlamov, Vladimir 377n.3

Kidd, B. J. 419n.70

Kirk, J. R. Daniel 217n.16, 224n.27

Klaiber, W. 427n.86

Kline, M. G. 159n.87

Knoppers, Gary N. 306n.2

Kolb, Robert 73n.152, 335n.4, 369n.7

Kretschmar, Georg 334n.2

Küng, Hans (큉, 한스) 55n.95, 68, 400, 444

Kupisch, Karl 39n.52

L

Lainez, Diego (라이네즈, 디에고) 420

Lane, Anthony N. S. 68n.134

Latto, Timo (라토, 티모) 107, 135n.29

Leinhard, Joseph T. 30n.27

Leithart, Peter J. 110n.102, 119n.127

Leo X (교황 레오 10세) 419

Levenson, Jon D. (레벤슨, 존 D.) 305, 306n.2

Lichtenberger, Hermann 147n.49

Lincoln, A. T. 285n.53

Lindberg, Carter 49n.75

Locke, John (로크, 존) 313, 314n.4

Lohse, Bernard 335n.4

Lohse, E. 272n.12

Lombard, Peter (롬바르두스, 페트루스) 412, 413

Longenecker, Bruce W. 141n.43, 208n.9

Longenecker, Richard (롱네커, 리처드) 81

Loofs, Friedrich (루프스, 프리드리히) 418

Lorentz, Brendan (로렌츠, 브렌던) 17

Lossky, Vladimir 70n.140, 370n.8

Lucaris, Cyril (루카리스, 키릴루스) 377

Luther, Martin (루터, 마르틴) 32, 37, 272, 337n.7, 339n.9, 401, 403n.13, 425, 450n.6

M

MacArthur, John 108n.95

Macchia, Frank (마키아, 프랭크) 65, 338n.8, 355n.40, 359-60

Maccoby, H. 271n.10

Malloy, Christopher J. 70n.138

Mannermaa, Tuomo (만네르마, 투오모) 72, 73n.148, 335-36, 342n.17, 363n.55, 364n.57, 380

Marius Victorinus (마리우스 빅토리누스) 27

Marpeck, Pilgram (마펙) 58, 60

Marshall, Christopher 109n.97

Marshall, I. Howard 224n.27

Martin-Schramm, James 24n.8

Martyn, J. L. 296n.66

Mattes, Mark C. 74n.152, 75nn.156, 159

McCarthy, Dennis J. 306n.2

McCormack, Bruce L. (맥코맥, 브루스 L.) 40n.53, 55n.95, 57, 58n.102, 93n.46, 226n.30, 227n.32, 382

McDade, John 412n.47

McGrath, Alister E. (맥그래스, 알리스터 E.) 25, 26n.12, 28n.20, 31n.28, 32, 33, 34n.38, 35-36, 38-39, 41n.57, 44n.64, 48n.74, 49n.75, 50n.78, 51n.81, 52n.84, 76, 95, 110n.104, 136n.33, 391, 392, 394, 396, 400n.4, 405n.20, 408n.30, 410n.38, 415nn.55,59, 416

McKenzie, Steven L. 306n.2

Meier, John P. 424n.81

Melanchthon, Philipp (멜란히톤, 필립)
28, 36, 39, 42, 51, 111n.107, 128, 337n.7,
368, 392, 403n.13, 445

Melito of Sardis 271n.9

Mendenhall, G. E. (멘덴홀, G. E.) 305n.2,
308, 309n.5

Menno Simons (메노 시몬스) 58,

Meyendorff, John 70n.139, 71n.142

Molnar, Paul D. 46n.69, 55n.95

Moltmann, Jürgen (몰트만, 위르겐)
65n.126, 75n.159, 184, 322, 360

Montefiore, Claude G. (몬티피오리, 클로
드 G.) 80, 81n.4, 273

Moo, Douglas 103n.79

Moo, Jonathan 110n.102

Moore, George Foote (무어, 조지 푸트)
81, 171, 172n.5, 273n.16

More, Philip S. 415n.58

Morris, Leon 226n.31

Muller, Richard (멀러, 리처드) 128n.9

Murphy, Gannon 71n.144

N

Neuner, Josef (노이너, 요제프) 432-33

Newman, John Henry (뉴먼, 존 헨리) 43,
391, 422

Niebuhr, K.-W. 270n.8

Nispel, Mark 30n.26

Nkwume, A. C. Ogoko 76n.164

Norris, F. W. (노리스, F. W.) 71

Nwachukwu, Mary Sylvia Chinyere
109n.100

O

Oberman, Heiko (오버만, 헤이코) 36, 401,
413n.50, 414n.52

O'Brien, Peter T. 95n.56, 109n.97, 212n.12,
215n.15

O'Collins, Gerald, S.J. (오콜린스, 제럴드)
16, 26n.14, 44n.65, 47, 184, 190, 194n.3,
258, 261n.3, 262n.4, 263n.5, 326, 328n.2,
399, 422, 428n.89, 429n.90, 430n.94,
434n.97, 440, 412-13, 445, 447-48, 452,
454-57, 460-62

Oden, Thomas (오덴, 토머스) 25n.10, 26-
27, 32n.31, 125n.2,

O'Donnell, James J. (오도넬, 제임스 J.)
409

Oduyoye, Merch Amba 62n.116

Oliphint, K. Scott 41n.57, 76n.163

Olsen, Ted 23n.5

Olson, Roger (올슨, 로저) 113

Origen (오리게네스) 26n.14, 27-29,
30n.26

Ortlund, Dane C. 230n.36

Osborn, Eric (오스본, 에릭) 26n.14, 28

Osiander, Andreas (오지안더, 안드레아스)
138n.40, 139, 195, 239, 335n.4, 368-69,
381, 382n.11

Owen, John 41n.57, 372n.12

P

Packer, J. I. 23n.3

Pannenberg, Wolfhart (판넨베르크, 볼프
하르트) 75-76, 184, 323, 325, 352, 354,
357, 358n.44, 360, 375, 386, 430

Paulinus of Nola 32n.31

Payton, James R. 445n.2

Pelikan, Jaroslav (펠리칸, 야로슬라프) 379, 399, 404n.16, 417n.64

Peter of Poitiers (피에르, 푸아티에의) 412, 415n.58

Peters, Ted 335n.4, 340n.13

Peura, Simo (페우라, 시모) 334n.2, 335n.4, 341, 343, 363n.55

Philips, Dirk (필립스) 58, 60

Phillips, Richard D. 113n.112

Philo of Alexandria (필론) 220n.21, 314-15

Pinnock, Clark H. 71n.144

Piper, John (파이퍼, 존) 23, 96n.59, 99n.70, 104, 105n.84, 109n.99, 110, 111n.115, 119n.127, 219n.19, 221, 226n.30

Plato (플라톤) 372

Pole, Cardinal Reginald (폴 추기경, 레지널드) 419

Preus, Robert 42n.57

Prosper of Aquitaine (프로스페르, 아키텐의) 409

R

Rahner, Karl (라너, 칼) 46, 415n.57, 440

Rafferty, Oliver P. S.J. (래퍼티, 올리버 P.) 16, 33n.34, 44, 47, 187, 390, 399,

Rakestraw, Robert V. 42n.61, 43n.62

Ratzinger, Cardinal Joseph (라칭어 추기경, 요세프) 397, 440n.2, 442n.8

Reasoner, Mark (리즈너, 마크) 28, 29n.22

Reid, Daniel (리드, 댄) 17, 120

Reumann, John (류만, 존) 435

Riches, John 34n.38, 80n.2

Ridderbos, Herman (리델보스, 헤르만) 442

Riedemann, Peter (리데만, 피터) 58

Ritschl, Albrecht (리츨, 알브레히트) 39, 49n.75, 51, 403, 411n.41

Roukema, Riemer 27n.15

Rusch, William G. 69n.136, 70n.138, 401n.8

Russel, Norman 70n.140

Rybarczyk, Edmund J. 350n. 35

S

Saarinen, Risto 72n.146, 73n.151, 336n.6, 340n.14

Sanders, E. P. (샌더스, E. P.) 85-87, 89, 90n.33, 95-98, 135-36, 147n.49, 156, 273-74, 276, 277n.31, 300n.74, 302n.78, 304-8, 316, 353n.36, 432

Scheck, Thomas (쉐크, 토머스) 28n.18, 29

Schleiermacher, Friedrich (슐라이어마허, 프리드리히) 50

Schmid, H. H. (슈미트, H. H.) 109

Schreiner, Thomas R. (슈라이너, 토머스 R.) 95, 98, 99nn.69,70, 168, 214, 215n.14, 222n.24

Schroeder, H. J. 44n.64, 133n.25

Schweitzer, Albert (슈바이처, 알베르트) 81, 155, 302n.78

Scotus, Duns (스코투스, 둔스) 35, 414, 415n.54, 417

Sedgwick, Peter 52n.84

Segundo, Juan (세군도, 후안) 61, 62n.113

Seifrid, Mark (사이프리드, 마크) 95n.56,

96-97, 109, 111, 113, 144n.45. 148-49,
157, 212, 215n.15, 224n.27, 227n.33, 393

Seripando, Cardinal Girolamo (세리판도
추기경, 지롤라모) 419, 446

Simplicianus (심플리키아누스) 29-30

Simut, Corneliu C. 42n.60

Sprinkle, Preston M. 115n.119, 117n.124,
118n.126, 223n.26, 296n.66, 449n.5

Sproul, R. C. 41n.57

Staupitz, Johann von (슈타우피츠, 요한
폰) 128

Stegman, Thomas (스테그먼, 토머스) 429

Steinmetz, David 40n.53

Stenczka, Reinhard 70n.138

Stendahl, Krister (스텐달, 크리스터) 81-
83, 88, 127n.7, 285n.54

Stewart, Alexander (스튜어트, 알렉산더)
106

Stott, John R. W. 108n.95

Stowers, Stanley (스토워스, 스탠리) 100

Stuhlmacher, Peter (슈툴마허, 페터) 135,
272n.12, 291n.63

Suggate, Alan 88n.26, 90n.34

Sungenis, R. A. 47n.71

T

Tamez, Elsa (타메즈, 엘사) 63n.118, 64

Tanner, Kathryn (태너, 캐스린) 63n.118,
356

Tavard, George H. 47n.71, 410n.35

Thomas, Stephen 26n.14, 47n.72, 70n.140,
428n.89, 434n.98

Thompson, Michael B. 79n.1, 93n.47

Tillich, Paul (틸리히, 파울) 52

Tobias, Robert 70n.139, 71n.142

Toon, Peter (툰, 피터) 42n.59, 43n.63,
52n.85, 394, 395n.8

Torrance, Thomas F. (토랜스, 톰) 25n.11,
30n.26, 355n.41, 435

Treier, Daniel J. 43n.62, 46n.69, 73n.152,
76n.163, 111n.107, 120n.127, 149n.54,
153n.67, 219n.18

Trueman, Carl 368n.2

Turretin, Francis (튜레틴, 프랜시스) 373,
374n.19

V

Van Landingham, Chris (판 랜딩햄, 크리
스) 102, 103

Vandervelde, George 362n.53

VanDrunen, David 110n.104

Venema, Cornelius P. 96n.59

Vermes, Geza 275n.28

Vermigli, Peter Martyr (베르밀리) 371

Vickers, Brian (빅커스, 브라이언)
110n.103, 169, 170n.3, 197n.1, 226n.31,
227n.33

Vos, Gerhardus 441n.7

W

Waters, Guy P. 76n.163, 79n.1, 111n.104,
113n.112

Watson, Francis (왓슨, 프랜시스) 94,
197n.2

Watson, Thomas (왓슨, 토머스) 374

Wax, Trevin 23n.5

Weber, Ferdinand Wilhelm (베버, 페르디

난트 빌헬름) 80

Wendebourg, D. 334n.2

Weinfeld, Moshe (바인펠트, 모쉐) 305, 306n.2

Wenger, J. C. (벵거, J. C.) 60

Wesley, John (웨슬리, 존) 42-43, 45, 48, 59, 157, 350

Westerholm, Stephen 79n.1, 95n.53

White, James R. 23n.3, 41n.57

Whitefield, George (휘트필드, 조지) 48

Wicks, Jared, S.J. (윅스, 자레드) 433-35

Wilken, Robert L. 26n.14, 313n.3

William of Ockham (오컴) 35

Williams, A. L. 271n.9

WIlliams, Rowan (윌리엄스, 로완) 28, 34n.37, 35nn.40,41, 42n.60, 44, 48n.74

Wilson, Barrie 326n.1

Witherington, Ben, III 118n.125, 204n.7

Wittung, Jeffery A. 70n.140, 71n.144, 377n.3

Wolf, Ernst (볼프, 에른스트) 74

Wrede, William (브레데, 윌리엄) 81

Wriedt, Markus (브리트, 마르쿠스) 393

Wright, N. T. (라이트, N. T.) 23, 85, 87-89, 91-94, 96n.59, 104-105, 107, 111, 136-44, 147-48, 156-58, 172, 175, 179, 195, 213n.13, 224n.27, 225-26, 230, 231n.37, 239, 241, 305, 432, 449n.4, 450

Wright, R. K. McGregor 30n.26

Y

Yarnold, Edward 420n.73

Yeung, Maureen W. 114n.115

Yinger, Kent L. (잉거, 켄트 L.) 79n.1,

93n.47, 101-2, 107, 129n.127

Young, Amos (영, 에이모스) 66

Z

Ziesler, J. A. 149n.56, 220n.20

Zwingli, Ulrich (츠빙글리) 59, 60, 445

주제 색인

70인역 106, 193

ㄱ

경건주의 48-50, 101n.73, 157
계몽주의 47-50
고해성사 33, 136, 410-11, 417
공관복음 117, 426, 428
공로 32, 84, 86, 96, 101-2, 130, 132-34,
    147, 152n, 153, 171-72, 183-84, 186,
    217, 223-24, 229, 238, 293, 305, 309,
    313, 350, 403, 405-8, 410-12, 414-15,
    420-21, 423-25, 432, 443, 447-48, 453,
    460-61
    → "행위"를 보라.
공로주의 173, 202n.6, 309, 315
    → "율법"을 보라.
구원
    양자됨으로서의 구원 67, 69, 158, 161-
    62, 178, 199, 208, 244, 259, 378
    → "중생"을 보라.
구원사 198, 227, 240, 242, 252, 254, 358
구원 서정 40, 63, 147, 149, 160-61, 198,
    227, 240, 242-43
극단적 루터파 73-75
근대방법론 → "유명론"을 보라.

기독론(예수) 42, 56-57, 92, 105, 114, 116-
    17, 167, 254, 259, 351-52, 359-60, 371,
    382-83, 458
    그리스도와의 연합 40-41, 61, 81, 111,
    126, 158, 161, 167, 178n.2, 191, 203,
    207, 211, 217, 223-226, 227n.33, 229,
    231, 233-34, 238, 241, 255, 259, 318,
    339, 341, 345, 347-48, 360, 363, 368,
    374-75, 377, 380, 382, 386-87, 446
    성육신 130, 382n.11, 404
    예수의 부활 57, 61, 66, 92, 105, 118, 130,
    135, 139-40, 159, 171-72, 176, 199,
    211, 216, 224-25, 228, 231, 233-34,
    238-39, 242, 253, 256, 259, 261, 302,
    347, 359, 361, 372-74, 380, 393, 426,
    430-31, 442, 457, 462-63
    예수의 승천 235, 380, 438, 463
    예수의 신성 48, 138n.40, 195
    예수의 제사장적 사역 216, 261, 435
    예수의 죽음 33, 54, 57, 92, 105, 115, 118,
    130, 139-40, 141n.43, 144, 171-72,
    176, 195, 199, 204, 206, 217-18, 222,
    225, 228, 235, 238, 242, 248, 259, 262,
    270, 285n, 296, 302, 317, 345, 347,
    380, 393, 405, 425, 428, 431, 449

ㄴ

니케아-콘스탄티노플 신조 192

ㄷ

다윗 125, 146, 218, 306n.2, 307, 441n.7
도미니크 수도회 412, 416
동방 정교회 39, 45, 58, 65, 67, 70-71,
　125n.2, 129n.14, 144, 186-88, 192, 333,
　334, 336-37, 341-43, 345-46, 350-53,
　356, 361-63, 365-66, 368-71, 375-77,
　381-83, 387-88, 390-91, 397, 402n.11,
　423, 432, 439, 460, 462-63
　→ "신성화"를 보라.

ㄹ

라테란 5차 공의회 400
라틴어 불가타 성서 127, 136, 440
랭스 공의회 413
러시아 정교회 → "동방 정교회"를 보라.
런던/필라델피아 (침례교) 신앙고백서 131
루터 르네상스 39, 55
루터파 신앙고백서 40, 131, 240n.2, 310n.6

ㅁ

마르키온(주의) 29
만네르마 학파 → "핀란드 학파의 루터 해석"
　을 보라.
메노파 → "재세례파", "Menno Simons"(메
　노 시몬스)를 보라.
미주리 대회 133n.26, 335n.4, 346n.31

ㅂ

바나바 200-1
바리새인 82, 124, 163-64, 269, 309
바울에 관한 "새 관점" 15-16, 24, 29, 65, 79-
　81, 84-98, 99, 101, 103n.78, 113, 117-
　18, 120n.127, 127n.7, 135, 148, 156-158,
　177, 183, 185, 244, 248, 267-303, 304-8,
　312, 314, 320-22, 325-26, 329, 352-53,
　364, 384, 387-88, 432
바울에 관한 "새 견해" 100
바울에 관한 "옛 관점" 84-85, 94, 99, 177,
　267-68, 300, 312, 321, 326
바울의 선교 90, 209, 254, 268, 281-82, 284,
　293-94, 321-22, 327, 452, 453
반유대교/ 반유대주의 271-72, 277, 388
반율법주의 209
베드로 200-1, 203, 245-46, 278, 282, 292-
　93, 450
벨기에 신앙고백서 41n.57, 231-32, 243
복음주의 21, 23-24, 59, 76, 95, 103-4,
　107n.95, 110-11, 113, 119, 126, 133n.26,
　134, 157, 166, 227, 242, 279n.38, 304,
　338, 347, 438
불교 324, 366, 375

ㅅ

사라 160, 424
사랑 65, 84, 119-20, 131, 152, 208, 229,
　258, 298, 299, 301, 323, 330, 340, 343,
　348, 350, 373-74, 397, 417, 420, 437
　하나님의 사랑 17, 67, 163, 204, 235, 261,
　263, 269, 340-42, 349, 378, 381, 411,
　414, 424

사탄(악마) 34, 124, 394, 403
→ "세상의(죄의) 권세"를 보라.
사해 사본(사해문서) 200, 275
삼위일체(론) 48, 65, 92, 233, 254, 256, 259, 342, 351-52, 358-59, 361, 371, 377, 382, 423, 448, 458, 461, 463
상스 공의회 413
새 언약 → "언약"을 보라.
새 창조 83, 92, 162, 167, 208-9, 235, 310, 318, 355n.40, 374, 427, 442
선택 29-31, 59, 84, 86, 97, 156, 161, 179, 200, 216, 249, 273, 283, 293-94, 305, 310, 407-8, 421, 445, 453
선행 은총 42
성공회 43, 131, 350n.35, 376, 391, 432
성령 세례 66
성례 411-12, 418, 421, 430, 442, 446, 448, 458
성서의 권위 49, 119-20, 197, 258
성화 38-39, 41, 43, 45-46, 57, 59, 63, 66, 126-27, 139, 148, 155, 158-60, 163, 166, 179, 183, 191, 233, 238, 249, 310, 337, 339, 354, 356, 369, 375, 387, 389, 391, 393, 410, 416, 418, 420, 427, 439, 442, 455-56
세계 루터교회 연맹 47, 68-69, 133, 191, 346
세례 27, 36, 126, 186, 207, 348, 410, 413, 416-19, 421, 432-33, 446
세상의(죄의) 권세 144-45, 168, 200, 375
속죄 16, 48, 54, 86, 133n, 152, 261, 306, 358, 403, 427
　만족 이론 33
　보상 이론 33
　승리자 그리스도 모델 33-34

형벌 대속 194, 206, 225, 261, 263, 425, 448
→ "기독론 〉 예수의 죽음"을 보라.
쉴라이타임 신앙고백서 59-60
슈말칼덴 조항 394
스토아주의 26
신성화 16, 39, 61, 67, 70-74, 129n.14, 192, 333-367, 368, 370-73, 375-85, 390-91, 397, 402n, 460
신인협력주의(설) 98, 125n.2, 128n.9, 156, 158, 179, 186-88, 230, 334, 365 370
신적 예지 30, 205

ㅇ

아담 118, 123-24, 139-40, 146, 151, 156, 159-60, 168, 171, 176, 217, 221, 226, 239, 241-42, 307, 361, 403, 405
아르미니우스주의(아르미니우스) 42, 45, 113, 152, 156, 239n.1, 240n.2
아브라함 22, 91, 105, 115, 117-18, 123-24, 145-46, 149, 153, 159-60, 173, 175-76, 203n.6, 205-9, 212, 214-16, 218-21, 228, 233-34, 236-37, 247, 254, 273, 295, 297-98, 305-8, 317, 326-30, 361, 424-25, 440, 441n.7, 446, 454, 455
아구크스부르크 신앙고백서 69, 219n.17, 240n.2, 400, 431, 445
아프리카 사람들의 영성 366, 375
안식일 82, 87-88, 202, 289, 290n.61, 424
알렉산더 형제의 대전 34
야곱 159, 161, 407
언약 108-110, 159-161, 175, 207, 215, 233, 253, 273-76, 305-9, 356, 424, 438-40,
　새 언약 88, 92, 101-2, 104, 107, 160, 199,

231, 234, 259, 269, 306-8, 317, 441n

언약적 신실함 65, 108, 138, 141-44, 175, 212, 237, 356, 463

언약적 신율주의 86, 96, 98, 101-2, 156, 158, 179, 180n.3, 273-74, 276, 304-8, 327, 442

율법/행위 언약 139, 161, 195, 204, 225, 238-39, 293, 306n.2, 309, 438, 440-41

은혜/약속 언약 98, 161-62, 305-9

여성신학 58, 61-64

연옥 126, 132, 183-84, 195, 420, 453

열린 신론 논쟁 21, 24

영광 22, 25, 110-11, 133, 159, 214, 334, 372-74, 378-79, 385, 402, 437

영지주의 26, 29, 54

영화 158, 310, 373-75, 378-79, 421, 427, 439, 442

에서 161, 407

예정 → "선택"을 보라.

오랑주 공의회 409-10, 438

오순절운동 45, 58, 64-67, 73, 129n.14, 157, 350n.35, 359, 457

운명주의 26

원죄 25, 48, 126, 193n, 405, 408, 417, 437, 453

웨스트민스터 신앙고백서 40, 41n.57, 130, 147, 152n.66, 217n.16, 219n.17, 239n.1, 240n.2, 374

유대교 80, 81, 84-86, 88-89, 94-95

1세기 유대교 79, 84-85, 88, 95-96, 99, 171, 271

공로주의적 유대교 → "공로주의"를 보라.

디아스포라 유대인 173

랍비 유대교 86, 171, 238, 273, 276, 388

제2성전기 유대교 24, 79, 86, 97,

114n.115, 147, 156, 275-76, 281-82, 286, 305-7, 314

팔레스타인 유대교 81, 84-85, 95, 101-2, 301n.74, 304, 316

유명론 35, 414n.53, 417

율법의 행위 22, 28, 53, 84, 87, 99, 104, 106, 116, 146, 169, 200-3, 213-14, 220-21, 245-46, 260, 268, 272, 286-87, 291-93, 295-96, 299, 308n.4, 313, 323-24, 329, 410, 424

→ "공로주의"를 보라.

음식법 82, 87-88, 164, 202, 270n.7, 424

의

구약적 개념으로서의 의 108-110, 135-36, 274-75, 356-57

그리스도의 의 40, 43, 110, 126-32, 139, 146, 148-49, 155, 157, 171, 176, 179, 195, 221, 223, 225, 234, 239, 344, 345, 428, 449

법정적 의 34, 38-40, 49, 50, 53, 59, 66, 77, 83, 92, 127-28, 135-40, 144, 149, 162, 166-68, 171, 185, 191, 222, 227, 344, 377n.4, 391, 426, 462

변화시키는 의 27, 33, 35, 44, 61, 83, 112, 129, 166-67, 169, 177-78, 180, 185-86, 222, 233, 240, 248, 264, 343, 345, 348, 374, 379-80, 385, 393, 417, 425

언약적 신실함으로서의 의

→ "언약 > 언약적 신실함"을 보라.

외부적/외부에서 온 의 38-39, 59, 77, 90, 111, 128, 146, 154, 184, 227, 344, 394

의의 전가 38, 40, 43, 50, 77, 110-13, 119, 124, 126-31, 137-41, 145-49, 151-55, 157, 166, 168-72, 174-79, 193-95,

198, 211, 213, 217-228, 238-42, 244, 255, 323, 344, 356, 369, 396, 408, 419-20, 425, 439, 445, 448

정의로서의 의 → "칭의 〉 정의 / 해방으로서의 칭의"를 보라.

하나님의 의 22, 37-38, 62, 72, 83, 92, 108-9, 111, 116, 124, 127, 137-45, 154, 174-75, 178, 191, 195, 209-16, 223, 234, 236, 247, 255, 260, 262-63, 274-77, 286, 303, 327, 343, 345, 358, 387, 407, 411, 416, 453-54

행위에 의한 의 → "칭의 〉 행위로 칭의됨"을 보라.

이삭 22, 159, 205, 228

이스라엘 88, 91, 108-10, 118, 123-24, 140-41, 147n.49, 160, 171, 173, 175, 177, 198-99, 202n.6, 203n.6, 207-17, 239, 245-46, 269, 271, 273-76, 280-94, 298, 300-1, 305-10, 312, 316, 327-28, 354, 388, 453

이신론 48

신앙고백서 40, 131, 240n.2, 310n.6

ㅈ

자민족중심주의 99, 202n.6, 214, 309, 315

자유 의지 / 자유 26, 30, 34, 45-46, 334, 336, 391, 395, 400, 403-9, 413, 418-20, 427, 453

신적 자유 35

의지의 속박 29-31, 59, 446

재세례파 45, 58-61, 65, 129, 157, 186, 350n.35, 363

점성술 26

제2차 바티칸 공의회 258, 389

종교사학파 80

종교신학 366

종말론 53, 61, 91, 102, 105-7, 117, 144, 145n.48, 211, 216, 233, 253, 254-56, 259, 315-16, 358, 361, 374, 426, 442

죄 용서(죄 사함) 34, 43-45, 51, 66, 71, 124, 126, 130, 132, 133n.26, 144, 148-49, 166, 169-72, 186, 195, 211, 217-19, 224, 255, 259, 272, 276, 347-48, 357-58, 374-75, 381, 386-87, 411, 415-19, 425-26, 439, 456, 462

주되심 구원 논쟁 107n.95

주의 만찬 371, 376, 441

주해와 신학적 전제 119-20, 155-64, 256

중생 38, 66, 147, 162, 178n.2, 241, 348-49, 360, 417, 445, 457

지옥 144, 194

ㅊ

칭의(의화)

경건주의의 칭의 → "경건주의"를 보라.

동방 정교회의 칭의 → "동방 정교회"를 보라.

라틴 중세 시대의 칭의 33-36, 408-418

로마 가톨릭의 의화(칭의) 16, 33, 43-47, 50, 68-70, 399-435

루터의 칭의 → "Luther, Martin"(루터, 마르틴)을 보라.

루터파의 칭의 23, 40-41, 54, 68-76, 83, 182, 333-354, 360-66

마지막 / 미래 칭의 90-91, 97, 126, 144, 147, 153n.66, 421

바울 신학의 새 관점의 칭의 → "바울에 관한 새 관점"을 보라.

법적 허구로서의 칭의 112, 139-40, 149,

161, 178

변혁으로서의 칭의 64

→ "성화", "신성화"를 보라.

성공회의 칭의 성공회

신성화 관점의 칭의 333-67

→ "신성화"를 보라.

야고보의 칭의 22, 105-7, 117, 146, 198,
200-1, 228-29, 244-45, 260, 424, 461

여성신학의 칭의 → "여성신학"을 보라.

오순절운동의 칭의 → "오순절운동"을 보라.

유일한 기준으로서의 칭의 74-76, 185,
248, 354, 356, 386, 427

의롭게 만드는 칭의 57, 168, 184-86, 191,
334, 343, 346, 348, 351, 357, 374, 426,
462

의롭다는 선포로서의 칭의 50, 57, 143,
185, 191, 373, 457

이신칭의(믿음/신앙으로 의롭게 됨[의화
됨]) 25-28, 40-41, 49, 52, 58, 60-62,
67-68, 74-75, 81-84, 89-91, 95, 100-
1, 114, 118, 129n, 173, 187, 199-200,
203, 207, 209, 211, 214-15, 230, 245,
267, 285-86, 294, 296, 298, 313, 317,
320, 334, 348, 353-54, 387, 424, 434,
444-45, 455-57

재세례파의 칭의 → "재세례파"를 보라.

전통적 개혁파의 칭의 16, 23, 40-41, 59,
61, 123-64, 148, 183, 375, 439

정의/해방으로서의 칭의 61-64, 84, 108,
142, 322, 352, 359, 423, 427, 460

진보적 개혁파의 칭의 16, 113, 123, 197-
235

첫 칭의 27, 102-3, 107, 126

초기 교회의 칭의 25-32, 187

칭의(의화) 교리에 관한 공동 선언 24, 69,
133-34, 184, 191-92, 335n.4, 346-50,
365-66, 374, 392-95, 397, 399n.1, 401,
431, 433-35, 443-44, 450, 459

칭의에 관한 에큐메니컬적 대화 68-77,
333-38, 346-51

칼뱅의 칭의 → "Calvin, John"(칼뱅, 장)
을 보라.

행위로 칭의됨 22, 26, 84, 86, 134, 172,
201-2, 213, 229, 237, 260, 286-94,
312, 410, 445

현대 프로테스탄트의 칭의 47-55

ㅌ

테트라폴리스 신앙고백서 232, 243, 260

토마스주의 46, 362

→ "Aquinas, Thomas"(아퀴나스, 토마
스)를 보라.

통합적 관점 110n.104

트리엔트 공의회 44-45, 62, 126, 132-34,
172, 174, 183-84, 195, 346n.32, 391-92,
399-401, 403n.13, 412, 416, 418-21, 434,
436, 438-39, 444-45, 450, 456, 458-60

→ "로마 가톨릭의 칭의"를 보라.

특수(창조된) 은총 416

ㅍ

판결 92-93, 97, 101, 104, 107, 126-28, 131,
136-39, 144, 147, 167, 169, 171, 179,
191, 208, 224, 230, 233-34, 241, 249n.4,
261, 263, 299-300, 373, 400, 432, 447

펠라기우스(주의) 27-28, 36, 89, 134, 225,
238, 308, 313, 401, 405, 438-39

프란체스코 수도회 412, 414, 416-17, 419

플라톤(주의) 372, 437

피스티스 크리스투 113-19, 295-98, 310,
  317, 329, 449, 454-55

핀란드 학파의 루터 해석 39, 67, 70-74, 76,
  333-66

ㅎ

하나님 나라 51, 83, 347, 357-59

하나님의 형상 159, 341, 372-72, 378, 403,
  436-37

하와 159-60, 403

할례 82, 87-88, 103, 144, 146, 164, 199,
  200-3, 205-9, 213-15, 218, 221, 245,
  270n.6-7, 279-80, 282, 288-92, 299,
  308-9, 312

해방신학 58, 61-64

행위 → "칭의 〉 행위로 칭의됨"을 보라.

협력적 결속 111

형벌 대속 → "속죄"를 보라.

회개 132, 152n.66, 274, 305, 417, 423, 425,
  447, 460

칭의 논쟁

칭의에 대한 다섯 가지 신학적 관점

Copyright ⓒ 새물결플러스 2015

1쇄발행_ 2015년 2월 25일
3쇄발행_ 2016년 8월 26일

지은이_ 마이클 S. 호튼·마이클 F. 버드·제임스 D. G. 던
        벨리-마티 카르카넨·제럴드 오콜린스 & 올리버 P. 래퍼티
옮긴이_ 문현인
펴낸이_ 김요한
펴낸곳_ 새물결플러스
편   집_ 왕희광·정인철·최율리·박규준·노재현·최정호·한바울·유진·신준호
디자인_ 서린나·송미현·박소민
마케팅_ 이승용·임성배
총   무_ 김명화·최혜영
영   상_ 최정호·조용석

아카데미_ 유영성·최경환·황혜전

홈페이지 www.hwpbooks.com
이메일 hwpbooks@hwpbooks.com
출판등록 2008년 8월 21일 제2008-24호
주소 (우) 07214 서울특별시 영등포구 양평로11, 5층(당산동 5가)
전화 02) 2652-3161
팩스 02) 2652-3191

ISBN 978-89-94752-97-6   93230

책값은 뒤표지에 있습니다.

이 도서의 국립중앙도서관 출판시도서목록(CIP)은 서지정보유통지원시스템 홈페이지
(http://seoji.nl.go.kr)와 국가자료공동목록시스템(http://www.nl.go.kr/kolisnet)에서
이용하실 수 있습니다(CIP제어번호: CIP2015004956).